D0525316

La France
de l'expansion

1. La République gaullienne
1958-1969

Du même auteur

Le 6 février 1934
Gallimard-Julliard, 1975

Histoire du parti radical
Presses de la Fondation nationale
des sciences politiques, 1980-1982, 2 vol.

Édouard Herriot ou la République en personne
Presses de la Fondation nationale
des sciences politiques, 1985

La France des années trente
Colin, coll. « Cursus », 1988

EN COLLABORATION AVEC PIERRE MILZA

Le Fascisme italien
Éd. du Seuil, coll. « Points Histoire », 1980

Histoire du XXᵉ siècle
Hatier, 1984-1986, 3 vol.

EN COLLABORATION AVEC JEAN-JACQUES BECKER

Histoire de l'anticommunisme en France
T. I : 1917-1940
Olivier Orban, 1987

EN COLLABORATION AVEC GISÈLE BERSTEIN

La Troisième République
M. A. Éditions, 1987

Serge Berstein

Nouvelle histoire
de la France contemporaine

17

La France
de l'expansion

1. La République gaullienne

1958-1969

Éditions du Seuil

En couverture :
De Gaulle en URSS, 1966.
Photo Elliot Erwit, Magnum.

ISBN 2-02-005216-4 (éd. complète)
ISBN 2-02-010408-3 (tome 17)

Avant-propos

La période traitée dans le présent ouvrage est de celles qu'une histoire vétilleuse, frileusement retranchée sous la rassurante poussière des archives centenaires (et par conséquent respectables), bannirait de son champ d'étude. Il faut en effet reconnaître que tous les acteurs n'ont pas livré leurs secrets, que des documents nous échappent encore, que toutes les études de base n'ont pas été faites et qu'il reste encore à découvrir sur les années de la République gaullienne – et disons-le tout net : fort heureusement. Fallait-il pour autant renoncer à tenter d'établir un « état des lieux » ? Une telle attitude se justifierait d'autant moins que l'histoire du temps présent a aujourd'hui acquis droit de cité au royaume de Clio et que les travaux abondent désormais sur les périodes les plus récentes de notre xxᵉ siècle, les historiens ayant fort heureusement compris qu'ils ne pouvaient, sous peine de disparition, se vouer exclusivement au culte d'un passé lointain, alors que sociologues, politologues, économistes... laboureraient le champ de l'immédiat. Au demeurant, dès lors que l'histoire s'intéresse au structurel plus qu'à l'anecdotique, l'historien du temps présent est plus menacé par la pléthore que par l'indigence de l'information, et son souci est plutôt de trier ce qui est essentiel que de rechercher des sources supplémentaires.

Il est vrai que – l'auteur doit le confesser – l'objet de l'étude historique d'aujourd'hui fut naguère le vécu de l'homme et du citoyen. Devrait-on, sous prétexte d'une objectivité scientifique dont la définition appartient à l'époque de l'histoire positiviste, renoncer à évoquer en historien des événements dont nombre de Français furent les témoins ou les acteurs, et à propos desquels ils eurent à prendre parti ? Sur ce point, l'historien du xxᵉ siècle éprouve parfois l'inconvénient de devoir

ignorer ses jugements et ses passions d'hier pour découvrir
d'un œil neuf ce qu'il croyait connaître et le replacer dans l'évolution de longue durée sans laquelle il n'est point d'histoire.

Ces remarques faites, le présent volume ne prétend à rien
d'autre qu'à tenter de faire le point de la connaissance historique actuelle sur les années de Gaulle. Encore n'est-il que le
premier volet de l'étude que la « Nouvelle histoire de la France
contemporaine » consacre aux années de la grande croissance
1958-1974. Un second volume traitera de l'histoire de la présidence de Georges Pompidou et s'efforcera de prendre la
mesure des modifications structurelles de tous ordres que la
croissance a provoquées, particulièrement dans les domaines
de la culture, du mouvement des idées, des croyances, des
comportements sociaux, etc.

Le tableau présenté par ce dernier volume est donc nécessairement incomplet. Incomplet puisque la matière n'est que
partiellement traitée. Incomplet également en raison des
lacunes de la connaissance historique sur un certain nombre de
sujets. Mais la profusion des ouvrages, des colloques scientifiques, des thèses ou des séminaires fournissait un matériau si
ample que le moment semblait venu de prendre le risque de
construire une première synthèse, en attendant que de nouveaux travaux viennent la compléter, la nuancer, voire la
démentir. Tel était le projet, à la fois ambitieux et limité, de ce
livre dont l'auteur se considérerait comme satisfait s'il pouvait
susciter de nouvelles recherches destinées à approfondir notre
connaissance de la République gaullienne.

1

La double fondation de la Vᵉ République

1958-1962

1
Le compromis de 1958

Le parallèle que les contemporains ont pu dresser entre les conditions de fondation de la Ve République et celles qui présidèrent à la création de la IVe République ne pouvait que tourner à l'avantage de la première. La République nouvelle ne démontrait-elle pas de manière éclatante son efficacité ? Là où deux Constituantes et un an de débats avaient été nécessaires, le gouvernement du général de Gaulle opposait un texte adopté un peu plus de trois mois après le vote de l'Assemblée nationale qui l'avait chargé de cette mission, et, comme il l'avait annoncé, les institutions nouvelles étaient, dès la fin de l'année 1958, prêtes à entrer en fonctions. En fait, si, pour l'essentiel, le général de Gaulle a pu faire prévaloir ses vues, conformes au programme dressé à Bayeux en 1946, la République ainsi fondée porte la marque du compromis auquel l'a contrainte l'équilibre des forces du moment. Mais, par la suite, et sous la pression des circonstances, spécifiquement de l'affaire algérienne, les institutions nouvelles évoluent, d'abord dans leur pratique, avant que la réforme constitutionnelle de 1962 n'en change radicalement l'esprit.

Le ministère de Gaulle.

Pour qui se souvient des débats qui ont marqué l'histoire de la IVe République, désormais moribonde, la situation politique qui naît dans les premiers jours de juin 1958 a de quoi surprendre. Durant la phase de transition qui dure jusqu'en janvier 1959, le général de Gaulle, grand pourfendeur du « système » de la IVe République, n'en est-il pas le président du Conseil, très légalement investi le 1er juin par un vote de l'As-

semblée nationale obtenu par 329 voix contre 224 ? Les institutions de 1946 demeurent en place, le président Coty achevant
dans la solitude de l'Élysée un « septennat » commencé en
1954 et dont le terme se trouve fixé (avec son accord) à l'élection du premier président de la Ve République. Quant à l'Assemblée nationale, élue en janvier 1956, clé de voûte du régime
condamné, elle poursuit une existence bien théorique puisqu'elle est en vacances et qu'elle a accepté le 2 juin son propre
dessaisissement. En fait, seul le titre de président du Conseil
fait de Charles de Gaulle le successeur d'Henri Queuille, de
Joseph Laniel ou de Guy Mollet. Les trois lois votées le 2 juin
et promulguées le lendemain lui donnent des moyens d'action
dont n'aurait osé rêver aucun de ses prédécesseurs : outre les
pouvoirs spéciaux en Algérie consentis depuis 1956 aux présidents du Conseil, le général de Gaulle reçoit les pleins pouvoirs pour six mois (le temps qu'il juge nécessaire pour mettre
en place les institutions nouvelles), cependant qu'une loi
constitutionnelle modifie la procédure de révision prévue à
l'article 90 de la Constitution de 1946 en confiant au gouvernement le soin d'établir un projet qui serait ensuite soumis à référendum. Si le gouvernement de Gaulle répond en
théorie aux formes légales du pouvoir sous la IVe République, on
ne saurait cependant considérer qu'il s'inscrit dans l'esprit d'un
régime qui s'est identifié à la prépondérance du Parlement.

   La même observation sur la différence entre la forme et le
fond vaut pour la composition du gouvernement. Si l'on s'en
tient aux apparences, le Général a scrupuleusement respecté les
dosages et l'équilibre des partis pour lesquels il manifestait
ostensiblement son dédain voici peu. Qu'on en juge :
4 ministres d'État représentent les grandes forces politiques de
l'Assemblée nationale (les communistes étant, bien entendu,
exclus), le socialiste Guy Mollet, le MRP Pflimlin, l'indépendant Jacquinot et à défaut d'un radical (le parti a éclaté en trois
tronçons au moins) un petit-cousin de la famille en la personne
de l'Ivoirien Félix Houphouët-Boigny, président du RDA (Rassemblement démocratique africain), apparenté à l'UDSR.
Même souci de rassurer les partis dans l'attribution des portefeuilles, chacun recevant celui du secteur auquel il est tradi-

tionnellement attaché : le modéré Antoine Pinay, rassurante idole des petits épargnants, est aux Finances ; le radical Berthoin, champion de la laïcité, veille sur l'Éducation nationale ; la fibre sociale du MRP se satisfait de la présence de Paul Bacon au ministère du Travail. Il n'est pas jusqu'aux absences qui ne revêtent une signification symbolique. 3 gaullistes seulement figurent dans l'équipe ministérielle : le sénateur Michel Debré, rédacteur sous la IVᵉ République d'un violent périodique, hostile au régime, *le Courrier de la colère,* et qui devient garde des Sceaux, avec comme mission principale de conduire la rédaction de la nouvelle constitution, le grand écrivain André Malraux, chargé du ministère de l'Information, et, aux Anciens Combattants, le fidèle Edmond Michelet. Le général de Gaulle ne saurait indiquer plus clairement que son accession au pouvoir ne signifie pas la victoire du parti des « républicains-sociaux » qui l'a soutenu sous la IVᵉ République. Au demeurant, tous les dirigeants de celui-ci sont écartés du gouvernement, payant ainsi le rôle qu'ils ont joué dans le « système », de Gaston Palewski à Jacques Chaban-Delmas, de Christian Fouchet au général Catroux, du général Billotte au général Kœnig. Mais l'absence la plus remarquée est celle de Jacques Soustelle, considéré comme le chef parlementaire des gaullistes et qui fait figure de leader de la tendance favorable à l'Algérie française, absence d'autant plus significative que les foules européennes d'Algérie ne cessent de scander son nom durant le voyage du général de Gaulle dans les trois départements d'outre-Méditerranée du 4 au 6 juin. Ce n'est que le 7 juillet que Jacques Soustelle entre au gouvernement, comme ministre de l'Information (portefeuille que lui cède Malraux), le président du Conseil équilibrant politiquement cette nomination d'un ultra de l'Algérie française par celle du socialiste Boulloche, nommé ministre délégué à la présidence du Conseil.

Toutefois, cette lecture traditionnelle du ministère de Gaulle, pour fondée qu'elle soit, ne permet de saisir que la surface des choses. La réalité du gouvernement est ailleurs. Et d'abord dans la nomination aux postes que le Général considère comme prépondérants dans la vie même de l'État de tech-

niciens chargés de mettre en œuvre la ligne définie par le chef
du gouvernement et non d'hommes politiques. C'est le diplomate Maurice Couve de Murville qui devient ministre des
Affaires étrangères ; le préfet de la Seine Pelletier, qui prend en
charge l'Intérieur ; le polytechnicien Pierre Guillaumat, chargé
jusqu'alors de la recherche atomique, qui accède au ministère
des Armées sous l'autorité de Charles de Gaulle, lequel se
réserve pour lui-même le portefeuille de la Défense nationale.
Plus caractéristique encore est l'organisation à l'Hôtel Matignon d'un cabinet constitué de fidèles et de grands commis
sûrs, qui apparaît souvent comme le véritable gouvernement
de la France, dont les conseils des ministres réunis à l'Élysée ne
font qu'entériner les décisions. A la tête de ce ministère
occulte, le directeur du cabinet Georges Pompidou, qui constitue autour de lui l'équipe qui, durant les années de « traversée
du désert », a entretenu la flamme gaulliste rue de Solferino, au
siège du RPF, puis des républicains-sociaux : Olivier Guichard, Pierre Lefranc, Jacques Foccart... que le général de
Gaulle ne retrouve pas sans agacement dans les palais ministériels, tant il redoute la confusion entre l'activité partisane et le
service de l'État. En revanche, c'est en plein accord avec lui-
même qu'il peuple son cabinet de hauts fonctionnaires qui
vont lui servir de conseillers dans les domaines de première
importance et inspirer les mesures fondatrices du nouveau
régime : Raymond Janot, secrétaire général du Conseil d'État,
qui supervise pour le président du Conseil les problèmes
constitutionnels ; Roger Goetze, inspecteur des Finances et
collaborateur de Pierre Mendès France en 1944-1945, chargé
d'envisager le redressement des finances publiques ; Jean-Marc
Bœgner, conseiller technique pour les Affaires étrangères ;
l'historien Charles Morazé, affecté à la conception d'idées
neuves ; des militaires comme le général Fourquet, sans
compter ce secrétariat pour les Affaires algériennes, installé rue
de Lille et confié au diplomate René Brouillet, assisté de Bernard Tricot.

Ce ministère à deux étages doit affronter une tâche considérable, puisqu'il ne s'agit de rien de moins que de doter la
France d'une nouvelle Constitution, tout en réglant les pro-

blèmes dont l'urgence ne pourrait souffrir aucun ajournement : l'affaire algérienne, le sort de la France d'outre-mer (indissociable des institutions), les relations internationales dont le pays ne saurait s'abstraire durant la réflexion constitutionnelle, le redressement financier, etc. C'est l'ensemble des problèmes qu'aborde le gouvernement durant ces quelques semaines, faisant de ce ministère un des plus féconds de l'histoire politique de la France. Mais, au-delà des nécessités qu'impose la conjoncture, son œuvre fondamentale demeure l'établissement des institutions nouvelles.

L'élaboration des institutions nouvelles.

Si l'on peut s'émerveiller de la rapidité avec laquelle furent rédigées les institutions de la Vᵉ République, il faut cependant reconnaître que les bases de travail sont depuis longtemps posées et que la réflexion sur la réforme constitutionnelle n'a cessé de préoccuper les hommes de la IVᵉ République finissante. Les grands principes ont été fixés à Bayeux le 16 juin 1946 et font partie du dogme gaulliste : séparation des pouvoirs et renforcement de l'Exécutif par le rôle nouveau du président de la République, clé de voûte des institutions. Sur ce tronc principal se greffent les divers projets échafaudés sous la IVᵉ République pour « rationaliser le parlementarisme » et sur lesquels les hommes du régime en voie de disparition ont travaillé. Il n'est pas indifférent que Guy Mollet et Pierre Pflimlin, aujourd'hui ministres d'État, aient fait voter par l'Assemblée nationale le 27 mai 1958 une réforme en ce sens. Enfin, il faut ajouter à ces sources diverses les engagements pris par le général de Gaulle, soit lors de ses négociations du mois de mai avec les leaders des forces politiques (et spécifiquement Guy Mollet), soit lors des réponses qu'il fait le 2 juin aux divers interpellateurs de l'Assemblée nationale au cours de la discussion de la loi sur les pleins pouvoirs : maintien du régime parlementaire et rejet du régime présidentiel, par conséquent non-confusion entre les fonctions de président du Conseil et celles de président de la République, assurance de l'existence d'une Chambre élue au suffrage universel...

C'est à partir de ces divers protocoles qu'est élaborée la nou-

velle Constitution, selon une procédure complexe qui fait
intervenir de nombreux protagonistes. En premier lieu, le général de Gaulle lui-même qui, bien qu'assailli par les urgences des
questions algérienne, financière et extérieure, refuse de laisser
à d'autres le soin de régler une question dont il ne cesse de proclamer depuis 1946 la nécessité : « Je dirige le travail de
réforme des institutions », écrit-il dans ses *Mémoires d'espoir*.
En deuxième lieu, l'équipe de l'Hôtel Matignon comprenant les
4 ministres d'État (Mollet, Pflimlin, Houphouët-Boigny, Jacquinot), c'est-à-dire les représentants des grandes forces politiques françaises, encadrés par deux juristes représentant le
général de Gaulle, le fidèle René Cassin, vice-président du
Conseil d'État, et Raymond Janot. Équipe qui se réunit dans le
bureau du général de Gaulle et qui va jouer un rôle fondamental de proposition et d'amendement, Pierre Pflimlin et
plus encore Guy Mollet, intervenant fréquemment et obtenant
de substantielles modifications des textes. En troisième lieu,
une équipe de juristes réunie au ministère de la Justice par
Michel Debré et formée de membres du Conseil d'État et de
spécialistes du droit représentant les ministres d'État prépare
les projets sur lesquels Matignon délibérera ensuite. Au total,
l'inspiration du groupe rassemblé autour de Michel Debré et
qui met l'accent sur la prépondérance de l'Exécutif se trouve,
après l'arbitrage du général de Gaulle, nuancée et équilibrée
par la volonté des ministres d'État de maintenir au régime sa
forme parlementaire, volonté qui reçoit d'ailleurs l'appui du
garde des Sceaux et du président du Conseil. Commencés le 19
juin, les travaux des équipes ministérielles sont menés tambour
battant, aboutissant un mois plus tard à un avant-projet (le
« cahier rouge ») qui pose les grands principes sur lesquels s'est
fait l'accord.

   A ce stade intervient, dans l'élaboration de la Constitution,
une nouvelle instance, le Conseil consultatif constitutionnel,
prévu par le texte adopté le 2 juin sur la modification de la procédure de révision. Celui-ci disposait en effet que le gouvernement devait recueillir l'avis d'un Comité consultatif dans
lequel siégeraient notamment des membres du Parlement désignés par les commissions compétentes de l'Assemblée natio-

nale et du Conseil de la République. Mis en place le 29 juillet,
le Comité consultatif constitutionnel comprend 39 membres
dont 16 sont issus de l'Assemblée nationale (Paul Alduy, Philibert Tsiranana, Pierre-Henri Teitgen, Paul Coste-Floret...), 10
du Conseil de la République et 13 sont désignés par le gouvernement, dont Roger Frey, l'ambassadeur Léon Noël et Paul
Reynaud. Ce dernier, maintenant octogénaire et, comme tel,
doyen d'âge de la Commission, s'en institue président. Jusqu'au 14 août, cette assemblée de juristes et de parlementaires
chevronnés passe au crible le « cahier rouge », au point de provoquer l'exaspération du gaulliste Léon Noël qui s'indigne de
la résurrection des jeux parlementaires, preuve de « la nocivité
du régime qui s'est effondré en mai dernier », dans une
enceinte qu'il souhaitait totalement vouée à l'élaboration du
régime nouveau. En fait, les grands débats portent sur l'incompatibilité entre fonctions ministérielles et mandat parlementaire que le Conseil tente en vain de faire supprimer, sur la
composition du collège chargé d'élire le président de la République, sur l'article 14 (qui deviendra l'article 16) permettant
au chef de l'État de prendre en cas de grave menace pesant sur
la nation « les mesures exigées par les circonstances » et sur la
structure future de la Communauté annoncée. Après avoir ras-
suré les uns et les autres, répondu aux interrogations, mais
maintenu son point de vue sur l'essentiel dans une visite au
Conseil le 8 août, le général de Gaulle, considérant que l'avis
des parlementaires avait largement pu s'exprimer, soumet le
texte au Conseil des ministres du 3 septembre 1958 qui l'approuve, non sans quelques réserves du président Coty, jouant
ici son dernier rôle politique.

Le texte ainsi élaboré résulte certes, pour l'essentiel, des vues
du général de Gaulle telles qu'il les martèle depuis douze
années. C'est bien ainsi qu'il envisage les choses dans ses
Mémoires d'espoir : « Ce qui va être fait, c'est en somme ce que
l'on a appelé la ' Constitution de Bayeux ' parce que là, le 16
juin 1946, j'ai tracé celle qu'il faut à la France. » Sans doute, et
l'on n'aura garde d'oublier que, dans le traumatisme qui a suivi
le 13 mai, alors que la France est tout entière convaincue que,
comme l'écrit dans *le Monde* Jacques Fauvet, « entre la Répu-

blique et le fascisme, il n'est présentement qu'un rempart : la personne même du général de Gaulle », nul ne songe à s'opposer aux vues de Charles de Gaulle. Il reste que celui-ci a tenu compte de l'avis des juristes et des parlementaires, qu'il a accepté avec une surprenante bonne grâce de composer avec des forces qu'il avait combattues et que ce n'est pas sans quelque raison qu'un Guy Mollet pourra se considérer comme l'un des « pères » de la nouvelle Constitution, même si c'est pour être assez vite déçu par sa progéniture. C'est bien un texte de compromis que le Général présente au pays en ces premiers jours de septembre 1958.

La Constitution de 1958.

Au départ quelques idées simples émises par le général de Gaulle ou par les représentants des forces politiques qu'il a associés à l'élaboration du texte constitutionnel : la séparation des pouvoirs (il faut entendre ici la fin de la subordination du pouvoir exécutif au bon vouloir de l'Assemblée) ; le maintien du régime parlementaire, en d'autres termes la responsabilité du gouvernement devant l'Assemblée nationale. Deux principes qui, sans être réellement contradictoires, peuvent conduire à des régimes très différents : si l'accent est mis sur le premier, ne peut-on aboutir à un système présidentiel à l'américaine, dans lequel l'essentiel du pouvoir appartiendrait à l'Exécutif ? Mais le discours de Bayeux a exclu cette solution, de même d'ailleurs que les engagements du 2 juin et la promesse de distinguer le président du Premier ministre responsable. Si c'est la seconde exigence qui l'emporte, on reviendrait à un régime proche de celui des IIIe et IVe Républiques, mais c'est précisément ce dont de Gaulle ne veut à aucun prix. La logique du nouveau régime se tient donc dans un entre-deux ambigu que les constitutionnalistes baptiseront « régime parlementaire régénéré », mais dont le fonctionnement laissera perplexes les théoriciens du régime parlementaire.

Car ce qui frappe les contemporains et apparaît comme central, c'est bien l'importance nouvelle donnée au président de la République dans les institutions. Fait caractéristique, il est l'objet du titre deuxième de la Constitution de 1958 après le titre traitant « De la souveraineté » (alors qu'il ne figurait qu'au titre VI de la Constitution de 1946). Même si elle est exprimée avec plus de force, la définition de son rôle innove peu par rapport à la tradition de la IIIe et de la IVe République : garant de la continuité de l'État, de l'indépendance nationale et de l'intégrité du territoire, il veille au respect de la Constitution et assure, par son arbitrage, le fonctionnement régulier des pouvoirs publics. Mais, plus que dans l'énoncé de ses fonctions, la nouveauté réside dans son mode de désignation et dans les moyens mis à sa disposition pour remplir sa tâche. Le général de Gaulle entendait que le chef de l'État soit soustrait à la pression du Parlement et, pour ce faire, il considérait que le meilleur moyen était qu'il n'en soit point l'émanation. Aussi, comme il l'avait proposé à Bayeux, inscrit-il dans la nouvelle Constitution (article 6) l'élection du président de la République par un collège électoral comprenant certes les membres du Parlement, mais noyés dans la masse des conseillers généraux, des représentants des assemblées des territoires d'outre-mer, des maires, des adjoints, des délégués des conseils municipaux, en tout quelque 80 000 notables dans une formation qui rappelle celle des délégués sénatoriaux.

Élu des notables locaux, le président de la République dispose par rapport à ses prédécesseurs d'armes puissantes pour remplir le rôle que lui assigne la Constitution. Si la nomination du Premier ministre et celle des autres membres du gouvernement sur proposition de celui-ci fait partie des prérogatives habituelles d'un chef de l'État (article 8), de même que la présidence du Conseil des ministres (article 9) et la promulgation des lois (article 10), il n'en va pas de même de trois dispositions de la nouvelle Constitution. Par l'article 11, il peut soumettre au référendum tout projet de loi portant sur l'organisation des pouvoirs publics, sur proposition du gouvernement ou des deux Assemblées, ce qui lui donne la faculté de s'adresser directement au pays. Il peut prononcer la dissolution de l'Assemblée nationale, après avoir pris l'avis du Premier ministre et des présidents des Assemblées (article 12). Enfin, l'article 16 prévoit l'octroi au président de pouvoirs exceptionnels lorsque les institutions de la République, l'indépendance de la nation, l'intégrité de son territoire ou l'exécution de ses engagements internationaux sont menacés (et on songe bien entendu à mai 1940). Il est clair que les pouvoirs du président de la Ve République sont sans commune mesure avec ceux des chefs d'État des deux Républiques précédentes. Il est bien cette clé de voûte des institutions décrite jadis à Bayeux.

Ce que le pouvoir exécutif gagne en puissance, le Parlement le perd en moyens et en influence. Aussi bien, c'est contre son omnipotence que le Général guerroyait pour la « séparation des pouvoirs ». Constitué de deux Chambres, comme sous les Républiques précédentes, il voit cependant son rôle amenuisé par les textes avant que la pratique constitutionnelle ne le réduise encore. L'Assemblée nationale, élue pour cinq ans au suffrage universel direct, se voit confinée dans son rôle législatif et budgétaire, cependant que ses possibilités d'initiative sont limitées et son contrôle sur le gouvernement sévèrement réglementé. Les députés ne peuvent en effet proposer un texte qui aurait pour effet de diminuer les ressources publiques ou d'aggraver les charges. Les interpellations sont supprimées. Le gouvernement ne peut être renversé que par une motion de censure, d'origine parlementaire, rassemblant la majorité absolue des députés ou par le rejet par cette même majorité absolue d'une question de confiance posée par le gouvernement (les abstentions étant considérées dans tous les cas comme des votes en faveur du gouvernement). Enfin, l'Assemblée nationale n'est maîtresse ni de la date de ses sessions (elles sont fixées par l'article 28 de la Constitution) ni de son ordre du jour (dans la pratique, celui-ci est arrêté par le gouvernement).

Seconde assemblée, le Sénat retrouve son nom de la IIIe République, mais non le rôle éminent qui était le sien à cette époque, même si l'on peut parler sur ce point d'un certain renforcement par rapport à l'effacement du Conseil de la République. Désignés au suffrage indirect par des collèges départementaux comprenant les élus, députés, conseillers généraux, représentants des conseils municipaux, les sénateurs sont élus pour 9 ans, le Sénat étant, selon la tradition, renouvelable par tiers tous les 3 ans. L'article 45 de la Constitution lui confère un rôle très limité de confirmation des lois. En cas de désac-

cord entre lui et l'Assemblée nationale, les lois font deux
« navettes » entre les Assemblées. Après quoi, si le désaccord
persiste, une Commission mixte paritaire tente de dégager un
texte commun. En cas d'échec, le dernier mot appartient à l'Assemblée nationale. Toutefois, en cas de vacance de la présidence de la République, c'est le président du Sénat qui assure
l'intérim.

On peut se faire une assez bonne idée du poids relatif dans la
vie politique du président et du Parlement en examinant le statut du gouvernement, qui se trouve à la charnière des deux
pouvoirs puisqu'il est nommé par le chef de l'État, mais responsable devant l'Assemblée nationale. Ses attributions sont
capitales puisque l'article 20 dispose qu'il « détermine et
conduit la politique de la nation ». Rien dans les textes n'exclut
que, appuyé sur une majorité à l'Assemblée nationale, le Premier ministre, se prévalant de la Constitution, impose une
politique qui n'aurait pas l'agrément du chef de l'État. Cette
possibilité de pouvoir à deux têtes, de « dyarchie », est un
risque permanent des institutions de la Ve République et de la
juxtaposition d'un régime parlementaire et d'une prépondérance présidentielle affirmée dans les principes plutôt qu'inscrite dans les textes. A cet égard, la Constitution paraît susceptible d'évolutions en fonction des rapports de force qui
s'établiront entre le chef de l'État et la majorité parlementaire.
Mais, dans la situation de 1958, l'hypothèse paraît bien théorique. Au demeurant, la disposition qui interdit le cumul des
fonctions ministérielles et d'un mandat parlementaire (article
23) a pour objet de distendre les liens entre Parlement et gouvernement. En dernière analyse, la pratique du général de
Gaulle entre 1958 et 1962 aura pour effet de trancher en faveur
du président l'interrogation portant sur la question de savoir
de qui dépend le gouvernement, du Parlement ou du chef de
l'État.

Enfin, la Constitution de la Ve République recèle une originalité dont les contemporains n'ont sans doute pas saisi toute
la portée. Sur le modèle de la Cour suprême américaine, elle
crée un Conseil constitutionnel, chargé de veiller à la régularité
des élections (à commencer par celle du président de la Répu-

blique) et à la constitutionnalité des lois. Formé de neuf membres désignés pour 9 ans et renouvelables par tiers tous les trois ans, il est composé de 3 conseillers nommés par le président de la République, les présidents des deux Chambres en désignant chacun un nombre identique. Son existence traduit la volonté des constituants de placer leur œuvre au-dessus des polémiques et des luttes politiques et de graver dans le marbre une règle du jeu valable, sinon pour l'éternité (le sort des constitutions françaises n'autorise guère ces illusions), du moins pour une très longue période historique.

Encore reste-t-il à faire accepter par le peuple, que le texte du 2 juin avait promis de consulter par référendum, l'œuvre de compromis de l'été 1958. Épreuve décisive s'il en est puisqu'un refus populaire aurait pour effet de renvoyer au néant les projets du Général, alors que le baptême du suffrage universel donnerait une incontestable onction de légitimité populaire à une œuvre qui ne pouvait se réclamer jusqu'alors que de la légitimité historique du général de Gaulle et de la douteuse opportunité offerte par le 13 mai.

Le référendum du 28 septembre 1958.

Le 4 septembre 1958, place de la République, le général de Gaulle présente aux Français le projet de constitution que le Conseil des ministres a adopté la veille et sur lequel ils auront à se prononcer le 28. Dans le registre des symboles, rien n'a été négligé pour répondre implicitement à l'accusation de bonapartisme que l'extrême gauche lance contre Charles de Gaulle depuis le 13 mai. Ni la date – anniversaire de la proclamation de la IIIe République par les députés républicains de Paris de 1870 –, ni le lieu – la place dédiée au régime et ornée en son centre depuis 1883 du monument à la République, dont la médiocre esthétique est compensée par l'intérêt des bas-reliefs en bronze de Dalou qui ornent son socle et rappellent l'histoire des luttes républicaines, ni la mise en scène : une tribune ornée du sigle « R.F. » et gardée par une haie de gardes républicains en grande tenue. Annoncé par un discours œcuménique à toutes les gloires du régime, de Gambetta à Clemenceau, de Jaurès à Lyautey, prononcé par le ministre de l'Éducation nationale, Berthoin, puis par une allocution lyrique qui fait passer sur l'assistance, en souffle d'épopée, le grand vent de l'histoire soulevé par un Malraux plus visionnaire que jamais, Charles de Gaulle paraît enfin pour lier le présent au passé et inscrire cette Ve République, dont les « V » gigantesques ornent la place, dans la continuité des grandes heures historiques d'un régime qui n'a pas connu pareille exaltation depuis le 14 juillet 1880. Mais la politique n'est pas oubliée et, après que le président du Conseil eut vanté les mérites du texte constitutionnel, l'exorde du discours rappelle sans ambages aux Français que seul un vote positif peut permettre à la République d'être digne de ses devancières, alors qu'un refus du texte ramènerait la France « aux errements que vous savez ». Simple hypothèse d'école au demeurant. Maintenus à distance respectueuse par un service d'ordre énergique, les adversaires du « oui », convoqués par le parti communiste, n'ont guère réussi à faire entendre leur opposition sur la place de la République.

La campagne qui s'ouvre au lendemain de la cérémonie du 4 septembre ne va faire qu'amplifier un mouvement d'emblée favorable à une réponse positive. A une enquête par sondage réalisée avant le scrutin, 15,5 % des futurs électeurs répondent qu'ils ont lu entièrement le texte soumis à leur approbation, alors que 34,5 % ne l'ont parcouru que partiellement et que 49,5 % ne l'ont pas lu du tout. Mais, lorsqu'on leur demande si le projet leur plaît plutôt ou leur déplaît, 56 % des personnes interrogées se prononcent pour le premier terme de l'alternative et 6,5 % seulement pour le second. Il est clair que l'ampleur de l'approbation et la minceur du désaveu ne s'expliquent pas par les vertus ou les vices supposés du texte soumis à référendum. De fait, parmi les raisons invoquées pour rendre compte du choix opéré, vient en tête le sentiment qu'il organise un « pouvoir fort », suivi de l'idée qu'il apporte du changement, du nouveau, et enfin qu'il est l'œuvre du général de Gaulle. Un sondage complémentaire sur les intentions de vote confirme d'ailleurs les enseignements du premier puisque la forte progression des « oui » entre le début et la fin septembre s'expliquerait par quatre phénomènes corrélatifs :

l'antiparlementarisme (qu'on peut mettre en rapport avec le
goût d'un pouvoir fort et le désir de nouveauté), la confiance
dans le général de Gaulle, la crainte de la guerre civile que seul
ce dernier paraît en mesure d'empêcher, enfin la peur d'une
dictature de gauche. Il est vrai qu'à l'inverse le camp des
« non » trouve son ciment le plus efficace dans la crainte d'une
dictature de droite au cas où la constitution serait acceptée[1].

C'est en tout cas par rapport à une opinion généralement
orientée vers le « oui » que les partis politiques vont avoir à se
prononcer. Des partis qui, à dire le vrai, n'ont guère le choix. Si
on met à part le parti communiste, aucune des grandes forces
politiques organisées n'est en mesure de s'opposer à la constitution, à la fois parce qu'elles ont participé à son élaboration et
parce que leurs profondes divisions (sur lesquelles nous reviendrons) ne leur permettent pas d'aller à contre-courant des vents
dominants de l'esprit public. Aussi toutes se prononcent-elles
pour le « oui ». Du côté des républicains-sociaux, des indépendants et du MRP où, en dépit des brouilles de la IVe République, les fidèles du Général demeurent nombreux, la décision
ne saurait surprendre. En revanche, les choses sont moins
simples du côté de la gauche. Éclaté en trois tronçons par la
vivacité des luttes des années 1955-1956, le radicalisme choisit
le « oui » en toutes ses composantes ; issue normale pour le
Rassemblement des gauches républicaines, dont le leader Edgar
Faure proposait dès le 17 avril d'appeler au pouvoir le général
de Gaulle, ou pour le *Centre républicain* qui rassemble les amis
d'Henri Queuille et d'André Morice. Mais le parti radical
tourne le dos à ses deux principaux inspirateurs des années
1954-1958, Pierre Mendès France et Jean Baylet, directeur de
l'influente *Dépêche du Midi,* tous deux partisans du « non »,
pour se prononcer en faveur du « oui » par 716 voix contre
544. Il décide d'ailleurs du même coup de faire peau neuve en
se dotant d'un nouveau président, Félix Gaillard, représentant
de la jeune génération radicale, homme de transaction et de
modération, plus tourné vers les réalités économiques que vers

1. G. Dupeux, A. Girard, J. Stoetzell, « Une enquête par sondage
auprès des électeurs » (68*).
  * Le nombre entre parenthèses renvoie à la bibliographie finale.

les luttes idéologiques. Même choix du parti socialiste SFIO, malgré la très vive opposition d'une minorité active, plus proche de Mendès France que de Guy Mollet, qui a rompu des lances avec le secrétaire général à propos de sa politique algérienne en 1956-1957 et qui voit dans le général de Gaulle l'homme des putschistes du 13 mai et juge qu'approuver la constitution, c'est ratifier le coup de force. Mais, au congrès socialiste des 11-14 septembre 1958, Guy Mollet qui défend une constitution dont il est l'un des auteurs reçoit l'appui décisif de Gaston Defferre, animateur de la puissante fédération des Bouches-du-Rhône et partisan d'une politique libérale en Algérie qui, bien qu'il n'ait pas voté l'investiture du Général, se rallie à un homme qu'il juge seul capable de faire prévaloir outre-Méditerranée la politique que lui-même préconise. C'est par 69 % des mandats que la SFIO se prononce pour le « oui », ce qui représente une incontestable victoire personnelle pour son secrétaire général. Victoire à la Pyrrhus, toutefois, puisqu'il la paie de la scission de son parti. Refusant le ralliement au régime du 13 mai, la gauche de la SFIO fait sécession derrière Édouard Depreux, Robert Verdier et Daniel Mayer, fondant alors le *Parti socialiste autonome*. Les grands partis politiques ont donc, hormis le parti communiste, tous pris position pour le « oui ». Ils reçoivent le renfort de forces politiques nouvelles nées en juillet 1958 et qui tentent de s'inscrire dans la nouvelle conjoncture en se faisant les zélateurs du nouveau régime : la *démocratie chrétienne* rassemblant autour de Georges Bidault quelques transfuges du MRP qui jugent celui-ci trop libéral, le *Centre de la Réforme républicaine* réunissant, au service de la constitution future, des gaullistes à sensibilité de gauche venus de la SFIO (le député des Pyrénées-Orientales, Paul Alduy), de l'UDSR (Lipkowski), du parti radical (Naudet), enfin les multiples regroupements gaullistes qui entendent élargir l'assise limitée des républicains-sociaux comme l'*Union civique pour le référendum et la Ve République* de Jacques Chaban-Delmas et Pasteur Vallery-Radot, l'*Union pour le renouveau français* créée par Jacques Soustelle et dont le nom rappelle cette *Union pour le salut et le renouveau de l'Algérie française* au sein de laquelle l'ancien ministre militait dans les dernières années de la IVe République ou l'*Association nationale pour le soutien de l'action du général de Gaulle* animée par Yvon Morandat et Jean Sainteny, adeptes d'un gaullisme travailliste.

Face à la marée des partisans du « oui », les tenants du « non » font pâle figure. A droite, il n'est guère de force organisée pour préconiser une réponse négative. Pierre Poujade dont le mouvement est en pleine décomposition mène en faveur d'un refus une campagne très isolée aux côtés de quelques nostalgiques du pétainisme ou de quelques catholiques intégristes qui n'acceptent pas la définition de la France comme une République laïque donnée à l'article 2. Si bien que c'est à gauche que recrute pour l'essentiel le camp des partisans du « non ». Et avant tout au parti communiste qui se présente depuis mai 1958 comme l'adversaire principal et irréconciliable d'un régime qui, pour lui, « ouvre la voie au fascisme » et apparaît comme mettant en œuvre à travers les pouvoirs spéciaux, la pratique référendaire et le texte constitutionnel, un « pouvoir personnel ». Aux côtés du parti communiste, le « non » est encore préconisé par un cartel créé pour la circonstance le 7 juillet, l'*Union des forces démocratiques,* qui se présente comme un rassemblement d'hommes de gauche en rupture des partis traditionnels, de minoritaires en attente de scission ou d'exclusion. Sous la présidence de Daniel Mayer, ancien député socialiste et président de la Ligue des droits de l'homme, on y trouve les radicaux qui suivent Mendès France, la gauche de l'UDSR derrière François Mitterrand (qui fera adopter par ce parti une décision de vote négatif, provoquant la scission des partisans du « oui » derrière René Pleven et Eugène Claudius-Petit), les catholiques de gauche de la *Jeune République,* l'Union de la Gauche socialiste, récemment créée autour des rédacteurs de l'hebdomaire *France-Observateur,* Gilles Martinet et Claude Bourdet, des syndicalistes venus de la CFTC ou de la Fédération de l'Éducation nationale. Au total, un rassemblement disparate qui traduit la prise de position d'une gauche moderniste et intellectuelle, mais qui ne compense guère le ralliement au « oui » des grands partis. Situation qui permettra aux gaullistes d'assimiler le camp des « non » à un groupe dominé par les communistes.

Cette disproportion entre les deux camps va encore se trouver accentuée par les conditions de la campagne pour le référendum. 23 formations « reconnues » reçoivent le droit d'utiliser la radio et les panneaux d'affichage, dont 17 se sont prononcées pour le « oui ». Des subventions publiques permettent de distribuer gratuitement à des millions d'exemplaires le journal *France-Référendum* ou de faire vivre les organisations gaullistes nées pour la circonstance. Une marée d'affiches « Oui à la France » couvre le pays cependant que la radio et la télévision (cinq minutes sont octroyées à chaque organisation reconnue sur chacun de ces médias) répercutent largement les vues des partisans du « oui », en raison de la domination numérique des formations qui préconisent une réponse positive, mais aussi parce que les journaux radiophoniques et télévisés donnent une place majeure aux groupements favorables à la nouvelle Constitution. De surcroît, et hors temps d'antenne réservé aux formations politiques, une interview de Jacques Soustelle, ministre de l'Information, et un appel radiotélévisé du général de Gaulle en faveur de l'adoption de la Constitution achèvent de convaincre les hésitants. Manquant d'argent, de moyens, de journaux, de militants, l'opposition est condamnée d'avance. Elle ne parvient pas à mordre vraiment sur l'opinion. Elle apparaît, à travers la radio et la télévision, comme une force minoritaire, voire marginale, satellisée par le parti communiste. La victoire des « oui » ne fait guère de doute. La seule interrogation porte sur son ampleur.

Or, au soir du 28 septembre, l'analyse des résultats fait apparaître un véritable triomphe des partisans de la Ve République. La Constitution est adoptée à une écrasante majorité (près de 80 % des suffrages exprimés) et le général de Gaulle est plébiscité par les Français.

L'analyse du scrutin révèle en premier lieu une très forte participation des Français dont près de 85 % se sont rendus aux urnes. C'est en France du Centre et du Sud-Ouest dans les fiefs traditionnels d'une gauche non communiste très divisée sur l'attitude à adopter que les taux d'abstention sont les plus élevés, révélant le désarroi d'une famille politique en pleine confusion. La distribution géographique des votes met en évidence le caractère de lame de fond de l'approbation par les Français de la Ve République. Tous les départements français

		% des inscrits	% des suffrages exprimés
Électeurs inscrits	26 603 464	100	
Votants	22 596 850		
Abstentions	4 006 614	15,06	
Blancs et nuls	303 559	1,14	
Oui	17 668 790	66,41	79,26
Non	4 624 511	17,38	20,74

sans exception ont donné la majorité au « oui ». Sans doute le poids de celui-ci est-il plus écrasant dans les départements à tradition de droite (France de l'Ouest et de l'Est, Gironde, Basses-Pyrénées, Haute-Loire) que dans ceux où la gauche réalise d'ordinaire ses meilleurs scores (France du Nord, Nord et Ouest du Massif central, France méditerranéenne), mais la victoire du « oui » dépasse dans les premiers l'audience habituelle des conservateurs et, dans les seconds, les résultats du « non » sont très en deçà des résultats ordinaires de la gauche. Analyse géographique qui ne fait que confirmer un fait aisément observable : les 20 % obtenus par le « non » au référendum du 28 septembre peuvent utilement être comparés aux 25 % de voix communistes des consultations de la IVe République, surtout si l'on rappelle que des éléments de droite et une fraction non négligeable de la gauche non communiste ont appelé à voter « non ». Si on évalue à 700 000 ou 1 million le nombre de « non » venu des éléments non communistes, ce sont entre 1 600 000 et 1 900 000 électeurs communistes (soit un tiers de l'électorat de ce parti) qui, passant outre à ses consignes, ont approuvé la constitution et préféré de Gaulle au PC. Le 28 septembre, la Ve République est juridiquement fondée, et dans des conditions d'approbation populaire qui rendent désormais vaines les accusations sur le « péché originel » du 13 mai. L'enseignement connexe du référendum est l'effondrement de la gauche qui a combattu le nouveau régime. Effondrement d'autant plus lourd qu'à peine remise du traumatisme référendaire, il lui faut, en bien mauvaise position, affronter à nouveau le verdict du corps électoral. Les élections législatives faisant suite à l'adoption des nouvelles institutions sont en effet fixées au 23 novembre. A dire vrai, l'épreuve s'annonce redoutable pour l'ensemble des forces politiques qui connaît une crise profonde.

La crise des forces politiques
au début de la Ve République.

L'épreuve du 13 mai et le bouleversement du paysage politique qui s'ensuit portent en effet un coup décisif à des forces qui subissent depuis les années 1953-1954 les effets de leur inadaptation à la société nouvelle que la croissance est en train de faire naître. Les espoirs de modernisation nourris pendant et après la Seconde Guerre mondiale ont avorté entre 1945 et 1947, et c'est très largement à une restauration du système politique français que l'on assiste après les débuts de la Guerre froide. Les forces politiques retrouvent à peu de chose près leur configuration d'avant la guerre, les programmes s'alignent sur les données idéologiques souvent nées au début du xxe siècle, la pratique des institutions emprunte les sillons tracés sous la IIIe République. A partir de 1953-1954, lorsque se font sentir les premiers effets de la croissance, la distorsion entre des formations vieillies et sclérosées et les aspirations encore confuses d'une société qui voit s'ouvrir devant elle de nouveaux horizons se manifeste par un discrédit des partis et la recherche tâtonnante de nouvelles formules politiques. Le phénomène mendésiste [1], le poujadisme, la création de la « nouvelle gauche » sont autant de témoignages de ce malaise latent qui joue son rôle dans l'essoufflement du régime [2]. A la veille du 13 mai, il n'est guère de force qui soit épargnée par ce qui apparaît

1. Voir (62).
2. Voir (15) vol. 2, p. 76-85.

RÉFÉRENDUM DU 28 SEPTEMBRE
VOTES « OUI »

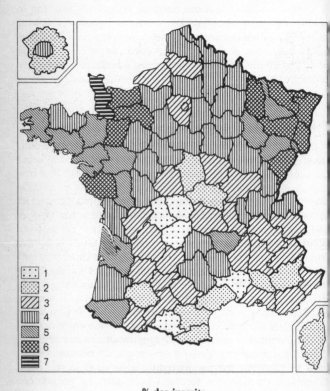

% des inscrits
1. 50 à 54,9 - **2.** 55 à 59,9 - **3.** 60 à 64,9 - **4.** 65 à 69,9
5. 70 à 74,9 - **6.** 75 à 79,9 - **7.** 80,5

Source : F. Goguel, *Chroniques électorales,* Presses de la FNSP,
1983, t. 2, p. 13.

RÉFÉRENDUM DU 28 SEPTEMBRE
VOTES « NON »

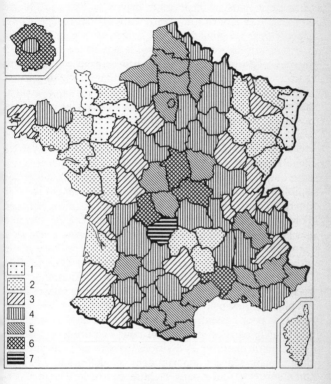

% des inscrits
1. moins de 8 - **2.** 8 à 11,9 - **3.** 12 à 15,9 - **4.** 16 à 19,9
5. 20 à 23,9 - **6.** 24 à 27,9 - **7.** 29,9

Source : F. Goguel, *Chroniques électorales,* Presses de la FNSP,
1983, t. 2, p. 13.

comme une crise globale du système politique. Le parti communiste, ébranlé dès 1956 par les révélations du XXe congrès du PCUS sur les crimes de Staline et l'entrée des chars soviétiques en Hongrie, subit après cette date sa première hémorragie massive d'adhérents depuis la Seconde Guerre mondiale. Les modérés du Centre national des indépendants, débordés par les poujadistes qui contestent violemment leur parlementarisme, sont conduits, par la surenchère de ceux-ci, à une radicalisation de droite. Les partis de gauche et du centre se trouvent tous, quant à eux, plus ou moins en état de scission larvée. Sur cette dernière fraction du monde politique, le mendésisme avec sa tentative de modernisation a joué comme un révélateur. Aux fêlures déjà révélées par la querelle de la CED, le mendésisme a ajouté de nouvelles lignes de clivage chez les socialistes SFIO, à l'UDSR, au sein du parti radical, chez les républicains-sociaux. Il a conduit le MRP à désavouer ceux des siens qui, arguant de la similitude des vues mendésistes et des aspirations des fondateurs du mouvement, avaient cru pouvoir appuyer l'expérience de 1954-1955, et à durcir son attitude d'opposition au point de provoquer le malaise de son aile gauche ; la volonté de se recentrer après 1956 pour échapper à l'attraction de la droite entraîne à son tour l'opposition de l'aile droite conduite par Georges Bidault. Le retour du général de Gaulle sur la scène politique et le projet de constitution ne font qu'aggraver une crise déjà installée. Il est vrai que celle-ci apparaît plus marquée pour la gauche et le centre au sein desquels se recrutent pour l'essentiel les adversaires de la Ve République que pour le parti communiste et pour une droite qui trouve l'occasion de masquer ses divisions derrière un gaullisme proclamé, mais souvent ambigu dans sa définition. Le parti communiste retrouve dans sa lutte contre le « régime personnel ouvrant la voie au fascisme » l'adversaire qui permet de dissimuler la profondeur de la crise et de rétablir une apparente unité dans une opposition radicale, mais dont le référendum a révélé qu'elle était électoralement coûteuse. Le Centre national des indépendants se rallie d'enthousiasme au Général en qui il voit l'homme d'ordre qui mettra au pas les contestataires et les trublions et surtout l'homme fort qui conservera l'Algérie française. Mais c'est évidemment dans les rangs gaullistes que de Gaulle fait figure d'homme providentiel. Qui, mieux que ceux qui ont milité au RPF ou chez les républicains-sociaux et ont envers et contre tout maintenu durant les années de la « traversée du désert » la fidélité au général (non sans quelques excursions dans les allées du pouvoir), pourrait soutenir son action au Parlement ? Avec une difficulté toutefois : le refus déterminé de Charles de Gaulle d'accorder son parrainage à quelque formation politique que ce soit comme de voir aucune d'entre elles se réclamer de son nom. Toutefois, c'est dans les bureaux de Matignon que sont jetées dès l'été 1958 les bases d'un rassemblement des multiples formations gaullistes écloses depuis le début du mois de juillet ; le Général feint d'ignorer les conciliabules qui réunissent ses collaborateurs de Matignon, Olivier Guichard, Pierre Lefranc, Jacques Foccart, Jacques Richard avec les têtes politiques des républicains-sociaux, Jacques Chaban-Delmas, Roger Frey, Jacques Soustelle[1].

C'est de ces tractations que sort, au lendemain même du référendum, le 1er octobre, l'*Union pour la Nouvelle République* (UNR), rassemblant dans une fédération la plupart des formations qui soutiennent le général de Gaulle, des *Républicains-sociaux* à l'*Union pour le renouveau français* et à la *Convention républicaine*. A sa tête, un comité directeur de 13 membres comprenant les ministres Michel Debré, Edmond Michelet et Jacques Soustelle (mais non André Malraux qui s'est récusé) ainsi que des dirigeants de premier plan du gaullisme parlementaire comme Jacques Chaban-Delmas, Roger Frey et Albin Chalandon. Cette fédération aux liens encore très lâches est-elle, comme le pense une partie de l'opinion, et comme il l'espère sans doute lui-même, sous la coupe de Jacques Soustelle, qui fait figure de principal leader du mouvement gaulliste ? En fait, il ne faudra que quelques semaines pour démontrer qu'il n'en est rien. Même si le général de Gaulle feint de ne pas intervenir dans les affaires du nouveau parti, ses collaborateurs de Matignon vont faire échouer les ambitions du ministre de l'In-

1. Ces contacts sont évoqués dans J. Lacouture (23), t. 2, p. 545-546.

formation. D'abord en s'opposant à l'élection d'un président de l'UNR, poste auquel Jacques Soustelle se verrait bien désigné. Le parti gaulliste peut-il avoir un autre président que l'homme du 18 Juin, qui fait mine de l'ignorer ? On désignera donc un secrétaire général en la personne de Roger Frey, maître de l'appareil, mais non du parti. Nouvel échec ensuite lorsque, le 16 octobre, Jacques Soustelle propose à l'UNR un accord politique avec ses trois amis de l'*Union pour le salut et le renouveau de l'Algérie française*, Georges Bidault (démocratie chrétienne), Roger Duchet (secrétaire général du Centre national des indépendants) et André Morice (Centre républicain). Au tollé du comité directeur de l'UNR s'ajoute le veto formulé cette fois par le Général lui-même. Enfin, lorsqu'il s'agit de choisir les candidats de l'UNR, pour les élections législatives du 23 novembre, les dossiers sont étudiés non par Soustelle ou Léon Delbecque, autre champion de l'Algérie française, mais par Roger Frey, assisté de Jacques Baumel et Jacques Marette, c'est-à-dire par des hommes de l'appareil gaulliste auxquels l'équipe de Matignon prête main-forte et c'est en fonction de leur fidélité au général de Gaulle que sont choisis la plupart des candidats.

Si la venue au pouvoir du général de Gaulle renforce la cohésion de ses adversaires communistes et de ses appuis modérés et surtout gaullistes, elle précipite en revanche la crise des autres formations politiques. Le MRP, à la recherche de son identité depuis sa rupture avec le général de Gaulle en 1947 et la création du RPF, est plus que jamais plongé dans le désarroi par la création de l'UNR, la nouvelle loi électorale et l'antiparlementarisme latent de l'opinion. Le radicalisme déjà séparé en trois tronçons (RGR, Centre républicain, parti radical) voit s'esquisser une quatrième scission avec l'entrée à l'*Union des forces démocratiques* de Pierre Mendès France et de ses amis. Le parti socialiste SFIO et l'UDSR éclatent selon les lignes de fracture depuis longtemps tracées, à propos de l'attitude à adopter lors du référendum. Face à une droite qui a le vent en poupe, c'est en vaincus que le centre et la gauche vont à la bataille électorale.

Les élections d'octobre 1958.

En dépit du souhait du Comité consultatif constitutionnel, la Constitution adoptée le 28 septembre n'avait pas abordé le problème du mode de scrutin, le général de Gaulle entendant trancher la question en fonction des résultats qu'il attendait de la consultation. Malgré l'attachement du MRP à la représentation proportionnelle en usage sous la IVe République et qui paraissait nécessaire à un parti dépourvu de notables, ce système électoral est rejeté d'emblée, le président du Conseil n'entendant pas maintenir les apparentements qu'il avait si vivement critiqués en 1951 et redoutant que le retour à une proportionnelle intégrale n'augmente la représentation du parti communiste. Aussi le débat se limite-t-il au choix d'un mode de scrutin majoritaire. C'est encore la crainte d'un triomphe du parti communiste qui fait rejeter le scrutin à un tour utilisé en Grande-Bretagne et qui a les faveurs de Michel Debré. Reste à trancher en faveur du scrutin de liste départemental ou du scrutin uninominal d'arrondissement. C'est finalement ce dernier que retient le Conseil des ministres du 7 octobre, le général de Gaulle s'étant finalement rallié à un système qui avait fait les beaux jours du radicalisme sous la IIIe République, moins par doctrine que par pragmatisme : il en attend un relâchement de la « tyrannie des partis » dans les élections, un effet « brise-lames » morcelant, par l'éparpillement dans près de 500 circonscriptions, les emportements du suffrage universel qui risqueraient de transformer en raz-de-marée le choix massif du référendum, enfin, corrélativement, non une « Chambre introuvable » dominée par la droite, mais une assemblée de centre-gauche où socialistes et radicaux, habitués à manier le scrutin d'arrondissement, seraient en position dominante. Enfin, pour éviter les manœuvres électorales qui avaient discrédité le scrutin uninominal d'arrondissement sous la IIIe République, sont prises diverses mesures : le second tour aura lieu huit jours après le premier et non quinze ; aucun candidat nouveau ne peut se présenter au second tour ; aucun candidat ne peut se maintenir au second tour s'il n'a obtenu au moins 5 % des suffrages exprimés au premier. La mise en œuvre d'un scrutin abandonné depuis la IIIe République nécessitait la délicate opération du découpage des circonscriptions électorales, rendue plus délicate encore par la diminution prévue du nombre de députés qui devait être ramené de 544 à 465 en métropole. Le principe adopté est de découper les circonscriptions proportionnellement à la population, soit en moyenne un député pour 93 000 habitants. Aucun département ne devant avoir moins de 2 députés, les moins peuplés se trouvent naturellement favorisés. Bien que le découpage ait systématiquement défavorisé les communistes et occasionnellement facilité la tâche des amis du pouvoir, les observateurs se sont accordés à considérer qu'il était aussi honnête que peut l'être un exercice de ce genre où le morcellement d'une ville, le déplacement d'un canton d'une circonscription à l'autre, sont en mesure de modifier le résultat du scrutin [1].

La campagne électorale qui s'ouvre en novembre 1958 est unanimement considérée comme une des plus ternes de l'histoire parlementaire française, en ceci qu'il est très difficile de distinguer les lignes de clivage politique entre les groupes au lendemain du référendum. Parmi les partisans du « non », le parti communiste, ébranlé par les résultats de la consultation de septembre, isolé, sûr de la défaite en raison du mode de scrutin, mène une campagne timide et sans enthousiasme, concentrant ses efforts sur les quelques circonscriptions où il lui paraît possible de sauver un de ses députés, tandis que les candidats de l'Union des forces démocratiques (présents seulement dans 90 circonscriptions), dépourvus de moyens, ne parviennent guère à faire entendre leur voix. En revanche, le chœur des partisans du « oui » est impressionnant par sa massivité, la grande difficulté étant de distinguer les voix. En effet, des socialistes à l'UNR, tous se réclament, avec une belle una-

1. C'est le jugement porté par le juriste Maurice Duverger, « Paradoxes d'une réforme électorale », dans (68) comme par le journaliste Jacques Fauvet qui écrit dans *le Monde* : « La confection d'une nouvelle carte électorale était une opération délicate ; compte tenu des observations qui ont été présentées, ses auteurs l'ont effectuée honnêtement. »

nimité, du général de Gaulle. Celui-ci a eu beau déclarer avant le scrutin que « l'impartialité m'oblige à tenir essentiellement à ce que mon nom, même sous la forme d'un adjectif, ne soit utilisé dans la proclamation d'aucun groupe ou d'aucun candidat », cette campagne est celle du « gaullisme universel », la plupart des candidats identifiant sans vergogne un vote en leur faveur à un vote pour le général de Gaulle et beaucoup sacrifiant à l'antiparlementarisme ambiant en se présentant comme des hommes nouveaux.

Les résultats du premier tour au soir du 23 octobre présentent un très grand intérêt en ce qu'ils mettent en place, aux

ÉLECTIONS DES 23 ET 30 NOVEMBRE 1958 1er tour *		% des inscrits	% des suffrages exprimés
Électeurs inscrits	27 236 491	100	
Votants	20 994 797		
Abstentions	6 241 694	22,9	
Blancs et nuls	652 889	2,3	
Parti communiste	3 907 763	14,3	19,2
UFD	261 738	0,9	1,2
SFIO	3 193 786	11,7	15,7
Radicaux et assimilés	1 503 787	5,5	7,3
MRP	2 273 281	8,3	11,1
Gaullistes UNR, gaullistes de gauches, divers	4 165 453	15,2	20,4
Modérés	4 502 449	16,5	22,1
Extrême droite	553 651	1,9	2,6

* Ces résultats électoraux, comme tous ceux qui suivent dans le volume, sont des résultats simplifiés, pour demeurer lisibles, et arrondis au dixième près. Pour ces raisons, le total de chacune des colonnes est généralement légèrement inférieur à 100 %.

origines de la Ve République, un paysage politique totalement
nouveau. En premier lieu, on est frappé par l'importance de
l'abstentionnisme (22,9 % contre 15,06 au référendum), ce qui
met en évidence un décalage entre la confiance massive faite
au général de Gaulle et aux institutions qu'il propose, et une
méfiance maintenue envers les partis politiques. L'antiparlementarisme de 1958 constitue sans doute un élément d'explication, mais probablement aussi le désarroi des électeurs de
gauche. Le deuxième fait marquant de ce premier tour est en
effet la chute des suffrages communistes.

Confirmant les évaluations faites à l'époque du référendum,
on constate que le parti communiste perd 1 600 000 voix par
rapport aux élections de 1956, soit pratiquement le tiers de son
électorat. L'explication tient sans doute au choix nettement
antigaulliste fait par lui depuis mai 1958 et qui va à contre-
courant des tendances dominantes de l'opinion, mais aussi à
l'effet différé de phénomènes antérieurs qui n'avaient pas jusqu'alors trouvé leur expression électorale, comme les révélations du XXe congrès du PCUS ou l'intervention soviétique en
Hongrie. En revanche, c'est bien d'un échec de la gauche
moderne qu'il faut parler en considérant le score si faible de
l'UFD qui dépasse à peine 1 % des suffrages exprimés à
l'échelle nationale et n'atteint guère plus de 5 % dans les circonscriptions où elle se présente. A ce véritable effondrement
de la gauche antigaulliste, il faut ajouter (et c'est la troisième
observation fondamentale sur le premier tour des élections) la
stagnation ou le recul des partis du centre qui avaient constitué
l'assise politique de la IVe République et ont choisi de se rallier
au général de Gaulle. Le parti socialiste et le MRP ont maintenu leurs résultats en pourcentage de 1956 (respectivement
15,7 et 11,1 % des suffrages exprimés contre 15,2 et 11,1 en
1956) alors que les radicaux paient leur crise et leur éclatement
par un véritable effondrement (ils ne sont présents que dans
209 circonscriptions et recueillent sur le plan national 7,3 %
des suffrages contre environ 15 % en 1956). En revanche, les
groupes de droite, qui apparaissent comme les plus proches du
nouveau régime, sont les grands vainqueurs des élections. Si
l'extrême droite s'effondre (et en particulier le mouvement

Poujade qui ne représente que 0,5 % des 2,6 % de cette tendance), le centre droit surtout représenté par le CNIP devient, en termes de suffrages, la première force politique française avec plus de 22 % des voix et l'UNR, à peine constituée, crée la surprise des élections en réunissant plus de 20 % des voix. On peut hésiter sur l'interprétation de ces élections. S'agit-il, à travers partis interposés, d'un nouveau plébiscite en faveur du gaullisme, les résultats s'analysant alors par la plus ou moins grande proximité des formations par rapport au général de Gaulle, ou bien s'agit-il d'une poussée à droite de l'électorat, le gaullisme n'apparaissant alors à l'opinion que comme une variété de conservatisme ? Fin novembre 1958, rien ne permet de trancher entre ces deux hypothèses et cette incertitude est grosse de combats politiques futurs.

Quoi qu'il en soit, les résultats du second tour, en amplifiant (parfois jusqu'à la caricature) les tendances révélées par le premier, vont aboutir à des résultats fort éloignés de ceux attendus par le général de Gaulle. Sur un seul point toutefois, il y a coïncidence entre les intentions des auteurs de la loi électorale et les résultats enregistrés : la défaite du parti communiste. Celui-ci s'est trouvé isolé dans un scrutin de caractère majoritaire et n'a

RÉSULTATS DU SECOND TOUR DES ÉLECTIONS LÉGISLATIVES [1]
30 novembre 1958

	Nombre de députés
Parti communiste	10
Parti socialiste SFIO	44
Radicaux et assimilés	23
MRP	57
UNR	198
Modérés	133

1. Il s'agit des députés élus en métropole auxquels devaient s'ajouter 67 élus de l'Algérie, 4 du Sahara, 10 des départements d'outre-mer et 6 des territoires d'outre-mer.

pu bénéficier des reports des voix socialistes au second tour,
Guy Mollet ayant déclaré : « Il n'y a pas de compromission
possible pour un socialiste avec les tenants du bolchevisme. »
Avec 10 députés (contre 150 en 1956), le parti communiste est
bien le grand vaincu des élections. En revanche, socialistes et
radicaux n'ont nullement tiré leur épingle du jeu dans un scrutin censé les favoriser. Les premiers ont perdu 51 députés et les
seconds 35, le MRP en voyant pour sa part disparaître une
trentaine. Ces partis paient leur identification à la défunte IVe
République, ce que manifeste clairement l'hécatombe des sortants. Sur les 475 élus de 1956 qui se représentent, 334 sont
battus et parmi eux les personnalités les plus en vue de l'histoire récente de la France : les anciens présidents du Conseil
Pierre Mendès France, Edgar Faure, Joseph Laniel ou Bourgès-
Maunoury, les socialistes Gaston Defferre, Robert Lacoste,
Jules Moch, Christian Pineau, Le Troquer, l'UDSR François
Mitterrand, les MRP Teitgen et Bacon, le radical Daladier...
En revanche, les grands vainqueurs sont les gaullistes et les
modérés. Selon l'observation de Maurice Duverger, ces deux
groupes qui ont rassemblé 37,5 % des suffrages au premier tour
réunissent 66 % des députés métropolitains : 198 pour l'UNR
et 133 pour les modérés. Rejet de la IVe République et plébiscite renouvelé en faveur du gaullisme ont offert au fondateur
de la Ve une victoire qui, écrit-il, dans ses *Mémoires d'espoir,*
« dépasse ses espérances ». La nouvelle République sera bien la
République des gaullistes.

La mise en place des pouvoirs publics.

Si le général de Gaulle, tout en appréciant la victoire que lui
offre le corps électoral, se préoccupe d'en limiter la portée afin
de ne pas apparaître comme le prisonnier de ses fidèles, ces
derniers n'entendent nullement faire preuve d'une réserve
désormais hors de saison. L'élection le 9 décembre du président de la nouvelle Assemblée nationale en administre la
preuve. Pour remplir cette fonction, le Général songe à Paul
Reynaud dont il n'a pas oublié le soutien à ses idées stratégiques durant les années trente et le fait qu'il l'a nommé en juin
1940 sous-secrétaire d'État à la Guerre de son gouvernement.

Mais ce modéré qui vient de présider le Conseil consultatif constitutionnel se heurte aux ambitions de Jacques Chaban-Delmas qui sait pouvoir compter sur l'ardeur des nouveaux élus gaullistes à s'assurer les postes de responsabilité. Passant outre aux objurgations des émissaires du Général, l'ancien président des républicains-sociaux s'assure une large victoire au second tour, Paul Reynaud se retirant après avoir été devancé au premier tour par le maire de Bordeaux (qui recueille 259 voix contre 168 à l'ancien président du Conseil consultatif). Charles de Gaulle devra accepter (et sans amertume apparente) que l'Assemblée soit dominée par les « barons » du RPF qui s'affirment d'emblée plus étroitement gaullistes que lui. Le Général n'a décidément pas fini de voir la victoire de ses partisans « dépasser ses espérances ».

Le 21 décembre doit avoir lieu l'un des actes fondateurs majeurs du nouveau régime avec l'élection du président de la République par le collège prévu par la Constitution, soit environ 80 000 notables. Bien que le général de Gaulle ait feint d'hésiter sur son éventuelle candidature, nul ne doute qu'il sera candidat et élu. Le 2 décembre, après un message gouvernemental qui fait connaître le souhait du président Coty de ne pas se représenter et l'assure du « respect » et de la « reconnaissance de la nation », le président du Conseil annonce sa décision de briguer la magistrature suprême. Combat gagné d'avance puisque le Général n'a contre lui que deux candidatures symboliques, celle du sénateur communiste Georges Marrane et celle du doyen de la faculté des sciences de Paris, Albert Chatelet, présenté par l'Union des forces démocratiques dont la récente déroute électorale ne fait guère un appui crédible. Le résultat est sans surprise, le général de Gaulle étant élu président de la République par 78,5 % des suffrages contre 13,1 au candidat communiste et 8,4 à celui de l'UFD.

Désormais la IVᵉ République vit ses dernières heures ; le temps des transitions s'achève. Le 8 janvier a lieu officiellement la passation des pouvoirs de René Coty à Charles de Gaulle dans la grande salle des fêtes de l'Élysée où René Cassin, vice-président du Conseil d'État, proclame solennellement les résultats du scrutin du 21 décembre. Puis, après le déjeuner, l'ancien et le nouveau président se rendent de concert à l'Arc de Triomphe pour le traditionnel hommage au Soldat Inconnu. Après quoi, abandonnant sur le trottoir un Coty interloqué par le caractère cavalier d'un geste peu dans les habitudes du nouveau chef de l'État, le président de la République redescend en voiture les Champs-Élysées, accompagné de Georges Pompidou (qui quitte la direction du cabinet du Général pour entrer à la banque Rothschild). Brutalité sans nul doute préméditée pour signifier symboliquement son refus d'une passation des pouvoirs que lui a imposée le souci de la légalité, mais qu'il rejette de tout son être, certain qu'il est d'incarner une légitimité historique que la IVe République a pu un moment usurper mais qui ne saurait s'inscrire dans une continuité qu'auraient incarnée avant lui Vincent Auriol et René Coty. Lorsque ce 8 janvier 1959 il entre en chef d'État à l'Élysée, c'est, à ses yeux, une parenthèse ouverte en janvier 1946 qui se referme en même temps que les portes du palais.

Le 9 janvier, Michel Debré, jusqu'alors garde des Sceaux et principal rédacteur de la nouvelle constitution, est officiellement nommé Premier ministre, avec la charge de mettre en œuvre le texte qu'il a préparé. Le gouvernement qu'il constitue est, par sa composition, proche de celui du général de Gaulle, avec 4 ministres d'État, un radicalisant (Houphouët-Boigny), un indépendant (Jacquinot), un MRP (Robert Lecourt) et le gaulliste André Malraux aux Affaires culturelles. Le fait marquant est l'absence des socialistes, en désaccord avec les mesures économiques et financières prises en décembre 1958, démissionnaires en principe dès ce moment, mais qui acceptent de différer leur départ jusqu'à l'entrée en fonctions du chef de l'État. Le gouvernement enregistre le résultat des élections en donnant une plus grande place à l'UNR, avec Jacques Soustelle (ministre délégué auprès du Premier ministre), Raymond Triboulet (Anciens Combattants), Cornut-Gentile (PTT), Roger Frey (Information) et Edmond Michelet à la Justice. Les hauts fonctionnaires détiennent toujours les Affaires étrangères (Couve de Murville), les Armées (Guillaumat), mais ils ajoutent à leurs départements l'Éducation nationale (André Boulloche, proche de la SFIO), la Santé publique et la Population (Bernard Chenot), la Construction (Pierre Sudreau). En outre Michel Debré a appelé à ses côtés le professeur d'économie politique Jean-Marcel Jeanneney comme ministre de l'Industrie et du Commerce. Si l'on peut ainsi parler d'un déplacement du centre de gravité du gouvernement, des partis vers les partisans du Général et les hauts fonctionnaires, souvent proches des gaullistes, les formations politiques conservent cependant une représentation non négligeable, les indépendants occupant le ministère de l'Économie et des Finances avec Antoine Pinay et celui de l'Agriculture avec Roger Houdet, le MRP détenant le portefeuille du Travail (Paul Bacon) et celui des Travaux publics et des Transports (Robert Buron) et le radical Berthoin passant au ministère de l'Intérieur. Si l'on excepte le passage à l'opposition des socialistes, de Gaulle continue à rassembler autour de lui une large partie des Français.

Le dernier acte de la mise en place des pouvoirs publics se joue en avril 1959 avec les élections au Sénat qui vont permettre au Parlement de se réunir. Préalablement ont lieu les 8 et 15 mars 1959 les élections municipales (les municipalités élues en 1953 parvenant normalement au terme de leur mandat). Elles révèlent que si le suffrage universel a plébiscité les gaullistes et voté à droite en novembre 1958, les élections locales sont marquées par une grande stabilité, les communistes connaissant un renforcement généralement attribué à l'impopularité des mesures économiques et financières du plan Pinay-Rueff, indépendants, socialistes, radicaux et MRP maintenant leurs positions. Stabilité que l'on retrouve lors des élections sénatoriales du 26 avril : 84 % des sortants sont réélus et la gauche dispose dans la seconde Chambre de 40 % des élus ; la plupart des dirigeants battus aux législatives retrouvent à l'occasion un siège parlementaire ; c'est le cas de Jacques Duclos, Gaston Defferre, Edgar Faure, François Mitterrand. Le Sénat va devenir la tribune où peut s'exprimer avec force une opposition très minoritaire à l'Assemblée nationale. Au fil des ans, à mesure que l'opposition se grossit de nouveaux courants, elle devient majoritaire au Sénat, qui va jouer le rôle du grain de sable dans la République gaullienne – capable d'en faire grincer les mécanismes, non d'en bloquer le fonctionnement.

Désormais, tous les organes de la Ve République sont en place. Le nouveau pouvoir est fondé et en état d'agir. Il lui reste à gouverner et, avant tout, à prouver sa crédibilité en apportant une solution au problème crucial : le conflit d'Algérie.

2

L'hypothèque algérienne

De Gaulle et l'Algérie.

Quelque jugement que l'on porte sur le rôle joué par le général de Gaulle dans l'événement du 13 mai et dans ses suites immédiates, il est peu douteux qu'il doit son retour au pouvoir à la guerre d'Algérie. Aussi bien ses partisans de la première heure que ceux qui se sont ralliés à lui au moment du référendum de septembre (tel Gaston Defferre), les émeutiers du 13 mai que les métropolitains épouvantés par le spectre d'un fascisme parachuté d'Algérie, attendent du Général qu'il mette fin au conflit. Mais il est bien évident que tous ne voient pas du même œil le scénario de cette sortie de guerre. Les activistes d'Algérie, mais aussi la majeure partie de l'opinion métropolitaine qui souhaite conserver l'Algérie à la France (un sondage de l'IFOP révèle que 52 % des Français désirent l'intégration tandis que 41 % veulent l'indépendance) ne doutent pas que le Général saura mettre le FLN à la raison et combler les vœux des partisans de l'Algérie française. Les partisans de l'indépendance (ou tout au moins d'une solution libérale en Algérie) qui sont minoritaires en 1958 jugent de leur côté que seul de Gaulle disposera de l'autorité suffisante pour imposer en Algérie une solution conforme à leurs vœux. Si l'avenir donne raison aux seconds, rien ne permet aujourd'hui d'affirmer avec certitude que la solution qui l'emporte finalement était celle qui avait les faveurs du général de Gaulle en 1958. Dans ses *Mémoires d'espoir,* publiés en 1970, le général de Gaulle l'affirme en écrivant : « ... Il n'y avait plus à mes yeux d'issue en dehors du droit de l'Algérie à disposer d'elle-même [1] », présen-

1. (19), t. I, p. 60.

tant par ailleurs la suite des événements comme résultat d'une mise en œuvre délibérément voulue et patiemment préparée « non point par bonds, mais pas à pas[1] ». Si les faits confirment cette seconde assertion, la première semble plus contestable, et le sentiment prévaut qu'en 1958, au moment où il revient au pouvoir, il n'a pas d'avis arrêté sur la solution à apporter au conflit. Dans une conférence de presse de 1955, à l'hôtel Continental, il a évoqué une « association » de l'Algérie à la France, formule qui peut s'accommoder d'une pluralité de mises en œuvre juridiques. A ceux de ses partisans favorables à l'indépendance qu'il reçoit avant son retour au pouvoir, un Edmond Michelet, un Maurice Clavel, un Louis Terrenoire, il laisse entendre qu'il est de leur côté[2]. Mais il ne prend nullement le contre-pied des thèses favorables à l'Algérie française que défend Jacques Soustelle dans les livres qu'il lui adresse, *Aimée et Souffrante Algérie, le Drame algérien et la Décadence française*, lui faisant seulement remarquer que la IVe République est incapable de maintenir l'Algérie dans l'ensemble national. Et Soustelle, comme Michel Debré, ont la certitude absolue que la politique du général de Gaulle est bien celle de l'Algérie française. En fait, fidèle à la ligne de conduite qu'il s'est tracée (« Si j'ai un plan, je me garderai bien de le faire connaître », déclare-t-il à Louis Terrenoire en 1957), il se maintient dans un flou volontaire, laissant chacun faire l'exégèse de propos contradictoires et projeter ses propres aspirations sur son programme supposé. La formation du gouvernement de Gaulle n'est pas plus éclairante : Michel Debré, partisan déterminé de l'Algérie française, est garde des Sceaux, mais, dans la cellule qui traite les affaires algériennes, le Général nomme comme adjoint auprès du secrétaire général René Brouillet Bernard Tricot, qui lui a fait connaître qu'il était partisan d'une solution libérale, pouvant aller jusqu'à l'indépendance. Quant aux déclarations du général de Gaulle, elles offrent à chacun ce qu'il désire. Outre le célèbre « Je vous ai compris » lancé à la foule algéroise le 4 juin et qui déchaîne une vague d'enthousiasme, sans que personne ait vraiment dis-

1. *Ibid.*, p. 108.
2. Voir par exemple L. Terrenoire (77).

cerné ce que le Général avait compris, on pourra au choix se
référer à l'allocution radiodiffusée du 13 juin : « Pacifier l'Algérie. Faire en sorte qu'elle soit toujours, de corps et d'âme, avec
la France » ou à celle du 27 juin 1958 : « L'Algérie ! Les conditions de son avenir, la France veut les fixer avec les Algériens
eux-mêmes. Qu'ils fassent donc entendre leur voix [1] ». Dans
l'état actuel de notre documentation, rien ne permet donc d'affirmer que le général de Gaulle a une idée précise de la politique qu'il convient d'adopter en Algérie au moment où il
prend le pouvoir.

Dans ces conditions, le Général adopte une ligne pragmatique, maintenant le secret sur les orientations à long terme
de sa politique, au point de contraindre à une exégèse permanente (et parfois contradictoire) de ses propos sibyllins ceux
qui sont chargés de mettre en œuvre l'action de la France, officiers ou fonctionnaires. La seule tendance discernable en permanence dans cette politique algérienne, c'est la volonté de
faire triompher la « solution la plus française », mais avec une
adaptation continue aux circonstances. Or, entre 1958 et 1962,
celles-ci vont évoluer dans un sens défavorable à l'Algérie française, le FLN ne cessant de durcir son attitude et affirmant sa
volonté de ne discuter que de l'indépendance, l'opinion internationale désavouant de plus en plus nettement la guerre d'Algérie, et les Français manifestant une lassitude croissante et
bientôt une opposition majoritaire à un conflit qui apparaît
sans issue. L'adaptation du Général à cette évolution va
prendre la forme d'une série de discours et de déclarations qui
marquent le cheminement de ses convictions et constituent
une pédagogie politique à l'usage de l'opinion publique nationale et internationale, de l'armée, de la population européenne
d'Algérie, illustrant ce que le journaliste du *Monde* Pierre
Viansson-Ponté appelle « le gouvernement de la parole ».
Pédagogie que le général de Gaulle a lui-même définie dans ses
Mémoires d'espoir, évoquant cette évolution par phases dont il
caractérise ainsi la démarche : « ... Déclenchant moi-même
chaque étape et seulement après l'avoir préparée dans les faits

1. (7), t. III, *Avec le renouveau*, p. 18-20.

et dans les esprits. » De juin 1958 au printemps 1962, on voit ainsi se succéder quatre étapes qui représentent autant d'infléchissements de la politique algérienne du général de Gaulle.

Première étape : « la paix des braves »
(juin-décembre 1958).

En juin 1958, deux raisons font de l'Algérie le problème fondamental qui se pose au gouvernement : en premier lieu, celui du statut des 13 départements d'outre-mer, caractérisé par l'incompatibilité entre les vues d'un FLN qui revendique l'indépendance et celles de la population européenne qui a manifesté le 13 mai, avec l'appui d'une partie de l'armée, sa volonté de demeurer française ; mais aussi, en second lieu, pour l'homme qui entend restaurer l'État, la présence en Algérie de pouvoirs de fait, dans lesquels la population se reconnaît, qui imposent leur autorité et dessaisissent en pratique les représentants de l'État, les comités de salut public, d'autant plus forts que les militaires y participent très largement. C'est cette situation, d'une extrême complexité, que le Général doit affronter dès son arrivée au pouvoir et dans laquelle il voit, non sans raison, une hypothèque pesant sur son autorité. Que serait celle-ci si elle se trouvait dans la dépendance de comités tenus par des activistes civils et militaires prétendant imposer leurs vues au gouvernement ?

Le problème algérien est à ce point fondamental qu'entre juin et décembre 1958, parallèlement à la rédaction de la Constitution, à la préparation du référendum, puis à la mise en place des pouvoirs publics, le général de Gaulle ne fait pas moins de cinq voyages en Algérie, s'appliquant à régler le double problème de l'avenir des trois départements et de l'affirmation de l'autorité de l'État.

Sur le premier point, on peut considérer que de Gaulle, même s'il se garde bien d'engager l'avenir (dans son discours du 4 juin à Alger il renvoie toute solution au lendemain de l'élection des députés : « Avec ces représentants élus, nous verrons comment faire le reste »), dessine une configuration d'ensemble qui répond dans ses grandes lignes aux vœux des partisans de l'Algérie française. Sans doute, ce terme lui-même n'est-il pas prononcé, sauf à Mostaganem le 6 juin, et sans doute s'agit-il d'une formule échappée au Général dans la chaleur d'une allocution prononcée au milieu de la liesse populaire[1] ; de même on chercherait en vain le mot intégration dans les nombreux discours du président du Conseil prononcés au cours des cinq voyages. Mais c'est bien cette politique que le chef du gouvernement propose et que les diverses décisions prises mettent en œuvre avec une incontestable cohérence. S'adressant le 4 juin à la foule algéroise, après le célèbre « Je vous ai compris », il annonce l'égalité entre Français et musulmans, au sein d'un collège unique, qui mettrait fin aux discriminations entre Européens et musulmans, posant ainsi la clé de voûte de la politique de l'intégration. Et que cette Algérie désormais intégrée doive avoir un destin français, on en a la preuve dans l'insistance avec laquelle le Général, par trois fois, s'adresse à ses interlocuteurs en les qualifiant de « Français à part entière » (avec les mêmes droits et les mêmes devoirs »). Première conséquence, les 10 millions de Français d'Algérie prendront part, comme les Français de la métropole et des territoires et départements d'outre-mer, au référendum du 28 septembre et aux élections législatives de novembre.

Si de Gaulle donne au mois d'août des instructions pour que les campagnes se déroulent dans un climat de totale liberté, sur place Jacques Soustelle, ministre de l'Information, et les autorités militaires conjuguent leurs efforts pour obtenir un vote positif au référendum et l'élection de candidats « Algérie française », ne négligeant pour parvenir à ce résultat aucun effort de propagande et entravant systématiquement la liberté d'expression des partisans du « non » ou des candidats libéraux aux élections. Les résultats apparaissent comme triomphaux. En septembre 96,5 % des votants se prononcent pour le « oui » (76,1 % des électeurs inscrits). Il est vrai que ce résultat

---

1. Il est remarquable que l'édition des *Lettres, Notes et Carnets. Juin 1958-décembre 1960* (8) publie le discours de Mostaganem sans la célèbre phrase « Vive l'Algérie française ! » dont cependant de nombreux témoins affirment qu'elle a été prononcée et qui devient dans ce texte : « Vive l'Algérie ! » Fidélité à la pensée du Général plus qu'à la lettre de son discours ou appui sur un brouillon qui ne comportait pas la formule ?

donne lieu à interprétations différentes, Jacques Soustelle y
voyant un plébiscite en faveur de l'intégration, le général de
Gaulle un simple vote de confiance adressé à sa personne et
non à une politique qu'il n'a effectivement pas définie. Quant
au résultat des élections de novembre, auxquelles aucun candidat libéral n'a finalement pu se présenter, elles apparaissent
comme un vote quasi monolithique favorable à l'Algérie française. Marquées par un taux d'abstention particulièrement
élevé (36 %, le FLN ayant donné le mot d'ordre de boycott des
élections), elles voient la désignation de 46 musulmans et
21 Européens, tous militants de l'intégration, et qui vont
constituer un groupe parlementaire, dont l'objectif, affirmé par
serment, est de faire triompher cette solution. Même si les pressions de l'armée sont un fait attesté, c'est bien cette politique
qui apparaît – du moins officiellement – comme celle du gouvernement et que les électeurs européens et musulmans d'Algérie semblent avoir massivement approuvée.

De la même politique, celle de l'association étroite et pour
une longue durée de l'Algérie à la France, relève le volet économique de l'action annoncée par le général de Gaulle. Dès le
3 juillet, lors du deuxième séjour algérien, prononçant à Alger
un discours, il annonce un « plan de rénovation » économique
et sociale. C'est à Constantine le 3 octobre, durant le quatrième
voyage, qu'il fait connaître les grandes lignes de ce plan quin-
quennal que l'histoire retiendra sous le nom de « plan de
Constantine ». Les perspectives en sont ambitieuses et de
nature à rallier à une solution française une population à qui
les satisfactions ont été chichement mesurées jusqu'alors : égalisation des salaires entre l'Algérie et la métropole, engagement
de réserver aux musulmans d'Algérie le dixième des postes
publics français, scolarisation de toute la jeunesse algérienne,
création de 400 000 emplois nouveaux, mise en valeur et distribution aux musulmans de 250 000 hectares de terres
arables, utilisation du pétrole et du gaz algériens pour l'industrialisation du pays, implantation de complexes métallurgiques
et chimiques, développement de l'équipement sanitaire et des
voies de communication, construction de logements pour un
million de personnes. Le Général a eu beau à Oran le 2 octobre

crier « Vive l'Algérie avec la France, vive la France avec l'Algérie ! », ce qui ne laisse pas d'inquiéter les champions de l'intégration, le plan de Constantine semble bien attester la volonté française de demeurer outre-Méditerranée.

Au demeurant, les mesures militaires et le comportement vis-à-vis du FLN, ne font que confirmer cette interprétation. Le voyage accompli par le Général début juillet prend des allures d'inspection militaire et c'est bien une victoire sur le terrain destinée à réduire les derniers bastions de l'insurrection que vise le chef du gouvernement. N'a-t-il pas imposé aux militaires une stratégie nouvelle tendant à substituer au « quadrillage » qui permet de « tenir le terrain » l'attaque des zones où le FLN est solidement implanté, les Aurès et les Nementchas, la Kabylie, la région de Tlemcen, etc. ? Au demeurant, l'organisation militaire de la révolte semble à bout de souffle, déchirée par des querelles internes (quelques mois plus tôt, Ramdane Abbane, un des dirigeants du Front, a été exécuté par ses rivaux après un simulacre de procès). L'occasion n'est-elle pas bonne de tenter de lui porter le coup de grâce ?

Il est vrai qu'affaibli sur le terrain, inquiet d'un référendum qui s'annonce comme devant être un succès pour le général de Gaulle, le FLN a repris l'initiative dans le domaine politique. Le 19 septembre 1958, au Caire, les responsables de la rébellion annoncent la formation d'un *Gouvernement provisoire de la République algérienne* présidé par Ferhat Abbas. C'est signifier clairement que le FLN entend mener avec la France un dialogue de puissance à puissance. Au demeurant, le général de Gaulle ne refuse pas l'interlocuteur qui se présente ainsi à lui, mais il entend mener le dialogue sur des bases qu'il a lui-même définies et qu'il précise dans sa conférence de presse du 23 octobre. Convaincu que le FLN est militairement vaincu et que ses chefs ne cherchent qu'un moyen honorable de cesser le combat, refusant de considérer le GPRA comme une entité politique représentative, il va offrir à la rébellion une reddition qui lui permettra de sauver la face et qu'il appelle « la paix des braves » : « J'ai parlé de la paix des braves. Qu'est-ce à dire ? Simplement ceci : que ceux qui ont ouvert le feu le cessent et qu'ils retournent sans humiliation à leurs familles et à leur travail », la suite du texte indiquant à l'adversaire les moyens concrets de prendre contact avec les représentants de la France. Bien accueilli par les libéraux français qui y voient une offre d'ouverture de négociations, le discours se heurte à une fin de non-recevoir du FLN qui juge qu'il s'agit d'un refus de discuter.

La déception est d'autant plus vive que le discours est généralement interprété par l'opinion favorable à la paix en Algérie comme une amorce, susceptible de larges prolongements, dès lors que les combats auront cessé. Mais pour le FLN, comme c'était déjà le cas à l'époque de Guy Mollet, conclure un « cessez-le-feu » préalablement à des négociations, c'est se dessaisir de l'atout majeur face à la France. Cependant la crédibilité des propositions du Général est d'autant plus forte que, s'il poursuit officiellement la politique de l'intégration, il s'applique en même temps à diminuer le poids des partisans les plus déterminés de celle-ci, les comités de salut public et les activistes civils et militaires.

L'affirmation de l'autorité de l'État.

La politique d'intégration poursuivie de juin à décembre 1958 correspond-elle aux convictions profondes du Général ou à la nécessité dans laquelle il se trouve de ménager les ultras d'Algérie en attendant de pouvoir les réduire ? C'est en tout cas à parvenir à ce dernier résultat qu'il s'applique avec une remarquable continuité, parallèlement à ses directives d'action sur le destin de l'Algérie. Il est vrai qu'il ne peut ignorer les critiques suscitées en Algérie par les premiers pas du gouvernement qu'il préside. A commencer par la présence dans ses rangs des représentants des partis de la IVe République : Léon Delbecque lui a fait connaître le 3 juin qu'elle n'était pas du goût des artisans du 13 mai. Ce même jour, il se trouve soumis à la pression du général Salan qui tente de le dissuader d'emmener avec lui dans le voyage qu'il se prépare à entreprendre en Algérie deux des ministres représentatifs du régime défunt, Louis Jacquinot et Max Lejeune. Le Général étant passé outre, les ministres sont l'objet d'un traitement insultant, surveillés de près par des détachements de parachutistes et finalement appréhendés et enfermés dans une pièce du Gouvernement général. De Gaulle feint de prendre l'épisode à la légère, mais il ne peut ignorer que l'État a été délibérément défié. Et ce d'autant moins que la foule européenne manifeste clairement ses exigences en scandant « Soustelle ! Soustelle ! » à Constantine comme à Oran, au point de provoquer dans cette dernière ville une réaction d'impatience du Général (« Ah ! Taisez-vous ! »), que les comités de salut public s'agitent, distribuant des tracts ou organisant des manifestations afin d'imposer au chef du gouvernement « la constitution d'un gouvernement de salut public, la démission de tous les ministres et la fin du système ». A ces efforts pour lui dicter la politique des activistes, de Gaulle réagit avec vigueur, signifiant aux comités de salut public à la préfecture d'Oran qu'« il ne leur appartient pas de se substituer aux autorités ni d'empiéter sur leurs attributions » et déclarant au porte-parole du comité local : « Vous n'allez pas continuer à faire la révolution. » Quittant l'Algérie le 6 juin, il laisse au général Salan une lettre le nommant délégué général du gouvernement en Algérie en même temps que commandant en chef, lui annonçant qu'il lui sera directement subordonné puisqu'il assume lui-même la charge des affaires algériennes au sein du gouvernement et lui donnant pour mission de rétablir l'exercice de l'autorité régulière et de veiller à interdire tout empiétement des comités « qui se sont spontanément formés » sur les attributions des autorités légales [1]. La volonté de mettre au pas les comités de salut public est affirmée par la multiplication des notes, lettres, messages envoyés par le Général aux divers responsables de la politique nationale, en France comme en Algérie, leur enjoignant de les réduire à l'obéissance. Aussi n'est-ce pas sans irritation que le chef du gouvernement prend connaissance, à peine revenu du premier voyage en Algérie, de la motion adressée au gouvernement par le Comité de salut public d'Alger, l'invitant à abroger la loi-cadre et à supprimer les partis. La réponse vient sous forme d'une sèche mise au point adressée à Salan, invité à mieux contrôler ses administrés : « Au sujet de l'incident fâcheux et intempestif causé par

1. (8) *Juin 1958-décembre 1960*, p. 21.

la motion péremptoire du Comité de salut public d'Alger, je
vous rappelle que ce comité n'a d'autre droit et d'autre rôle que
d'exprimer, sous votre contrôle, l'opinion de ses membres.
L'autorité régulière, et d'abord vous-même, ne sauriez prendre
parti au sujet de ce que ce comité, ou toute autre organisation
politique peut exprimer ou demander [1] » (11 juin 1958).

La rédaction de nombreux textes exprimant des ordres identiques dans les jours qui suivent montre à l'évidence que le
Général n'a guère été suivi sur place par les responsables. Aussi
est-ce pour reprendre en main l'armée, au moins autant que
pour procéder à l'examen de la situation militaire, que le président du Conseil entreprend début juillet son deuxième
voyage en Algérie. Sa signification de défi à l'égard des ultras
de l'Algérie française est soulignée par la présence à ses côtés,
outre Pierre Guillaumat, ministre des Armées, et Edmond
Michelet, ministre des Anciens Combattants, de Guy Mollet,
symbole d'une IVe République détestée. Refusant de recevoir à
Alger le Comité de salut public, le chef du gouvernement
enjoint aux militaires de cesser de se mêler de politique, leur
lançant : « Le temps des slogans est terminé ! » Sur le terrain,
cependant, il prend conscience de la mauvaise volonté des officiers à abandonner les tâches administratives, politiques,
sociales, sanitaires qui ont fait peu à peu de l'Algérie une province militaire, pour se cantonner à leur rôle spécifique. Il ne
parvient pas davantage à obtenir le limogeage du colonel
Lacheroy, responsable des Services de propagande de l'armée,
qui n'hésite pas à censurer les déclarations des ministres lorsqu'elles lui déplaisent (ainsi début juillet celles d'André Malraux qui avait implicitement reconnu l'existence de la torture
en Algérie). Aussi devient-il évident à ses yeux qu'aucune politique d'ensemble n'est praticable en Algérie tant que l'autorité
de l'État n'y sera pas incontestée, et que ce résultat implique la
reprise en main de l'armée.

C'est à quoi s'applique le général de Gaulle aussitôt après
que le référendum a renforcé son autorité de manière incontestable. Accomplissant du 2 au 5 octobre son quatrième voyage,

1. *Ibid.*, p. 24.

il annonce à Salan son intention de le nommer à un poste plus digne de ses mérites que celui de délégué général. Il lui fait miroiter les fonctions (qui se révéleront vides de contenu) d'inspecteur général de la Défense nationale. Séduit par les perspectives que lui ouvre le président du Conseil, Salan se borne à obtenir du Général de ne prendre ses nouvelles fonctions que fin décembre. A terme, le chef du gouvernement a les mains libres pour nommer en Algérie un général moins engagé vis-à-vis des ultras et des officiers activistes. Et le sens de l'action que celui-ci conduira est précisé sans aucune ambiguïté par l'instruction envoyée le 13 octobre au général Salan, concernant l'organisation des élections en Algérie et qui prescrit les mesures à prendre pour assurer la loyauté de la consultation :

« Le moment est venu [...] où les militaires doivent cesser de faire partie de toutes organisations qui revêtent un caractère politique [...] Je prescris qu'ils s'en retirent sans délai[1]... »
Ordre que Salan s'applique à faire respecter (Massu, atterré, devra quitter la présidence du Comité de salut public d'Alger), et qui provoque une vive émotion dans les milieux activistes d'Algérie. Le 19 décembre, le général Salan quitte Alger pour Paris, persuadé que, comme inspecteur général de la Défense nationale, il participera désormais, au plus haut niveau, à la définition de la politique militaire de la France. C'est seulement le 10 février qu'il apprend qu'il a été joué : un décret définissant les attributions du chef d'état-major de la Défense nationale supprime la fonction d'inspecteur général.

Salan écarté, le général de Gaulle peut procéder à une réorganisation du pouvoir en Algérie, plus conforme à l'idée qu'il se fait de l'autorité de l'État. Les fonctions de délégué général et de commandant en chef sont désormais scindées. Au poste de délégué général représentant le gouvernement dans les départements d'outre-Méditerranée est nommé Paul Delouvrier, un haut fonctionnaire à la réputation libérale, mais qui est surtout connu comme spécialiste des problèmes économiques. A la tête de l'armée d'Algérie succède à Salan le général d'aviation Mau-

1. (79).

rice Challe, qui a été son adjoint, et qui va mettre en œuvre la politique d'attaque des bastions du FLN, recommandée par le général de Gaulle, tout en renforçant un quadrillage qui a montré son efficacité. Au moment où le général de Gaulle entre à l'Élysée en janvier 1959, il peut considérer qu'il a suffisamment rétabli l'autorité de l'État pour pouvoir prendre de nouvelles initiatives en Algérie.

Deuxième étape : l'autodétermination
(janvier 1959-juin 1960).

En ce début d'année 1959 où se met en place la République gaullienne, les Européens d'Algérie peuvent se sentir rassurés. A son arrivée à Alger, le nouveau délégué général n'a-t-il pas déclaré : « La France reste » ? De son côté, la mise en œuvre du Plan Challe n'atteste-t-elle pas la volonté du pouvoir d'en finir avec la rébellion ? Enfin, la nomination comme Premier ministre de la République nouvelle d'un partisan avéré de l'Algérie française, Michel Debré, est, elle aussi, de nature à conforter l'idée que le but du pouvoir est bien de maintenir les trois départements algériens dans l'ensemble national. Au demeurant, si l'on peut noter une différence de tonalité entre les propos du président de la République, généralement sibyllins (« L'Algérie est en question, déclare-t-il dans sa conférence de presse du 25 mars, son destin politique apparaîtra dans les suffrages de ses enfants »), et ceux du Premier ministre, plus nettement orientés dans le sens des partisans de l'intégration, ceux-ci sont fondés à considérer que la politique dessinée durant le second semestre de 1958 est toujours valable. Il est vrai qu'en même temps les confidences savamment distillées par le Général éveillent la méfiance de ceux que rassure le langage du Premier ministre, en laissant soupçonner que le chef de l'État tient deux fers au feu et qu'il n'exclut pas une autre politique. Fin avril 1959, recevant le député Pierre Laffont, directeur de *l'Écho d'Oran*, il lui lance : « L'Algérie de Papa est morte, et si on ne le comprend pas, on mourra avec elle ! »

En fait, ce qui conduit le général de Gaulle à passer en 1959 à une étape nouvelle est l'impasse dans laquelle stagne la politique ambiguë suivie en 1958. Les succès militaires des opérations menées en application du Plan Challe sont incontestables. Mais, pour le général de Gaulle qui entend prendre une vue planétaire des choses, le blocage politique est non moins incontestable. Le FLN a refusé de tirer les conséquences de ses revers sur le terrain et a rejeté la « paix des braves ». Militairement affaibli, il marque des points sur la scène internationale : le GPRA a été admis comme partenaire de plein exercice à la conférence de Monrovia d'août 1959 qui réunit 9 pays indépendants d'Afrique, et les participants ont promis d'aider les Algériens à conquérir leur indépendance et à acquérir des armes. La session d'automne de l'ONU doit se saisir de l'affaire algérienne et les pays du Commonwealth sont décidés à s'abstenir ou à voter contre la France. Enfin, aux États-Unis se dessine un courant qui souhaite que le gouvernement américain exerce son influence sur les Français afin de les pousser à une solution en Algérie. Or le président Eisenhower est attendu en visite officielle en France début septembre. Même s'il n'entend céder à aucune pression étrangère, le général de Gaulle ne peut ignorer que l'affaire d'Algérie aboutit à l'affaiblissement international du pays. Il s'ajoute, à cette prise en considération du facteur mondial, l'évolution de l'opinion publique en France. Le courant favorable à une négociation avec le FLN, pour sortir d'un conflit dont nul ne prévoit l'issue, grossit en même temps que s'accroît la lassitude d'une population dont les fils accomplissent une partie de leur service militaire outre-Méditerranée. Au sein du monde politique lui-même, la gauche, qui se situe dans l'opposition, réclame une négociation, mais elle est confortée dans sa position par l'attitude d'une partie de la majorité où, du MRP à l'UNR, on trouve des partisans de la solution libérale. Consultant les ministres le 26 août sur le statut de l'Algérie, le général de Gaulle peut constater que si Pierre Guillaumat, Bernard Cornut-Gentile et Jacques Soustelle sont intégrationnistes et si la majorité suit Michel Debré pour considérer qu'il est urgent de ne rien décider, 4 ministres, Paul Bacon, Pierre Sudreau, Jean-Marcel Jeanneney et André Boulloche plaident pour une initiative de la France dans la question algérienne. Après un nouveau voyage en Algérie où, une fois de plus, il invite l'armée à l'obéissance, le chef de l'État, dans une allocution prononcée le 16 septembre, fait connaître les nouvelles données de la politique algérienne qui se substituent aux formules vagues de 1958.

Le général de Gaulle y affirme solennellement le droit de l'Algérie à l'autodétermination : « Je considère comme nécessaire que ce recours à l'autodétermination soit dès aujourd'hui proclamé. Au nom de la France et de la République, en vertu des pouvoirs que m'attribue la Constitution de consulter les citoyens, pourvu que Dieu me prête vie et que le peuple m'écoute, je m'engage à demander, d'une part aux Algériens dans leurs 12 départements ce qu'ils veulent être en définitive, et, d'autre part, à tous les Français d'entériner ce que sera ce choix [1]. »

Allant plus loin dans la description de ses intentions, le président de la République propose une date pour la consultation annoncée : quatre ans après la fin des combats (qui est donc toujours considérée comme un préalable). Enfin, il annonce les termes du choix qui seront proposés aux Algériens et qui tiennent en trois formules : l'indépendance, la francisation et l'association d'une Algérie gouvernée par les Algériens en union étroite avec la France.

L'allocution du 16 septembre 1959 est capitale, et perçue comme telle. Elle affirme l'existence d'une entité algérienne spécifique. Elle reconnaît le droit de la nation algérienne de se constituer en État. Elle n'exclut pas que son choix soit l'indépendance, même si le général de Gaulle qui la qualifie de « sécession » en fait une peinture apocalyptique (« [elle] entraînerait une misère épouvantable, un affreux chaos politique, l'égorgement généralisé et bientôt la dictature belliqueuse des communistes »). S'il ne se prononce pas sur le choix entre l'intégration et l'association, il est clair qu'en baptisant la première « francisation » il souligne son caractère impraticable. Nul ne s'y trompe : le choix que propose Charles de Gaulle est celui d'une association dont la Communauté offre sans doute le modèle (voir chap. 7).

Bien accueilli par une partie de l'opinion française, par les

---

1. (7), t. III, p. 120. On remarquera que l'allusion aux 12 départements exclut le Sahara de l'ensemble algérien.

forces politiques du centre (MRP, radicaux) comme par les gaullistes, le discours du 16 septembre est salué par les alliés de la France (les États-Unis et le Royaume-Uni), par la frange modérée des pays africains et asiatiques, et redonne à la France l'initiative en matière internationale. Ce qui n'empêche pas l'ONU de se saisir le 30 novembre 1959 de la question algérienne, en l'absence du représentant de la France. En fait, le tournant du 16 septembre ne vaut au chef de l'État qu'une suite de mécomptes qui marquent bien que, si la proclamation de l'autodétermination a été une étape déterminante de sa politique algérienne, la mise en œuvre du principe telle qu'il l'envisage ne constitue pas encore la voie de la paix en Algérie.

Les mécomptes de l'autodétermination :
le refus des partisans de l'Algérie française
et la semaine des barricades (janvier 1960).

La proclamation le 16 septembre 1959 du principe de l'autodétermination ne fait que confirmer les soupçons et les craintes des partisans de l'Algérie française, alimentés par les propos à double sens du Général, ses confidences savamment distillées, les rumeurs qu'il laisse se propager. Depuis les lendemains du 13 mai lorsqu'il est apparu que de Gaulle n'entendait pas se laisser dicter sa politique par les activistes d'Alger, la question se pose pour ceux-ci de savoir jusqu'où il prendra ses distances à leur égard.

En fait, au début de 1960, le monde des tenants de l'Algérie française représente une nébuleuse dont les motivations, les vues politiques, les perspectives d'action ne sont nullement uniformes. A la base, avant tout les membres de la petite classe moyenne, indépendante ou salariée, au niveau de vie médiocre, pour qui l'indépendance de l'Algérie représenterait la perte d'un statut social leur assurant la supériorité sur la masse des « Arabes ». Si quelques riches colons et hommes d'affaires apparaissent comme les porte-parole de ces Européens, ils tirent leur force de la conviction fortement ancrée de la grande majorité que l'indépendance entraînerait un insupportable bouleversement de la hiérarchie et que les Français d'Algérie ne seraient plus chez eux sur une terre dont ils se

considèrent comme les maîtres. C'est sur ce sentiment profond
que s'appuient tous ceux qui, en Algérie ou en métropole, se
font les défenseurs de l'Algérie française sur le terrain politique. En premier lieu, les « ultras » d'Algérie, assemblage
hétérogène d'activistes de tout poil, hostiles sans doute au
général de Gaulle, mais plus encore à la République et aux
principes démocratiques eux-mêmes : voici Robert Martel,
colon de la Mitidja, créateur d'une *Union française d'Afrique
du Nord* qui rêve d'un État régi par les principes du catholi-
cisme intégriste et établi par un coup de force ; le cafetier Ortiz
et le restaurateur Goutailler, venus du poujadisme ; le
Dr Lefèvre, zélateur de Salazar et de son régime ; Pierre
Lagaillarde, président de l'Association des étudiants, Crespin,
Me Baille. Ces extrémistes, qui, en d'autres temps, n'auraient
guère quitté la marginalité, tirent ici de la nature radicale de
leur opposition une force qui tient à la radicalité même du
refus par la population d'Algérie de la solution négociée. Il
reste que, s'ils sont capables d'entraîner la foule dans des mouvements de masse, ils sont hors d'état de concevoir une politique. Tel n'est pas le cas de l'armée qui constitue la force fondamentale du courant « Algérie française » et qui représente
l'obstacle sur lequel risque de buter le général de Gaulle.
Encore qu'il convienne ici d'établir des nuances. Soucieux de
leur carrière et d'un avancement qui dépend du pouvoir, les
généraux, favorables à l'Algérie française pour laquelle on leur
demande de combattre, se montrent cependant disciplinés et
respectueux des ordres du gouvernement. C'est aussi le cas
d'un certain nombre d'officiers supérieurs chez lesquels la tradition d'obéissance l'emporte sur la conviction que leur mission consiste avant tout à conserver l'Algérie dans l'ensemble
national. En revanche, nombre de capitaines et de colonels ont
à l'égard du pouvoir, qu'ils considèrent comme une structure
superficielle comparée à l'idée qu'ils se font de leur devoir, une
attitude beaucoup plus dégagée. Les uns pour des raisons idéologiques. Vaincus et humiliés en Indochine, ils ont réfléchi aux
raisons de leur défaite et jugent que la cause du succès du Vietminh a été la « guerre révolutionnaire » menée par celui-ci,
l'efficacité de son système d'encadrement de la population par

la propagande et l'action psychologique. Leur aspiration est de retourner contre le FLN en Algérie les méthodes qui ont réussi au Vietminh en Extrême-Orient et grâce auxquelles ils se font fort d'obtenir la victoire. A condition toutefois que le pouvoir parisien ne vienne pas entraver leurs efforts par des scrupules de conscience hors de saison ou par des visées politiques qui briseraient leurs entreprises. Tel est l'état d'esprit d'un colonel Lacheroy, chef des Services de propagande de l'armée et théoricien de la guerre révolutionnaire, d'un colonel Godard qui conduit la « guerre psychologique », des colonels Argoud, Trinquier, Gardes... Méfiants envers de Gaulle dès l'origine, ils lui deviennent franchement hostiles dès lors qu'il choisit la voie de l'autodétermination. Et chez certains d'entre eux naît l'idée qu'il est possible de défaire par la même voie ce que la foule algéroise a fait le 13 mai, autrement dit de se débarrasser de De Gaulle par une nouvelle « journée » pour installer à Paris un pouvoir fort, qui saura conduire la guerre sans faiblesse jusqu'à la victoire et faire taire les intellectuels animateurs des campagnes de presse contre la torture et « l'action psychologique ». Ce courant, dans lequel une grande partie de l'opinion métropolitaine croit discerner la menace d'un fascisme militaire, et qui est appuyé par les unités d'élite (en particulier certains régiments parachutistes), apparaît d'autant plus puissant qu'on lui annexe indûment une grande partie du corps des officiers qui se montre profondément attachée à l'Algérie française, mais avec des motivations très différentes, dans lesquelles les sympathies pour les régimes autoritaires ou les tentations totalitaires n'ont aucune place. Il s'agit de cette masse de cadres de l'armée à laquelle on demande depuis 1956 de gagner les populations, qui vivent à leurs côtés, qui ont réussi à obtenir des ralliements et à lever des harka, ces milices villageoises qui servent de force supplétive à l'armée, qui ont pratiqué l'alphabétisation, l'action sanitaire et sociale. Beaucoup d'entre eux se jugent personnellement engagés vis-à-vis des musulmans auxquels ils ont promis de rester pour les protéger et ils considèrent que l'autodétermination avec l'éventualité d'indépendance qu'elle contient va les conduire à abandonner ces populations, à renoncer à la mission pour laquelle ils se

sont dévoués sans compter. Chez eux l'autodétermination provoque une profonde crise de conscience qui les pousse à prêter
une oreille attentive à leurs collègues partisans de franchir
le Rubicon pour sauver l'Algérie en procédant à un nouveau
13 mai.

Si l'Algérie constitue ainsi un milieu propice à toutes les
aventures, les partisans de l'Algérie française ont également des
relais en métropole, sans doute plus minoritaires et isolés, mais
qui peuvent s'appuyer sur les sentiments exprimés par l'opinion au printemps et à l'été 1958. En premier lieu on constate
une incontestable compréhension de l'attitude de l'armée d'Algérie chez les cadres militaires en métropole même, dont la
plupart ont servi ou s'apprêtent à servir outre-Méditerranée.
Dans le monde politique, la bruyante agitation des petits
groupes d'extrême droite, de tendance fascisante, comme
Jeune Nation (dissoute en mai 1958) et son prolongement, le
Parti nationaliste, les débris du poujadisme rassemblés dans le
Front national des combattants et la poussière d'organisations
qui de mois en mois surgit et disparaît, compte sans doute
moins que les très réels appuis dont la cause de l'Algérie française dispose dans la classe politique traditionnelle, et au sein
de tous les partis. Chez les indépendants de Roger Duchet et
Antoine Pinay, majoritairement favorables au maintien de la
France outre-Méditerranée, au sein de l'UNR avec Léon Delbecque, Jacques Soustelle, voire le Premier ministre Michel
Debré lui-même, dans les milieux démocrates chrétiens autour
de Georges Bidault, dans la gauche radicalisante avec des personnalités aussi clairement libérales que Maurice Viollette
(ancien gouverneur général de l'Algérie et promoteur d'une
politique nettement réformiste qu'il devait couronner par le
projet Blum-Viollette, seul essai de politique intégrationniste
de la IIIe République) ou Albert Bayet, tenant de l'ouverture à
gauche, dans les milieux socialistes enfin avec un Paul Rivet,
figure emblématique du Front populaire, ou encore Robert
Lacoste ou Max Lejeune. Pour ceux-là c'est la fidélité à l'héritage d'une République jacobine, phare de la civilisation et de la
culture républicaine chez les peuples d'outre-mer qu'il s'agit de
défendre.

L'annonce de l'autodétermination provoque chez ces partisans de l'intégration des réactions qui vont du doute interrogatif au rejet indigné et à un sentiment de révolte. Fortes du soutien du *Rassemblement pour l'Algérie française* créé le 19 septembre, au lendemain du discours du Général, par les partisans métropolitains de l'Algérie française autour de Roger Duchet, Georges Bidault, les députés UNR Arrighi, Biaggi, Thomazo, et des élus algériens, 11 associations algéroises se rassemblent le 3 octobre pour réclamer la censure contre le gouvernement, prélude à l'établissement d'un pouvoir autoritaire à Paris. On voit aussi s'agiter les associations patriotiques comme le *Comité d'entente des anciens combattants*. Des complots s'ourdissent et les rumeurs vont bon train dans les salles de rédaction et les coulisses de la politique. On parle de la démission à Paris d'une quarantaine de députés qui quitteraient l'UNR pour se joindre aux indépendants, sous la conduite de Delbecque et de Soustelle (ils seront finalement 9 le 11 octobre), de manifestations à Alger, etc. La montagne accouche d'une souris, mais, à Alger, les nerfs sont à vif, et le moindre incident peut provoquer l'explosion.

Elle se produit le 18 janvier 1960. Le journal allemand *Suddeutsche Zeitung* publie une interview du général Massu, commandant du corps d'armée d'Alger, qui affirme que l'armée ne comprend plus la politique du général de Gaulle, qu'une partie se repent de l'avoir appelé, qu'elle pousse les colons à se constituer en organisations paramilitaires qu'elle approvisionne en armes. En dépit des démentis hâtifs des propos tenus, par le général Challe et le délégué général Delouvrier, l'interview fait l'effet d'une bombe. Rappelé à Paris, Massu est destitué de ses fonctions le 23 janvier. L'annonce de cette décision met le feu aux poudres. Une grève générale est décrétée à Alger pour le 24 et deux des dirigeants activistes entendent profiter de la conjoncture pour opérer « le 13 mai contre de Gaulle » dont ils rêvent : Pierre Lagaillarde se retranche avec quelques dizaines de partisans dans les facultés, transformées en réduit fortifié, cependant que Joseph Ortiz, installé au cœur d'Alger, s'efforce d'obtenir le ralliement de l'armée au coup de force qu'il médite à l'issue de la manifestation. En dépit des mises en garde du délégué général Delouvrier qui tente de désamorcer le mouvement, la manifestation du 24 entraîne la formation de barricades à Alger. Dans la soirée, des affrontements armés se produisent entre gendarmes et manifestants activistes faisant une vingtaine de morts et près de 200 blessés. Alger est virtuellement en état d'insurrection, cependant que les unités parachutistes font savoir qu'elles refusent de tirer sur les émeutiers et que des scènes de fraternisation se produisent entre ceux-ci et les forces de l'ordre appelées pour les contenir. Il est clair que la situation étant bloquée sur place, la solution ne peut venir que de Paris. Dans la nuit du 24 au 25 janvier le général de Gaulle a lancé un appel aux insurgés, les adjurant de rentrer dans le rang. En vain. Comme sera vaine la visite éclair à Alger du Premier ministre qui affronte les militaires et revient de ce voyage déchiré et virtuellement démissionnaire. Le trouble du Premier ministre n'est que le reflet de celui du gouvernement. Partisan de briser l'insurrection par la force, le général de Gaulle n'est soutenu que par une partie des ministres, Malraux, Sudreau, Buron, Joxe, Jeanneney... Mais Soustelle, Cornut-Gentile, Triboulet, rejettent tout recours à la manière forte, et le premier s'offre même à négocier avec les insurgés. Dans cette situation difficile, le chef de l'État va suivre les conseils du général Crépin, successeur de Massu à Alger, qui lui recommande de ne pas faire tirer afin d'éviter que l'armée ne bascule dans le camp des rebelles et de la rassurer en affirmant qu'aucune négociation n'aura lieu avec le FLN. Dès lors, le général de Gaulle reprend l'initiative et fixe sa ligne de conduite. Pendant que le général Ély, chef d'état-major général de l'armée, est envoyé en Algérie rassurer les officiers, le 28 janvier le général Challe et Paul Delouvrier quittent Alger pour la Reghaïa (à trente kilomètres de là), afin de mettre les autorités légitimes hors de portée de l'insurrection. Le délégué général y lance un émouvant appel qui ébranle une partie de la population d'Alger. Mais l'acte décisif se produit le 29 lorsque le général de Gaulle paraît en uniforme sur les écrans de télévision pour réaffirmer sa volonté de s'en tenir à la politique d'autodétermination, renvoyant dos à dos le FLN et les hommes des barricades qui rejettent cette formule, s'efforçant de rassurer les pieds-noirs en affirmant la solidité des liens entre la France et l'Algérie et rappelant en termes énergiques les militaires à leur devoir d'obéissance. Le 1er février, les insurgés, privés de toute perspective de succès par l'absence de ralliement des militaires ou des musulmans, se rendent aux officiers qui laissent les hommes de Lagaillarde sortir avec les honneurs de la guerre, leur permettent de s'engager dans des unités combattantes et ferment les yeux sur la fuite d'Ortiz.

Le dernier mot est donc resté au général de Gaulle, mais la semaine des barricades a, pour la première fois, depuis le 13 mai, clarifié les positions. Le bilan de cette période permet de juger des chances et des obstacles de la politique d'autodétermination. En métropole, elle a révélé le très large appui dont bénéficie le chef de l'État. L'opinion s'est effrayée de l'insurrection algéroise et a su gré au président de sa fermeté. Toutefois, l'événement a montré que la majorité qui soutient la politique algérienne du général de Gaulle ne recoupe guère celle sur laquelle le gouvernement s'appuie au Parlement et qui est représentée au gouvernement. Le 1er février, les syndicats ont déclenché une grève générale d'une heure pour appuyer le pouvoir. Le lendemain 2 février, les députés de gauche (sauf les communistes) s'associent à l'UNR, au MRP et à une partie des indépendants pour voter au gouvernement les pouvoirs spéciaux qu'il demande tandis que la droite et l'extrême droite constituent le gros des 75 élus qui votent contre à l'Assemblée nationale (et des 39 sénateurs qui s'opposent à cette mesure). L'exclusion de Jacques Soustelle du gouvernement, la formation d'une opposition de droite montrent que les cartes sont redistribuées.

En Algérie, l'échec du 13 mai à rebours prouve aux activistes comme à la population européenne que la Ve République n'est pas la IVe et que la prétention de quelques meneurs de dicter sa politique au pouvoir était fondée sur une appréciation inexacte du rapport des forces. Toutefois, l'échec des barricades, chacun en est conscient, est dû avant tout au fait que l'armée n'a pas basculé dans le camp des insurgés. Il reste qu'elle n'a pas non plus consenti à les combattre. Si bien qu'elle demeure une des clés de la politique algérienne. Le général de Gaulle en est si conscient que, dès les premiers jours de mars, il entreprend un nouveau voyage outre-Méditerranée, destiné à la rassurer, la « tournée des popotes ». S'entretenant avec les officiers, il s'efforce de les convaincre de la validité de sa politique, précisant pour la première fois dans une formule choc le sens de la solution qu'il préconise contre une Algérie française impossible et une indépendance qui serait synonyme de chaos : « Une Algérie algérienne liée à la France. »

Il reste que si de Gaulle a imposé la poursuite de la politique d'autodétermination au prix d'une épreuve de force contre les partisans de l'Algérie française, il n'a pas pour autant avancé dans la voie de la condition préalable à sa mise en œuvre : la fin des combats.

Les mécomptes de l'autodétermination :
le refus du FLN.

Incontestable ouverture par rapport aux vues politiques affirmées depuis le 13 mai, le discours du 16 septembre 1959 reconnaissait cette entité algérienne dont le FLN avait fait la condition *sine qua non* de toute négociation. Mais, en même temps, il n'offrait aux combattants algériens aucune autre perspective que la « paix des braves » déjà proposée et déniait au GPRA tout droit de représenter de manière privilégiée les Algériens dans une quelconque négociation, lui promettant tout au plus la liberté de participer dans des conditions égales à celles de tous les autres habitants de l'Algérie au futur référendum d'autodétermination. Aussi la réponse du FLN au discours du 16 septembre, connue le 28, tout en prenant acte de la reconnaissance du droit de l'Algérie à choisir son destin, insiste sur la nécessité de poursuivre la lutte armée, refuse que le sort de l'Algérie soit subordonné à un vote du peuple français et affirme que la paix ne peut être obtenue que par une négociation avec le GPRA.

Décidé désormais à mettre fin au conflit le plus rapidement possible, le gouvernement français n'en reste pas là. Des déclarations du ministre des Affaires étrangères Couve de Murville à une chaîne de télévision américaine, du Premier ministre à l'Assemblée nationale, enfin un appel du général de Gaulle lui-même au FLN dans sa conférence de presse du 10 novembre 1959 appellent les « chefs de l'insurrection » (le terme de *rebelle* n'est plus employé) à discuter avec les autorités les conditions d'une paix honorable. S'estimant en position de force avant l'ouverture du débat de l'ONU le 30 novembre ou méfiant envers des autorités françaises qui accentuent leur effort sur le terrain, le GPRA répond par ce qui équivaut à une nouvelle fin de non-recevoir : le 20 novembre, il désigne Ben Bella et ses codétenus, emprisonnés en France depuis octobre 1956, comme futurs négociateurs, – exigence qu'il sait inacceptable pour la France. Une nouvelle fois, le dialogue est rompu.

Il est relancé une troisième fois publiquement par le général de Gaulle lui-même dans son allocution du 14 juin. Il est vrai qu'à cette date le chef de l'État est fondé à estimer que son offre a des chances d'être entendue. Depuis mars 1960, des contacts sont noués entre un des dirigeants du FLN, Si Salah, chef de la wilaya IV (l'une des provinces militaires du FLN), et des représentants du gouvernement français (Bernard Tricot, conseiller à l'Élysée, et le colonel Mathon, du cabinet militaire du Premier ministre), le dirigeant du FLN souhaitant s'informer des conditions d'un éventuel cessez-le-feu. En juin 1960, Si Salah et ses lieutenants sont reçus secrètement à l'Élysée par le général de Gaulle, et la discussion annonce de fructueux développements. C'est donc pour authentifier publiquement ses propositions à l'intention du GPRA que, dans son discours du 14 juin, il lance un nouvel appel à la négociation en rappelant ses engagements antérieurs sur l'autodétermination (et la conclusion de la « semaine des barricades » est là pour les confirmer) et sur la liberté des élections.

Une fois de plus, l'affaire achoppe. D'abord parce que la carte Si Salah se révèle mauvaise. Des dissensions au sein de son état-major aboutissent à de sanglants règlements de comptes et finalement à l'élimination physique de Si Salah lui-même dans des conditions mal connues. Ensuite parce que si le FLN décide de répondre favorablement à l'offre du général de Gaulle, c'est surtout pour ne pas paraître refuser toute ouverture devant l'opinion internationale. Il se propose d'envoyer

une délégation présidée par Ferhat Abbas pour rencontrer le
général de Gaulle, indiquant ainsi que, pour lui, il s'agit d'une
négociation d'État à État, entre partenaires égaux, où le GPRA
représentera la partie algérienne. La négociation ne dépasse pas
le stade préparatoire. Me Boumendjel et Ben Yahia qui
viennent à Melun le 25 juin préparer le voyage de Ferhat
Abbas constatent que les Français ne les tiennent que pour des
rebelles avec qui la seule discussion possible concerne la fin des
combats. Quant à la future négociation sur le statut de l'Algérie, la France entend la mener avec toutes les tendances de
l'opinion algérienne, sans privilégier en rien le FLN. Le
29 juin, la rupture est consommée, les positions paraissant
parfaitement antagonistes. Deux ans après le retour au pouvoir
du général de Gaulle, c'est à nouveau l'impasse totale en ce qui
concerne l'Algérie, problème prioritaire pour un pouvoir qui
considère de plus en plus le conflit d'outre-Méditerranée
comme une insupportable hypothèque pesant sur les vastes
projets que médite son chef. Le FLN raidissant ses positions
(Ferhat Abbas n'a-t-il pas déclaré après l'échec de Melun que le
FLN devait renforcer ses moyens de lutte et son combat armé
car « l'indépendance ne s'offre pas, elle s'arrache » ?), la situation paraît bloquée sans de nouvelles concessions du général de
Gaulle.

Troisième étape : la République algérienne
(juin 1960-juin 1961).

Si on établit un bilan des perspectives algériennes au début
de l'été 1960, la situation est la suivante : le général de Gaulle a
reconnu l'existence d'une entité algérienne et a admis que le
suffrage universel déciderait de son sort politique. Mais rompant définitivement avec les espoirs des tenants de l'Algérie
française, qui ont joué leur va-tout et perdu la partie lors de la
« semaine des barricades », il a tracé l'esquisse d'une « Algérie
algérienne » aux contours encore vagues mais nettement dis-
tincte de l'ensemble métropolitain. Cependant il n'est nullement question de remettre au FLN, tout au plus autorisé à
occuper une place parmi les autres forces politiques algériennes, le sort de l'Algérie future. Le FLN ayant rejeté à Melun

la proposition qui lui était faite, le général de Gaulle semble en prendre son parti et décide de mettre en œuvre, à partir de l'été 1960, sa solution sans tenir compte des rebelles. C'est ainsi que le décret du 19 juillet décide la création de « commissions d'élus » au rôle consultatif, chargées de représenter la population auprès du gouverneur général et dont le gouvernement espère l'émergence d'une « troisième force » – entre les champions de l'Algérie française et ceux de l'indépendance – avec laquelle il serait possible de construire l'Algérie algérienne liée à la France. Projet mort-né si l'on tient compte du fait que sa mise en œuvre va susciter une levée de boucliers contre un pouvoir qui ne satisfait ni les partisans de l'Algérie française, ni ceux de l'indépendance algérienne. Si bien que le blocage consécutif à l'échec de Melun expose le pouvoir à un faisceau d'attaques venues de tous les horizons.

D'abord du FLN qui réagit avec une extrême brutalité à ce qu'il considère comme une tentative destinée à l'éliminer. Le GPRA intensifie son action internationale pour obtenir la condamnation d'une France de plus en plus isolée, critiquée par les pays socialistes et les pays arabes, tenue en suspicion à l'ONU, mollement soutenue par les États-Unis et la Grande-Bretagne. En Algérie même, une recrudescence d'attentats frappe la population civile européenne ou ceux des musulmans qui ne font pas allégeance au FLN. Par conviction ou par crainte, la plus grande partie de la population musulmane bascule dans le camp de celui-ci.

Cette situation provoque une activité renouvelée de l'armée qui a vu confirmer sa mission de pacification et qui, plus que jamais, combat avec ardeur le FLN. Le général Crépin, nommé à la place du général Challe à la tête de l'armée d'Algérie, se rallie à son tour aux thèses de l'Algérie française, si bien que l'attitude de l'armée demeure la grande inconnue compte tenu de l'activisme qui marque la majorité de la population européenne. Le 16 juin s'est formé à Alger le Front de l'Algérie française (FAF) qui revendique 100 000 adhérents, sous la présidence du bachaga Boualem, vice-président de l'Assemblée nationale. La situation à Alger demeure aussi explosive à partir de l'automne 1960 qu'elle l'était au début de l'année. Cette opposition radicale entre partisans résolus et adversaires déterminés de l'indépendance de l'Algérie se retrouve en métropole. Au lendemain du discours du 14 juin s'est formé sous l'inspiration de Georges Bidault et de Jacques Soustelle le Comité de Vincennes qui rassemble des personnalités de gauche (Robert Lacoste, Albert Bayet), des radicaux (Maurice Bourgès-Maunoury), des démocrates chrétiens (Paul Coste-Floret), aux côtés d'hommes de droite. Les membres de ce comité font le serment de défendre l'intégrité du territoire national, de s'opposer à toute négociation, de rejeter l'Algérie algérienne et de réaliser l'intégration de l'Algérie dans la République. Dans le camp opposé, pendant que l'épiscopat prend ses distances avec les partisans de l'Algérie française dans une déclaration modérée dans le ton, mais ferme sur le fond, la gauche durcit son opposition à la guerre. En dehors du parti communiste qui a choisi de soutenir depuis 1956 l'indépendance de l'Algérie, les partis sont en retrait sur les syndicats et les milieux intellectuels. L'Union nationale des étudiants de France (UNEF) est le fer de lance de cette opposition qui réclame des négociations avec le FLN et proteste avec violence contre la torture pratiquée par l'armée. Le procès fait au journaliste communiste Henri Alleg qui dénonce dans un livre, *la Question,* les sévices dont il a été l'objet, la disparition depuis 1957 de l'universitaire d'extrême gauche Maurice Audin à Alger, après son interpellation par l'armée, nourrissent ce trouble moral des intellectuels de gauche qui militent pour la fin du conflit. Certains vont d'ailleurs plus loin, n'hésitant pas à aider directement le FLN dont ils se font les auxiliaires. En septembre 1960 s'ouvre le procès du réseau Jeanson, groupe d'aide au FLN, dont le chef s'est enfui en Suisse. Procès qui pose pour les intellectuels de gauche le problème de fond de la justification morale d'une guerre conduite par un pays qui se veut la patrie des droits de l'homme pour empêcher une nation de se constituer en État indépendant. Certains d'entre eux apportent leur réponse le 6 septembre, au lendemain de l'ouverture du procès Jeanson : c'est la publication du « Manifeste des 121 » par lequel professeurs et écrivains, jugeant le conflit algérien contraire aux valeurs qu'ils professent, proclament le droit à l'insoumission dans la guerre d'Algérie et justifient la désertion.

La prolongation du conflit exacerbe ainsi les tensions en France même. Elle aboutit à aggraver les dissensions politiques et à affaiblir l'image d'un pouvoir pris entre deux feux et soumis aux assauts conjugués des partisans de la négociation à tout prix et de ceux du refus de toute discussion. Il est clair que le choix fait par le général de Gaulle depuis juin 1960 de camper sur ses positions aboutit à un pourrissement de la situation, préjudiciable au pouvoir. Reprenant la stratégie du mouvement qui lui permet de retrouver l'initiative, il va multiplier les gestes spectaculaires durant les mois de novembre et décembre 1960, faisant franchir à la question algérienne une nouvelle étape qui conduit à faire sauter les verrous posés au début de l'été, mais représente de nouvelles concessions de la part de la France.

Le premier de ces gestes spectaculaires intervient le 4 novembre 1960. Dans l'allocution radiotélévisée qu'il prononce ce jour-là, le général de Gaulle choisit de relancer la dynamique de la négociation. Rejetant dos à dos les « deux meutes ennemies, celle de l'immobilisme stérile et celle de l'abandon vulgaire », il précise un peu plus l'esquisse de l'Algérie algérienne, dessinée de discours en discours : « Cela veut dire une Algérie émancipée, une Algérie où les responsabilités seront aux mains des Algériens, une Algérie qui [...] aura son gouvernement, ses institutions et ses lois... » et, au détour d'une phrase, le général de Gaulle évoque « la République algérienne [1] ». Le tournant est fondamental. Cette fois, le général de Gaulle fait connaître que l'entité dont il s'est gardé jusqu'alors de trop préciser les contours sera à ses yeux un État et un État indépendant. Le fait qu'il envisage désormais l'affaire algérienne comme un problème spécifique distinct des autres problèmes nationaux ressort de la création le 22 novembre d'un ministère d'État chargé des Affaires algériennes, confié à un gaulliste fidèle, Louis Joxe, ministre de l'Éducation nationale du gouvernement Debré. Pour pratiquer la politique nouvelle dont l'allocution du 4 novembre annonce le début, le chef de l'État met en place à Alger une équipe nouvelle, le préfet de

1. (7) t. III, p. 258-259.

Haute-Garonne, Jean Morin, remplaçant Paul Delouvrier au poste de délégué général et le général Gambiez succédant au général Crépin à la tête de l'armée d'Algérie.

De cette politique de relance participe le nouveau – et dernier – voyage du général de Gaulle en Algérie du 9 au 13 décembre 1960. Il s'agit pour le président de la République de prendre le pouls des populations algériennes à la veille d'un tournant décisif dont l'issue sera la création d'une République algérienne indépendante. L'itinéraire prévu évite Alger et les grandes villes où la population européenne encadrée par le FAF tient le général de Gaulle pour l'homme à abattre et a fait connaître ses sentiments en conspuant le délégué général Delouvrier lors des cérémonies du 11 novembre. Le chef de l'État, tout au long de son voyage, ne peut que constater que l'Algérie est coupée en deux entre des populations musulmanes qui l'acclament ou scandent « Algérie algérienne » et des Européens qui répondent par les cris d'« Algérie française ». A Alger où les jeunes manifestants européens se heurtent violemment aux forces de l'ordre les 9 et 10 décembre, se produit le 11 une manifestation de musulmans qui brandissent le drapeau vert et blanc frappé du croissant rouge du FLN et chantent l'hymne des maquisards. Les deux communautés s'affrontent et des heurts sanglants les opposent l'une et l'autre à l'armée et aux CRS. Là aussi les événements se précipitent, poussant le général de Gaulle à trouver une solution avant que n'éclatent à grande échelle de dramatiques affrontements. Toutefois, avant d'aborder l'ultime étape de la négociation qui s'impose, il faut au chef de l'État renouveler sa légitimité à la source où il la puise depuis 1958, celle du suffrage universel. La conférence de presse du 4 novembre avait laissé prévoir que le peuple serait consulté. Le référendum est prévu pour le 8 janvier 1961. Formellement, les électeurs sont invités à approuver le principe de l'autodétermination et un projet provisoire d'organisation des pouvoirs publics en Algérie (afin de respecter l'article 11 de la Constitution qui réserve le référendum aux problèmes constitutionnels). Fondamentalement, il s'agit de ratifier les orientations de la politique algérienne du général de Gaulle (spécifiquement le principe de la République algérienne) et de donner à celui-ci l'autorité nécessaire pour négocier face au FLN, à l'armée, à la population algérienne et aux activistes. Cette approbation en forme de blanc-seing qu'il demande aux Français, le général de Gaulle la reçoit de l'UNR, des socialistes et du MRP. Profondément divisés entre les partisans de l'Algérie française conduits par Roger Duchet et ceux de la négociation dont Paul Reynaud est le porte-parole, les indépendants renoncent à prendre position. En revanche le « non » est recommandé par les communistes qui refusent de faire confiance au chef de l'État, les radicaux, l'extrême droite, les partisans de l'Algérie française que Jacques Soustelle tente de rassembler dans un Regroupement national pour l'unité de la République, le maréchal Juin, etc. La réponse des Français est sans équivoque. Si 23,5 % des citoyens s'abstiennent, 75 % des électeurs qui se sont exprimés donnent au général de Gaulle l'autorité qu'il réclamait pour mettre fin à la guerre d'Algérie. Mais cette approbation massive est grosse d'une scission entre l'Algérie et la métropole. Si 30 % des suffrages exprimés dans l'ensemble des départements algériens sont négatifs, la proportion de « non » atteint 72 % à Alger-Ville où les électeurs sont essentiellement européens. Il devient clair que la négociation que le général de Gaulle s'apprête à ouvrir ne pourra aboutir que contre la population algérienne d'origine européenne à laquelle il faudra l'imposer.

De fait, les réactions des partisans de l'Algérie française à la relance de novembre-décembre 1960 sont significatives. Au lendemain du discours du 4 novembre le secrétaire général de l'Administration en Algérie, Jacomet, donne sa démission. De Madrid où il s'est réfugié, le général Salan laisse entendre qu'il s'apprête à prendre des initiatives. Durant l'hiver 1960-1961 les activistes civils et militaires décident de constituer une organisation paramilitaire clandestine l'*Organisation Armée secrète* (OAS) afin de s'opposer par la force à toute négociation avec le FLN. L'OAS publie ses premiers tracts en février 1961 et commence une campagne d'attentats contre ceux qui sont soupçonnés d'appuyer le FLN ou d'envisager des pourparlers avec lui. C'est dans le cadre de cette opposition croissante à la politique algérienne du général de Gaulle que se situe en

avril 1961 l'épreuve la plus dramatique qu'ait dû affronter la
Ve République naissante, le putsch des généraux.

Le putsch des généraux (22-25 avril 1961).

Le résultat le plus clair des initiatives prises par le général de
Gaulle en novembre-décembre 1960 est l'amorce d'un processus de négociation sur lequel nous reviendrons et qui, en principe tenu secret, filtre néanmoins à travers des indiscrétions ou
des échos de presse. La volonté de briser la dynamique ainsi
créée pousse les colonels activistes mutés en métropole après la
semaine des barricades, Argoud, Broizat, Lacheroy, Godard,
Gardes, etc., à envisager un putsch militaire qui ferait basculer
l'armée d'Algérie tout entière et contraindrait le pouvoir politique à reculer et de Gaulle à se retirer. Pour conduire l'opération, les colonels pressentent le général Challe, commandant en
chef des forces Centre-Europe de l'Alliance atlantique, et qui
paraît, seul parmi ses pairs, avoir le prestige suffisant pour
réussir l'opération. Après avoir hésité, le général Challe
demande le 22 janvier 1961 sa mise à la retraite anticipée et
décide de tenter l'aventure. Il peut compter sur l'appui du
général André Zeller, ancien chef d'état-major de l'armée, et du
général Jouhaud, ancien chef de l'aviation en Algérie qui vient
de donner sa démission ; il est sûr de la fidélité de quelques
unités d'élite (comme le 1er Régiment étranger de parachutistes, chargé d'investir Alger) et il attend de nombreux ralliements.

Dans la nuit du 21 au 22 avril, le 1er REP conduit par le
commandant Denoix de Saint-Marc s'empare des points stratégiques d'Alger sans rencontrer de résistance sérieuse. Les parachutistes arrêtent le général Gambiez, commandant en chef,
qui tentait de s'interposer, le préfet de police d'Alger, le général
Vézinet, commandant du corps d'armée d'Alger. Le gouvernement général est pris et, à l'intérieur, les insurgés placent sous
surveillance le délégué général Jean Morin et sa famille ainsi
que le ministre des Travaux publics Robert Buron, de passage
à Alger. Les généraux Challe, Zeller, Jouhaud, rejoints le 23 par
le général Salan, venu d'Espagne, sont maîtres d'Alger. Ils envisagent leur mouvement comme strictement militaire et

tiennent soigneusement à l'écart les activistes civils comme les hommes de l'OAS. Mais la cascade de ralliements espérés ne se produit pas et les quatre généraux rencontrent surtout l'attentisme de leurs pairs. Ils ont beau proclamer l'état de siège et publier des communiqués de victoire, ils se heurtent à la prudence des officiers et à un phénomène qu'ils ne semblent pas avoir envisagé dans leurs prévisions, l'hostilité déclarée des soldats du contingent qui suivent sur leurs transistors l'évolution de la situation, ne dissimulent pas leurs sentiments légalistes et acclament les officiers qui refusent de se joindre au putsch.

Si l'armée d'Algérie fait preuve d'une atonie inattendue (en dépit de l'enthousiasme de la population civile), le gouvernement peut se prévaloir d'un très large appui en métropole. L'ensemble des forces politiques, à l'exception du Centre national des indépendants et paysans dont le silence est interprété comme un soutien au putsch, condamne celui-ci sans réserves. L'UNR et le MRP, pour affirmer leur soutien au général de Gaulle ; la SFIO et les syndicats, pour appeler à une mobilisation des travailleurs contre les putschistes, qui prendra la forme d'une grève d'une heure le mardi 25 ; le parti communiste, pour lancer l'idée de « comités antifascistes » qui rassembleront tous les partis démocratiques. Au-delà des forces politiques organisées, l'opinion soutient le chef de l'État, et l'appel lancé le 23 à minuit par le Premier ministre Michel Debré invitant les Français à se rendre sur les aéroports pour empêcher une action éventuelle des parachutistes en métropole provoque une réelle émotion.

En fait, c'est, une fois de plus, un discours du général de Gaulle prononcé le 23 avril à 20 heures qui va condamner à l'échec le putsch des généraux. Apparaissant en uniforme sur les écrans de télévision, il condamne en quelques termes méprisants l'entreprise des généraux d'Alger :

« Un pouvoir insurrectionnel s'est établi en Algérie sur la base d'un pronunciamiento militaire... Ce pouvoir a une apparence : un quarteron de généraux en retraite. Il a une réalité : un groupe d'officiers partisans ambitieux et frénétiques. Ce groupe et ce quarteron possèdent un savoir-faire expéditif et limité. Mais ils ne voient et ne comprennent la nation et le monde que déformés à travers leur frénésie. Leur entreprise conduit tout droit à un désastre national. »

Viennent ensuite les ordres, sans réplique : « Au nom de la France, j'ordonne que tous les moyens, je dis tous les moyens, soient employés pour barrer partout la route à ces hommes-là, en attendant de les réduire. J'interdis à tout Français, et d'abord à tout soldat, d'exécuter aucun de leurs ordres. »

Enfin, il décide de faire jouer l'article 16 de la Constitution qui, en cas de crise grave, lui permet de prendre les mesures exceptionnelles qui s'imposent.

Ce discours ferme, menaçant pour les mutins (« L'avenir des usurpateurs ne doit être que celui que leur destine la rigueur des lois »), précipite en quelques heures la décomposition du putsch des généraux. Les officiers attentistes, les plus nombreux, sont renforcés dans leur détermination à ne pas s'engager. Les soldats du contingent sont prêts à désobéir aux « challistes », et quelques-uns s'emparent de dépôts d'armes. La marine est restée loyaliste et l'aviation regagne la métropole pour éviter d'être l'instrument d'une tentative de débarquement aéroporté. Dès le 24 avril, il est évident que les quatre généraux ne peuvent compter que sur une seule force, les foules européennes qui les acclament sur le forum d'Alger. Mais, militaires avant tout, ils n'ont envisagé qu'un putsch, pas un mouvement de masse. Considérant que tout est perdu, le général Challe, bientôt suivi du général Zeller, préfère se rendre le 25. Ils seront rejoints en prison par une grande partie des officiers putschistes. Quant à Salan, Jouhaud, les colonels organisateurs du pronunciamiento, ils gagnent la clandestinité pour poursuivre leur combat dans les rangs de l'OAS, qui s'en trouve, du coup, renforcée. La voie est libre pour la dernière étape de la politique du général de Gaulle, celle de la négociation qui doit conduire à l'indépendance – un terme jusqu'alors tabou. Et pour les adversaires de sa politique, il n'est plus qu'une issue, celle des actes sanglants et désespérés que l'OAS a inaugurés et qui constituent le dernier et vain barrage à une issue qui apparaît de plus en plus inéluctable.

Quatrième étape : la négociation et l'indépendance.

Dès le mois de février 1961, après le discours du 4 novembre et le référendum sur l'autodétermination, des contacts ont été pris entre les émissaires du gouvernement français, Georges Pompidou et Bruno de Leusse, et les délégués du FLN. Si, de part et d'autre, la volonté d'aboutir est évidente, les obstacles à un accord se révèlent de taille. Le FLN entend borner les discussions à la mise en œuvre de l'autodétermination, repoussant toute autre négociation tant que l'indépendance de l'Algérie n'est pas acquise et un gouvernement algérien installé. Il se refuse en particulier à accepter comme le lui demandent les Français un cessez-le-feu dès l'ouverture des négociations, des garanties pour les Français d'Algérie, et exige la reconnaissance, préalablement à toute discussion, du caractère algérien du Sahara.

Désormais commencent de longues et épineuses conversations, marquées par des phases de rupture, d'interminables préalables, et qui s'achèvent assez régulièrement par des concessions du général de Gaulle permettant une relance des négociations. Cette période de laborieuses tractations dure de février 1961 à avril 1962. C'est ainsi que l'annonce officielle de l'ouverture des pourparlers n'a lieu qu'après que le général de Gaulle eut fait connaître début mars qu'il renonçait à son exigence d'un cessez-le-feu à l'ouverture des négociations. Encore l'ouverture des pourparlers est-elle retardée par la déclaration de Louis Joxe annonçant son intention de négocier avec le MNA (Mouvement national algérien) de Messali Hadj, parti nationaliste antérieur au FLN et rival de celui-ci, puis par le putsch des généraux. Ce n'est finalement que le 20 mai 1961 que commencent les discussions d'Évian, interrompues par le gouvernement français le 13 juin, le FLN refusant de céder sur la question du Sahara dont la France souhaite garder le contrôle en raison des richesses pétrolières dont elle a commencé l'exploitation et sur la question de la double nationalité et de la reconnaissance d'un statut particulier aux Européens d'Algérie. C'est encore le général de Gaulle qui cède,

dans sa conférence de presse du 5 septembre 1961 en faisant
une nouvelle concession majeure : la reconnaissance de la souveraineté algérienne sur le Sahara.

Pour circonscrire les points d'accord et de désaccord et préparer efficacement la dernière phase des négociations, de nouvelles rencontres ont lieu, mais elles sont entravées par les
débats internes au FLN, dont témoigne en particulier le remplacement à la tête du GPRA en août 1961 de Ferhat Abbas
par Ben Khedda, considéré comme le leader de l'aile marxiste
du FLN. Des entretiens secrets en Suisse puis aux Rousses en
février 1962 permettent de dégager les grandes lignes d'un
accord qui rend possible l'ouverture de négociations officielles
le 7 mars à Évian.

Durant ces mois interminables de 1961-1962, le général de
Gaulle, visiblement exaspéré par la lenteur des négociations et
les résistances de toutes sortes qu'il rencontre, témoigne de sa
hâte d'en finir. Sa conférence de presse du 11 avril 1961 (avant
le putsch des généraux) fait état de la nécessité d'accélérer une
décolonisation nécessaire, l'Algérie coûtant trop cher au pays.
Dans son discours de fin d'année 1961, il annonce son intention d'opérer un dégagement militaire et décide le rappel de
deux divisions d'Algérie dans les prochaines semaines. Attitude cohérente avec la succession de concessions auxquelles il
se résout et qui s'explique par le fait que le temps paraît désormais jouer contre la France, la guerre d'Algérie accélérant la
dégradation de la situation de la nation et exaspérant les tensions déjà signalées.

En effet, durant l'année 1961-1962, le FLN, conscient que
seule une aggravation de la situation sur place contraindra la
France à céder, intensifie son action militaire, multipliant les
attentats qui exaspèrent les militaires et les activistes, et font
vivre la population européenne d'Algérie dans une atmosphère
de terreur qui rend insupportable l'idée d'une indépendance
algérienne, donnant la souveraineté sur le pays à ceux qu'elle
considère comme des assassins. Depuis les premiers mois de
1961 au terrorisme du FLN répond celui de l'OAS. Depuis le
putsch d'avril l'OAS tient l'armée française pour une « armée
d'occupation » à laquelle elle a déclaré la guerre. Ses premiers

dirigeants, le colon Robert Martel, l'étudiant Susini se renforcent de l'apport des officiers putschistes qui ont gagné la clandestinité après l'échec d'avril, et l'OAS passe sous la coupe des colonels théoriciens de la « guerre psychologique ». Sous l'autorité nominale du général Salan, président du *Comité supérieur*, les colonels Gardes et Godard, Susini et le général Gardy mettent en place une organisation qui quadrille les villes, en particulier Alger, et embrigade la population civile dans un combat dirigé à la fois contre le FLN et contre le gouvernement français. Désormais, l'OAS recourt massivement à l'attentat, dans le but d'empêcher à tout prix l'ouverture des négociations. A mesure que la perspective de celles-ci se rapproche, l'usage du terrorisme devient systématique, et l'OAS frappe les commerçants musulmans, les fonctionnaires de l'administration fiscale, de la police, de l'enseignement comme les officiers libéraux. Par conviction ou par crainte, une grande partie de la population européenne se range derrière elle comme derrière le dernier barrage contre l'indépendance, et l'Organisation réussit à noyauter largement l'administration. Dès le début de 1961, elle domine la communauté française, faisant la loi à Alger, à Oran (avec Jouhaud), frappant tous ceux qu'elle considère comme les adversaires de l'Algérie française et faisant régner une terreur parallèle à celle du FLN.

D'Algérie, l'OAS étend son action en métropole. Le 9 septembre 1961, le général de Gaulle échappe de justesse à un attentat à Pont-sur-Seine. Recrutant dans les milieux d'extrême droite et chez les activistes militaires réfugiés en métropole, elle y multiplie les actions à partir de la fin 1961, frappant les communistes, de hauts fonctionnaires, faisant exploser des charges de plastic dans les bâtiments publics et au domicile des dirigeants du régime (une explosion au domicile d'André Malraux blesse une fillette qui demeurera aveugle). Cette action rencontre l'appui d'une minorité du monde politique : en novembre 1961, 80 parlementaires votent un texte, surnommé « l'amendement Salan » qui prévoit la mobilisation (demandée par le général Salan) de 8 classes de jeunes gens en Algérie. Georges Bidault, président du Comité de Vincennes, s'affirme comme le chef politique d'un mouvement qui partage les vues de l'OAS.

A cette pression de l'OAS répond le désaveu de la majorité de l'opinion française. Les sondages révèlent que, dès avril 1961, 78 % des Français sont favorables à l'ouverture de négociations avec le FLN et que 57 % ont la certitude qu'elles déboucheront sur l'indépendance. Entre cette date et le printemps 1962, la proportion de ceux qui souhaitent un désengagement de la France en Algérie s'accroît encore, et le général de Gaulle dans sa politique est à l'unisson des vœux de la majorité de l'opinion. Il est même en passe d'être débordé par la gauche politique et syndicale, déçue d'avoir été tenue à l'écart par le Général lors du putsch d'avril. Celle-ci est décidée à développer désormais une action parallèle à celle du pouvoir, de manière à lui forcer la main. Durant l'hiver 1961-1962, elle organise de grandes manifestations de masse dans Paris pour protester contre l'action de l'OAS et exiger la paix en Algérie : manifestation des syndicats le 17 décembre 1961 qui, malgré l'interdiction officielle, rassemble de 15 000 à 20 000 personnes, nouvelle manifestation le 8 février 1962 qui se termine tragiquement par la mort de 8 manifestants au métro Charonne à la suite de charges policières ; quelques jours plus tard, à l'occasion des obsèques des victimes, manifestation qui rassemble plusieurs centaines de milliers de personnes. Il faudrait y ajouter, du 17 au 20 octobre, des manifestations favorables au FLN des musulmans de Paris entraînant une répression policière qui fait une centaine de morts.

En France comme en Algérie, la prolongation du conflit aboutit donc à faire régner une atmosphère de guerre civile larvée dans laquelle le pouvoir en est réduit à lutter sur deux fronts et risque de perdre toute autorité et toute crédibilité, ne pouvant garder le contrôle de la situation qu'au prix d'une répression qui détériore un peu plus son image.

C'est pour sortir de ce cercle infernal que le général de Gaulle accepte de faire à ses adversaires des concessions successives et presse ses négociateurs d'aboutir. C'est avec soulagement qu'une grande partie de l'opinion apprend le 18 mars 1962 la conclusion des accords d'Évian qui donnent l'indépendance à l'Algérie, cependant que le GPRA proclame le cessez-le-feu pour le 19 mars.

Une dramatique issue (mars-juillet 1962).

Les accords d'Évian règlent en premier lieu les modalités du passage de la souveraineté française à la souveraineté algérienne durant la période intérimaire qui doit se dérouler du cessez-le-feu au scrutin d'autodétermination. Les combattants et détenus politiques doivent être libérés dans les vingt jours ; l'armée française demeurera en Algérie durant trois ans et, l'ALN (armée du FLN) restant sur place, une commission mixte devra surveiller l'application du cessez-le-feu. Sur le plan politique, la France est représentée par un haut-commissaire (le poste reviendra à Christian Fouchet), assisté du général commandant supérieur des forces en Algérie. Mais le principal responsable de l'exercice du pouvoir est un Exécutif provisoire de 12 membres, comprenant 9 musulmans et 3 Européens et placé sous la présidence du nationaliste modéré Abderhamane Farès, Exécutif disposant de services administratifs et d'une force de l'ordre.

Par ailleurs, le texte prévoit que l'Exécutif provisoire fixera la date du scrutin d'autodétermination. Enfin, toute une série de textes envisagent ce que seront les futurs rapports entre la France et l'Algérie indépendante. La France obtient les garanties qu'elle demandait pour ses ressortissants installés en Algérie : la sécurité des personnes et des biens est promise ; les Français ont trois ans pour choisir entre la nationalité française et la nationalité algérienne, mais, s'ils choisissent cette dernière hypothèse, la France leur conserve néanmoins leur nationalité d'origine. Ceux qui souhaiteront conserver la nationalité française et rester en Algérie jouiront d'un statut privilégié. Au plan économique, l'Algérie reste dans la zone franc et reçoit l'aide prévue par la France dans le cadre du plan de Constantine. En échange, l'Algérie garantit les biens des Européens et s'engage à les indemniser en cas de spoliation. Enfin, la France conserve ses intérêts au Sahara pour cinq années. Dans le domaine militaire, outre la présence de l'armée française durant trois années, la base de Mers el-Kébir lui est laissée pour quinze ans. Enfin, une présence culturelle et technique de la France est promise à l'Algérie, et le maintien des fonctionnaires (qui passent sous le régime de la coopération avec l'Algérie nouvelle) est acquis.

En apparence, les accords d'Évian instituent le régime de la République algérienne associée à la France prévu par le général de Gaulle. En fait, la France a finalement concédé au FLN tout ce que celui-ci exigeait : sa reconnaissance comme seul interlocuteur valable, la proclamation de la souveraineté algérienne, le caractère algérien du Sahara, le cessez-le-feu après les accords, etc. Elle n'a obtenu en échange que des garanties de caractère précaire pour un temps limité et dont la mise en œuvre est subordonnée au respect par les deux parties de l'accord signé, sans que la France dispose de véritables assurances dans ce domaine.

Il faut encore que cet accord soit ratifié par la population et accepté sur place par les Français d'Algérie. Sur le premier point, le général de Gaulle annonce que le peuple français sera consulté par référendum, prévu pour le 8 avril. On lui demandera tout à la fois de ratifier les accords d'Évian et de donner au président de la République le pouvoir de faire des ordonnances pour assurer leur mise en œuvre. Comme toujours, ce référendum comporte un volet plébiscitaire qui consiste à affirmer que le chef de l'État conserve la confiance des Français après les dramatiques épreuves que le pays vient de traverser. Dans la campagne qui s'ouvre, seule l'extrême droite préconise le « non », le général Salan décidant la création en métropole d'un « Conseil national de la Résistance » pour s'opposer à la mise en œuvre des accords d'Évian. Si on met à part le PSU qui préconise le vote nul (en inscrivant sur les bulletins « oui à la paix, non au pouvoir gaulliste ») et le Centre national des indépendants qui laisse à ses électeurs une liberté de vote qui traduit en fait ses sympathies pour le « non », tous les autres partis, des communistes à l'UNR, proposent une réponse positive. Dans ces conditions, et compte tenu de l'ardent désir de la majorité des Français de sortir d'un interminable conflit, nul ne peut s'étonner de l'écrasant succès des « oui ». Si 24,4 % des Français s'abstiennent, 90 % des suffrages exprimés approuvent les Accords d'Évian. Ce résultat massif (auquel l'Algérie ne participe pas) marque la fin de huit années de guerre et la sortie officielle du pays du conflit algérien.

Encore faut-il pour que la guerre soit véritablement achevée que règne la paix. Or, dès le lendemain des accords d'Évian, l'OAS s'applique à rendre leur exécution impossible. Le général Salan a prévu, en cas de signature d'un accord avec le FLN, un plan d'insurrection générale comportant des actions contre les CRS et les gendarmes mobiles. En attendant, attentats et exécutions atteignent un rythme frénétique. Au lendemain des accords d'Évian, l'OAS déclenche une grève générale des Européens et donne jusqu'au 22 mars aux officiers pour se rallier à elle, faute d'être considérés comme se trouvant au service d'un État étranger. Le 22 mars, l'OAS décide de faire du quartier populaire de Bab el-Oued une zone insurrectionnelle ; des commandos prennent position dans le quartier et s'efforcent de désarmer les patrouilles de soldats du contingent. 6 recrues qui s'efforcent de résister sont tuées. L'armée intervient alors massivement pour réduire l'insurrection, avec chars et avions. Devant la réplique, les commandos de l'OAS se retirent, laissant la population qui les a appuyés en butte à une sévère répression. Quelques jours plus tard, le 26 mars, l'armée tire sur une manifestation interdite, organisée par l'OAS, faisant 46 morts. Ce double échec va pousser l'OAS dans la voie du désespoir ; elle décide désormais de remettre au FLN l'Algérie dans l'état où les Français l'ont trouvée 130 ans auparavant.

Cette tactique suicidaire fait définitivement basculer dans le cauchemar la population européenne d'Algérie. Au rythme des explosions, des assassinats, des menaces, des arrestations (celle de Jouhaud, puis celle de Salan) se profile l'ombre de la guerre civile. La coexistence des communautés, prévue par les Accords d'Évian, se révèle une totale impossibilité. Épouvantés, comprenant que l'OAS les conduit à leur perte, terrifiés à l'idée des vengeances possibles du FLN après l'indépendance, la plupart des Français d'Algérie, persuadés que leur seul choix est entre « la valise et le cercueil », se prononcent pour la première. En quelques semaines, plusieurs centaines de milliers d'Européens, ignorant les menaces de l'OAS qui interdit tout départ, incendie les camions de déménagement, arrose les bagages, fait peser la perspective d'une vengeance sur les parents et amis, gagnent la métropole, l'Espagne ou Israël, abandonnant leurs biens et une terre qui, pour 80 % d'entre eux, était leur terre natale. Ils vont au-devant de difficultés considérables d'insertion, le gouvernement se trouvant surpris par des retours massifs qu'il n'avait pas prévus et qui le prennent totalement au dépourvu. Le tragique exode des pieds-noirs clôt sur un dramatique point d'orgue l'histoire d'une guerre qui a pris, au fil des années, l'allure d'un grave traumatisme national.

Fin mai, l'OAS, privée de toute perspective d'avenir par le départ massif des pieds-noirs, la condamnation à mort de Jouhaud, celle à la détention criminelle à perpétuité de Salan, décide d'ouvrir des négociations avec l'Exécutif provisoire. En son nom, Susini ordonne l'arrêt des attentats. Le 16 juin un accord est signé. Le 1ᵉʳ juillet, après une campagne sans violence, 99,72 % des électeurs d'Algérie, musulmans et Européens, votent « oui » au référendum qui décide l'indépendance du pays. Le 3 juillet, le général de Gaulle reconnaît l'indépendance algérienne.

Pour la Vᵉ République, c'est la fin d'une hypothèque qui pesait de plus en plus lourdement sur le destin du régime. Celui-ci considérera comme une victoire d'avoir tiré la France d'un conflit où elle était profondément enlisée et c'est bien ce jugement qu'ont ratifié les contemporains. L'opinion publique, comme les forces politiques, souscrivent à l'idée que seul le général de Gaulle avait l'autorité nécessaire pour faire comprendre aux Français que l'indépendance de l'Algérie était l'unique issue possible du conflit et imposer cette idée à l'armée et aux Européens d'Algérie.

Peut-on pour autant considérer que, ce faisant, le général de Gaulle avait mis en œuvre une décision prise de longue date, celle de « dégager la France des astreintes que lui imposait son Empire » ? A suivre avec attention les méandres de la politique algérienne, rien n'est moins sûr. Il apparaît au contraire qu'à chaque étape le chef de l'État a pris la mesure de l'état des forces adverses et pragmatiquement décidé de mettre en œuvre la solution la plus conforme à la réalité de la situation.

Démarche qui le conduit à un combat en retraite, à une suite
de concessions et, finalement, à la conclusion d'un accord que
les négociateurs jugent peu satisfaisant, même s'il a, dans l'immédiat, le mérite de mettre fin aux combats. Il ne peut empêcher que cet accord débouche sur un exode massif des Français
d'Algérie, rendant vain tout espoir de coexistence entre les
deux communautés, qui aurait fait des Accords d'Évian un
grand événement historique. Jugé avec du recul, le résultat est
décevant. Mais le vrai succès du général de Gaulle est, de discours en conférences de presse, d'avoir fait de l'échec une victoire en présentant ces concessions comme autant d'initiatives
hardies et en couvrant de la magie d'un verbe impérieux ce qui
n'était rien d'autre qu'une ratification de l'inéluctable. Ce faisant, il inaugure une méthode appelée à un bel avenir, celle qui
consiste à transmuer en politique volontariste la prise en
compte des nécessités.

En attendant, la fin de la guerre d'Algérie libère la Ve République d'un problème paralysant, permettant à son chef de s'attaquer aux questions, qui lui paraissent bien plus primordiales,
de la place de la France dans le monde. Et, dans un premier
temps, il s'agit pour lui de tirer, au plan institutionnel, les
conséquences de l'évolution que la guerre d'Algérie a fait subir
à l'équilibre des pouvoirs tel qu'il avait été institué en 1958.

3

L'évolution du régime
et la crise de 1962

Le drame algérien n'a pas seulement bouleversé les Français. Il a infléchi – et très durablement – les institutions créées en 1958. Arrivé au pouvoir en raison de la guerre d'Algérie, investi de la confiance des Français pour lui apporter une solution qu'il paraît seul capable de mettre en œuvre, le général de Gaulle dispose d'une latitude d'action que personne ne paraît en mesure de lui disputer. Son propre tempérament l'incline sans aucun doute à donner une interprétation extensive de la Constitution en ce qui concerne ses pouvoirs. N'écrit-il pas, dans les *Mémoires d'espoir*, ces lignes à tout le moins surprenantes pour un homme qui vient de présider à la rédaction d'une constitution : « Les institutions nouvelles sont en place. Du sommet de l'État comment vais-je les façonner ? Dans une large mesure, il m'appartient de le faire. Car les raisons qui m'y ont amené et les conditions dans lesquelles je m'y trouve ne ressortent pas des textes [1]... » Mais, de surcroît, comme la dernière phrase citée le rappelle, les circonstances propres au conflit algérien imposent au sommet de l'Exécutif la nécessité de décisions rapides, entourées d'un minimum de secret, une concentration du pouvoir aux mains d'un décideur qui ne peut être que le chef de l'État. Nécessité que nul ne conteste et qui, sur ce point précis, fait l'objet d'un large consensus dans l'opinion publique et même dans le monde politique. Si bien qu'en raison de la conjoncture on voit s'instaurer, de 1958 à 1962, une pratique institutionnelle qui déborde très largement l'équilibre des pouvoirs instauré par le texte de 1958 et qui joue en faveur du renforcement des pouvoirs présidentiels.

1. (19) t. I, *Le Renouveau, op. cit.*, p. 341.

Un renforcement des pouvoirs présidentiels.

Devenu par son élection à l'Élysée la clé de voûte des institutions, Charles de Gaulle professe que son pouvoir résulte moins de la nature des textes que d'une mission historique dont il se trouve investi depuis 1940, celle de recours de la nation en péril : « Il y a là un fait qui, à côté des littérales dispositions constitutionnelles, s'impose à tous et à moi-même. Quelle que puisse être l'interprétation que l'on veuille donner à tel ou tel article, c'est vers de Gaulle en tout cas que se tournent les Français. C'est de lui qu'ils attendent la solution de leurs problèmes... De mon côté, je ressens comme inhérents à ma propre existence le droit et le devoir d'assurer l'intérêt national [1]. » On ne saurait mieux dire que le pouvoir exercé par le général de Gaulle est de nature charismatique et ne peut en aucune façon être lié à quelque texte que ce soit.

Conception évidente pour le chef de l'État et sans doute pour une partie de l'opinion, mais difficile à défendre juridiquement, reconnaissons-le. Aussi, les partisans du Général vont-ils tenter de théoriser une pratique qui consacre le président de la République comme le seul véritable maître du jeu politique en lançant l'idée du « domaine réservé ». En fait, celle-ci est à l'origine une doctrine de circonstance destinée à interdire à Jacques Soustelle et à l'aile intégrationniste de l'UNR de se servir de cette formation comme d'un instrument de pression contre le chef de l'État dans l'affaire algérienne. Secrétaire général de l'UNR, Albin Chalandon déclare au Conseil national d'Orsay de ce mouvement en juillet 1959 que les gaullistes ne doivent point contrecarrer l'action du général de Gaulle, mais au contraire « le suivre dans tous les problèmes pour lesquels l'intérêt national se trouve engagé et qu'il se réserve de trancher lui-même en tant que chef de l'Exécutif ». Et de citer la politique internationale, la Communauté et l'Algérie. Aux Assises de Bordeaux de l'UNR en novembre 1959, Jacques Chaban-Delmas reprend l'idée en opposant un « secteur pré-

1. *Ibid.*, p. 342.

sidentiel » dans lequel il fait entrer l'Algérie, la Communauté, les Affaires étrangères et la Défense, opposé au « secteur ouvert » qui comprend les autres départements ministériels[1]. Si le général de Gaulle et ses Premiers ministres ont toujours contesté l'existence d'un domaine réservé, il est cependant peu douteux que l'expression corresponde à une réalité, celle affirmée par le général de Gaulle lui-même et selon laquelle il lui appartient de prendre en main et de trancher les questions fondamentales qui conditionnent le destin de la nation.

La conséquence en est la constitution à l'Élysée autour du chef de l'État d'une sorte de super-cabinet qui, sans se substituer à lui, double jusqu'à un certain point le gouvernement. Formé d'une cinquantaine de personnes sous la direction de Geoffroy de Courcel, secrétaire général de la présidence de la République de 1959 à 1962, et de René Brouillet, directeur du cabinet du général de Gaulle, il comprend des conseillers techniques, fidèles du général comme Olivier Guichard, Pierre Lefranc et Jacques Foccart, hauts fonctionnaires chargés de suivre les affaires diplomatiques (J.-M. Bœgner), les questions économiques et financières (A. de Lattre), les problèmes d'éducation et de science (Pierre Lelong), les affaires juridiques (Bernard Tricot qui consacrera l'essentiel de son activité à la question algérienne). Si on y ajoute le secrétariat général pour les affaires africaines et malgaches, placé sous la direction de Raymond Janot, puis de Jacques Foccart, et l'état-major du chef de l'État évidemment chargé de suivre les affaires militaires, on aura une idée assez précise de la configuration possible du « domaine réservé ». Il faudrait ajouter les « experts » convoqués occasionnellement, les comités, les chargés de missions plus ou moins officieux... Le statut de ce super-cabinet est lié à la préparation des dossiers, à l'information du chef de l'État, au suivi des décisions. En principe, il n'interfère pas sur les pouvoirs des ministres responsables. En fait, la puissance de ce groupe placé au contact du principal centre de décision est telle que, en dépit de la volonté du chef de l'État de ne pas créer de structure parallèle, elle dépossède inévitablement le

---

1. Voir J. Charlot (46), p. 85-86.

ministère concerné dès lors que le problème à traiter passe dans le « domaine réservé ». C'est ce que reconnaissait implicitement Jacques Chaban-Delmas en expliquant la différence entre le « secteur réservé » et le « secteur ouvert » : « Dans le premier, le chef de l'État décide, dans le second, il opte. Dans le premier le gouvernement exécute, dans le second il conçoit. »

Dès lors peut-on considérer que le gouvernement « détermine et conduit la politique de la nation » selon les dispositions de la constitution ?

Un gouvernement sous influence.

« Certes, il existe un Gouvernement qui ' détermine la politique de la nation '. Mais tout le monde sait et attend qu'il procède de mon choix et n'agisse que moyennant ma confiance [1] », écrit Charles de Gaulle. Voilà qui est clair. Pour autant que l'Assemblée nationale accepte ce qui apparaît comme un dessaisissement, en maintenant sa confiance au gouvernement, celui-ci est bien l'émanation du président. Le choix du Premier ministre que la Constitution réserve (comme sous les IIIe et IVe Républiques) au chef de l'État change désormais de sens : il ne s'agit plus, aux yeux du général de Gaulle, de désigner la personnalité la plus apte à recueillir une majorité à l'Assemblée nationale (ce que supposerait le caractère parlementaire du régime), mais celle qui lui paraît la plus propre à mettre en œuvre la politique définie à l'Élysée. Là encore, le général de Gaulle s'exprime sans ambiguïté : « Étant donné l'importance et l'ampleur des attributions du Premier ministre, il ne peut être que ' le mien '. Aussi l'est-il, choisi à dessein, maintenu longuement en fonctions, collaborant avec moi, constamment et de très près [2]. » De fait, en choisissant pour ce poste Michel Debré, un fidèle de longue date, le président de la République désigne un chef d'état-major capable de mettre en œuvre et de suivre les impulsions données par le chef de l'État, de régler les problèmes qu'il juge trop secondaires pour remonter jusqu'à

1. (19) t. I, p. 342.
2. (19) t. I, p. 346-347.

lui. Le rôle subordonné du Premier ministre est souligné par la
métaphore qu'emploie dans ses *Mémoires* Charles de Gaulle
pour le caractériser : « Tout de même qu'à bord du navire, l'an-
tique expérience des marins veut qu'un Second ait son rôle à
lui à côté du commandant, ainsi dans notre nouvelle République, l'Exécutif comporte-t-il après le Président, voué à ce
qui est essentiel et permanent, un Premier ministre aux prises
avec les contingences[1]. » Contingences parmi lesquelles Michel
Debré aura à mettre en œuvre une politique algérienne qui
heurte les convictions les plus profondes de ce patriote jacobin
et qui fera des trois années durant lesquelles il dirige le gouvernement un long chemin de croix. Mais, attestant de la validité
du choix fait par Charles de Gaulle en janvier 1959, le Premier
ministre tranchera en faveur de sa fidélité gaulliste, en faisant
taire sa conscience déchirée par l'abandon de l'Algérie française. Il est donc clair que la politique conduite par le gouvernement est moins celle décidée par l'équipe réunie autour du
Premier ministre que celle voulue par le chef de l'État. Les
Conseils des ministres sont très rarement le lieu de véritables
débats. Tout au plus, les ministres sont-ils invités à donner leur
avis, mais c'est le président qui tranche. Rien qui ressemble
moins à l'exercice d'une responsabilité collective que ces
Conseils où chacun des responsables semble moins engagé dans
une réflexion d'ensemble avec ses collègues que dans un dialogue sur les seules affaires relevant de sa compétence avec le
général de Gaulle. Au demeurant, celui-ci nomme et révoque
les ministres comme il l'entend, la proposition du Premier
ministre, exigée par la Constitution, apparaissant bien formelle. C'est ainsi qu'Antoine Pinay est exclu sans ménagement
du gouvernement en janvier 1960, moins en raison de son
désaccord avec le ministre du Commerce et de l'Industrie Jean-
Marcel Jeanneney que pour avoir fait connaître ses réserves sur
les orientations de politique étrangère du chef de l'État : attitude compréhensible dans un régime où la politique suivie est
celle de l'ensemble du gouvernement, mais inacceptable pour
le général de Gaulle qui juge que la compétence du ministre des

1. (19) t. I, p. 347.

Finances se limite aux affaires de son département. Et le chef de l'État lui donne pour successeur (peu consentant) le gouverneur de la Banque de France, Wilfrid Baumgartner, qui reçoit du général de Gaulle l'ordre formel d'accepter un poste pour lequel il n'éprouve aucune attirance. En février 1960, après la « semaine des barricades », le général de Gaulle décide de révoquer les ministres intégrationnistes Soustelle et Cornut-Gentile et de rétrograder Pierre Guillaumat qui laisse son poste de ministre des Armées à Pierre Messmer pour prendre celui, de moindre poids politique, de ministre délégué auprès du Premier ministre.

Pour les questions essentielles, le gouvernement cesse donc d'être l'organe de la conception. Il devient avant tout celui de l'exécution, rôle que ne lui conteste pas le chef de l'État : « ... La conduite de l'administration est entièrement laissée aux ministres et jamais je n'adresse par-dessus leur tête aucun ordre aux fonctionnaires [1]. » Subordonné au chef de l'État, le gouvernement bénéficie, en quelque sorte par délégation, de quelques bribes de l'autorité incomparable du président. Et ce, d'autant plus que le Parlement, hier tout-puissant, connaît un spectaculaire effacement.

L'effacement du Parlement.

Clé de voûte du pouvoir selon la tradition républicaine appliquée par les IIIe et IVe Républiques, le Parlement conserve dans la Ve République une grande partie de ses prérogatives, puisque les rédacteurs de la Constitution ont veillé à ce que soit maintenu le principe de base du parlementarisme que constitue la responsabilité du gouvernement devant l'Assemblée nationale. Toutefois, le président de la République considère visiblement ces clauses comme une survivance un peu formelle au regard de l'esprit des institutions nouvelles. « Certes, il y a un Parlement, dont l'une des deux Chambres a la faculté de censurer les ministres. Mais la masse nationale et moi-même ne voyons rien là qui limite ma responsabilité, d'autant

1. (19) t. I, p. 346.

mieux que je suis juridiquement en mesure de dissoudre, le cas
échéant, l'assemblée opposante, d'en appeler au pays au-dessus
du Parlement par la voie du référendum et, en cas de péril
public, de prendre toutes les mesures qui me paraîtraient
nécessaires [1]. »

En fait, assuré de l'appui de l'opinion qui attend de lui qu'il
résolve le problème algérien, sachant les forces politiques neu-
tralisées par leur inaptitude à affronter cette question, le général de Gaulle va multiplier les gestes prouvant le peu de cas
qu'il fait du Parlement.

En premier lieu en s'attribuant comme gardien de la Constitution (mais aussi comme son principal inspirateur) le droit de
l'interpréter. En mars 1960, devant les demandes insistantes
des organisations agricoles affrontées à une difficile crise
d'adaptation, la majorité des députés, s'appuyant sur l'article
29 de la Constitution (« Le Parlement est réuni en session
extraordinaire [...] à la demande de la majorité des membres
composant l'Assemblée nationale »), demande la convocation
du Parlement en session extraordinaire pour discuter des problèmes agricoles. A cette demande, transmise par le président
de l'Assemblée nationale, le chef de l'État répond, le 18 mars,
par une fin de non-recevoir en se fondant sur l'article 30 de la
Constitution dont nul ne songeait qu'on pouvait l'opposer à
l'article 29 (« Les sessions extraordinaires sont ouvertes et
closes par décret du président de la République »). Il considère
en effet qu'une convocation ainsi demandée sous la pression de
groupes d'intérêts est contraire à l'esprit des institutions, soulignant du même coup le caractère mineur de l'Assemblée
nationale, impuissante à obtenir sa propre convocation.

En deuxième lieu, les graves événements d'Algérie vont
pousser le chef de l'État à gouverner en vertu de pouvoirs spéciaux qui aboutissent dans la pratique au dessaisissement du
Parlement et mettent en relief l'inadéquation de ses procédures
avec une action efficace. En février 1960, après la semaine des
barricades, le vote de pouvoirs spéciaux autorise le gouvernement à légiférer par ordonnances, prises sous la signature du

1. (19) t. I, p. 342-343.

président de la République, ce qui accroît encore l'emprise de celui-ci sur les institutions. En avril 1961, pour faire face au putsch d'Alger, le président de la République met en application l'article 16 de la Constitution et il conserve les pouvoirs exceptionnels que lui accorde cette disposition jusqu'au 30 septembre 1961, afin d'assurer l'ordre et de se donner les moyens nécessaires pour maîtriser la situation en métropole et en Algérie (ils lui permettront entre autres de créer des juridictions d'exception comme le haut tribunal militaire et le tribunal militaire afin de juger les officiers rebelles).

Plus encore que par sa subordination à l'Exécutif ou par son dessaisissement sur l'affaire algérienne, le Parlement est atteint en troisième lieu par l'esprit du nouveau régime qui, à la faveur de la crise algérienne, multiplie les procédures de démocratie directe. Le Parlement cesse d'être le lieu où se décide la politique nationale, et les élus se trouvent marginalisés par le dialogue direct que le chef de l'État entretient avec la population. Celui-ci revêt trois formes différentes. D'abord la multiplicité des déclarations publiques du général de Gaulle à travers les allocutions radiodiffusées ou télévisées ou les conférences de presse au cérémonial soigneusement mis en scène, qui permettent au chef de l'État de faire connaître sa politique au pays, l'exégèse de ses propos constituant l'exercice fondamental de l'analyse politique dans la France des années 1958-1969, ainsi que l'a montré l'examen de la politique algérienne. Ensuite, les voyages du général dans les départements qui participent également de ce « gouvernement de la parole » et sont l'occasion de ces « bains de foule » durant lesquels le président établit ce « lien vivant » avec les Français qu'il juge indispensable, par-dessus la tête des « corps intermédiaires » : « C'est au peuple lui-même, et non seulement à ses cadres, que je veux être lié par les yeux et par les oreilles. Il faut que les Français me voient et m'entendent, que je les entende et les voie [1]. »

Par-dessus tout, cette démocratie directe s'exprime par les référendums qui deviennent les éléments clés de la conception gaulliste des institutions. Ils apparaissent à la fois comme des

---

1. (19) t. I, p. 363.

questions posées aux Français sur les problèmes fondamentaux, dépassant d'ailleurs souvent les problèmes d'organisation des pouvoirs publics à quoi les limite la Constitution, et
comme des renouvellements périodiques de légitimité pour un
pouvoir qui trouve sa source dans le suffrage universel. Et c'est
pour cette raison que l'opposition dénonce, comme autant de
plébiscites, les référendums qui rythment de 1958 à 1969 l'histoire de la République gaullienne. Cette pratique du pouvoir
aboutit donc, de toutes les manières, à la perte d'influence d'un
Parlement hier omnipotent. Par contrecoup elle débouche sur
la minorisation du rôle des partis politiques dont le Parlement
est le lieu naturel d'expression. Et partis et Parlement sup-
portent d'autant plus mal cette mise à l'écart que la lettre de la
Constitution affirme le caractère parlementaire du régime.
Mais comment ouvrir le procès en violation de la Constitution
du général de Gaulle tant que dure l'épreuve algérienne qui
contraint à lui laisser les mains libres ? Si bien que, de 1958 à
1962, s'accumulent de sourdes rancœurs qui n'attendent pour
se manifester que la fin de la guerre d'Algérie. A mesure que les
mois passent, la certitude qu'une épreuve de force se prépare
entre de Gaulle et les partis politiques ne cesse de s'affirmer.
On constate en effet, parallèlement à la dérive présidentielle
que connaît le régime du fait de la guerre d'Algérie, un effrite-
ment du soutien dont le général de Gaulle bénéficiait en 1958,
si bien qu'on peut considérer qu'en 1962 la plus grande partie
des forces politiques françaises se range dans l'opposition à ce
qui leur apparaît comme le pouvoir personnel du chef de l'État.

*Les forces politiques face au régime
au printemps 1962.*

Quatre ans après l'arrivée au pouvoir du général de Gaulle,
la quasi-unanimité qui avait marqué son accession à la tête de
l'État n'est plus qu'un souvenir. La nature du régime apparaissant plus clairement à travers la pratique quotidienne, la situation politique s'est décantée, et les appuis dont bénéficiait le
chef de l'État n'ont cessé de s'amenuiser.

Seule de toutes les forces politiques, l'UNR appuie incondi-
tionnellement le président. Il est vrai que c'est là sa raison

d'être. Les députés gaullistes, après avoir montré sous la houlette du secrétaire général du mouvement de février à décembre 1959, Albin Chalandon (successeur à ce poste de Roger Frey), des velléités d'exister en dehors du pouvoir, renoncent à toute tentative d'autonomie et s'inclinent devant la volonté de Michel Debré de faire de l'UNR la courroie de transmission des impulsions du chef de l'État dans le champ parlementaire et dans l'opinion. Épurée successivement à l'automne 1959, après le discours sur l'autodétermination, au printemps 1960 après la semaine des barricades, puis en décembre de cette même année à la veille du référendum sur l'autodétermination, de ses éléments activistes attachés à l'Algérie française (Léon Delbecque, Pascal Arrighi, Jacques Soustelle...), elle est devenue l'instrument du président. Le paradoxe est que celui-ci, qui entend « demeurer au-dessus des partis », prétend officiellement l'ignorer, chargeant toutefois le Premier ministre de jouer le rôle de chef d'état-major du mouvement avec l'appui du secrétaire général (Jacques Richard, puis Jacques Baumel) dont les fonctions apparaissent plus techniques que politiques.

Au demeurant, l'UNR se refuse à adopter des positions idéologiques, elle récuse le clivage droite-gauche et veut se présenter comme un parti de gestion moderne tourné vers les catégories émergentes et dynamiques de la population : cadres, médecins, ingénieurs, techniciens. « Instrument séculier du gaullisme », selon l'expression employée par Michel Debré aux Assises de Strasbourg de 1961, elle est un parti centralisé, gouverné de façon autoritaire, dont le rôle est de transmettre au pays les impulsions venues de l'Élysée et mises en œuvre par le gouvernement. Si l'UNR n'est pas tout le gaullisme politique, elle en constitue l'essentiel. La petite cohorte de « gaullistes de gauche » qui, sous la direction des fortes personnalités que sont René Capitant, Louis Vallon, Léo Hamon, Gilbert Grandval, ont formé en avril 1959 l'Union démocratique du travail (UDT), ne parviendra jamais à conquérir une véritable audience dans l'opinion.

Si la nébuleuse gaulliste joue le rôle d'un soutien inconditionnel du pouvoir, le parti communiste apparaît de son côté comme l'adversaire irréconciliable de celui-ci. Encore que cette affirmation mérite d'être nuancée sur au moins deux points : le parti communiste se montre relativement favorable aux orientations de politique étrangère du régime qui représentent une prise de distance par rapport à l'allié américain et une volonté de rapprochement avec les États communistes (voir chap. 7) ; même s'il en critique les lenteurs et le style, il ne peut qu'approuver le résultat de la politique algérienne et fera voter « oui » au référendum d'avril 1962. Mais, ces réserves faites, il se livre à une analyse sans nuances du régime de la Ve République dans laquelle il voit un « régime présidentiel absolu », traduisant « le pouvoir des grands monopoles », l'un et l'autre appuyés sur « la bureaucratie militaire », au total « un régime qui ouvre la voie au fascisme [1] ». En 1961, le parti communiste exclut de ses rangs Marcel Servin, Laurent Casanova, des dirigeants du Mouvement de la Paix, de l'Union des étudiants communistes, charrette composite de partisans de la modernisation du parti communiste dans laquelle figurent en bonne place, derrière Servin et Casanova, des hommes qui proposent une analyse moins simpliste du gaullisme. Si bien que le parti de Maurice Thorez demeure le môle de l'opposition la plus intransigeante au régime.

On pourrait joindre au parti communiste dans le cadre de cette opposition catégorique le nouveau parti formé en avril 1960 par des intellectuels et des militants d'extrême gauche, le *Parti socialiste unifié* (PSU). Constitué des dissidents de la SFIO qui ont donné naissance en 1958 au *Parti socialiste autonome* (PSA), grossi de Mendès France et des radicaux mendésistes, de dissidents du parti communiste groupés autour de Jean Poperen et du journal *Tribune du communisme*, de l'*Union de la gauche socialiste* rassemblant depuis 1957 chrétiens de gauche issus de la *Jeune République* ou du *Mouvement de libération populaire* et laïques de l'hebdomadaire *France-Observateur* autour de Claude Bourdet et Gilles Martinet, cette formation d'hommes aux sensibilités diverses a pour ciment principal le refus du régime gaulliste et la recherche d'une for-

---

1. Extraits du rapport de Maurice Thorez au XVe congrès du PCF, Ivry, 24-28 juin 1959, in *l'Humanité,* 25 juin 1959.

mule de socialisme moderne capable d'offrir une solution de rechange. Mais le PSU rejette la proposition d'adhésion de François Mitterrand et de ses amis. Celui-ci, très isolé (il est tombé en octobre 1959 dans une machination ourdie par l'extrême droite, une tentative simulée d'assassinat dans les jardins de l'Observatoire que le pouvoir a exploitée contre lui), se rabat alors sur l'organisation formée avec les vestiges de l'ancienne tendance de gauche de l'UDSR, la squelettique *Ligue pour le combat républicain*, animée elle aussi par un antigaullisme fondamental. Mais cette gauche violemment antigaulliste, riche en personnalités brillantes est faible en audience dans l'opinion.

Cependant, les grandes forces politiques républicaines traditionnelles qui avaient soutenu le général de Gaulle en 1958 glissent peu à peu à l'opposition, en raison de la pratique du pouvoir du général de Gaulle. En refusant de participer au gouvernement Debré en janvier 1959, le parti socialiste ne gagne pas clairement l'opposition. Malgré les pressions de son aile gauche (animée par Albert Gazier et Gaston Defferre), Guy Mollet fait triompher une ligne souple qui permet d'appuyer la politique algérienne du pouvoir, tout en critiquant sa politique militaire et l'essentiel de sa politique intérieure, qu'il s'agisse de ses choix budgétaires, de ses décisions en matière de politique scolaire (la loi Debré de décembre 1959 permettant la conclusion de contrats entre l'État et les établissements privés et, selon la nature du contrat, le financement par l'État de la rémunération des enseignants et des frais de fonctionnement), et surtout de la pratique constitutionnelle du général de Gaulle qui apparaît à Guy Mollet (un des pères de la Constitution de 1958) comme une violation des engagements de 1958. Opposition modérée dont la SFIO veille à ce qu'elle ne débouche pas, tant que dure la guerre d'Algérie, sur un renversement du gouvernement. Mais il est clair que seul le conflit algérien la maintient dans les limites de la modération.

Durement étrillé par les élections législatives de 1958 qui ne lui laissent que 13 élus, le parti radical fait figure de survivance quelque peu archaïque dans la vie publique. Rallié au régime à ses origines, en dépit de la vigoureuse opposition de Jean Bay-

let, le tout-puissant directeur de *la Dépêche du Midi* (qui disparaît en 1959 dans un accident d'automobile), il s'éloigne du
pouvoir dès 1959. La démission, en mai, du ministre de l'Intérieur Jean Berthoin le prive de toute présence au gouvernement, la loi Debré heurte ses convictions laïques, mais surtout,
en mars 1960, le refus du général de Gaulle de convoquer le
Parlement, en dépit de la demande de la majorité des députés,
le conduit à constater « qu'une disposition expresse de la
Constitution a été mise en échec par les autorités mêmes qui
ont pour mission d'en assurer l'application ». Cette entorse à la
tradition républicaine qui permet au gouvernement de « se
soustraire au contrôle des élus de la nation » fait passer le parti
radical dans l'opposition la plus nette au régime.

L'attitude du MRP vis-à-vis du pouvoir est encore plus
embarrassée que celle du parti socialiste SFIO. Il existe au
MRP une vieille fidélité gaulliste remontant à l'époque de la
Résistance (Maurice Schumann, l'un des dirigeants du Mouvement, n'a-t-il pas été le porte-parole de la France libre ?). De
surcroît, ce parti est profondément convaincu de la nécessité
d'une réforme des institutions comme celle mise en œuvre par
le gaullisme. Enfin, le départ de Georges Bidault et de ses amis,
partisans de l'Algérie française, fait de cette formation un sûr
soutien de la politique algérienne du pouvoir. Toutefois, le
MRP, fervent partisan de la démocratie parlementaire, est,
comme les socialistes et les radicaux, profondément heurté par
la pratique présidentielle du général de Gaulle et le peu de cas
qu'il fait du Parlement. Et surtout, ayant lié son destin à la réalisation d'une Europe supranationale, il ne peut ignorer que
cette conception suscite l'hostilité du général de Gaulle. Sans
doute le chef de l'État joue-t-il le jeu de la mise en route du
Marché commun, mais les initiatives qu'il prend à partir de
1960 en matière d'organisation politique de l'Europe – le Plan
Fouchet – vont dans le sens de la consolidation et non de l'effacement des entités nationales (voir chap. 7). Toutefois, il en
va du MRP comme des socialistes : l'urgence de la question
algérienne conduit à taire critiques et réticences.

Dernière grande force politique et qui a tiré un large profit de son ralliement au gaullisme, le Centre national des indépendants et paysans. Celui-ci apparaît en 1958 comme le partenaire privilégié des gaullistes dans la majorité, et ce rôle est illustré par la présence d'Antoine Pinay au ministère des Finances. L'élimination de celui-ci en janvier 1960 le conduit à une retraite politique silencieuse, mais critique, qui fait considérer à beaucoup l'ancien ministre des Finances comme un possible recours en cas de retrait du Général. En fait, le CNIP, groupement de personnalités plus que véritable parti, connaît à son tour une crise profonde à partir de 1960. Autour de Valéry Giscard d'Estaing, jeune secrétaire d'État au Budget et personnalité la plus brillante de cette constellation de notables, se rassemble un groupe d'indépendants « gaullistes » qui appuie la politique du Général. Mais le secrétaire général du parti, Roger Duchet, est l'un des ultras de l'Algérie française et anime une tendance, sans doute majoritaire, très hostile à la politique algérienne du gouvernement ; par prudence, le CNIP ne passe pas à l'opposition ouverte, mais il refuse de donner des consignes à ses électeurs en vue des deux référendums de janvier 1961 et d'avril 1962, de condamner le putsch des généraux et il réclame le « maintien de l'Algérie dans la République française ». Il faut enfin ajouter qu'un groupe de modérés dont Paul Reynaud est le symbole, s'il approuve la politique algérienne du pouvoir, se montre vite critique sur la pratique gaulliste des institutions par attachement à l'institution parlementaire.

Il est évident que, si l'on met à part l'appui inconditionnel de l'UNR au pouvoir d'une part, l'opposition déterminée du parti communiste et de la gauche intransigeante de l'autre, la majeure partie des forces politiques traditionnelles n'est retenue de passer à l'opposition que par l'obstacle du conflit algérien. Mais la grande explication entre les forces politiques et le pouvoir n'est, à l'évidence, qu'ajournée et il est clair que, une fois la paix signée en Algérie, une épreuve de force paraît inévitable. Sans laisser le temps aux partis de l'engager, le général de Gaulle en prend l'initiative au lendemain même de la ratification par le référendum d'avril 1962 des Accords d'Évian.

Les défis du général de Gaulle :
le ministère Pompidou.

La fin de la guerre d'Algérie signifie de manière si évidente l'ouverture du conflit longtemps différé entre de Gaulle et les partis que le Premier ministre Michel Debré suggère, pour sa part, de prendre l'initiative des hostilités : il propose que, sur la lancée du référendum triomphal d'avril 1962, le général de Gaulle dissolve l'Assemblée nationale, et que, appuyé sur une majorité nouvelle, il fasse désormais fonctionner les institutions en relançant le parlementarisme qui constitue aux yeux du principal rédacteur de la Constitution de 1958 l'esprit même du dispositif institutionnel. Le général de Gaulle fait une autre analyse. Il rejette l'idée d'une élection qui, venant après le référendum, aboutirait à un vote dans la confusion, tous les partis pouvant se réclamer de la paix en Algérie, et choisit, pour sa part, d'opérer une clarification en contraignant les forces politiques à se prononcer nettement pour ou contre les conceptions fondamentales qu'il propose aux Français et qu'il juge aux antipodes de celles des partis. Cette clarification en forme de défi aux forces politiques revêt trois aspects successifs : le changement du Premier ministre, le rejet de l'Europe supranationale, la réforme de l'élection du président de la République.

Le premier est le départ du Premier ministre Michel Debré. Ayant vécu le drame algérien comme un déchirement personnel qui lui a fait proposer sa démission à de multiples reprises, il a finalement, par fidélité au général de Gaulle, été l'artisan d'une solution qui blessait profondément ses convictions. La paix acquise, le général de Gaulle juge désormais que sa tâche est achevée et qu'il est nécessaire de remplacer un chef de gouvernement usé par trois années de pouvoir au milieu des pires difficultés et des plus grands périls. Peut-être aussi entret-il dans cette décision un désaccord sur le fonctionnement des institutions en période ordinaire que le chef de l'État voit sans nul doute moins parlementaires que son Premier ministre. Quoi qu'il en soit, les conditions du départ du Premier ministre qui avait toujours eu une majorité à l'Assemblée nationale sont ressenties comme un défi par le Parlement et les partis. Si, respectant formellement l'article 8 de la Constitution, le général de Gaulle « accepte la démission » que lui présente le Premier ministre, il ne fait de doute pour personne que l'initiative vient du chef de l'État qui s'affirme ainsi comme la cheville ouvrière de la vie politique. C'est dire de la manière la plus claire (ce que la Constitution ne précise pas de façon aussi évidente) que le Premier ministre procède quasi exclusivement du chef de l'État et que son unique mission est de mettre en œuvre la politique dont le président de la République a tracé les traits majeurs.

A ce départ que le Parlement ne peut considérer que comme une nouvelle entorse à la tradition républicaine s'ajoute un deuxième défi : à Michel Debré, sénateur, habitué de longue date des luttes parlementaires, de Gaulle donne comme successeur un quasi-inconnu, Georges Pompidou. Ce n'est ni un homme politique ni un parlementaire, mais un agrégé de lettres qui a appartenu au cabinet du général de Gaulle en 1944-1946, lui est resté fidèle en dirigeant son cabinet à l'époque du RPF jusqu'en 1954, puis a commencé une carrière à la banque Rothschild avant de prendre la direction du cabinet de Charles de Gaulle, président du Conseil, de juin à décembre 1958. Nommé en janvier 1959 membre du Conseil constitutionnel, chargé par le chef de l'État de diverses missions secrètes (concernant en particulier la guerre d'Algérie), mais ayant refusé le ministère des Finances au cours de l'été 1961, il apparaît en avril 1962 comme un collaborateur personnel du général de Gaulle et non comme un personnage représentatif. Charles de Gaulle a, dans ses *Mémoires d'espoir*, exposé les raisons qui, à ses yeux, militaient en faveur de ce choix : « Bien que son intelligence et sa culture le mettent à la hauteur de toutes les idées, il est porté par nature à considérer surtout le côté pratique des choses. Tout en révérant l'éclat dans l'action, le risque dans l'entreprise, l'audace dans l'autorité, il incline vers les attitudes prudentes et les démarches réservées, excellant d'ailleurs dans chaque cas à en embrasser les données et à dégager une issue [1]. » En d'autres termes, une sorte de portrait-

1. (19) t. II, *L'Effort*, p. 79.

robot du second idéal apte à mettre en œuvre avec habileté et prudence les grands desseins imaginés par le président de la République. Mais, pour le monde politique, cette domination signifie à l'évidence que le général de Gaulle entend prendre directement en charge les affaires du pays, accentuer la tonalité présidentielle des institutions et gouverner par Premier ministre interposé puisqu'il choisit pour cette fonction son collaborateur personnel, dépourvu, face aux parlementaires comme au pays, de toute autorité autre que celle que lui confère le chef de l'État.

Sans doute le nouveau Premier ministre s'efforce-t-il de désarmer la sourde hostilité que lui manifestent les politiques. Dans le gouvernement qu'il constitue le 25 avril, les parlementaires sont plus nombreux que dans le gouvernement Debré, même si les non-parlementaires tiennent des postes de premier rang avec André Malraux, ministre d'État chargé des Affaires culturelles, Louis Joxe, ministre d'État chargé des Affaires algériennes, Maurice Couve de Murville aux Affaires étrangères, Pierre Messmer aux Armées, Pierre Sudreau à l'Éducation nationale. Mais le gros du ministère est à l'image de la majorité, formé de parlementaires UNR, MRP (5 ministres derrière Pierre Pflimlin et Maurice Schumann) et indépendants. De surcroît, Georges Pompidou accepte de faire à l'Assemblée nationale une déclaration-programme et de solliciter la confiance sur cette déclaration, comme l'avait fait Michel Debré. Le 26 avril, faisant ses débuts à la tribune de l'Assemblée, il rappelle la doctrine gaulliste en matière de légitimité gouvernementale : « Nommé par le chef de l'État, trouvant donc en lui sa source, le gouvernement est et reste responsable devant l'Assemblée nationale... » La réponse des députés traduit plus de réserves que d'enthousiasme : 259 députés accordent leur confiance, mais 119 s'abstiennent et 128 prennent parti contre le gouvernement. Outre la double opposition de gauche et de droite, les trois quarts des indépendants, la moitié du MRP ont refusé d'approuver la conception gaulliste du pouvoir. Le chef de l'État ne peut plus compter que sur une étroite majorité. Ses choix politiques vont la lui faire perdre.

Les défis du général de Gaulle :
l'Algérie et l'Europe.

Les premières semaines du gouvernement Pompidou correspondent à la période durant laquelle se jouent les derniers actes
du drame algérien, entre le référendum métropolitain d'avril et
le référendum algérien de juillet. Le retour en France de
700 000 Européens dans un climat d'improvisation presque
totale, les crimes de l'OAS, la condamnation à mort de Jouhaud le 13 avril, puis celle de Salan le 23 mai à la réclusion criminelle à perpétuité (provoquant la fureur du général de
Gaulle devant l'indulgence du verdict et la suppression du haut
tribunal militaire, remplacé par la Cour militaire de justice),
entretiennent l'exaspération des tenants de l'Algérie française.
Le 6 juin 1962, 113 députés (dont la moitié du groupe des indépendants) votent la censure demandée contre le gouvernement
par les députés d'Algérie qui dénoncent le « génocide » des
populations restées fidèles à la France.

Sur ce point, le général de Gaulle subit une opposition qu'il a
délibérément acceptée en raison de ses choix en matière de
politique algérienne. Mais c'est dans le cadre de la clarification
souhaitée qu'il trace dans sa conférence de presse du 15 mai les
grandes lignes de sa politique en matière européenne, qui va
porter un nouveau coup à l'étroite majorité dont peut disposer
le gouvernement. Faisant litière des convictions supra-
nationales de ses ministres MRP, il affirme en réponse aux
questions des journalistes : « La seule Europe possible est celle
des États... » qui maintient la souveraineté nationale, brocar-
dant cruellement l'idée de supranationalité et couvrant de sar-
casmes ceux qui pensent qu'il est possible de s'exprimer « en
quelque espéranto ou volapük intégré ». Malgré les efforts
accomplis par le général de Gaulle pour éviter cette issue, les
5 ministres MRP (Pierre Pflimlin, Maurice Schumann, Robert
Buron, Joseph Fontanet, Paul Bacon) démissionnent dans la
nuit. Le groupe parlementaire indépendant fait pression sur les
ministres issus de ses rangs afin qu'ils quittent le gouvernement. Mais Louis Jacquinot (ministre d'État chargé des Dépar-

tements et Territoires d'outre-mer), Valéry Giscard d'Estaing
(ministre des Finances et des Affaires économiques) et Jean de
Broglie (secrétaire d'État à la Fonction publique) refusent de
s'incliner. Ils seront exclus du groupe parlementaire ainsi que
Raymond Marcellin qui accepte de remplacer Joseph Fontanet
au ministère de la Santé publique, et jettent alors les bases
d'une nouvelle structure des indépendants gaullistes qui prendra le nom de « républicains indépendants ». Bien que le MRP
affirme ne pas vouloir passer à l'opposition systématique, son
départ prive virtuellement le gouvernement Pompidou de
toute majorité. De plus, l'Europe supranationale, condamnée
par le général de Gaulle, forme désormais le ciment d'une
opposition à la politique étrangère du gaullisme qui rassemble,
autour de partisans convaincus de la construction européenne
comme Jean Monnet ou Pierre Uri, des socialistes, des radicaux, des MRP et des indépendants, appuyés par des représentants des organisations syndicales FO et CFTC (des délégués de
ces divers groupes se sont rassemblés le 16 janvier 1962 au
« dîner de l'Alma » chez Pierre Uri). Or, loin de tenter d'apaiser une opposition qui tend à devenir majoritaire, le chef de
l'État va la contraindre à répliquer à ce qui est pour elle le plus
inacceptable des défis : une réforme constitutionnelle renforçant encore l'autorité du président de la République.

Les défis du général de Gaulle :
l'élection du président de la République
au suffrage universel.

Au printemps 1962, à peine le gouvernement Pompidou
constitué, renaissent les rumeurs de révision constitutionnelle.
L'origine s'en trouve dans l'allocution télévisée du 8 juin 1962
au cours de laquelle le chef de l'État réaffirme ses vues constitutionnelles en y ajoutant une phrase sibylline qui provoque
d'innombrables exégèses : « L'accord direct entre le peuple et
celui qui a la charge de le conduire est devenu, dans les temps
modernes, essentiel à la République... Par le suffrage universel
[...] nous aurons, au moment voulu, à assurer que dans l'avenir,

et par-delà les hommes qui passent, la République puisse demeurer forte, ordonnée et continue [1]. »

Les rumeurs, les supputations, les questions se multiplient alors sur la nature de la révision (l'institution d'une vice-présidence ?), mais aucune autre confirmation ne vient.

C'est l'attentat contre le général de Gaulle du 22 août 1962 qui va précipiter les choses. Ce jour-là, la voiture du président de la République, prise sous un feu croisé de tirs des hommes de l'OAS, est criblée de balles, et le chef de l'État (qu'accompagnaient son épouse et son gendre, le colonel de Boissieu) n'échappe à la mort que par miracle. L'émotion est considérable dans tout le pays. Et le général de Gaulle juge le moment venu de passer à l'action, d'« en découdre », écrira-t-il dans ses *Mémoires d'espoir,* faisant de la décision qu'il prend alors la clé de son entreprise de clarification à l'encontre des partis politiques et des prétentions du Parlement à la prééminence institutionnelle. Le Conseil des ministres du 12 septembre 1962 décide en vertu de l'article 11 de la Constitution (« Le président de la République, sur proposition du gouvernement, pendant la durée des sessions, ou sur proposition conjointe des deux Assemblées [...], peut soumettre au référendum tout projet de loi portant sur l'organisation des pouvoirs publics ») de proposer au peuple un référendum sur l'élection du président de la République au suffrage universel direct.

Cette décision du général de Gaulle provoque un tollé quasi général dans le monde politique comme chez les juristes. En dehors de l'UNR qui avait accepté le principe de la réforme lors de ses assises de 1961, la réprobation est pratiquement unanime et porte sur la forme comme sur le fond de la réforme. En ce qui concerne le fond, le général de Gaulle tranche en faveur de la lecture présidentielle des institutions l'interrogation sur la nature de celles-ci qui restait en suspens depuis 1958. Il est en effet évident que le chef de l'État désigné par le suffrage universel se prévaudra désormais d'une autorité telle que tous les autres pouvoirs apparaîtront insignifiants à côté du sien. La prépondérance du chef de l'État dans les institu-

1. (7) t. III, *Avec le renouveau (mai 1958-juillet 1962),* p. 422-423.

tions sera ainsi définitivement hors de discussion : l'élection du président de la République au suffrage universel s'inscrit ainsi à contre-courant de la culture politique de la plupart des parlementaires de 1962, partisans de la « tradition républicaine » qui postule la prééminence du Parlement, formé des représentants élus du peuple souverain. Si le président incarne en sa personne par l'élection la totalité de la souveraineté populaire, il est fondé à juger secondaire la représentativité de députés dont chacun ne représente que 1/400 de cette même souveraineté. Mais du coup se lèvent à l'horizon les souvenirs historiques : l'élection au suffrage universel de Louis-Napoléon Bonaparte en décembre 1848, le coup d'État du 2 décembre, le césarisme plébiscitaire. C'est donc au nom de la tradition républicaine pour qui République et prépondérance parlementaire sont synonymes que les adversaires de la réforme font combattre le projet.

Au congrès radical de Vichy de septembre 1962, Gaston Monnerville, président du Sénat, parle de violation de la Constitution et accuse le Premier ministre de « forfaiture », qualificatif que le général de Gaulle ne lui pardonnera jamais. Autour de lui se rassemblent contre ce qu'ils estiment être la tentative de « pouvoir personnel » du général de Gaulle les représentants de toutes les forces politiques à l'exception de l'UNR. Le parti communiste annonce aussitôt son intention de faire voter « non » au référendum. Par ailleurs, socialistes, radicaux, MRP et indépendants décident de se regrouper dans un « cartel des non » qui défendra les « principes républicains » et dont le chef de file est le vieux parlementaire modéré Paul Reynaud. Comme la menace en planait depuis longtemps, c'est bien la coalition de tous les partis politiques (sauf celui qui se réclame de lui) que doit affronter Charles de Gaulle.

Pour ce qui est de la procédure, la critique porte sur le dessaisissement du Parlement. Sur ce point, les juristes fournissent aux parlementaires les armes du débat. La plupart d'entre eux (des universitaires comme Maurice Duverger et Georges Vedel, des gaullistes affirmés comme Léon Noël, président du Conseil constitutionnel, le professeur Cassin, vice-président du Conseil d'État, Alexandre Parodi, la quasi-unanimité du

Conseil d'État) sont d'accord pour considérer la procédure choisie comme contraire à la Constitution, la révision de celle-ci impliquant à leurs yeux de faire jouer les dispositions de l'article 89 qui précise : « Le projet ou la proposition de révision doit être voté par les deux Assemblées en termes identiques. La révision est définitive après avoir été approuvée par référendum. » Quant à l'article 11 que le Général entend appliquer, il ne peut concerner, selon les juristes, que les lois ordinaires, mais non les lois constitutionnelles. Argument d'une incontestable portée, mais qui n'est pas de nature à ébranler la détermination du général de Gaulle ; la formule lapidaire par laquelle celui-ci règle le problème dans ses *Mémoires d'espoir,* si elle s'adresse aux partis, vaut pour les juristes et montre à quel point le Général est exaspéré par les exégèses d'une Constitution qui est son œuvre : « Je dois dire que l'obstination mise par les partis à interpréter la Constitution de telle sorte que soit refusé au peuple un droit qui lui appartient me paraît d'autant plus arbitraire que je suis moi-même le principal inspirateur des institutions nouvelles et que c'est vraiment un comble que de prétendre me démentir sur ce qu'elles signifient [1]. »

Mais en choisissant d'utiliser l'article 11 plutôt que l'article 89, de passer par-dessus les parlementaires pour dialoguer directement avec le peuple, le Général oppose la logique de la démocratie directe à celle de la démocratie parlementaire. Si bien que, par la procédure choisie comme par le fond de la question posée, le référendum du 28 octobre 1962 est interprété comme une déclaration de guerre du Général aux partis politiques et à l'institution qui est le lieu même de leur action, le Parlement. Aussi vont-ils répondre en utilisant l'arme que leur donnent les institutions, la motion de censure.

Le 2 octobre 1962, le Parlement qui opère sa rentrée entend un message du général de Gaulle qui annonce à ses membres le référendum de la fin du mois. Au sénat, la réélection triomphale de Gaston Monnerville à la présidence prend figure de manifestation d'hostilité au chef de l'État. A l'Assemblée natio-

---

1. (19) t. II, p. 29.

nale, des représentants de tous les partis (sauf l'UNR) signent à la suite de Paul Reynaud le texte d'une motion de censure accusant le président de la République de violer « la Constitution dont il est le gardien » et, observant que le président ne peut agir que sur la « proposition » du gouvernement, demande de censurer celui-ci. C'est Paul Reynaud qui lui porte l'estocade en prononçant une vibrante profession de foi parlementaire : « Pour nous, républicains, la France est ici et non ailleurs... Les représentants du peuple, ensemble, sont la nation et il n'y a pas d'expression plus haute de la volonté du peuple que le vote qu'ils émettent après une délibération publique. »

Le 5 octobre, la motion de censure qui renverse le gouvernement Pompidou est adoptée par 280 voix (la majorité constitutionnelle étant fixée à 241). Le général de Gaulle réplique aussitôt en maintenant en fonctions le gouvernement, en prononçant la dissolution de l'Assemblée nationale et en décidant que de nouvelles élections législatives auront lieu, après le référendum, les 18 et 25 novembre 1962.

La bataille qui s'engage ainsi entre le général de Gaulle et les forces politiques n'est pas sans rappeler l'événement du 16 mai 1877. Comme lors de celui-ci deux principes antagonistes s'affrontent : qui du président de la République ou du Parlement détiendra la prépondérance ? Le régime sera-t-il parlementaire ou « semi-présidentiel » (car seuls quelques juristes préconisent un système présidentiel à l'américaine où les pouvoirs sont totalements séparés) ? Mais, si la crise de l'automne 1962 évoque le 16 mai, elle est, par son résultat, un 16 mai à rebours puisque le président l'emporte largement.

Le référendum du 28 octobre
et la victoire de la lecture présidentielle
de la Constitution.

Dans la lutte qui oppose le général de Gaulle à l'ensemble des partis traditionnels, la balance semble pencher en faveur des adversaires du général de Gaulle. On constate en effet que se dressent contre le chef de l'État, outre l'ensemble des partis politiques, sauf l'UNR, les organisations professionnelles et syndicales et la plus grande partie des juristes. De surcroît, les partisans du « non » peuvent penser qu'ils ont pour eux le poids de la culture politique républicaine qui, nourrie des souvenirs du 16 mai, pose l'équation République = parlementarisme. A dire vrai, cette culture politique déjà en crise depuis l'entre-deux-guerres a vu son discrédit s'aggraver sous la IVe République, à mesure qu'il est apparu que sa traduction institutionnelle était inadéquate à répondre aux défis du monde moderne. L'aspiration des Français à être gouvernés, sensible dès 1954 à travers un phénomène comme le mendésisme, est sans doute l'atout majeur du général de Gaulle, outre le fait qu'il bénéficie de l'incontestable avantage de proposer aux électeurs de choisir eux-mêmes aux lieu et place des parlementaires le futur chef de l'État. C'est d'ailleurs bien sur cette corde que joue le général de Gaulle. Dans les diverses allocutions qu'il prononce au cours de la campagne électorale, le président lie son maintien au pouvoir aux résultats du référendum et fait planer la menace d'un retour aux faiblesses ou aux risques du passé : « Si votre réponse est ' non ' comme le voudraient tous les anciens partis afin de rétablir leur régime de malheur, ainsi que tous les factieux pour se lancer dans la subversion, de même si la majorité des ' oui ' est faible, médiocre et aléatoire, il est bien évident que ma tâche sera terminée aussitôt et sans retour » (allocution du 18 octobre 1962)[1].

Il est peu douteux que dans cet affrontement avec les partis politiques tenants de la tradition républicaine, la Ve République joue sa survie. Une réponse négative conduirait au retrait annoncé du général de Gaulle et au retour à la République parlementaire. En revanche, un succès du Général, seul contre tous, donnerait une sanction populaire à son interprétation semi-présidentialiste des institutions et signifierait la fin du vieux modèle institutionnel républicain parlementaire. La gravité de l'enjeu explique l'acharnement des protagonistes.

Au soir du 28 octobre tombe le verdict populaire : le général de Gaulle l'emporte, mais le trouble de l'opinion est perceptible au caractère relativement limité du résultat. En premier lieu, il faut noter une croissance réelle du nombre des absten-

1. (7) t. IV, *Pour l'effort (août 1962-décembre 1965)*, p. 36.

RÉFÉRENDUM DU 28 OCTOBRE 1962
VOTES « OUI »

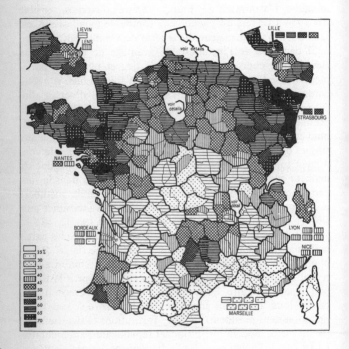

% par rapport aux électeurs inscrits le 18 novembre 1962

Source : *Le Référendum d'octobre et les Élections de novembre 1962*,
Presses de la FNSP, 1965, p. 297.

RÉFÉRENDUM DU 28 OCTOBRE 1962
VOTES « NON »

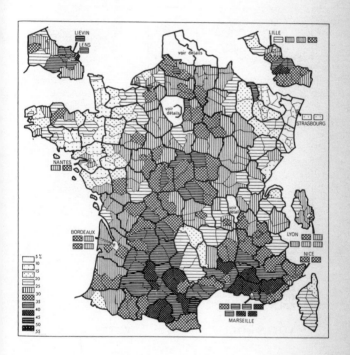

% par rapport aux électeurs inscrits le 18 novembre 1962

Source : *Le Référendum d'octobre et les Élections de novembre 1962,*
Presses de la FNSP, 1965, p. 295.

RÉFÉRENDUM DU 28 OCTOBRE 1962

Région parisienne

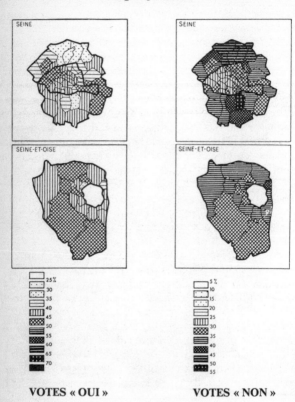

VOTES « OUI » **VOTES « NON »**

% par rapport aux électeurs inscrits
le 18 novembre 1962

Source : *Le Référendum d'octobre et les Élections
de novembre 1962*, Presses de la FNSP, 1965, p. 294 et 296.

tionnistes, en dépit de l'importance de l'enjeu, puisque 22,76 % des inscrits n'ont pas pris part au vote (contre 15 % en 1958). Il est peu douteux que cette augmentation témoigne d'un double rejet de la Ve République et des partis traditionnels (par exemple de la part des anciens partisans de l'Algérie française qui n'ont pas pardonné au général de Gaulle sa politique algérienne). Ceci posé, les « oui » l'emportent nettement sur les « non », puisque 61,75 % des suffrages exprimés ont approuvé l'élection du président de la République au suffrage universel alors que 38,25 % l'ont rejeté. Toutefois ce résultat d'une grande clarté doit être nuancé à un double titre : en premier lieu, rapportés aux électeurs inscrits, les « oui » représentent moins de 50 % de ceux-ci (46,44 %) à telle enseigne que certains s'interrogent sur le fait de savoir si le Général ne tiendra pas ce résultat pour « faible, médiocre et aléatoire » ; en second lieu il faut noter la forte croissance des « non », passant de 20,7 % à 38,25 % des suffrages exprimés par rapport à 1958, encore que cette croissance soit due au passage à l'opposition du MRP, de la SFIO, des radicaux et des indépendants, ce qui permet de prendre la mesure de la perte d'influence de ces formations si on tient compte du fait qu'à elles quatre, elles n'ont accru que de 18 % le poids des adversaires du gaullisme. Cette victoire du Général sur la coalition des partis politiques est en revanche sans doute plus significative en termes qualitatifs qu'en termes quantitatifs. L'analyse détaillée du scrutin révèle en effet que la carte des « oui » comprend, outre les bastions traditionnels du gaullisme que sont l'Est et l'Ouest, la France du Nord, celle des grandes villes, c'est-à-dire les régions économiquement dynamiques du pays. Le centre de gravité du « non » se situe au sud de la Loire, en particulier dans le Centre et le Sud-Ouest, régions de tradition républicaine et radicale, mais nettement moins engagées dans les mutations économiques de l'époque de la croissance. Si bien que la victoire référendaire du général de Gaulle apparaît comme celle de la France moderne sur celle du passé.

Le référendum du 28 octobre 1962 tourne incontestablement une page de l'histoire de la Ve République et apparaît comme la seconde fondation de celle-ci. Il substitue à la « tradition républicaine » parlementaire moribonde une nouvelle culture politique qui admet la coexistence entre le régime républicain et un Exécutif fort. A beaucoup d'égards, il donne à la Ve République son véritable visage tant il est clair que le texte de 1958 avait eu le caractère d'un compromis entre les vues du général de Gaulle, pour qui le régime reposait sur un président prépondérant, et celles des forces politiques traditionnelles attachées au parlementarisme. Sans entrer dans l'interminable débat qui consiste à savoir si dès 1958 (ou dès 1946, à l'époque du discours de Bayeux) le général de Gaulle souhaitait l'élection du chef de l'État au suffrage universel, force est de reconnaître que celle-ci est bien dans la logique de l'esprit de la Ve République. En 1962, les choses sont claires : le compromis de 1958 a pris fin et de Gaulle l'a emporté sur les partis. La netteté de sa victoire et le prestige qu'elle tire d'avoir été acquise par un vote populaire massif la rend irréversible aux yeux du monde politique, même si certains, comme Pierre Mendès France, refusent toujours d'accepter une modification constitutionnelle qui leur paraît « antirépublicaine ».

La victoire de l'interprétation gaullienne de la Ve République scelle le sort de la consultation législative prévue pour les 18 et 25 novembre : celle-ci n'est que la traduction parlementaire du choix populaire du 28 octobre.

*Les élections de novembre 1962 et l'écrasement
des partis politiques traditionnels.*

Le scrutin des 18 et 25 novembre prend toute sa signification à la lumière du discours du 7 novembre du général de Gaulle qui le présente comme une explication entre la nouvelle République et les « partis de jadis » dont il affirme qu'ils ne représentent pas la nation. Si bien qu'en apparence la simplicité de l'enjeu entraîne la clarté des clivages entre les deux camps qui s'affrontent. Dans les rangs gaullistes, André Malraux crée une *Association pour la Ve République* chargée de distribuer les investitures aux candidats qui se réclament du général de Gaulle. A l'occasion du scrutin, les gaullistes de gauche de l'UDT fusionnent avec l'UNR, les deux formations oubliant leurs querelles dès lors que le sort du régime paraît se jouer.

Mais, appuyés seulement par la petite frange des « républicains-indépendants » (qui ne se constitueront en organisation
autonome qu'entre les deux tours) ou quelques MRP, comme
Maurice Schumann, les gaullistes paraissent bien isolés. Dans
le camp adverse, le Cartel des « non » qui s'est doté d'un programme durant le référendum conclut des accords de désistement entre toutes ses composantes, si bien que la SFIO renonce
à présenter des candidats contre les leaders indépendants Ber-
trand Motte ou Paul Reynaud. Guy Mollet va même aller plus
loin en élargissant la coalition. Le 12 novembre, il fait
connaître que si, au second tour, les socialistes doivent choisir
entre un gaulliste et un communiste c'est en faveur du second
qu'ils opteront. Toutefois, cet élargissement qui tend à opposer
au bloc gaulliste un bloc antigaulliste n'est qu'apparent. Si les

ÉLECTIONS DES 18 ET 25 NOVEMBRE 1962
1er tour

		% des inscrits	% des suffrages exprimés
Électeurs inscrits	27 535 019	100	
Votants	18 931 733		
Abstentions	8 603 286	31,31	
Blancs et nuls	601 747	2,12	
Parti communiste	3 992 431	14,56	21,7
Extrême gauche	449 743	1,6	2,4
SFIO	2 319 662	8,4	12,6
Radicaux et assimilés	1 384 498	5	7,5
MRP	1 635 452	5,9	8,9
UNR–UDT	5 847 403	21,34	31,9
Républicains-indépendants	798 092	2,8	4,4
Modérés	1 742 523	6,3	9,6
Extrême droite	159 682	0,5	0,9

radicaux s'alignent derrière les socialistes, MRP et indépendants ne dissimulent pas leur gêne de l'initiative du secrétaire
général de la SFIO, si bien que celle-ci introduit une faille au
sein du Cartel des « non » entre un centre gauche prêt à faire
alliance avec les communistes contre les gaullistes et un centre
droit qui refuse cette tactique.

Les résultats du premier tour, le 18 novembre, apparaissent
conformes à ceux du référendum, mais non à l'équilibre traditionnel des forces politiques en France, si bien qu'ils sur-
prennent tous les observateurs. On assiste en effet à un « raz de
marée » gaulliste (en dépit d'un taux d'abstention fort élevé de
31 %). Avec 32 % des suffrages exprimés, l'UNR établit un
record historique dans l'histoire parlementaire de la France,
aucune formation n'ayant jamais franchi la barre des 30 %. Au
soir du premier tour, les gaullistes comptent déjà 61 élus. Dans
l'opposition, si le parti communiste refait une petite partie du
terrain perdu en 1958 en passant de 19 à 21,7 % des suffrages
exprimés, les partis du Cartel des « non » subissent une écrasante défaite. Toutefois celle-ci atteint moins le centre gauche,
déjà rudement étrillé en 1958 il est vrai (les radicaux maintiennent leur médiocre audience de 7,5 % des suffrages exprimés alors que les socialistes perdent trois points), que la droite
et le centre droit. Ces formations avaient bénéficié en 1958 de
leur position de partenaire du gaullisme ; devenues en 1962
adversaires de celui-ci, elles connaissent un véritable effondrement. Le MRP accentue son déclin en tombant à moins de 9 %
des suffrages exprimés (contre plus de 11 en 1958), les modérés,
coupés en deux tronçons, subissent un sort analogue, l'extrême
droite est pratiquement rayée de la carte électorale. On peut
admettre que le système des partis traditionnels se disloque sous
l'effet des coups de boutoir du gaullisme.

Les résultats du second tour ne font qu'amplifier les enseignements du premier. L'écrasante poussée de l'UNR entraîne
la disparition du Cartel des « non », MRP et indépendants
refusant le choix socialiste d'un communiste contre un gaulliste. Dans ces conditions, l'UNR qui rassemble au second tour
42,1 % des suffrages frôle de peu la majorité absolue des députés avec 233 élus (il en fallait 242 pour atteindre la majorité).

Elle la dépasse nettement si on lui adjoint les 36 députés « républicains-indépendants » rassemblés autour de Valéry Giscard d'Estaing. L'opposition est, pour l'essentiel, représentée par la gauche. Grâce aux désistements avec les socialistes, les communistes ont fait élire 41 députés et les socialistes 66 (contre respectivement 10 et 43 dans l'Assemblée précédente). Entre les deux grandes forces du gaullisme et de la gauche, centristes et modérés sont laminés. Les radicaux et l'UDSR de François Mitterrand ont 39 élus (dont 26 radicaux) qui se rassemblent au sein du groupe du *Rassemblement démocratique*. Quant aux modérés d'opposition, ils ne sont plus qu'une quinzaine, réduits à se regrouper avec les débris du MRP et les libéraux qui suivent M. Pleven, au sein du groupe du *Centre démocratique*. Après la gauche balayée en 1958, la droite paie à son tour le prix de son opposition au gaullisme. Si les élections de 1962 représentent ainsi l'effondrement du système partisan traditionnel, les rassemblements qui s'esquissent annoncent sa reconstruction sur de nouvelles bases, aboutissant à une simplification du paysage politique français entre quelques grandes familles.

Au soir du 25 novembre, le général de Gaulle a donc parachevé sa victoire sur les partis politiques et définitivement

	RÉSULTATS DU SECOND TOUR DES ÉLECTIONS DE 1962
	Nombre de députés
Parti communiste	41
SFIO	66
Rassemblement démocratique radicaux et UDSR	39
Centre démocratique MRP, indépendants d'opposition, libéraux	55
UNR	233
Républicains-indépendants	36

fondé son régime. Ayant fait ratifier par le peuple ses vues constitutionnelles, disposant d'une majorité inconditionnelle à l'Assemblée nationale, s'étant débarrassé de l'hypothèque algérienne, il a les mains libres pour conduire le pays dans les voies qu'il a choisies. L'heure est à la réalisation des grands desseins du gaullisme.

2

*De Gaulle
et
cinquante millions
de Français*

4
Le cadre institutionnel
et politique

La victoire de 1962 acquise, le général de Gaulle peut conduire la France dans les voies qu'il a imaginées pour elle. Il est peu douteux que celles-ci sont à l'échelle planétaire et que, pour ce visionnaire de la politique, c'est à son rôle dans le monde que s'évalue la grandeur du pays. Mais, pour que celui-ci soit digne du destin que rêve pour lui le Général, encore faut-il qu'il possède les moyens de la puissance et qu'il surmonte les faiblesses qui, à ses yeux, ont constitué les tares de la défunte IVe République. Et c'est pourquoi, à l'appui du grand dessein du gaullisme, il est nécessaire que les institutions fonctionnent sans heurts, que la France évite de s'empêtrer dans de nouveaux conflits coloniaux qui lui interdiraient (comme l'a fait le conflit algérien) de jouer un rôle à sa mesure, que la croissance économique enrichisse le pays et lui fournisse des moyens d'action. En d'autres termes, il faut, dans tous les domaines, adapter la France au monde du XXe siècle (« La France a épousé son siècle », déclare le Général dans une de ses conférences de presse, traduisant ainsi l'un des axes majeurs de son action, en insistant, sans doute à l'excès, sur ce que cette attitude représente de rupture par rapport à la IVe République). Les choses apparaissent en effet sous un jour moins simple que la présentation qu'en fait le président de la République dans ses allocutions, ses conférences de presse ou ses *Mémoires,* et il est nécessaire de distinguer ici la réalité effective du discours gaulliste, celui-ci ne traduisant qu'imparfaitement celle-là.

D'autant que, face au Général, il y a les 50 millions de Français qui ne constituent en rien une matière inerte qu'il pourrait façonner à sa guise. Et si les impulsions données par le chef de l'État sont souvent déterminantes, leur résultante dans le concret doit tenir compte des aspirations, des volontés, de l'accord ou des rejets d'un peuple que de Gaulle voudrait à l'image de ses propres vues, mais avec lequel il faut bien composer dès lors qu'il s'agit d'inscrire dans le quotidien les audacieuses spéculations de l'hôte de l'Élysée. Le décalage entre rêve et réalité est souvent décevant. Reste la ressource de demander au discours qui, toujours, magnifie le réel, de combler l'écart et de donner des accents d'épopée à la prosaïque empoignade avec les diverses contraintes qui pèsent au jour le jour sur la vie des États et échappent en grande partie à la volonté comme à l'action des gouvernants. Ainsi le Général façonne-t-il par le verbe sa propre légende, tout en réalisant de façon plus terre à terre l'adaptation la plus réaliste possible de la France au monde tel qu'il est en ces années 1960 où la France sort des crises qui ont marqué son histoire depuis deux décennies. Et c'est probablement dans le domaine politique que l'adaptation paraît la plus immédiatement perceptible.

La République présidentielle.

L'issue de la crise de 1962 a définitivement consacré la prépondérance du président de la République dans les institutions. D'autant que le changement de Premier ministre accentue encore la lecture présidentielle de la constitution. A Michel Debré, homme d'autorité et de passion, prenant volontiers des décisions de grande portée dans des domaines qui ne relèvent pas du secteur réservé au chef de l'État (les ordonnances sur l'enseignement privé ou la réforme hospitalière), présidant à Matignon des conseils de cabinet, succède Georges Pompidou qui n'a d'autre autorité à l'origine que celle que lui délègue le chef de l'État et qui s'en remet à Charles de Gaulle du soin de prendre les décisions capitales. S'il prépare celles-ci avec soin, s'il en surveille l'exécution par l'administration, son rôle personnel dans la conception apparaît moindre que celui de son prédécesseur. Il laisse tomber en désuétude la pratique des conseils de cabinet réunis à Matignon et, aux lieu et place des deux pouvoirs des années 1958-1962 (un pouvoir d'inspiration globale et de décision directe sur les grandes affaires nationales du domaine réservé à l'Élysée, un pouvoir de préparation et d'exécution pour celles-ci, mais aussi de conception et de décision pour tous les autres domaines de la « politique de la nation » à Matignon), on a désormais un pouvoir unique dont la conception résulte d'une concertation permanente entre le président et son Premier ministre, mais dont le siège véritable se situe à l'Élysée. La pratique des conseils interministériels tenus sous la présidence du chef de l'État atteste cette évolution. Du coup, le domaine réservé disparaît, ou, plus exactement, il se gonfle peu à peu de toutes les affaires pour lesquelles le président considère à tort ou à raison son intervention comme nécessaire : politique économique et financière, questions monétaires, technologies de pointe, réforme départementale et régionale, aménagement de Paris, prix des produits agricoles, etc. [1].

Du même coup, le général de Gaulle résout à sa manière en subordonnant le Premier ministre au président l'un des risques majeurs inclus dans la Constitution, celui d'une dyarchie mettant en présence le chef de l'État élu au suffrage universel direct et le Premier ministre appuyé par une majorité parlementaire. Or, pour lui, ces deux pouvoirs ne sauraient être placés sur le même plan. Élu direct de la nation, le président est, seul, l'incarnation de l'État qu'il peut être amené à gérer directement dès lors qu'il considère qu'un péril pèse sur lui, et ce n'est que par délégation de son pouvoir éminent que le Premier ministre peut, en temps de calme, assurer une part de cette gestion. C'est cette conception (fort éloignée de la lettre de la Constitution) qu'il théorise dans sa conférence de presse du 31 janvier 1964 :

« L'esprit de la Constitution nouvelle consiste, tout en gardant un Parlement législatif, à faire en sorte que le pouvoir ne soit plus la chose des partisans mais qu'il procède directement du peuple, ce qui implique que le chef de l'État élu par la nation... en soit la source et le détenteur... Le président est évidemment seul à détenir et à déléguer l'autorité de l'État... Mais s'il doit être évidemment entendu que l'autorité indivisible de l'État est confiée tout entière au président par le peuple qui l'a

---

1. Sur cette présidentialisation du pouvoir, on consultera Étienne Burin des Roziers (29).

élu, qu'il n'en existe aucune autre, ni ministérielle, ni civile, ni militaire, ni judiciaire qui ne soit conférée et maintenue par lui, enfin qu'il lui appartient d'ajuster le domaine suprême qui lui est propre avec ceux dont il attribue la gestion à d'autres, tout commande, dans les temps ordinaires, de maintenir la distinction entre la fonction et le champ d'action du chef de l'État et ceux du Premier ministre [1]. »

Théorie qui achève l'évolution commencée en 1958, mais suppose deux conditions indispensables car rien ne l'impose dans le texte adopté en 1958 et amendé en 1962 : que le Premier ministre accepte sa subordination ; que le Parlement admette ainsi l'amputation de fait de son rôle de contrôle de l'Exécutif. Sur le premier point, le général de Gaulle prend grand soin de nommer des Premiers ministres (et des ministres) qui ne soient point chefs de partis ni même hommes de partis, puisque sa préoccupation est de soustraire le pouvoir aux influences partisanes : Michel Debré est certes membre de l'UNR, mais il n'acceptera jamais d'en prendre la tête et s'appliquera à obtenir d'elle qu'elle soit « l'instrument séculier » de la politique du pouvoir et non pas un moyen de pression sur celui-ci ; Georges Pompidou n'appartient à aucune formation politique, non plus que Maurice Couve de Murville. Le principe posé par Charles de Gaulle est que leur autorité émane expressément du président, et, si on peut discuter de la validité de ce postulat en ce qui concerne Michel Debré (le Premier ministre du compromis de 1958), il s'applique incontestablement à ses deux successeurs.

Que devient dès lors le caractère parlementaire du régime affirmé par la Constitution ? L'Assemblée nationale conserve le droit, dont elle a usé à l'automne 1962, de censurer le gouvernement, et les Premiers ministres successifs ont sollicité d'elle des votes de confiance. Mais, une fois résolue la crise de 1962, il ne se trouve plus aucune majorité parlementaire sous la Ve République (et bien au-delà de la période gaullienne) pour voter une motion de censure. La chance historique du régime est en effet que les élections successives de 1962, 1967

1. (7) t. IV, p. 164-168.

et 1968 donnent au parti qui se réclame du président une majorité suffisante pour gouverner. Si bien que la mise en pratique de la lecture présidentielle des institutions est rendue possible par l'accord inconditionnel de la majorité qui accepte ainsi de jouer le rôle d'auxiliaire du président.

Stabilité ministérielle ?

Cette présidentialisation du pouvoir se justifie aux yeux du chef de l'État par la nécessité de donner au gouvernement « l'efficacité, la stabilité et la responsabilité » dont il était dépourvu sous la IVe République. De fait la République gaullienne ne manque pas de se prévaloir du rétablissement de la continuité de l'action des pouvoirs publics grâce à la stabilité gouvernementale, faisant remarquer qu'elle permet une bonne connaissance des dossiers et un suivi des décisions qui manquaient cruellement au régime précédent, marqué par la tare congénitale de l'instabilité. En onze années de présidence, le général de Gaulle n'a que trois Premiers ministres, Michel Debré (1958-1962), Georges Pompidou (1962-1968) et Maurice Couve de Murville (1968-1969). La même observation vaut pour les ministres dont le champ de compétences fait des collaborateurs directs du général de Gaulle, mettant en œuvre les politiques prioritaires à ses yeux et qui, comme telles, sont en permanence dans le « domaine réservé ». Maurice Couve de Murville est ministre des Affaires étrangères sans discontinuer de 1958 à 1967, et Pierre Messmer restera dix ans, de 1960 à 1969, ministre des Armées.

Toutefois, si on passe des Premiers ministres ou des titulaires des portefeuilles majeurs en matière de diplomatie et de défense aux autres postes ministériels, on constate une succession de ministres, traduisant l'existence de difficultés, voire de crises, qui affectent les départements dont les titulaires se renouvellent parfois très rapidement. C'est ainsi que des ministères fondamentaux comme les Finances, la Justice ou l'Agriculture ont eu chacun 5 titulaires en onze ans, l'Éducation nationale battant une sorte de record puisque pas moins de 8 ministres s'y succèdent. C'est dire que sous la surface d'un pouvoir sûr de ses objectifs et les accomplissant méthodiquement en surmontant les difficultés, les contraintes et les tensions grâce à une inébranlable volonté, se joue une partie aux résultats plus incertains, celle de la résistance ou du refus d'une société en voie de mutation aux mouvements qui la modèlent et la façonnent en fonction des nouvelles conditions, et dont le pouvoir n'a pas toujours l'initiative. Mais l'élément nouveau qui fait de 1962 une coupure, c'est que le Parlement n'est plus le lieu où se manifestent (et parfois se résolvent) les tensions puisque l'existence d'une majorité parlementaire de soutien au président de la République verrouille en quelque sorte la fonction de canalisation des mécontentements qui constituait un de ses rôles majeurs. Si bien que les problèmes de la société (sur lesquels nous reviendrons) s'expriment dans la rue, par pression directe sur le pouvoir, et se soldent par des modifications dans la composition de l'équipe gouvernementale qui n'ébranlent pas la cohésion d'ensemble de celui-ci, mais constituent en quelque sorte la manifestation des crises en période de démocratie directe.

Toutefois, si le pouvoir est ainsi directement soumis à la contestation, c'est aussi que l'ensemble du système des partis politiques, organes qualifiés de l'expression de l'opinion, en crise depuis la IVe République, est pratiquement en ruine depuis son écrasement en 1962. Et sur les décombres commencent péniblement à se construire les forces politiques neuves qui n'apparaissent guère en état de se faire les porte-parole de l'opinion.

Le parti du président : de l'UNR à l'UD V^e.

Née en 1958 du rassemblement des groupes épars qui constituent le gaullisme politique (gaullistes de la France libre, anciens du RPF ou des républicains-sociaux, membres des multiples associations qui veulent réformer le régime en renforçant l'Exécutif), l'UNR s'est voulue d'emblée une force de soutien de l'action du général de Gaulle. Ce qui n'allait pas sans lui poser des problèmes épineux puisque l'homme qu'elle se proposait de soutenir entendait précisément débarrasser l'État du poids des partis politiques. Aussi l'*Union pour la nouvelle République* se veut-elle non un parti, mais un anti-parti.

Un parti comme l'indique son nom est fractionnel et divise l'entité nationale pour n'en regrouper qu'une part ; or le gaullisme s'assigne pour fin de rassembler les Français autour du chef de l'État, et c'est pourquoi le « mouvement gaulliste » est une union et non un parti. Un parti est (en France du moins) rassemblé autour d'une idéologie qui constitue son ciment ; or le gaullisme dénie toute validité au clivage droite-gauche et refuse de s'enfermer dans une idéologie puisque son objet est d'assumer l'unanimité nationale. Le but d'un parti est de conquérir l'État pour y imposer ses solutions, alors que le gaullisme considère l'État comme une réalité supérieure aux groupes et aux individus qui le composent et affirme sa volonté de le servir pour renforcer la nation.

Il n'en reste pas moins que l'UNR remplit toutes les fonctions d'un parti politique, à commencer par celle, majeure en démocratie, de mobiliser les électeurs. Ce faisant, son objectif n'est point de se servir de la puissance parlementaire qu'elle conquiert ainsi pour s'assurer le pouvoir, mais uniquement pour contrôler le Parlement afin de laisser les mains libres au général de Gaulle. La tentative de Jacques Soustelle en 1958-1960, puis celle du secrétaire général Albin Chalandon en 1959, de faire jouer à l'UNR un rôle autonome par rapport au gouvernement, échoueront successivement. A partir de 1961 et des Assises de Strasbourg, la cause est entendue. Le secrétaire général Jacques Richard revendique pour les membres de l'UNR l'épithète d'« inconditionnels », et un député résume le rôle des gaullistes comme masse de manœuvre parlementaire du chef de l'État en voyant en eux les « godillots du Général ». Dévouement inconditionnel, mal payé de retour du reste. Dans sa volonté de libérer l'État du carcan des partis, de Gaulle ne fait pas d'exception pour celui qui se réclame de lui et il affecte de l'ignorer superbement. A chacune des élections législatives l'UNR est invitée à servir de creuset à un rassemblement gaulliste plus vaste qu'elle et dans lequel elle doit se fondre, sans pouvoir revendiquer pour elle seule les dividendes de sa fidélité : en 1962, André Malraux crée ainsi une *Association pour la Ve République* qui distribue les investitures et en 1967 le Premier ministre Georges Pompidou constitue dans le même but le *Comité d'action pour la Ve République*. Il n'est pas surprenant dans ces conditions que l'UNR connaisse une existence difficile. Entre 1958 et 1969, elle use successivement 7 secrétaires généraux, pris entre l'Élysée, le gouvernement et les députés : Roger Frey (1958-1959), Albin Chalandon (1959), Jacques Richard (1959-1961), Roger Dusseaulx (1961-1962), Louis Terrenoire (1962), Jacques Baumel (1962-1967) et Robert Poujade (1967-1969). Le rôle de ces hommes est moins de diriger le parti que de servir de courroie de transmission auprès des militants aux initiatives venues du pouvoir et qui, par le relais de l'Hôtel Matignon, sont inspirées par l'Élysée. L'UNR apparaît ainsi comme une formation de nature différente de celle des partis traditionnels : elle ne se rassemble pas autour d'une tradition politique et idéologique afin de conquérir le pouvoir ; elle se veut la cohorte des hommes regroupés autour du président de la République afin de lui permettre de faire triompher dans l'opinion, non une doctrine, mais une conception de l'exercice du pouvoir. De cette différence fondamentale découlent toutes les autres. Les premiers dirigeants du mouvement entendent en faire, non un parti de masse dont les troupes imposent leur loi dans les congrès et dont la pente naturelle conduit à la multiplication des tendances, mais un parti de cadres et d'électeurs ; le premier responsable du mouvement, Roger Frey, prescrit le recrutement dans les élites. Aussi, l'UNR est-elle un parti peu nombreux : en 1959, elle revendique 25 000 adhérents et 86 000 en 1962. Encore ces chiffres sont-ils sujets à caution et sans doute excessifs. De la même logique procède la structuration du mouvement. Bien que l'élection soit la règle pour tous les postes de responsabilité, celle-ci n'est souvent que formelle. Pour les fonctions principales, la présidence de l'Assemblée nationale, celle des groupes parlementaires, le secrétariat général du mouvement, les désignations sont faites par l'Hôtel Matignon après consultation de l'Élysée. Les secrétaires des fédérations départementales sont élus jusqu'en 1963, mais la candidature officielle est la règle ; à partir de 1963, Jacques Baumel fait décider que le secrétaire général désignera lui-même les secrétaires des fédérations départementales. Enfin, les caractères spécifiques de l'UNR rendent compte de l'hétérogénéité du mouvement. Rassemblés pour soutenir l'action d'un homme et sa conception d'un pouvoir exécutif fort, les gaullistes ne sont nullement d'accord entre eux sur la politique à suivre. L'UNR de 1958 rassemble des hommes allant du centre gauche (l'ancienne aile gauche des républicains-sociaux qui suit Jacques Chaban-Delmas) à l'extrême droite (les partisans de l'Algérie française comme le colonel Thomazo). En 1962, l'extrême droite a fait scission ; en compensation, la fusion avec les gaullistes de gauche de l'UDT adjoint au mouvement gaulliste une aide socialisante. Si on y ajoute les conservateurs de l'aile droite des ex-républicains-sociaux avec Roger Frey, des technocrates comme Albin Chalandon, des chrétiens comme Edmond Michelet et Louis Terrenoire, on admettra que le parti gaulliste est difficile à classer sur l'échiquier politique. A dire vrai l'originalité de l'UNR réside moins dans sa nature, difficile à saisir, que dans sa fonction : comme l'avait souhaité Jacques Chaban-Delmas, elle trouve sa spécificité, comme jadis le parti radical, dans son rôle de parti du pouvoir, assumant les traits dominants d'une culture politique qui est celle des groupes sociaux dynamiques de la France du début des années soixante. Sa force est de renvoyer à l'opinion l'image de la société à laquelle celle-ci aspire plus ou moins confusément. Pionnière d'un pouvoir fort et efficace, confié aux compétences, loin du discours démodé des partis, s'appuyant sur la frange supérieure de la classe moyenne salariée, ce groupe de cadres dont l'émergence symbolise sur le plan social l'entrée de la France dans l'ère de la croissance, faisant du pragmatisme une vertu dès lors que l'intérêt national en tire parti, l'UNR apparaît comme la force politique de la France moderne, celle pour laquelle un Français peut voter s'il est éloigné de tout extrémisme de gauche ou de droite, celle qui réalise l'adaptation du pays au monde du second XXᵉ siècle. A cet égard, la réussite est spectaculaire. Le mouvement gaulliste, avec les divers satellites qu'il entraîne dans son ascension, rassemble 20,4 % des suffrages en 1958, près de 32 % en 1962, 37,7 % en 1967 (avec les républicains-indépendants) et, avec ses alliés, 46 % en 1968, frôlant de peu la majorité absolue des suffrages.

Son caractère d'instrument du pouvoir va encore être accentué par le passage à Matignon de Georges Pompidou. L'UNR vit difficilement l'éviction en 1962 de Michel Debré, l'un de ses leaders, et son remplacement par un homme qui n'est même pas issu de ses rangs. Aussi le nouveau chef du gouvernement entretient-il des relations difficiles avec un mouvement dont les cadres sont constitués par des gaullistes « historiques », fidèles du Général depuis la Résistance et les débuts du RPF. Toutefois, le rôle de chef de la majorité qu'assume à partir de 1962 Georges Pompidou va resserrer les liens, et, sans doute plus encore, la restructuration du mouvement qui a lieu en 1967 sous l'impulsion du Premier ministre. Aux Assises de Lille de l'UNR en novembre 1967, le mouvement décide de s'élargir à de nouveaux courants restés en marge de l'UNR ; pour ce faire, il modifie son nom pour prendre celui d'*Union des démocrates pour la V*e *République* (UD Ve), qui deviendra, après la crise de 1968, *Union pour la défense de la République (UDR)*. En même temps, les statuts sont modifiés et, surtout, un renouvellement des cadres s'opère qui prend la forme d'un remplacement de la génération des « gaullistes historiques » par les hommes de la génération du RPF, venus au gaullisme après la guerre, comme Georges Pompidou lui-même, et tout dévoués à un Premier ministre auquel ils doivent leur promotion. L'évolution aboutit donc à faire, d'étape en étape, du mouvement gaulliste un outil docile aux mains du pouvoir.

Ainsi naît la notion neuve dans les conceptions politiques françaises de « parti majoritaire », le paradoxe de cette désignation étant que la force politique qui assume ce statut privilégié n'en tire aucun bénéfice pour elle-même, puisque sa vocation est précisément de servir d'appui parlementaire inconditionnel au pouvoir exécutif. Une telle conception ne se conçoit que si l'on est effectivement en présence d'une force politique interclassiste transcendant les clivages doctrinaux. Or, si c'est bien ainsi qu'entend se définir le mouvement gaulliste, la réalité est quelque peu différente. Même s'il existe des gaullistes de gauche, le centre de gravité du mouvement est à droite, moins sans doute par la volonté de ses dirigeants que parce que, même amoindrie par sa double défaite de 1958 et de

1962, la gauche maintient ses organisations et continue à rassembler une part importante de l'opinion française, alors que la droite s'est effondrée, et que le gaullisme en occupe tout l'espace politique.

L'effondrement de la droite.

Force politique de premier plan en 1958 alors qu'elle se trouve dynamisée par un gaullisme en plein essor, la droite est la grande vaincue de l'épreuve de 1962. Taillée en pièces, elle disparaît pratiquement de la scène politique. L'analyse est valable au premier chef pour l'extrême droite. L'anéantissement de l'OAS, l'exil ou l'emprisonnement de ses chefs lui portent un coup fatal. Les anciens de *Jeune Nation* ou de la *Fédération des étudiants nationalistes* se rassemblent autour de deux groupes désormais dépourvus de toute influence sur l'opinion : le mensuel *Europe-Action* dirigé par Dominique Venner qui s'efforce de substituer à l'activisme vaincu une véritable doctrine nationaliste autour des thèmes de la défense de l'Europe, de la supériorité raciale de l'Occident et du culte de l'honneur et de la jeunesse ; le mouvement *Occident* né en 1964 autour d'Alain Madelin et qui regroupe des militants comme Gérard Longuet et François Duprat, dépourvu de toute doctrine, et qui se spécialise dans l'utilisation de la violence contre les communistes ou tous ceux qu'ils assimilent aux communistes.

La droite classique est, elle aussi, en miettes. Le Centre national des indépendants, naguère deuxième composante en importance de la majorité, n'est plus qu'une force d'appoint dont le rôle historique semble achevé. Les vieux notables modérés qui en constituaient l'ossature disparaissent du jeu politique. Paul Reynaud, battu aux élections de 1962, meurt en 1966. Antoine Pinay demeure l'espoir des modérés, mais il attend en vain qu'on fasse appel à lui comme recours pour l'après-gaullisme et il renonce en 1965 à affronter le général de Gaulle dans la première élection du chef de l'État au suffrage universel. L'aile droite du CNIP, proche des thèses de l'Algérie française, est entraînée dans le reflux de l'extrême droite. Si bien que, de la droite classique, une seule force surnage après les élections de 1962, le groupe parlementaire des républicains-indépendants dont Valéry Giscard d'Estaing est la figure de proue. Groupe au demeurant hétérogène, comprenant à la fois des partisans du « oui » au référendum de 1962 et des députés élus avec l'investiture du Cartel des « non », sans réelle cohésion interne et dont les membres ont choisi leur tactique moins par conviction que pour assurer une survie politique menacée. De surcroît, le grand problème des républicains-indépendants est de combiner leur appartenance à la famille gaulliste avec l'affirmation de leur identité propre, afin d'éviter l'absorption par l'UNR. Jusqu'en 1967, l'affirmation de cette identité passe par l'exigence de « primaires » à l'intérieur de la majorité, afin de dégager, lors des élections, un groupe de modérés gaullistes individualisé. La candidature unique exigée par le Premier ministre aux élections de 1967 fera échouer cette tentative. Pour éviter l'assimilation, Valéry Giscard d'Estaing, écarté du gouvernement depuis janvier 1967, décide alors de fonder sa propre organisation. En juin 1967, il crée la *Fédération des républicains-indépendants* qu'il définit comme « libérale, centriste et européenne », trois adjectifs destinés à démarquer le groupe de l'UNR, implicitement qualifiée ainsi de dirigiste, droitière et nationaliste. En fait, les républicains-indépendants ne dissimulent pas leur intention de rassembler dans leurs rangs les héritiers de la famille modérée et les centristes d'opposition. Dans sa conférence de presse du 10 janvier 1967, Valéry Giscard d'Estaing définit l'attitude de ses amis au sein de la majorité par le célèbre : « Oui, mais... » qu'il précise ainsi : « Oui à la majorité, mais avec la ferme volonté de peser sur ses orientations. Notre *mais* n'est pas une contradiction, mais une addition... dans trois directions : celle d'un fonctionnement plus libéral des institutions, celle de la mise en œuvre d'une véritable politique économique et sociale moderne, celle de la construction de l'Europe. »

A côté du parti majoritaire gaulliste, les républicains-indépendants forment donc une petite cohorte de modérés à la fois alliée au gaullisme et rivale de celui-ci. Toutefois, avec un groupe parlementaire qui, au fil des élections, variera d'une trentaine à une soixantaine de députés, les républicains-indépendants ne sont guère en mesure de peser sur l'orientation du régime, d'autant que toute rupture avec le gaullisme signerait leur condamnation à mort. Ils en sont donc réduits à former un groupe-charnière, associé à l'exercice du pouvoir, mais non à sa conception, et dont l'action se résume à poser les jalons d'un après-gaullisme qui leur rendrait leur liberté.

La gauche à reconstruire : le parti communiste entre l'immobilisme et l'ouverture.

L'axe de la majorité gaullistes-républicains-indépendants étant fixé à droite, c'est à gauche que se situe l'essentiel de l'opposition. Au premier rang de celle-ci le parti communiste qui demeure jusqu'à la fin de la République gaullienne son groupe majeur en termes de suffrages. Les quatre scrutins législatifs des années 1958-1969 montrent qu'il continue à fixer 20 % de l'électorat français. Chiffre qui le situe en retrait par rapport aux 25 % de l'époque de la IVe République, mais qui atteste un maintien de ses positions électorales et fait de lui le pôle principal de l'opposition au régime, paraissant réaliser la prophétie d'André Malraux au temps du RPF : « Un jour, il n'y aura plus en France que les communistes et nous. »

En fait, tout se passe comme si le parti communiste, après avoir enregistré en 1958 le double effet de l'intervention soviétique en Hongrie et du rapport Khrouchtchev, avait réussi à enrayer l'hémorragie qui le frappe grâce à la rigidité maintenue de son appareil et au refus d'abandonner le monolithisme idéologique de l'époque stalinienne. La tactique de Maurice Thorez entraîne le refus de diffusion du rapport Khrouchtchev, susceptible d'introduire le doute sur la validité des thèses soutenues par le PCF sous l'autorité du secrétaire général. Elle provoque l'exclusion des organes dirigeants de tous ceux qui critiquent les erreurs d'analyse de Thorez : Marcel Servin, Laurent Casanova, la direction de l'Union des étudiants communistes, etc. Elle aboutit enfin au rejet des efforts des novateurs pour donner du gaullisme une interprétation plus nuancée, qui en fait la branche nationaliste du « pouvoir des monopoles », représentant un capitalisme d'État autoritaire attaché à la défense des intérêts nationaux contre la « branche cosmopolite » de ce même pouvoir, exportatrice de capitaux et peu soucieuse de ces mêmes intérêts. Les hétérodoxes une fois excommuniés en 1961, Henri Claude articule le dogme communiste sur la Vᵉ République en trois propositions : le gaullisme est un pouvoir personnel appuyé sur le référendum à caractère plébiscitaire, la Constitution de 1958 et l'existence d'un parti unique ; ce pouvoir personnel permet le gouvernement direct des banques et apparaît donc comme la façade de groupes bancaires monopolistiques qui détiennent la réalité de l'influence ; par conséquent, le nouveau régime est une exigence des monopoles qui, parvenus à une phase critique de l'évolution capitaliste, doivent se subordonner totalement l'État et ne peuvent accepter le parlementarisme.

Le parti ainsi verrouillé, Maurice Thorez peut tenter en 1962 une amorce d'évolution : au Comité central de Malakoff en décembre, il fait entrer le PC dans l'ère de la détente et d'une très timide déstalinisation en mettant l'accent sur la lutte contre le « dogmatisme » qui reçoit la priorité sur la dénonciation de « l'opportunisme ». Mais les gestes de plus ample portée sont accomplis après la mort de Maurice Thorez, survenue le 11 juillet 1964, par son successeur au secrétariat général, Waldeck Rochet. Celui-ci, qui aurait déclaré en privé après son accession au secrétariat général adjoint en 1961 que, « pour changer quelque chose dans l'Église, il faut attendre la mort du pape », fait entrer le parti communiste dans l'ère de l'ouverture, et cette modernisation n'est pas étrangère au maintien de l'audience du parti communiste qui apparaît entre 1964 et 1969 comme la force politique la plus crédible de l'opposition : appui à la candidature de François Mitterrand à l'élection présidentielle de 1965, conclusion en 1966 d'un accord électoral de désistement avec la gauche non communiste et proposition à celle-ci d'un programme commun de gouvernement dès 1964, décision prise au XVIIIᵉ congrès de janvier 1967 de « créer les conditions favorables à un passage pacifique au socialisme » et de sortir du ghetto politique où le parti s'était confiné depuis 1947, dénonciation du culte de la personnalité, du parti unique, ouverture aux chrétiens préconisée par le philosophe Roger Garaudy. Si bien qu'en 1967 le parti communiste paraît en mesure de rassembler autour de lui la gauche française à travers un projet apparemment réformiste. Mais cette tactique sur le court terme n'entraîne aucune remise en question de la rigidité idéologique sur les fins dernières du mouvement communiste, si bien que l'ouverture semble d'autant plus dangereuse aux adversaires du communisme qu'elle est mise au service de buts inchangés quant à l'analyse de la société à construire qui suscitent la méfiance des partenaires éventuels en dépit de l'assouplissement de la méthode qui permet d'y parvenir. Or, ces partenaires paraissent sur la défensive face aux initiatives communistes des années 1964-1967, poursuivant un déclin que ne parviennent pas à enrayer les tentatives de reconstruction entreprises à partir de 1962.

Une gauche non communiste en crise.

Depuis l'arrivée au pouvoir du général de Gaulle qui aggrave la crise qu'elle connaît durant la IVe République, la gauche non communiste paraît frappée d'un inéluctable déclin. Celui-ci résulte en premier lieu de la véritable décadence qui frappe le parti socialiste SFIO. Pris entre les motions de congrès votées dans l'enthousiasme par des militants attachés à l'orthodoxie marxiste et une pratique qui contraint la SFIO à tenir compte de réalités fort éloignées des vues théoriques, le socialisme français s'empêtre dans ses contradictions et ne parvient guère à faire coexister harmonieusement les tenants de l'idéologie, les gestionnaires placés à la tête des grandes municipalités françaises comme Gaston Defferre à Marseille ou Augustin Laurent à Lille et les tacticiens politiques, attachés à la survie du parti dans un univers hostile, qui entourent le secrétaire général Guy Mollet à la direction nationale. Il en résulte une suite de scissions, d'exclusions, de démissions qui affaiblissent le potentiel militant. Vers 1960, la SFIO n'a guère plus de 80 000 adhérents, les jeunes et les femmes sont absents d'un parti sclérosé et bureaucratique. Les incertitudes de la tactique suivie vis-à-vis du gaullisme ajoutent encore au trouble du parti socialiste. Après avoir accepté le ralliement à de Gaulle en 1958 et fait voter « oui » au référendum constitutionnel (ce qui provoque la scission du PSA), la SFIO quitte le gouvernement dès janvier 1959, menant une opposition modérée au gaullisme jusqu'à la signature des Accords d'Évian, puis se range parmi les adversaires acharnés de la révision constitutionnelle de 1962, devenant l'âme du Cartel des « non ». Mais, même à ce moment, sa tactique est loin d'être claire puisqu'on voit successivement Guy Mollet préconiser l'alliance à droite au premier tour des élections de 1962, puis le désistement de type Front populaire avec le parti communiste au second tour. Hésitations et incertitudes se paient en termes de perte d'audience électorale : avec 12,6 % des voix aux élections de novembre 1962, le parti socialiste semble engagé sur la voie de la marginalisation. Mais tout effort de renouvellement paraît bloqué par la maîtrise du parti que détient Guy Mollet. Appuyé par les deux grosses fédérations du Nord et du Pas-de-Calais, régnant sur les notables qui tiennent en main une grande partie de l'appareil, expert dans l'art de préparer les congrès, le secrétaire général symbolise, à l'intérieur du parti, la permanence d'une tradition guesdiste qui assure son pouvoir sur le respect sourcilleux de la doctrine marxiste, et, à l'extérieur, une sclérose qui se marque par l'absence de toute prise directe sur l'événement. Tout au plus le secrétaire général accepte-t-il de parrainer des groupes internes au parti qui pourraient permettre d'attirer des jeunes et des membres des classes moyennes rebutées par l'immobilisme et l'archaïsme mollettiste : ainsi naît en 1964 le *Centre d'études, de recherches et d'éducation socialistes* dirigé par Jean-Pierre Chevènement et Didier Motchane, qui rallie quelques étudiants socialistes, et l'*Amicale des postiers socialistes,* autour d'un programme d'union de la gauche, ou le *Centre d'études et de promotion* fondé par Pierre Mauroy avec le reste des étudiants socialistes et la Fédération Léo-Lagrange, qui souhaiterait faire de la SFIO le creuset d'une social-démocratie semblable aux partis de l'Europe du Nord.

La marginalisation contre laquelle la SFIO s'efforce de lutter est désormais le lot du parti radical. Sous la présidence successive de Félix Gaillard (1958-1961), de Maurice Faure (1961-1965), puis de René Billières (1965-1969), le parti radical ne compte plus guère sur la scène politique. Son double échec de

1958 et de 1962 a réduit son audience à environ 7,5 % des suffrages exprimés et à une vingtaine de députés. Allié aux quelques députés UDSR qui suivent François Mitterrand, il a
constitué après les élections de 1962 le groupe du *Rassemblement démocratique* qui, compte tenu de l'existence d'une majorité de droite, ne peut même pas jouer le rôle d'un groupe-
charnière à l'Assemblée. Si bien que l'avenir du radicalisme
paraît se réduire après 1962 au choix du rassemblement auquel
ses derniers héritiers pourraient s'intégrer. En d'autres termes,
l'alternative est entre la formation d'un regroupement de la
gauche non communiste ou la constitution d'une alliance centriste. C'est dire que le destin du radicalisme se confond désormais avec les tentatives de reconstruction dans l'opposition
d'un nouveau système de partis, suivant l'effondrement de
1962.

Les tentatives de reconstruction
de la gauche non communiste.

A gauche, c'est en dehors du parti socialiste SFIO que
s'opèrent les tentatives de renouvellement face à la crise subie
depuis la fin de la IVᵉ République. On peut évoquer la naissance d'une vaste nébuleuse de gauche, rassemblant des exclus
des grands partis comme les membres des clubs qui se sont
formés à l'aube des années soixante afin de chercher une
expression politique plus adéquate à la France des années de la
croissance que celle qu'offrent des partis profondément marqués par les idéologies du xxᵉ siècle. A dire vrai, cette gauche
moderne paraît porteuse de deux projets très différents dont la
convergence ne réussit pas à s'opérer jusqu'en 1969.

Le premier projet est strictement doctrinal. Il s'agit de
moderniser une pensée qui, à l'évidence, apparaît mal adaptée
à la situation du xxᵉ siècle, d'articuler des propositions qui tra-
duiraient la manière dont ce secteur de l'opinion voit des phénomènes comme le néo-capitalisme, l'évolution de la classe
ouvrière face aux données nouvelles de la production, le phénomène du Tiers Monde ou celui du néo-colonialisme. Cette
réflexion intellectuelle sur la gauche face au monde des années
soixante est le fait du PSU fondé le 10 avril 1960 à partir du

rassemblement des dissidents socialistes du PSA (Édouard Depreux, André Philip, Daniel Mayer, etc.) renforcés de Mendès France et de ses amis, des dissidents communistes de *Tribune du communisme* (Jean Poperen) et de l'*Union de la gauche socialiste.* L'influence de ce parti, faible en adhérents, mais riche en idées et où s'élaborent la plupart des thèmes qui vont constituer pour toute la génération qui suit le ferment de la rénovation de la gauche, s'étend bien au-delà des limites de ses quelques milliers d'adhérents. On la trouve exprimée dans les colonnes de l'hebdomadaire *France-Observateur,* devenu en 1964 *le Nouvel Observateur,* elle est toute-puissante à la direction et parmi les militants du syndicat étudiant, l'UNEF (Union nationale des étudiants de France), dont la lutte contre la guerre d'Algérie a fait une force politique importante, elle inspire en partie le monde syndical, en particulier l'aile gauche socialisante de la *Confédération française des travailleurs chrétiens* (CFTC) qui, en 1964, suivie par 70 % des militants, décide de déconfessionnaliser la centrale et de transformer son nom en celui de *Confédération française démocratique du travail* (CFDT). C'est une inspiration parallèle qui anime enfin les clubs politiques engagés dans une réflexion générale sur la formation politique des citoyens, la structure de l'État, l'organisation économique à l'exclusion de toute préoccupation politique immédiate. Le plus important est le *Club Jean-Moulin,* créé en 1958, et rassemblant des hauts fonctionnaires, des universitaires, des membres des professions libérales qui se consacrent dans ce cadre à la rédaction d'études et de dossiers. On peut encore citer *Citoyens 60* issu du mouvement catholique *Vie nouvelle* et qui trouve ses cadres parmi les responsables du scoutisme, le *Cercle Tocqueville* à Lyon, *Démocratie nouvelle* à Marseille, etc.

Le point culminant de cette entreprise intellectuelle destinée à offrir à la gauche un projet moderne, adapté à l'époque, est le *Colloque de Grenoble,* tenu en 1966, auquel participent Pierre Mendès France, les dirigeants du PSU, des intellectuels de gauche (Maurice Duverger ou Jean-Marie Domenach), les chrétiens des revues *Esprit* ou *Témoignage chrétien,* des responsables syndicaux de la CFDT ou du Centre national des

jeunes agriculteurs. Une série de rapports sur l'État, la démocratie dans l'entreprise, la planification... jettent les bases d'une
profonde rénovation de la pensée de gauche. C'est au Colloque
de Grenoble que se fait connaître de l'opinion de gauche un
jeune haut fonctionnaire qui se dissimule sous le pseudonyme
de Michel Servet et qui va devenir sous son véritable nom,
Michel Rocard, le principal dirigeant du PSU.

Fort éloigné de cette démarche intellectuelle, le second projet, partiellement rival du premier, est strictement politique. Il
s'agit en quelque sorte de prendre acte de cette nouveauté que
constitue l'élection présidentielle au suffrage universel et de
reconstruire des formations politiques de gauche autour de la
nouvelle règle du jeu. Celle-ci suppose des rassemblements plus
vastes que les anciens partis, et l'entreprise paraît d'autant plus
opportune que les formations traditionnelles apparaissent hors
d'état de tirer profit d'une réforme qu'elles ont ardemment
combattue, d'autant que leur défaite de 1962 les laisse profondément amoindries. Les tentatives politiques de reconstruction
de la gauche ont donc ceci de commun qu'elles sont fondées
sur le postulat de l'acceptation du principe de l'élection du président de la République au suffrage universel et qu'elles proviennent d'initiatives extérieures aux partis constitués.

La première démarche à se situer dans ce cadre est celle de
l'hebdomadaire *l'Express*. Le 19 septembre 1963, l'ancien hebdomadaire mendésiste, toujours dirigé par Jean-Jacques Servan-Schreiber, se propose de dresser le portrait-robot d'un
mystérieux M. X. supposé être le meilleur candidat que l'opposition puisse proposer contre le général de Gaulle lors de la
consultation qui doit avoir lieu à l'issue du septennat de
celui-ci, en décembre 1965. Il s'avère bientôt que, pour l'hebdomadaire, ce candidat idéal s'identifie au député-maire socialiste de Marseille, Gaston Defferre. Celui-ci reçoit l'appui
d'une partie de la gauche intellectuelle (membres des clubs
comme *Jean-Moulin* ou *Citoyens 60,* de juristes, de journalistes...), mais le grand problème qu'il doit affronter est celui du
projet politique qu'il se propose de défendre et de la nature des
forces sur lesquelles il compte s'appuyer. Ayant exclu toute
alliance avec le parti communiste, le candidat accepte l'essen-

tiel des institutions de la Ve République mais entend obtenir des modifications sur l'article 16, sur les pouvoirs du Conseil constitutionnel et sur le référendum. Ces positions provoquent l'hostilité à la candidature Defferre du parti communiste et du PSU (qui refuse d'entrer dans le jeu des institutions). En revanche, le candidat reçoit, outre l'appui des clubs, celui de certains radicaux (comme Maurice Faure, président du parti) mais non du parti radical tout entier, du MRP qui se déclare prêt à se fondre dans un rassemblement centriste et, finalement (avec beaucoup de réticences de la part du secrétaire général Guy Mollet), de la SFIO. Au printemps 1965, Gaston Defferre tente alors de lier les diverses forces politiques qui soutiennent sa candidature dans un regroupement à vocation majoritaire, la *Fédération démocrate socialiste*. L'accueil est favorable chez les membres des clubs de gauche, au Rassemblement démocratique, à la direction du parti radical et du MRP, très réservé à la SFIO, où l'accord final est assorti de conditions imposées par Guy Mollet qui exige que la Fédération se déclare nettement socialiste, proclame son attachement à la laïcité et ouvre un dialogue avec le parti communiste. C'est en s'appuyant sur ces conditions, inacceptables pour les dirigeants du MRP, que Guy Mollet fait échouer en juin 1965 le projet de « grande fédération ». Au-delà de l'incompatibilité ainsi mise en évidence entre centristes et socialistes, l'attachement aux partis traditionnels et à la culture politique héritée du passé s'est révélé plus fort que la tendance au rassemblement induite par les nouvelles règles du jeu politique.

C'est sur les ruines de ce projet que s'élabore la seconde tentative de reconstruction de la gauche qui semble devoir, pour sa part, être couronnée de succès. Elle procède, comme la première, d'une initiative individuelle, celle de François Mitterrand, mais s'inscrit idéologiquement dans un projet plus compatible avec la culture politique traditionnelle, celle de la reconstitution du « parti républicain » de la IIIe République. Rejeté par le PSA, François Mitterrand a rassemblé les débris de l'UDSR au sein d'un club politique, la *Ligue pour le combat républicain* en 1959. En 1964, celle-ci fusionne avec un club radical créé en 1951 par Charles Hernu et qui va devenir l'un des carrefours du courant mendésiste, le *Club des Jacobins,* au sein du *Centre d'action institutionnel.* Enfin, quelques mois plus tard, en juin 1964, le rassemblement de ce Centre avec toute une série de clubs républicains (Citoyens 60, Jeune République, Ligue des droits de l'Homme) donne naissance à la *Convention des institutions républicaines* dont François Mitterrand devient le président. C'est en s'appuyant sur cette structure légère que ce dernier décide en septembre 1965 de se déclarer candidat à l'élection présidentielle, proposant un programme et une restructuration des forces politiques recentrés à gauche par rapport à la tentative de Gaston Defferre. Son projet politique comporte non des négociations, mais des contacts avec le parti communiste, qui lui apportera son soutien, suivi de celui, plus réticent, du PSU qui répugne à s'engager dans une « démarche politicienne ». Et surtout, tirant les conséquences de l'échec de la « grande fédération », il décide de s'appuyer sur une nouvelle structure qui rassemblera la gauche non communiste, à l'exclusion du centre, la *Fédération de la gauche démocrate et socialiste* (FGDS) dont la création avait été envisagée dès juillet 1965 et qui prend naissance le 10 septembre par le rassemblement du parti socialiste SFIO, du parti radical et de la Convention des institutions républicaines. Pendant que la gauche tente ainsi de se reconstruire dans le cadre des institutions nouvelles, mais sans parvenir à réaliser une véritable synthèse entre le renouvellement de la pensée et la reconstruction des organisations, le centrisme cherche de son côté à assurer sa survie dans un contexte politique qui lui est nettement hostile.

L'opération survie du centrisme politique.

Au lendemain de la défaite qu'elles ont l'une et l'autre subie en 1962, les deux familles politiques héritières du centrisme, celle des radicaux et celle des démocrates-chrétiens, manifestent une égale volonté de survie en s'incluant dans des rassemblements plus larges. Leur projet commun paraît être la reconstitution d'une coalition de « troisième force » semblable à celle qui a gouverné le pays entre 1947 et 1952 à la fois contre les gaullistes et les communistes. C'est celle qu'appelle de ses vœux Maurice Faure, président du parti radical, qui, entre les deux tours des élections de 1962, plaide pour « la détermination des partis du centre et de la gauche à dépasser leurs cloisonnements actuels au profit d'un vaste rassemblement qui constitue un bloc cohérent entre la majorité et les communistes ». Cette aspiration au rassemblement prend dans un premier temps, chez les radicaux, la forme du groupe parlementaire du « Rassemblement démocratique » qui regroupe, autour de Maurice Faure, des hommes comme André Morice, fondateur du *Centre républicain,* François Mitterrand et Édouard Bonnefous, venus de l'UDSR, et d'anciens radicaux comme Jacques Duhamel et Bernard Lafay. Mais les dirigeants du « Rassemblement » souhaitent aller plus loin et nouer des conversations avec les socialistes et le MRP. Au même moment, le MRP, tirant les leçons de son échec de 1962, décide à son congrès de La Baule de 1963 de se donner une nouvelle direction en portant à sa présidence Jean Lecanuet et au secrétariat général Joseph Fontanet, et d'accepter l'idée d'un grand parti centriste capable de faire échec aux gaullistes et aux communistes.

La première ébauche de ce grand parti centriste prend naissance en avril 1963 avec la création du « Comité de liaison des démocrates » auquel participent le MRP, le Rassemblement démocratique, mais aussi des représentants des indépendants antigaullistes, des syndicalistes de la CGC (Confédération générale des cadres), de la CFTC et de la FNSEA (Fédération nationale des syndicats d'exploitants agricoles). Mais l'élaboration du futur programme du parti centriste bute sur une question préjudicielle : le rassemblement qui s'esquisse doit-il ou non s'étendre aux socialistes, hier membres de la « troisième force » et du Cartel des « non » ? La tentative Defferre et l'échec du projet de « grande fédération » viennent apporter sur ce point une réponse négative à la question d'une éventuelle coexistence des centristes et des socialistes, mais, en même temps, elle fait éclater la famille centriste puisque le centre gauche radicalisant du « Rassemblement démocratique » rejoint la FGDS avec François Mitterrand.

C'est donc autour du centre droit que vont se rassembler les divers groupes opposés au gaullisme et qui ne se reconnaissent pas dans la FGDS. Comme à gauche, c'est le candidat à l'élection présidentielle qui sert de centre de ralliement au regroupement. A défaut d'Antoine Pinay qui se réserve pour jouer le rôle d'un rassembleur pour l'après-gaullisme, émerge dans ce secteur de l'opinion la candidature du président du MRP, Jean Lecanuet, qui se déclare en octobre 1965. Il reçoit l'appui de son parti, du Centre national des indépendants et paysans, privé depuis 1962 de perspective propre, de quelques radicaux et radicalisants (comme Maurice Faure), des libéraux de l'UDSR, autour de René Pleven et d'Eugène Claudius-Petit. Groupe libéral, atlantique et européen, hostile au gaullisme comme au marxisme et que Jean Lecanuet propose de fédérer au lendemain des élections présidentielles. C'est le 2 février 1966 qu'est officiellement formé le *Centre démocrate* qui porte à sa présidence Jean Lecanuet. Le retrait de Maurice Faure et de ses amis, contraints par le parti radical (présidé désormais par René Billières) de rejoindre la FGDS réduit la nouvelle formation au seul rassemblement du centre droit.

Autour des années 1965-1966, c'est donc dans un cadre institutionnel et politique totalement renouvelé par la Ve République que vit la France à l'époque de la croissance. La réforme constitutionnelle de 1962 achève la mise en place du régime semi-présidentiel ébauché en 1958. Désormais l'élection du président de la République est devenu l'acte essentiel de la vie politique puisque c'est lui qui décide de l'orientation du pouvoir pour la durée du mandat présidentiel. En même temps, le système des partis hérité de la IVe (voire de la IIIe) République, déjà en crise depuis le début des années cinquante, achève de s'effondrer dans le combat en retraite qu'il mène contre le nouveau régime. Sur ses ruines commence l'émergence d'un nouveau système partisan. Si on met à part le parti communiste qui tente de préserver sa rigueur doctrinale en sacrifiant à l'air du temps par une timide ouverture dans la pratique, mais qui continue à se poser en adversaire irréconciliable du régime, trois forces politiques neuves qui acceptent les institutions de la Ve République naissent ou se consolident autour de « présidentiables » : le mouvement gaulliste auquel il faut adjoindre son satellite giscardien ; la Fédération de la gauche démocrate et socialiste rassemblant autour de François Mitterrand la plus grande partie de la gauche non communiste ; le Centre démocrate qui réunit le centre droit derrière Jean Lecanuet. Ainsi se trouve dessiné le cadre politique de la République gaullienne.

5

L'âge d'or de la croissance française

Le cadre politique nouveau mis en place à partir de 1958 est une clé de compréhension de la République gaullienne. Toutefois, on ne saurait prendre la mesure de celle-ci sans évoquer le véritable bouleversement que constitue le phénomène de la croissance économique. Les années durant lesquelles le général de Gaulle gouverne la France s'inscrivent tout entières dans ces « trente glorieuses » qui font faire au pays un véritable saut qualitatif, l'installant définitivement, après l'ère de la pénurie, puis celle de la reconstruction et des déséquilibres engendrés par les guerres coloniales, dans une situation d'expansion continue. Les effets sur la société, ses modes de vie, ses comportements, ses valeurs sont marquants, au point que la France du début des années soixante-dix apparaît plus éloignée de celle de 1945 que celle-ci pouvait l'être du XIXᵉ siècle. Ce tournant dans la continuité de l'histoire nationale, provoqué par la croissance, marque les années 1958-1974. Il pose le problème du rôle des autorités politiques dans ce spectaculaire développement économique. Quelle est la part relative dans le progrès de l'économie française de la conjoncture mondiale échappant à l'action du pouvoir, de l'héritage politique de la IVᵉ République, des politiques suivies par les gouvernements successifs ?

L'héritage de la IVᵉ République et le plan Pinay-Rueff.

Dans l'opposition, le général de Gaulle et ses partisans, dressant l'inventaire passionné des tares de la IVᵉ République, ont fait figurer en bonne place les faiblesses économiques et financières du régime qu'ils combattaient : délabrement des finances publiques, déficit budgétaire, poids de la dette extérieure, cancer de l'inflation. Parvenu au pouvoir sur les ruines de la défunte République, le général de Gaulle n'atténue nullement la rigueur de son réquisitoire (« J'ai trouvé les caisses vides », dira-t-il, évoquant la situation du Trésor public en juin 1958). Par contraste, et démentant la légende selon laquelle il aurait tenu pour secondaires les questions économiques et sociales (légende symbolisée par la phrase controuvée prêtée au Général : « L'intendance suivra »), le président de la République insiste dans ses *Mémoires d'espoir* sur l'attention qu'il porte aux questions économiques et financières en quoi il voit les « bases sur lesquelles se fondent nécessairement la puissance, l'influence, la grandeur, aussi bien que ce degré relatif de bien-être et de sécurité que pour un peuple, ici-bas, on est convenu d'appeler le bonheur [1] ». Et d'affirmer : « C'est pourquoi à la tête de la France, dans le calme ou dans l'ouragan, les problèmes économiques et sociaux ne cesseront jamais d'être au premier plan de mon activité comme de mes soucis. J'y consacrerai une bonne moitié de mon travail, de mes audiences, de mes visites, de mes discours [2]. »

La juxtaposition des deux discours sur les faiblesses du régime précédent et sur l'intérêt de la Ve République pour les problèmes économiques tend donc à faire des succès de la croissance l'apanage exclusif de celle-ci. Dans la réalité, les choses apparaissent moins tranchées. L'héritage légué par le régime défunt est contrasté. La IVe République a opéré une transformation des structures et des mentalités qui pose les bases sur lesquelles la Ve va pouvoir fonder l'essor des années 1958-1973. En premier lieu, les grandes réformes de structure de la Libération ont mis entre les mains de l'État par les nationalisations des leviers qui lui permettent de jouer un rôle majeur dans la vie économique et financière : sources d'énergie, moyens de transport collectifs, appareil de crédit avec la Banque de France, les grandes banques de dépôts et les compagnies d'assurances. La planification, poursuivie depuis 1947, fait de la puissance publique le principal maître d'œuvre de la

1. (19) t. I, *Le Renouveau, 1958-1962,* p. 167.
2. (19) t. I, p. 168-169.

modernisation économique et de l'équipement national. La
cohésion et la stabilité sociales sont garanties par l'institution
de la Sécurité sociale qui tente de corriger les inégalités en
faveur des plus démunis par le développement de revenus indi-
rects en cas de maladie, de grossesse, d'invalidité. En même
temps que naît ainsi une conception qui fait de l'État le garant
et le protecteur des Français contre les aléas de l'existence, des
idées neuves se font jour qui modifient profondément les mentalités des Français face aux réalités économiques : la prise de
conscience de la nécessité de l'investissement, la perception de
notions comme la rentabilité, la productivité, l'aménagement
du territoire. Enfin, dans l'héritage de la IVᵉ République, la Vᵉ
trouve une nouvelle attitude en matière de relations économiques internationales avec la substitution au traditionnel protectionnisme d'une volonté d'ouverture des frontières à la
concurrence, politique couronnée par la signature en 1957 du
traité de Rome qui donne naissance au Marché commun. Sur
tous ces points, la République gaullienne n'aura qu'à faire fructifier des acquis considérables légués par le régime précédent.

Il est vrai que l'héritage a son passif. Celui-ci se situe dans le
domaine des finances publiques. La IVᵉ République a
accumulé les déficits budgétaires, a dû, pour faire face aux
dépenses de reconstruction et de modernisation, charger le
pays d'une lourde dette publique dont le service obère la marge
de manœuvre économique des gouvernements, enfin elle a partiellement financé les dépenses par une inflation permanente
qui, stabilisée entre 1952 et 1955, a été vigoureusement relan-
cée par la guerre d'Algérie. Si on y ajoute un déficit chronique
de la balance commerciale, on comprend que le franc ne cesse
de se déprécier par rapport à sa valeur officielle. Dévalué à six
reprises depuis la Libération, il a subi au printemps 1958, sous
le gouvernement de Félix Gaillard, « l'opération 20 % » qui
aboutit à une dévaluation déguisée du même montant [1].

La nature même de l'héritage légué conduit, dès la phase
transitoire qui commence en juin 1958, le gouvernement du
général de Gaulle à redresser la situation financière et moné-

1. Pour la situation économique et financière à la fin de la
IVᵉ République, voir J.-P. Rioux, (15) t. 2, p. 167-211.

taire. Pour remplir cet objectif, le général de Gaulle choisit
d'installer au ministère des Finances le modéré Antoine Pinay.
Choix accompli non sans réticences, sur le conseil de François
Bloch-Lainé [1], qui fait valoir que le succès de l'opération envisagée exige la présence rue de Rivoli de l'idole des petits épargnants et du patronat traditionnel, symbole de la confiance et
de la défense du franc. Mais c'est comme enseigne plus que
comme maître d'œuvre de la politique qu'il entend mener que
le général de Gaulle fait appel à un homme qu'il considère
comme l'archétype de la médiocrité du régime parlementaire.

Il reste que la confiance réelle qu'inspire Antoine Pinay faci-
lite un apurement des comptes qui permet à la Ve République de
démarrer sur des bases solides. Et en premier lieu d'affronter les
mesures d'urgence que la situation impose, à commencer par la
fourniture aux caisses du Trésor du numéraire nécessaire pour
faire face aux dépenses de l'État : c'est l'objet du nouvel emprunt
Pinay lancé en juin 1958 à des conditions avantageuses pour les
souscripteurs et dont le succès atteste que le tandem Pinay-de
Gaulle fait recette chez les épargnants comme dans les milieux
d'affaires. Ce climat favorable, de même que l'affirmation hautement proclamée de la volonté de mettre fin au laxisme financier de la IVe République, expliquent la relative facilité avec
laquelle sont acceptées les mesures de rigueur, justifiées par le
gouvernement au nom des sacrifices que doit accepter la
communauté nationale comme prix du redressement espéré :
report de l'augmentation prévue des traitements des fonctionnaires et des prix agricoles, taxation des bénéfices commerciaux,
augmentation des impôts sur les sociétés et renchérissement de
l'essence, suspension de subventions et de crédits. Ensemble de
mesures qui permettent de réduire le déficit budgétaire, de diminuer l'inflation et de restreindre la consommation au bénéfice
des exportations. Toutes mesures prises sous l'égide d'Antoine
Pinay, que le général de Gaulle approuve, mais qui n'ont d'autre
résultat que de colmater les brèches.

Or ce que souhaite le général de Gaulle est un profond
retournement de tendance qui marquera dans l'ordre écono-

---

1. F. Bloch-Lainé (113), p. 168.

mique et financier un changement comparable à celui qui est pris dans l'ordre politique et préparera la France à entrer dans le Marché commun. C'est en vue de cet objectif que de Gaulle, malgré les réticences d'Antoine Pinay, confie en septembre 1958 à un comité d'experts présidé par Jacques Rueff, théoricien du libéralisme et ancien conseiller de Raymond Poincaré, le soin de proposer des mesures d'assainissement à long terme. Ainsi naît en décembre 1958 le plan Pinay-Rueff (le nom du ministre des Finances ne se trouvant accolé à celui du théoricien que pour lui éviter de perdre la face, ses réticences étant de notoriété publique et la menace de sa démission si le plan était adopté tel quel ayant été plusieurs fois agitée). Ce plan qui va servir de base à la croissance économique des années 1958-1963 repose sur trois axes :

– Le premier (et il est prioritaire dans l'esprit des promoteurs de l'opération) est la lutte contre l'inflation qui, mettant la balance des comptes en déséquilibre, apparaît comme la menace la plus lourde pour la position internationale du pays. Pour y mettre fin, le budget de l'État est sévèrement comprimé. Au chapitre des dépenses, on décide de limiter à 4 % l'augmentation annuelle du traitement des fonctionnaires et des salariés du secteur public, de réduire les subventions accordées au secteur nationalisé et à la Sécurité sociale, et de ne pas verser en 1959 la retraite des anciens combattants valides. En ce qui concerne les recettes, les ressources sont accrues par une nouvelle augmentation des impôts sur les sociétés et les hauts revenus, par des taxes sur l'alcool et le tabac et par une augmentation générale des tarifs publics (gaz, électricité, transports, charbon, tarifs postaux...).

– Le deuxième est monétaire, visant à un assainissement qui donnerait au franc une base stable, en dégageant une marge de compétitivité permettant aux produits français d'affronter la concurrence internationale. Dans ce but, le franc est dévalué de 17,5 %. Deux mesures caractéristiques accompagnent cette remise en ordre. La première est psychologique : il s'agit de rendre sa dignité à la monnaie en lui conférant une valeur qu'elle a perdue au fil des dépréciations successives : au franc est substitué un « nouveau franc » ou « franc lourd » valant

100 anciens francs, ce qui met la monnaie française à parité avec les solides devises que sont le franc suisse ou le deutsche Mark. La seconde caractérise la volonté de lutter contre l'inflation monétaire : toutes les indexations, sauf celle du SMIC (le « minimum vital »), sont supprimées.

– Le troisième volet est sans doute le plus décisif, car il concerne non la liquidation du passé, mais l'avenir. Il s'agit de la libération des échanges afin de soumettre l'économie française à la concurrence internationale et de stimuler ainsi ses capacités d'innovation et de dynamisme. Il est prévu que, le 1er janvier 1959, 90 % des échanges avec les pays européens seront libérés et 50 % de ceux pratiqués avec la zone dollar.

Entré en vigueur le 1er janvier 1959, le plan Pinay-Rueff sert de cadre financier et monétaire à la remarquable expansion économique que connaît alors le pays en lui assurant des conditions exceptionnellement favorables : un budget en équilibre et une hausse très modérée du coût de la vie et des salaires. Ainsi se trouve mis en place le contexte de la très brillante croissance française des années du gaullisme.

Une croissance spectaculaire et prolongée.

La décennie 1959-1970 qui représente grossièrement la période de la République gaullienne est celle au cours de laquelle le produit intérieur brut français (PIB) a connu sa croissance la plus spectaculaire, plaçant la France en tête des pays européens et même des grands pays industriels du monde, le seul Japon connaissant un taux de croissance supérieur (voir tableau p. 151).

Cette remarquable croissance apparaît de surcroît comme inscrite dans une longue période puisqu'elle poursuit celle de la IVe République, moins accentuée il est vrai (4,5 % de moyenne annuelle entre 1949 et 1959) et se prolongera jusqu'en 1974 avec des taux avoisinant les 7 % au début des années 1970, dans un contexte inflationniste toutefois. Longue période sans véritable crise puisque l'on constate tout au plus dans les années 1963 et suivantes un ralentissement de la croissance, simple palier dans l'expansion et non recul de la production.

S'interroger sur les causes de cette croissance et savoir s'il convient de l'inscrire au crédit de la politique économique de la V⁵ République constitue sans aucun doute un faux problème. En effet, il faut d'abord constater que la croissance est, durant les années qui vont de la fin de la guerre à 1974, un phénomène qui touche tous les grands pays industriels du monde : les « miracles » italien, allemand, japonais ont précédé et dépassé dans les années 1950 la croissance française, si bien que les bons résultats des années soixante apparaissent comme un rattrapage. Mais, en tout état de cause, ils s'inscrivent dans un phénomène de conjoncture mondiale que la France n'a pas créé, mais dont elle a profité. Du moins, le profit qu'elle en a tiré apparaît-il optimal dans les années de la République gaullienne. Sans doute parce que la politique économique et financière suivie favorise le plein effet des données de la conjoncture mondiale, que l'inflation est ralentie et la stabilité politique garantie, mais aussi parce que la V⁵ République tire profit des grandes réformes structurelles et des acquis de la IV⁵. En fait, l'étude des causes de la croissance française met en évidence une assez grande continuité entre les politiques économiques des IV⁵ et V⁵ Républiques en ce qui concerne les grandes orientations fondamentales, même si on peut admettre que, dans le détail, la République gaullienne, assurée d'une plus grande unité de direction, montre une efficacité plus réelle.

TAUX DE CROISSANCE ANNUEL MOYEN
DE LA PRODUCTION INTÉRIEURE BRUTE : 1959-1970

Canada	4,9 %
États-Unis	3,9 %
Japon	11,1 %
France	5,8 %
Allemagne	4,9 %
Italie	5,5 %
Royaume-Uni	2,9 %

Source : *Histoire économique et sociale de la France,* sous la direction de Fernand Braudel et Ernest Labrousse, PUF, t. IV, 3⁵ vol., p. 1012.

*Les raisons de la croissance : rôle de l'État
et internationalisation de l'économie.*

Dans la mise en œuvre des modalités de la croissance française, l'État ne cesse de jouer un rôle majeur de direction, d'impulsion, d'initiative ou de régulation. Ce rôle est très largement lié à l'héritage du régime précédent ; celui-ci a légué à ses successeurs un ensemble d'institutions et de pratiques qui permettent l'intervention du pouvoir dans la vie économique de la nation. En premier lieu, des sources d'information statistique qui améliorent la connaissance des réalités économiques du pays : le Commissariat au Plan, la Commission des comptes et budgets économiques de la nation créée par Pierre Mendès France en 1952, l'INSEE, les divers services d'observation des ministères fournissent une abondante moisson de données qui rend possible une action précise. En second lieu, un faisceau de moyens d'action sur le plan financier : un important volume de dépenses publiques, la possibilité du contrôle des prix, l'encadrement du crédit et la politique monétaire, voire l'utilisation de l'épargne à travers des organismes parapublics comme la Caisse des dépôts et consignations, font de l'État un agent économique fondamental, capable d'orienter de manière déterminante la croissance nationale. Il s'y ajoute le fait que, par le biais des 170 entreprises publiques existant en 1958 et qui fournissent 13,4 % de la production nationale, il joue un rôle direct dans la production. Enfin, depuis 1947, l'ensemble de ces moyens est mis au service d'une impulsion générale par l'existence d'un plan qui fixe à la nation des objectifs collectifs dans l'ordre économique, social, voire au niveau des conditions concrètes d'existence, pour une période de cinq années. Sans doute ne s'agit-il nullement, dans le cadre d'une planification « souple » ou « indicative », de remettre en cause les mécanismes du système libéral, mais tout au plus d'en contrôler l'évolution et d'en corriger éventuellement les dysfonctionnements. Il s'y ajoute les vertus de rationalité et de stratégie qu'y discerne le général de Gaulle, lequel développe une véritable mystique volontariste du Plan : « Il embrasse l'ensemble, fixe les objectifs, établit une hiérarchie des urgences et des importances, introduit parmi les responsables et même dans l'esprit public le sens de ce qui est global, ordonné et continu, compense l'inconvénient de la liberté sans en perdre l'avantage ; je ferai donc en sorte que la préparation et l'exécution du Plan prennent un relief qu'elles n'avaient pas en lui donnant un caractère d' ' ardente obligation ' et en le proclamant mien [1]. »

De fait, pour tenir compte de la crise financière qui marque la fin de la IVᵉ République et rectifier les prévisions, désormais caduques, du IIIᵉ Plan (1958-1961), le gouvernement met au point un plan intérimaire qui couvre les années 1960-1961. Période durant laquelle il prépare le IVᵉ Plan, prévu pour la période 1962-1965 et qui intègre à l'évolution de l'économie française les facteurs nouveaux que sont la poussée démographique des années d'après-guerre, la mise en application du Marché commun et la décolonisation. Plan de croissance, qui prévoit une augmentation de 5,5 % par an de la production intérieure brute, le IVᵉ Plan insiste sur la nécessité de réserver aux équipements collectifs une importante part des ressources dégagées. Jusqu'en 1962, le véritable ministre de l'Économie, préparant la France à affronter la concurrence internationale, est le Premier ministre Michel Debré, secondé par le ministre de l'Industrie Jean-Marcel Jeanneney, puisque l'objectif est bien d'industrialiser le pays. Antoine Pinay et plus encore son successeur de janvier 1960 à janvier 1962, Wilfrid Baumgartner, apparaissent dans un rôle de stricts techniciens des finances, chargés de veiller au maintien des conditions monétaires d'une croissance économique saine. Avec l'accession en janvier 1962 de Valéry Giscard d'Estaing au ministère des Finances, puis l'arrivée à Matignon de Georges Pompidou, l'objectif de la planification se modifie, en s'adaptant aux besoins de l'économie. Il ne s'agit plus de produire à tout prix comme dans les années cinquante, mais de moderniser l'appareil économique pour le rendre apte à affronter la concurrence internationale. Dans cette optique, le rôle fondamental de

1. (19) t. I, p. 171-172.

l'État a tendance à s'estomper pour laisser place au relais de l'initiative privée. Le phénomène est particulièrement net en matière d'investissements, la part de ceux provenant des administrations ne cessant de décroître de 1958 à 1969, cependant que celle des entreprises privées et des ménages va en augmentant. Les Ve et VIe plans (1965-1970 et 1971-1975) diminuent parallèlement l'aide de l'État aux entreprises publiques de manière à les mettre en concurrence avec le privé. La priorité, affirmée en toute occasion avec force par le Premier ministre Georges Pompidou, va au secteur industriel capable d'affronter la concurrence internationale.

Le choix est donc clair et la direction que l'État avec tous ses moyens d'information et d'action entend donner à l'économie française aisément discernable : il s'agit de l'ouverture au monde extérieur, de l'abandon du protectionnisme frileux qui a longtemps caractérisé l'économie française, de l'acceptation des concurrences. Engagée dans son principe par la IVe République qui intègre la France dans l'OECE, puis conclut le traité qui donne naissance à la CECA avant de franchir l'étape décisive du traité de Rome, elle ne porte véritablement ses effets qu'avec la naissance de la Ve République. Jusque-là, la France a rusé avec les règles de la libre concurrence par un jeu subtil de taxes de compensation et d'aides à l'exportation aboutissant à des résultats identiques à la dévaluation. Désormais, la logique européenne et l'effondrement de l'Empire combinent leurs effets pour rendre inéluctable le choix de la concurrence que font les milieux industriels et financiers les plus dynamiques, avec l'aide de l'État qui fait de la compétition économique l'un des objectifs de sa politique. Dans ces conditions, le double but du traité de Rome est atteint avec une sensible avance sur le calendrier prévu. Dès le 1er janvier 1959 prend effet la première réduction des droits de douane à l'intérieur du Marché commun ; le 1er janvier 1962, elle atteint 50 % et, le 1er juillet 1968, l'abolition est complète. En même temps, les échanges sont libérés par la suppression des contingentements en 1960. Parallèlement, et à l'issue d'une difficile négociation, se met en place en 1962 une « politique agricole commune » qui prévoit un système de subventions et de prix garantis pour les principaux produits agricoles. Il faudrait ajouter que le démantèlement du protectionnisme ne joue pas seulement à l'intérieur de la Communauté économique européenne. Les négociations du Dillon Round, puis du Kennedy Round, entreprises entre 1962 et 1967, jettent les bases d'un abaissement généralisé des droits de douane.

Cette internationalisation de l'économie française débouche à la fois sur une remarquable accélération des échanges extérieurs et sur une restructuration géographique de ceux-ci. Les exportations qui représentaient en 1958 moins de 10 % du produit national brut de la France dépassent 17 % en 1970. Par ailleurs, les pays du Marché commun qui n'absorbaient en 1960 que 10 % des exportations françaises (contre 30 % pour les pays de la zone franc) en reçoivent en 1970 50 % (contre 10 % pour la zone franc). Il en va de même pour les importations, la zone franc tombant entre 1960 et 1970 de 23 à 9 % alors que les pays de la CEE, passent de 30 à 49 %. Tout se passe donc comme si, en dix ans, l'Europe des Six (et singulièrement l'Allemagne) avait remplacé les colonies comme partenaire commercial privilégié de la France. Mais cette substitution pose de réels problèmes, car il ne s'agit plus d'un marché à peu près réservé où la France se trouvait en position de quasi-monopole, mais d'un marché hautement concurrentiel où le succès passe par un dynamisme commercial de tous les instants. C'est donc sous la pression d'une contrainte extérieure permanente que l'économie est tenue de se restructurer et que les IVe et Ve Plans sont placés sous le signe de la « compétitivité » de l'économie française. Aussi, dès novembre 1958, le général de Gaulle charge-t-il une commission présidée par Jacques Rueff et Louis Armand de faire l'inventaire des « rigidités » de l'économie et d'examiner les conditions nécessaires au retour à la « vérité des prix ». Le maître mot de la politique gouvernementale sera désormais de favoriser la constitution de groupes de dimension internationale à capitaux français, jugés seuls capables de consentir l'effort d'investissement, de recherche, d'innovation et de dynamisme commercial nécessaire pour affronter une compétition internationale tenue pour la loi de l'économie française.

*Les raisons de la croissance : modernisation
des entreprises et emplois du produit national.*

Dans le cadre de la nouvelle politique économique mise en
œuvre à partir de 1959, l'agent essentiel du dynamisme espéré
est l'entreprise dont on attend un esprit de conquête et la réalisation des profits qui sont sa raison d'être et lui fourniront les
moyens de l'innovation technique, de la modernité de la gestion et d'une nouvelle agressivité commerciale. Et, pour
atteindre l'objectif, on compte sur la concentration des entreprises, facteur essentiel d'amélioration de la productivité. De
cette concentration liée à la modernisation, l'État a pris l'initiative dès la IV⁰ République en la réalisant dans les houillères
nationalisées ou en la favorisant dans la sidérurgie. Le traité de
Rome accélère le mouvement, et le nombre moyen annuel de
fusions dans l'industrie passe de 32 en 1950-1958 à 74 en
1959-1965. A partir de cette date, la politique du gouvernement favorise ouvertement cette concentration des entreprises,
et une ordonnance d'août 1967 prend des dispositions pour
faciliter sa mise en œuvre. Si bien que la fin des années
soixante voit une rapide accélération des fusions qui, dans l'industrie, atteignent durant les années 1966-1972 un nombre
moyen annuel de 136.

Aucun secteur de l'économie n'échappe au processus de
concentration, inséparable de la modernisation des entreprises.
Dans le secteur bancaire, a lieu en 1965 la fusion de la *Banque
nationale pour le commerce et l'industrie* (BNCI) et du
Comptoir d'escompte de Paris, qui donne naissance à la *Banque
nationale de Paris,* banque nationalisée. Dans le secteur des
banques d'affaires, les deux grands groupes Suez et Paribas
conduisent une politique d'investissements et de prises de par-
ticipations qui les constituent en centres nerveux de l'économie
française. Le Crédit agricole, qui jouit d'un statut privilégié,
devient de son côté un des plus puissants établissements bancaires français. C'est évidemment le secteur industriel qui
constitue le lieu privilégié du mouvement de concentration des
entreprises. Les nécessités internationales, l'intérêt des diri-

géants d'entreprises et l'action de l'État se combinent ici pour aboutir à l'absorption des entreprises de taille moyenne par des firmes géantes, à des fusions entre celles-ci, à la disparition des petites entreprises mal adaptées à la concurrence. Vers 1970, les résultats sont patents, bien qu'ils diffèrent d'un secteur à l'autre. Trois groupes contrôlent, en 1971, 86 % de la production française de ciment ; l'industrie chimique est entre les mains de trois géants de dimension internationale : Péchiney-Ugine-Kuhlmann, Rhône-Poulenc, Saint-Gobain-Pont-à-Mousson. L'automobile est dominée à la fin des années soixante par quatre constructeurs, Renault, Citroën, Peugeot et Simca. Les industries au dynamisme réduit n'échappent pas à la règle : le textile est atteint par la disparition de nombreuses entreprises insuffisamment modernes, et l'État pose en 1966 comme condition à son aide à une sidérurgie en voie d'effondrement une restructuration de l'ensemble du secteur autour de trois firmes : Wendel-Sidélor, Denain-Nord-Est-Longwy et Creusot-Loire. C'est aussi l'État qui impose la fusion dans les industries de haute technologie où il finance partiellement les programmes de recherche : l'électronique avec la création en 1967 de la CII ou l'aviation avec le regroupement dans la SNIAS des entreprises nationalisées.

Il n'est pas jusqu'au secteur de la distribution qui ne soit entraîné dans ce mouvement de concentration, encore que l'État ne joue pas ici le rôle moteur qu'il assume dans l'industrie. En fait, c'est le simple résultat de l'évolution économique et des transformations de la vie quotidienne sous le double effet de l'urbanisation galopante et du développement de l'automobile qui fait naître les supermarchés et hypermarchés. En 1963, Marcel Fournier ouvre dans la banlieue sud de Paris, alors en plein essor, à Sainte-Geneviève-des-Bois, le premier hypermarché *Carrefour*. En 1969, la banlieue parisienne compte 253 établissements de ce type. Et sur le modèle des « grandes surfaces » naissent des centres spécialisés dans les loisirs ou l'électroménager.

Cette modernisation rapide et spectaculaire de l'économie française est étroitement liée à une évolution des mentalités et des comportements déjà constatée sous la IVe République, mais que la croissance des années soixante renforce. L'aspect le plus remarquable en est l'accélération des investissements dont le taux de croissance moyen annuel entre 1960 et 1974, 7,7 %, dépasse la croissance de la production. En fait, le taux d'investissements par rapport au PNB qui dépassait légèrement 20 % en moyenne dans les années cinquante (un peu moins que dans les autres grands pays industrialisés) atteint 25 % en 1969, plaçant la France immédiatement après le Japon et l'Allemagne dans ce domaine. Comme on l'a déjà vu, l'État cherche à substituer aux investissements publics des investissements privés et, pour ce faire, il allège la charge fiscale des entreprises à travers l'amenuisement de la fiscalité indirecte et encourage l'épargne privée et les investissements privés. En 1960 est instauré un régime d'amortissement dégressif qui favorise le renouvellement des équipements et un régime fiscal avantageant les revenus du capital (création de l'avoir fiscal et institution d'un prélèvement libératoire sur le revenu des obligations).

Facteur déterminant de la croissance, cette modernisation des entreprises due au développement des investissements en est aussi une conséquence. Elle s'inscrit en effet comme le résultat d'une croissance des profits des entreprises de 1959 à 1972 (avec un léger recul de 1960 à 1963) et d'une augmentation des revenus bruts des ménages de plus de 10 % en moyenne annuelle de 1959 à 1973. Le taux d'épargne des ménages calculé par rapport au revenu disponible passe entre 1959 et 1969 de 14,6 % à 16,6 %. En même temps, la consommation des ménages, en dépit de cet effort d'épargne, s'accroît en moyenne de 4,5 % par an entre 1959 et 1973, entretenant un vif courant d'expansion dans quatre secteurs privilégiés, la santé, le logement, les transports et les loisirs. La croissance française est donc très largement fille de la consommation. On examinera plus loin les conséquences fondamentales que cette constatation entraîne sur les structures et les comportements sociaux. Il est clair en tout cas que cette donnée pèse d'un poids considérable sur le paysage économique français de l'âge de la croissance, introduisant une nette différenciation entre les secteurs entraînés par l'explosion de la consommation et ceux qui restent à l'écart du mouvement.

Les résultats de la croissance :
la stagnation relative de l'agriculture.

La situation de l'agriculture ne laisse pas d'être paradoxale durant les années soixante. En apparence, les progrès enregistrés sont spectaculaires. En 1974, la production agricole a pratiquement doublé depuis 1946 alors que la superficie cultivée a diminué de 10 % et que la population agricole a été considérablement réduite (de 7 millions à moins de 3 millions). Symptôme non moins sensible, la forte poussée des exportations agricoles favorisée par la mise en place du Marché commun agricole : le taux de couverture des échanges agricoles qui était de 21 % en 1959 passe à 104 % en 1973. L'explication de ces brillants résultats tient aux gains de productivité rendus possibles par un intense effort de modernisation qui touche la motorisation et l'utilisation d'engrais et d'aliments pour le bétail et entraîne une augmentation générale des rendements.

Toutefois, cette croissance de la production et de la productivité dissimule un déclin relatif de la place de l'agriculture dans l'économie française. Durant les années de la République gaullienne, la production agricole s'accroît deux fois moins vite que la production industrielle ou les services. Alors qu'elle représentait en 1946 17 % de la production intérieure brute, l'agriculture n'en représente plus que 5 % en 1974. Ce phénomène s'explique avant tout par le fait que les ménages ont moins augmenté la part de leurs dépenses consacrées à l'achat de produits alimentaires que celles qui vont aux produits industriels ou aux services. On est ici en présence d'un seuil structurel de consommation des produits alimentaires qu'il est malaisé de franchir et dont le seul remède est l'accroissement des quantités exportées, ce qui implique une politique systématique de compression des coûts de production, pour permettre aux produits agricoles d'être compétitifs sur le marché mondial.

Cette stagnation de la demande intérieure au moment où les quantités produites croissent provoque la surproduction et une tendance à la baisse (ou à la très faible augmentation) des prix agricoles. Il en résulte que, à une époque de forte croissance des

revenus des autres catégories, le revenu des agriculteurs progresse moins rapidement ou stagne.

La situation apparaît d'autant plus insupportable que beaucoup d'entre eux se sont endettés pour se moderniser. Aussi les
paysans organisent-ils, en 1960-1961, de violents mouvements
de protestation, édifiant en 1960 des barrages sur les routes et
poussant les parlementaires à demander, on s'en souvient, une
session extraordinaire du Parlement que le général de Gaulle
rejettera, déclenchant en 1961, à l'occasion de la mévente des
artichauts, des manifestations en Bretagne allant jusqu'à l'occupation de la sous-préfecture de Morlaix. La seule solution
paraît être le départ des « ruraux » de la terre et c'est celle que
provoque le mouvement naturel de l'économie agricole : en
1975, la population agricole ne représente plus que 10 % de la
population active de la France contre plus de 30 % en 1946.

Cependant, les troubles qui agitent le monde agricole ne permettent pas au gouvernement d'attendre passivement que
l'exode rural produise ses effets. A partir de 1960, l'État
conduit une politique d'adaptation de l'agriculture aux conditions du marché mondial : il s'agit de transformer l'exploitation agricole familiale de type traditionnel en une entreprise de
type industriel ayant à sa tête un véritable gestionnaire soucieux du marché et de la rentabilité de son entreprise. Cette
politique revêt un double caractère. D'une part, pour préserver
le revenu agricole, il s'agit de soutenir les prix et d'organiser le
marché. Mais surtout l'objectif est de transformer la structure
des exploitations de manière à constituer des entreprises assez
vastes pour être rentables, par remembrement et encouragement au départ des agriculteurs âgés. Tel est l'objet de la loi
d'orientation agricole présentée en 1960 au Parlement par
Michel Debré et qu'Edgard Pisani, ministre de l'Agriculture à
partir de 1961, devait préciser en faisant adopter en 1962 et
1964 des textes qui en facilitent la mise en œuvre. Des SAFER
(sociétés d'aménagement foncier et d'établissement rural)
reçoivent un droit de préemption sur les terres mises en vente,
un Fonds d'action sociale pour l'aménagement des structures
agricoles est créé ; enfin, les groupements de producteurs et
l'action des coopératives sont encouragés.

Cette politique d'ensemble, bien adaptée à la situation, se heurte cependant à de vives résistances, liées aux problèmes sociaux entraînés par ses objectifs, au poids des habitudes et des coutumes, à la difficulté pour les paysans de se résigner à n'être plus qu'un groupe secondaire, quelque peu marginalisé dans la société française. Or ces résistances aggravent les problèmes liés à la mise en vigueur à partir de 1962 de la politique agricole commune dans le cadre de la CEE, qui prive la France de la maîtrise des prix des céréales, des produits laitiers et du bœuf, ainsi que de celle de la protection douanière, désormais fixée par le tarif extérieur commun. Le réveil est brutal : en 1968, le rapport Mansholt (du nom du président de la Commission européenne) indique que le nombre des agriculteurs de la CEE devra diminuer de 50 % en dix ans ; en 1969, le rapport de Georges Vedel, professeur de droit, préconise la diminution des terres cultivées de 7 millions d'hectares. A cette date, la modernisation des structures de l'agriculture est largement entamée, mais encore fort loin d'avoir trouvé sa solution. Le nombre des exploitations a décrû à un rythme beaucoup plus lent que celui de la population agricole, guère plus de 2 % par an. Il n'en reste pas moins que, comme dans le domaine de l'industrie et dans celui de la distribution, la concentration est en voie de réalisation dans l'agriculture. Par ailleurs, depuis 1962, la loi encourage les groupements de producteurs et favorise la création de sociétés de transformation et de commercialisation des produits agricoles de manière à soustraire les agriculteurs à la pression des industries transformatrices. Action non négligeable, mais dont les résultats limités attestent la difficulté d'agir efficacement sur les structures de la société. Les paysans apparaissent globalement comme les vaincus de l'ère de la croissance.

Les résultats de la croissance : l'essor industriel.

Au moment de l'arrivée au pouvoir du général de Gaulle, la France apparaît, en ce qui concerne la place de son industrie dans les échanges internationaux, comme un pays en voie de développement qui exporte des produits alimentaires, des produits manufacturés de base (électricité, verre, minerais, sidérurgie) et des biens de consommation courante (textiles, habillements, cuir...). Les Ve et VIe Plans ont fait porter l'effort sur les industries de biens d'équipement et de biens intermédiaires, avec l'objectif de combler le retard national en matière d'exportations industrielles dans les secteurs les plus modernes et à technologie avancée. C'est à ce niveau que l'action de l'État a souvent été efficace. Dans le cadre de la politique étudiée précédemment a été entreprise la modernisation du secteur industriel public (pétrole, charbonnages, aéronautique...) et encouragée la réorganisation des branches pilotes de l'économie française. C'est ainsi qu'en 1966 les pouvoirs publics signent une convention avec l'industrie sidérurgique et, en 1968, avec la construction navale. Un « Plan calcul » est mis au point pour les années 1968-1971 et un programme de l'espace en 1969-1970. Il ne s'agit pas seulement de créer des groupes concurrentiels dans les secteurs les plus modernes comme l'informatique, l'aéronautique ou l'espace, mais aussi de rendre viables, grâce à des fusions et à des absorptions, les industries traditionnelles employant une main-d'œuvre nombreuse comme les industries agricoles et alimentaires, la mécanique, l'électronique ou la chimie. Cette politique systématique de restructurations industrielles exige l'intervention de puissants groupes financiers, seuls capables de fournir aux industries les capitaux nécessaires aux rachats d'entreprises et aux investissements. Aussi le rôle économique des grands groupes financiers français devient-il essentiel et il n'est guère de secteur industriel en voie de modernisation qui ne voie l'intervention de Rothschild, Empain-Schneider, Suez ou Paribas...

Quels ont été les résultats de cette politique de restructuration de l'industrie française qui s'est opérée partiellement sous l'influence de la politique gouvernementale ?

La part de l'industrie dans la formation de la production intérieure brute qui était d'environ 20 % dans les années cinquante monte en 1973 à 28,3 % (38,8 % si on y ajoute l'énergie et les industries agricoles et alimentaires). En raison des progrès de la productivité, cette part croissante de la production industrielle dans le PIB ne s'est pas accompagnée d'une augmentation de la part de la population active employée dans l'industrie, laquelle stagne au contraire dans les années soixante, passant de 39,07 % en 1962 à environ 40 % en 1973. En revanche, la concentration a amené une importante modification des structures industrielles. Celle-ci a joué d'abord sur le plan technique : on constate une rapide régression des petits établissements de 10 à 20 salariés, une homogénéisation de la production autour des établissements moyens (de 200 à 500 salariés) et un développement moins accentué des grands établissements (de plus de 1 000 salariés). La concentration est aussi économique, avec, dans chaque branche, une tendance à la disparition de l'artisanat (dans le textile, l'habillement, et le travail du bois) et à la concentration autour des entreprises leaders dans les secteurs déjà les plus concentrés (comme l'automobile, la construction navale, l'aéronautique, l'aluminium ou l'armement). Enfin, et surtout, comme on l'a déjà signalé, la concentration est financière et s'opère sous la direction des grandes compagnies financières.

En dépit de son caractère spectaculaire et impressionnant, cette concentration, frappante dans un pays qui se jugeait traditionnellement comme un pays de petites entreprises, ne doit pas faire illusion. L'objectif qui consistait à créer de grands groupes industriels de taille internationale n'a obtenu que des résultats limités. Au début des années soixante-dix, 1 500 entreprises assurent 90 % des exportations françaises, alors que 45 000 petites et moyennes industries sont exclues du marché international. Première entreprise française, Renault ne figure qu'au 22e rang mondial, et la France ne compte de grandes entreprises que dans un nombre limité de secteurs, l'automobile (Renault, Peugeot, Citroën), le pétrole (Compagnie française des pétroles, ELF-ERAP), le verre (Saint-Gobain-Pont-à-Mousson et BSN-Gervais-Danone), l'aluminium (Péchiney-Ugine-Kuhlmann), l'aéronautique. En revanche, aucune grande société française n'est capable de faire jeu égal avec les géants internationaux dans la sidérurgie, la chimie, le matériel électrique, l'électronique, la mécanique ou la construction navale... La croissance française, pour réelle et spectaculaire qu'elle soit à l'échelle nationale, ne fait donc pas de la France

	1950	1960	1968	1973
Combustibles solides	74	54	32	17,5
Pétrole	18	30	51	66,5
Gaz naturel	0,5	3,5	6	8,6
Électricité primaire	7,5	12,5	11	7,4

un pays dont les entreprises paraissent, dans leur majorité, en mesure d'affronter victorieusement la concurrence internationale. Et ce d'autant moins que l'essor industriel qui est à la base de cette croissance est étroitement lié à la consommation d'une énergie pour laquelle la France est assez mal placée. La consommation d'énergie a naturellement crû au cours des années 1960-1973, passant de 85,6 à 176,8 millions de tonnes d'équivalent-pétrole (TEP). Mais, durant ces mêmes années, la part du charbon dans le bilan énergétique français n'a cessé de décroître au profit de celle des hydrocarbures.

Or, ces hydrocarbures sont importés dans leur quasi-totalité. Il en résulte un accroissement de la dépendance énergétique de la France : en 1946, elle importait 41 % de son énergie ; en 1973, elle en importe 75 %. Il est vrai qu'il s'agit d'une énergie dont le coût va décroissant puisque la thermie issue du *fuel* baisse de près de 60 % entre 1958 et 1970 et que le rapport entre la thermie provenant du *fuel* et celle provenant du charbon se révèle de plus en plus favorable au pétrole. L'intérêt économique l'emporte donc sur l'inconvénient de la dépendance et, au demeurant, l'ouverture des frontières et l'acceptation de la concurrence internationale imposent ce choix. En 1959, le « Plan Jeanneney » tire les conséquences de l'évolution. Acceptant une situation économiquement inéluctable, il prévoit, pour améliorer la compétitivité des houillères, la fermeture des mines les plus déficitaires. Toutefois, pour réagir contre l'emprise jugée excessive des grandes compagnies étrangères et des groupes financiers sur le marché pétrolier, le gouvernement favorise la constitution de sociétés nationales orientées vers la recherche pétrolière et vers la commercialisation du pétrole (ainsi est créée en novembre 1960 l'*Union générale des pétroles*). En 1965, la naissance de la société nationale Elf-ERAP fournit à l'État un instrument de politique pétrolière plus docile que la *Compagnie française des pétroles,* société d'économie mixte.

Jusqu'en 1969, c'est donc dans un contexte de rénovation, de modernisation de l'industrie que s'opère la croissance française. S'il est un domaine où la phrase du général de Gaulle – « la France a épousé son siècle » – paraît valablement s'appliquer, c'est bien celui de la restructuration industrielle. Sans doute celle-ci ne présente-t-elle pas que des aspects positifs et nous en examinerons les limites. Mais l'effort d'adaptation est indéniable et il fait de la France gaullienne un des pays les plus dynamiques du monde industriel des années soixante.

La grande expansion du secteur tertiaire.

Si l'activité industrielle, directement responsable de la croissance, est le fait économique le plus marquant des années soixante, le plus visible est sans doute le développement extrêmement rapide du secteur et des emplois tertiaires. Le phénomène n'a rien qui puisse surprendre, puisque c'est un des critères de la croissance économique que le développement du secteur des services, caractéristique des sociétés évoluées.

En France, le secteur tertiaire occupe 34 % de la population active en 1946 et plus de 50 % à la fin des années soixante-dix. Les trois quarts des emplois nouveaux des années soixante ont été créés dans ce secteur, et tout particulièrement dans les domaines de la banque, des institutions financières et des assurances qui connaît la plus forte progression (+ 158 % entre 1954 et 1975), suivis des télécommunications et des administrations publiques, des commerces et des transports. Notons encore que c'est dans le secteur tertiaire que s'emploient plus de 66 % des femmes qui travaillent, en particulier dans les services médicaux, les bureaux, les commerces, l'enseignement et les professions intellectuelles.

Le secteur tertiaire participe à la fin des années soixante

pour plus de 50 % à la production nationale. Bien que les gains de productivité y soient plus faibles que dans les autres secteurs (encore que les débuts de l'informatique améliorent la situation sur ce point à l'extrême fin des années soixante, mais dans un nombre très limité de branches et d'entreprises), les services jouent un rôle appréciable, dans l'équilibre des comptes extérieurs, les exportations de services, à quoi on peut ajouter les revenus du tourisme, représentant un montant qui avoisine les 20 % des exportations de marchandises.

Mais, là encore, c'est sans doute par ses aspects sociaux, tant en ce qui concerne les structures que les mentalités, que l'expansion du tertiaire a des conséquences durables.

A tous égards, la décennie gaullienne représente donc une période de spectaculaire bouleversement des structures économiques de la France sous l'effet de la croissance et de l'ouverture internationale qui l'accompagne. La « France des petits » cesse d'être le modèle valorisé par la propagande officielle et l'opinion, au profit de notions neuves empruntées au vocabulaire « américain » de l'expansion économique. La croissance de la production, la rentabilité, l'investissement, la productivité, la compétitivité deviennent des thèmes majeurs qui font prime dans le discours dominant. Et c'est à l'aune de ces nouveaux instruments de l'âge de la croissance que la France, en même temps qu'elle découvre le vertige du dynamisme économique, mesure les déséquilibres que les temps nouveaux révèlent dans l'harmonie du vieil hexagone.

Les limites de la croissance : le déséquilibre régional.

Le déséquilibre régional en France ne date ni des années soixante, ni de la croissance nationale de l'après-guerre. Clairement perçu dans les années d'avant-guerre, il est dénoncé en 1947 par le livre de J.-F. Gravier, *Paris et le Désert français*. En 1954-1955 les gouvernements Mendès France et Edgar Faure prennent d'ailleurs les premières mesures pour porter remède aux difficultés des zones les plus défavorisées et c'est également au milieu des années cinquante que des initiatives locales s'efforcent de favoriser à la fois la prise de conscience du phénomène et de provoquer une réaction collective des populations.

Mais il est peu douteux que le phénomène de la croissance, en stimulant l'économie française et en augmentant le niveau de vie global de la population, accentue les différences entre les régions qui tirent le maximum de profits de la conjoncture et celles qui restent, tout au moins partiellement, à l'écart du mouvement.

Trois phénomènes caractérisent principalement le déséquilibre régional :

– Le premier est démographique et met en évidence les comportements différents des régions situées de part et d'autre d'une ligne Marseille-Le Havre. A l'ouest et au sud de cette ligne, la dynamique démographique de l'Ouest, du Sud-Ouest, du Massif central est faible. L'augmentation de la population est très inférieure à la moyenne nationale en Limousin, en Auvergne, en Poitou-Charentes ou en Bretagne. Au contraire, au nord et à l'est de cette ligne on est au-dessus de la moyenne nationale en Ile-de-France, Rhône-Alpes, Provence et Côte d'Azur. Ce sont ces dernières régions qui absorbent le gros de l'excédent de population due à la croissance naturelle ou à l'immigration.

– Le deuxième a trait à l'urbanisation accélérée de la population. Les villes qui, à la fin du Second empire, ne rassemblaient que 25 % de la population française en réunissent désormais près des trois quarts. Cette progression bénéficie surtout aux grandes agglomérations, en particulier aux « métropoles d'équilibre » destinées à compenser en province le poids de la capitale : Lille-Roubaix-Tourcoing, Nancy-Metz, Strasbourg, Lyon, Marseille, Toulouse, Bordeaux, Nantes, Saint-Nazaire. Les efforts faits pour freiner la croissance de Paris et de sa région ont été couronnés de succès, dans la mesure où la population de la capitale tend à régresser alors que se raniment les villes situées dans un rayon de 100 à 200 kilomètres autour de Paris. Mais ils ont également abouti à la croissance de banlieues-dortoirs de plus en plus éloignées du centre, dans lesquelles les emplois, les équipements collectifs et l'animation ne sont pas en proportion avec la croissance de la population. Du même coup, outre les problèmes spécifiques qu'elle pose, cette urbanisation accélérée souligne la situation défavorisée des régions du Centre, du Sud-Ouest (à l'exception du Bordelais), de l'Ouest hors la zone Nantes-Saint-Nazaire.

– Enfin, la désertification des zones rurales, contrepartie de l'urbanisation accélérée, constitue le troisième trait majeur des déséquilibres de la croissance. Durant les années soixante, elle atteint un niveau dramatique avec l'exode des jeunes entraînant l'effondrement de la natalité rurale et un recul de la population. La cause fondamentale en réside dans une régression de l'emploi agricole particulièrement marquée dans l'Est (Lorraine, Alsace, Franche-Comté), le Sud-Est (Provence, Rhône, Alpes), la Normandie et la Bourgogne.

La constatation de ces déséquilibres régionaux a entraîné des tentatives de correction. Aux initiatives venues des régions elles-mêmes se sont ajoutées les actions gouvernementales. En 1963 est créée la Délégation à l'aménagement du territoire (DATAR), chargée, sous la direction d'Olivier Guichard, de « répartir la croissance ». Elle fonde d'abord sa stratégie sur les « métropoles d'équilibre », investies du rôle de « locomotives » économiques de leur région, à partir de la définition des grands axes d'équipement et des « investissements structurants » capables de donner une impulsion nouvelle à des zones fondées sur des activités en voie d'essoufflement. Son objectif – remédier aux déséquilibres en aidant à la reconversion économique des régions dépourvues d'industries (comme l'Ouest) ou atteintes par la crise des industries traditionnelles, la sidérurgie, le textile ou le charbon (Lorraine, Alsace, Nord...) – s'est heurté à la méfiance des élus locaux qui voyaient leur échapper les décisions économiques concernant leur région, à la rivalité des administrations traditionnelles, mais par-dessus tout à la difficulté de mettre en place une « géographie volontaire du développement », ensemble de remèdes à des maux dont la cause tenait à des contraintes de la géographie ou de l'économie sur lesquelles les efforts des hommes n'ont qu'un effet restreint.

L'action entreprise dans ce domaine aboutit donc à la mise en évidence du déséquilibre régional lié à la croissance, beaucoup plus qu'à la solution du problème ainsi révélé.

Les limites de la croissance : le cancer de l'inflation.

Depuis 1944, la France vit dans un contexte vigoureusement inflationniste et c'est cette inflation qui sert de cadre et, à certains égards, de stimulant, à la croissance française. L'inflation est un phénomène mondial, mais la France apparaît dans l'ensemble plus touchée que les autres grands pays industriels. Les causes générales de l'inflation française tiennent aux « rigidités » bien connues de l'économie nationale et à des phénomènes de mentalité nés depuis la Libération : sur le premier point, le rôle majeur des syndicats qui veillent à la stabilité ou à l'augmentation du niveau de vie, l'institution en 1952 du salaire minimum interprofessionnel garanti (SMIG) qui aboutit à une forme d'indexation des revenus sur les prix ; sur le second, l'importance des prestations sociales et l'idée selon laquelle l'État est responsable de la croissance régulière des revenus. A ces facteurs structurels qui expliquent la permanence d'une forte inflation française se sont ajoutées des causes conjoncturelles. C'est à agir sur celles-ci et à supprimer un certain nombre des causes structurelles de l'inflation que s'est consacré pour l'essentiel le plan Rueff-Pinay, et ses résultats ont abouti à un tassement réel de l'inflation en 1960-1961. Mais cette stabilité retrouvée s'opère aux dépens des salariés dont le pouvoir d'achat est amputé et le temps de travail réduit, et aux dépens de la croissance en raison de la stagnation des investissements qui fait que la production nationale par habitant n'augmente que de 1,5 % en 1959.

Cette cure d'austérité apparaît cependant difficile à poursuivre. Dès 1961, les besoins de main-d'œuvre de l'industrie conduisent à une reprise des augmentations de salaires, en dépit d'une lettre envoyée par le Premier ministre Michel Debré aux dirigeants du patronat français, leur recommandant de limiter les hausses salariales à un maximum de 4 %. A cette cause strictement économique s'ajoutent les effets de la loi d'orientation agricole de 1960 qui se traduit par un important accroissement des charges publiques et une hausse des prix agricoles, ceux de l'accroissement des charges des entreprises du fait de la hausse des impôts et des cotisations sociales, imputables à un développement des services collectifs et des dépenses de Sécurité sociale, plus rapide que la progression du produit national. Mais la cause fondamentale de la reprise de l'inflation en 1961-1962 est sans doute la pression exercée sur la demande de biens d'équipement et de biens de consommation par les 700 000 rapatriés d'Algérie. Enfin, l'automne 1962, période riche en batailles électorales, conduit à un relâchement de la rigueur salariale qui va favoriser la relance de l'inflation : le Premier ministre Georges Pompidou procède en octobre à une hausse du SMIG supérieure de 2 % à celle des prix de détail, puis en novembre à une augmentation des salaires dans la fonction publique. En décembre, la Régie Renault accorde à ses salariés une quatrième semaine de congés payés, ce qui déclenche dans l'industrie une série de revendications sur ce thème. Dès le début 1963, le général de Gaulle, poussé par ses conseillers Jacques Rueff, Jean-Maxime Lévêque et le secrétaire général de l'Élysée, Étienne Burin des Roziers, invite le gouvernement à prendre des mesures énergiques destinées à mettre fin aux pressions inflationnistes et à rétablir l'équilibre budgétaire.

Ainsi naît en septembre 1963 le « Plan de stabilisation » préparé par le ministre de l'Économie et des Finances Valéry Giscard d'Estaing, complété en novembre, après que le général de Gaulle eut fait connaître à Georges Pompidou qu'il jugeait les mesures adoptées trop laxistes et les résultats à en attendre médiocres. En dehors d'un blocage des prix établi à partir du 31 août 1963 et qui, après quelques semaines, devait être remplacé par un rigoureux contrôle, le Plan de stabilisation est d'inspiration nettement libérale et privilégie le retour aux mécanismes naturels du marché. Pour mettre fin à la « surchauffe », il prévoit une sévère restriction du crédit et la réduction des droits de douane sur certains produits industriels afin de soumettre l'économie française à la pression de la concurrence étrangère. En novembre, des mesures complémentaires procèdent à l'assainissement du financement du Trésor et des crédits à la construction et à l'équipement. Cette politique déflationniste est d'ailleurs accentuée par l'économie du

Ve Plan, préparé dans les années 1963-1964 et qui, parallèlement à l'industrialisation du pays qui est son objectif majeur, prévoit une modération maintenue des revenus. Le Plan de stabilisation et son prolongement dans le Ve Plan donnent d'ailleurs d'incontestables résultats : dès 1964, l'inflation recule et, jusqu'en 1968, la hausse des prix ne sera, en moyenne annuelle, que de 3 %. Mais, en même temps, le freinage général de l'économie qui résulte du Plan de stabilisation décourage les investissements privés ; la croissance se ralentit, et une véritable stagnation s'installe en 1964-1966, provoquant dans un pays qui s'abandonne aux délices de la croissance un sourd mécontentement.

L'inflation est donc provisoirement jugulée, mais par des mesures qui permettent de combattre ses effets sans que des remèdes aient été apportés aux causes structurelles du phénomène. Analysant dans sa lettre au Premier ministre du 30 octobre 1963 les premières conséquences du Plan de stabilisation, le général de Gaulle note : « Il est clair que les causes profondes et permanentes ne seront pas pour autant maîtrisées[1]. » De fait, l'avenir devait lui donner raison. La crise de 1968 fait renaître une inflation qui continuait à couver sous la cendre du Plan de stabilisation et qui flambe sans discontinuer jusqu'aux années 1980.

Quels ont été les effets de l'inflation sur l'économie et la société française à l'époque de la République gaullienne ? L'inflation fait vivre le pays dans un climat d'optimisme où chacun peut penser que ses revenus nominaux (mais aussi ses dépenses) seront plus importants demain qu'aujourd'hui et que la priorité consiste à ne pas se laisser dépasser dans la course aux revenus. Ce qui entretient des phénomènes sociaux comme les revendications salariales, ou des phénomènes économiques comme l'anticipation des achats (il faut acheter avant même que le besoin s'en fasse sentir, car plus tard les prix auront monté) ou l'anticipation des hausses (puisque tout augmente, pourquoi ne pas gagner davantage en augmentant les prix sans attendre d'y être contraint pas la hausse des fournitures et des

1. Cité dans Alain Prate (108), p. 154-155.

transports ?). A l'intérieur, l'inflation a pour avantage de réduire la valeur des dettes (ce qui encourage à emprunter pour acheter, maintenant ainsi la croissance) et d'entretenir un climat d'aisance due à l'abondance monétaire. L'inflation finance ainsi en partie la croissance française, permettant à l'État et aux chefs d'entreprise qui se sont endettés pour investir de rembourser leurs dettes à bon compte, et favorisant tous ceux qui achètent à crédit logements, voitures ou appareils électro-ménagers.

Mais les effets bénéfiques à court terme (qui expliquent que sous la IVe République, mais aussi de 1968 à 1974, les gouvernements aient laissé « filer » l'inflation) sont largement dépassés par les effets négatifs du phénomène. Ceux-ci sont d'abord perceptibles au plan des échanges extérieurs. En renchérissant les produits nationaux, l'inflation gêne les exportations, alors que les produits étrangers apparaissent relativement bon marché, ce qui favorise les importations. Pour remédier au déficit de la balance commerciale qui en résulte, le gouvernement est alors conduit à dévaluer le franc (c'est-à-dire à en diminuer la valeur par rapport aux autres monnaies) afin de rétablir les équilibres. De 1944 à 1958, le franc a ainsi connu 8 dévaluations successives. Le général de Gaulle parvient (à grand-peine) à maintenir sa valeur jusqu'en 1969, mais, après son départ du pouvoir, ses successeurs seront conduits, le 1er août 1969, à procéder à une nouvelle dévaluation.

Sur le plan intérieur, l'inflation fait des victimes qui paient le prix de la modernisation économique ou des bénéfices de ceux qui ont su tirer profit du phénomène, par l'amputation de leurs revenus. Ce sont les détenteurs de revenus fixes, les rentiers souscripteurs des emprunts d'État, les titulaires de comptes d'épargne et d'obligations à intérêts fixes, les propriétaires urbains ou ruraux qui touchent des loyers bloqués ou fixés par des baux à long terme, les salariés enfin dont les traitements suivent avec retard la hausse des prix.

L'inflation est ainsi génératrice d'un affaiblissement de l'économie française sur le plan international et de tensions sociales internes. Elle entretient la croissance, mais sur des bases malsaines, en partie illusoires. Or, en dépit du Plan de stabilisation, elle demeure l'épée de Damoclès qui pèse sur l'expansion nationale durant toutes les années de la République gaullienne.

Les limites de la croissance :
la résistance des anciennes structures.

La modernisation de l'économie française à l'époque de la croissance, sur laquelle on a insisté, ne doit pas faire illusion. En dépit du phénomène de la concentration industrielle, de la politique de constitution de grandes exploitations agricoles rentables, de la création de grandes surfaces de distribution, la Ve République n'a pas effacé d'un coup de baguette magique les structures traditionnelles de l'économie française et ce d'autant moins que les « petits », si longtemps caractéristiques de la spécificité nationale, s'ils sont condamnés par l'évolution économique, constituent encore le nombre, c'est-à-dire, dans une démocratie, le poids politique.

Or force est de reconnaître que la France des années de la croissance reste marquée par la forte empreinte de la petite entreprise. Elle est largement majoritaire dans tous les secteurs d'activité. Dans l'agriculture, en 1970, sur 1 500 000 exploitations environ, 130 000 seulement dépassent les 50 hectares. Dans le commerce, pour 1 200 000 points de vente, on trouve un million d'entreprises commerciales. L'industrie elle-même révèle une configuration du même ordre puisque sur les 617 000 entreprises qui existent en 1971, plus de 540 000 emploient moins de 10 salariés et 58 000 en emploient entre 10 et 50. Sans doute n'y a-t-il pas de rapports de corrélation entre le nombre des entreprises et leur poids économique, mais celui des petites entreprises est loin d'être négligeable, et toutes n'appartiennent pas au groupe des sociétés en voie de disparition.

Les petites exploitations agricoles recouvrent, à la fin des années soixante, 63 % de la surface agricole utile. Ce sont probablement celles qui apparaissent comme les plus menacées du fait de l'évolution économique, en raison de la faiblesse de leur productivité. Leur diminution rapide atteste que la France perd le caractère rural qui continuait à la caractériser jusque dans les années soixante, et seule la spécialisation semble de nature à maintenir dans l'agriculture quelques petites exploitations.

Dans le commerce, les petites entreprises réalisent encore au début des années soixante-dix les deux tiers de la vente des produits alimentaires et les trois quarts de la distribution des autres produits. Au demeurant, il ne s'agit pas d'un groupe homogène. Si leur part de marché diminue, si le nombre des boutiques va décroissant, ces éléments négatifs concernent le petit commerce traditionnel implanté dans les zones rurales touchées par un exode massif. C'est de ce petit commerce traditionnel que provient l'essentiel des disparitions d'entreprises constatées dans ce secteur et c'est lui qui fournit la plus grande partie de ses troupes au mouvement de contestation des commerçants et artisans qui, à la fin des années soixante, reprend le flambeau abandonné dix ans plus tôt par le poujadisme, le CID-UNATI, animé par Gérard Nicoud. En revanche, il existe un petit commerce dynamique maintenant le niveau de vie des chefs d'entreprise dans des secteurs spécialisés comme la pharmacie, les articles de sport, la parfumerie et la maroquinerie.

Ce qui vaut pour le secteur du commerce est, à bien des égards, valable pour le secteur industriel. C'est le cas de l'artisanat qui, au début des années soixante-dix, emploie encore 2 millions de personnes. Sans doute assiste-t-on à une disparition relativement rapide des entreprises artisanales soumises à la concurrence directe de la grande industrie (verre, chimie, métaux, textile), tandis que se maintiennent les entreprises liées à l'artisanat alimentaire (boucheries, charcuteries, boulangeries) et que progressent celles dont les structures paraissent bien adaptées à des activités comme le transport, le bâtiment et les travaux publics. Si bien qu'au total on constate une stabilité statistique des entreprises artisanales, même si elle recouvre une substitution de certains types d'entreprises par d'autres. Au-dessus de cette strate de l'artisanat, se développe le monde des petites et moyennes entreprises employant de 10 à 500 salariés. Il emploie plus de 40 % de la main-d'œuvre industrielle et c'est un secteur qui a très durement subi le contrecoup de la modernisation industrielle des années soixante, comme le montre la diminution du nombre des établissements employant un faible nombre de salariés (les établissements industriels employant entre 10 et 19 salariés passent de 34,93 % du total des entreprises de ce secteur en 1962 à 22,7 % en 1972). Mais là encore, si les établissements les moins bien adaptés au marché disparaissent, on constate une adaptation du secteur de la petite et moyenne entreprise dont la souplesse de gestion s'accommode de solutions qui permettent sa survie, soit sous forme d'activités de sous-traitance pour les grandes entreprises, soit sous forme de spécialisation dans des secteurs bien cadrés où leur dynamisme leur permet de rester concurrentielles. Au total, si la croissance a incontestablement joué dans le sens de la concentration des entreprises, elle n'a pas fait disparaître les structures des « petits » et des « moyens » qui caractérisent traditionnellement l'appareil productif français. En revanche, dans ce secteur, elle a porté le coup de grâce aux établissements archaïques et donné l'impul-

CLASSEMENT DES 9 PREMIERS EXPORTATEURS OCCIDENTAUX EN 1965 ET PART DES EXPORTATIONS PAR RAPPORT AU PNB

	Exportations en millions de dollars	Exportations en % du PNB	Rang mondial
États-Unis	27 062	3,9	1er
RF Allemagne	17 855	15,9	2[e]
Royaume-Uni	13 214	13,4	3[e]
France	10 051	10,8	4[e]
Japon	8 462	10,1	5[e]
Canada	8 107	16,9	6[e]
Italie	7 181	12,7	7[e]
Pays-Bas	6 393	33,8	8[e]
Union économique belgo-luxembourgeoise	6 382	37,5	9[e]

SOLDE DES ÉCHANGES EXTÉRIEURS
ENTRE 1959 ET 1972
en millions de francs

	1959	1972
Agriculture	− 2 166	+ 5 951
Industries agricoles et alimentaires	− 1 116	− 496
Énergie	− 4 185	− 14 890
Industries intermédiaires	+ 1 948	− 2 702
Industries d'équipement	+ 5 680	+ 10 808
Industries de consommation	+ 2 402	− 540
Transports et télécommunications	+ 3 016	+ 8 173
Bâtiment et travaux publics	+ 274	+ 1 045
Services	+ 300	+ 1 545
Commerces	+ 207	+ 81
Ensemble des produits	+ 6 360	+ 8 975

sion à une modernisation sans laquelle il n'est pas de survie économique possible.

Les limites de la croissance :
la fragilité du commerce extérieur.

On a vu à quel point l'ouverture de la France sur l'extérieur et tout particulièrement la mise en place du Marché commun avait constitué un facteur fondamental de la croissance. En 1965, la France est le 4e pays exportateur du monde, et ses exportations représentent 10,8 % de son produit national brut.

Au cours des années qui suivent, les échanges commerciaux s'intensifient, mais révèlent une fragilité persistante pour un pays qui entend devenir un grand pays industriel. Les résultats s'améliorent pour les produits agricoles et alimentaires : on passe d'un déficit en 1962 à un net excédent en 1972, mais le déficit énergétique s'accroît, la part des produits semi-manufacturés dans les exportations diminue ; enfin, les échanges se détériorent dans le domaine des produits manufacturés où les importations augmentent plus vite que les exportations. Seul le secteur de l'équipement, machines et matériel de transport, présente un bilan nettement positif.

D'une manière générale, le taux de couverture des importations par les exportations a tendance à se dégrader et à tomber au-dessous du niveau d'équilibre de 95 % (sauf durant les années 1959-1962 et en 1965, du fait du Plan de stabilisation).

Surtout, en dépit des efforts de modernisation, la France souffre en permanence d'un déséquilibre de ses échanges extérieurs qui la place dans la situation d'un pays aux exportations insuffisamment spécialisées, c'est-à-dire souffrant d'un retard de modernisation par rapport à ses grands concurrents du monde industriel. On conçoit que, de 1958 à 1974, sous les présidences successives de Charles de Gaulle et de Georges Pompidou, l'industrialisation de la France ait été considérée comme un impératif absolu pour peu que le pays souhaite garder son rang international.

Au-delà du foisonnement des événements politiques qui marquent de manière spectaculaire l'histoire de la République gaullienne, celle-ci représente donc une période de mutation essentielle des structures économiques de la France. Abandonnant définitivement ses traits dominants du XIXᵉ siècle, le protectionnisme craintif, la dominante rurale, le culte de la petite entreprise, elle s'ouvre à la compétition internationale, accepte les contraintes de l'industrialisation, joue le jeu de la concentration et mise sa réussite sur la modernisation. Ce tournant s'inscrit, certes, dans la conjoncture internationale de la grande croissance des pays industriels durant les « trente glorieuses », et la France ne fait que s'adapter à des courants qui dépassent largement son cas national. Mais il est vrai que le pouvoir politique discerne clairement les enjeux et utilise les moyens considérables dont il dispose pour intervenir dans la vie économique afin de favoriser et de faciliter une évolution qui lui paraît indispensable. Aussi la politique économique est-elle, dans ses grandes lignes, bien adaptée à la mise en œuvre d'une

croissance qu'on souhaite équilibrée et saine. Ce faisant, la
Ve République ne fait que suivre, sur le plan des structures, la
voie ouverte par la IVe, et elle parvient mieux que celle-ci à
maîtriser les tensions inflationnistes qui risquent de compromettre les résultats. Si bien que, sans qu'on puisse évoquer une
rupture avec la période antérieure, les années 1958-1969 représentent une sorte de point de non-retour en ce qui concerne
l'entrée de la France dans l'ère de la croissance économique.
Sans doute cette ample mutation si elle est riche en innova-
tions d'avenir, n'a-t-elle pas pour effet d'effacer les rigidités du
passé. Et celles-ci jouent comme autant de freins à la réussite
du défi industriel et modernisateur que la République gaullienne entend relever : déséquilibres régionaux qui se traduisent par une inégale répartition de la croissance sur le territoire national, tensions inflationnistes dont les illusoires
facilités sur le court terme risquent de remettre en cause les
résultats acquis sur le plan international, fragilité du commerce
extérieur qui atteste que le pays n'a pu encore se donner véritablement les moyens de ses ambitions neuves, maintien du
tissu des petites entreprises qui s'adaptent difficilement aux
nouvelles règles du jeu. C'est dire que l'âge d'or de la croissance économique est aussi le temps des profonds changements
de la société dont l'ampleur permet d'évoquer une véritable
révolution des conditions de vie, révolution qui ne va ni sans
tensions ni sans troubles.

6

Naissance d'une société
de consommation

Croissance économique, croissance démographique.

La France des « trente glorieuses » n'est pas seulement celle de la croissance économique, elle est aussi celle où la population française, stagnante durant la première moitié du xxᵉ siècle, connaît une augmentation permanente qui prolonge celle des années de l'immédiat après-guerre. La population qui est de 47 millions d'habitants en 1962 passe en 1969 le cap des 50 millions. C'est dans ce contexte d'une expansion permanente du marché intérieur que se situe la croissance économique des années soixante.

Deux facteurs expliquent pour l'essentiel cette croissance démographique : un fort accroissement naturel de la population et un solde migratoire positif :

ACCROISSEMENT DE LA POPULATION FRANÇAISE :
1962-1969
en milliers de personnes par an

	1962	1963	1964	1965	1966	1967	1968	1969
Bilan migratoire	860	215	185	110	125	92	100	150
Accroissement naturel	291	311	358	322	335	297	282	269

D'après une étude de Jean-Louis Monneron et Anthony Rowley, *Histoire du peuple français,* Nouvelle Librairie de France, 1986, t. VI, p. 120.

L'accroissement naturel s'explique par la persistance d'une natalité élevée qui prolonge le mouvement commencé dans les dernières années de la Seconde Guerre mondiale et qui témoigne d'un accroissement de la fécondité : entre 1960 et 1974, la France enregistre en moyenne 850 000 naissances par an. Le taux de natalité est de 18 ‰ en 1958 et tombe à 17 ‰ à la fin des années soixante (contre 15 ‰ en 1935-1945). Cette forte augmentation de la natalité coïncide avec une baisse sensible du taux de mortalité qui, de 16 ‰ environ avant la guerre, tombe à moins de 11 ‰ dans les années soixante. L'accroissement naturel dégage ainsi un excédent d'environ 300 000 individus chaque année. De surcroît, la diminution du taux de mortalité accroît l'espérance de vie des individus : celle-ci qui, à la veille de la guerre, était en moyenne de 56 ans pour un homme et de 62 ans pour une femme passe respectivement en 1965 à 68 et 75 ans. A l'accroissement naturel dû à l'excédent des naissances sur les décès s'ajoute donc un facteur supplémentaire qui est l'allongement de la durée de la vie.

Le second facteur de la croissance démographique est l'importance du solde migratoire (différence entre l'immigration et l'émigration) qui laisse chaque année un important excédent. Celui-ci qui était de 155 000 personnes en moyenne annuelle entre 1955 et 1960 fait un bond dans les années 1962-1963 avec les rapatriements massifs d'Algérie avant de se stabiliser à une moyenne légèrement inférieure à 100 000 personnes par an après 1965. Cette forte immigration qui s'explique par la structure de la population active (sur laquelle nous reviendrons) se modifie en outre qualitativement. Jusqu'en 1959, les Italiens forment les contingents les plus nombreux d'immigrés. Mais, avec le « miracle économique », ils cèdent la place aux Espagnols dès 1960, et à partir de 1960-1961 ces derniers sont relayés par des Portugais. Parallèlement s'accroît le nombre des immigrés en provenance d'Afrique du Nord (Algérie, Maroc, Tunisie) et se développe une immigration venue d'Afrique noire. Au total, vers 1969, ce sont près de 4 millions d'immigrés (dont un certain nombre ont été naturalisés) qui se sont installés en France, depuis 1946, rendant compte pour environ

NOMBRE DES IMMIGRÉS *en milliers*				
	1946	**1954**	**1962**	**1968**
Naturalisés	853	1 068	1 284	1 320
Étrangers	1 744	1 765	2 169	2 621
Italiens	451	508	645	586
Espagnols	302	289	431	618
Portugais	22	20	50	303
Polonais	423	269	177	131
Belges	155	107	78	67

un tiers de la croissance démographique de la France d'après-guerre[1].

De nouvelles structures démographiques.

Le double phénomène de l'accroissement du nombre des naissances et du recul de la mortalité a pour conséquence de modifier de façon très sensible la structure par âge de la popu-

ÉVOLUTION DE LA POPULATION PAR GRANDS GROUPES D'AGE *en pourcentage de la population totale*				
	1954	**1962**	**1968**	**1973**
Moins de 20 ans	30,7	33,1	33,8	32,5
20 à 64 ans	57,8	55,1	53,6	54,4
65 ans et plus	11,5	11,8	12,6	13,3

1. Pour une approche historique des problèmes de l'immigration, voir *Vingtième Siècle, revue d'histoire,* n° 7, juill.-septembre 1985 : *Étrangers, immigrés, Français.*

lation et entraîne trois séries de phénomènes : l'insuffisance de
la population active durant la plus grande partie de la République gaullienne, l'importance quantitative et qualitative de la
jeunesse dans la société française d'après-guerre et l'apparition
du phénomène du « troisième âge ». Envisagés du strict point
de vue démographique, ces phénomènes n'ont rien de neuf, ni
d'exceptionnel. Leur caractère original tient au fait que dans
les années soixante ils se produisent au sein d'une société qui
connaît une forte croissance économique, ce qui les charge de
significations nouvelles quant aux mentalités et aux comportements qu'ils induisent.

Le premier phénomène qui résulte de la nouvelle structure
démographique de la France est la relative faiblesse de la population active jusque vers 1965, c'est-à-dire lorsque arrivent à
l'âge adulte les générations plus nombreuses nées dans les
années de l'après-guerre. On constate en effet que, si la population active augmente lentement, sa croissance est inférieure à
celle de la population totale (alors que celle-ci augmente de
28 % entre 1946 et 1972, la population active totale ne s'accroît
que de 12 %) :

Population active totale
en milliers

1954	19 603
1962	19 830
1968	20 664
1972	21 664

Cette faible croissance de la population active s'explique en
grande partie par l'évolution des comportements au sein de la
société des années soixante : d'une part, l'allongement de l'obligation scolaire et les progrès naturels de la scolarisation ;
d'autre part, l'abaissement de l'âge de la retraite et le vieillisse-
ment d'ensemble de la population (à quoi il faudrait ajouter la
diminution de la population agricole dans laquelle l'activité
des femmes est proportionnellement très élevée). A une époque
où la croissance économique exige une population active

EFFECTIFS DES ENSEIGNEMENTS
SECONDAIRE ET SUPÉRIEUR

	1949-1950	1959-1960	1969-1970
Nombre d'élèves dans l'enseignement public du second degré	437 267	794 506	2 168 500
Nombre d'étudiants dans les universités	136 744	202 062	615 300

Cité in F. Braudel, E. Labrousse, *Histoire économique et sociale de la France, op. cit.,* t. IV, 3ᵉ vol., p. 997.

importante, cette situation explique la nécessité du recours à une main-d'œuvre étrangère immigrée.

Parmi les causes de l'insuffisance de la population active, on a déjà signalé le phénomène de la scolarisation. C'est en effet un trait majeur de la société française des années soixante que la véritable « explosion scolaire » qu'elle connaît.

On constate sans peine que la croissance des effectifs scolarisés est très supérieure à la croissance de la population. C'est dire que, outre l'arrivée de classes d'âge susceptibles d'être scolarisées plus nombreuses, on assiste, pour chaque classe d'âge, à une demande d'instruction accrue. Cette forte demande a pour résultat un niveau de formation plus élevé de la population. Le nombre annuel de diplômes de baccalauréat s'élève de 32 362 en 1949-1950 à 52 287 en 1959-1960 et à 139 541 en 1969-1970. On observe une progression également importante (bien que moins rapide) des diplômes de l'enseignement technique dont le nombre passe de 94 000 environ vers 1950 à 180 000 vers 1970. Cette « explosion scolaire » dont les causes tiennent autant à l'évolution rapide des mœurs qu'à la croissance démographique prend au dépourvu des gouvernants qui vont être conduits à y faire face dans la hâte par un recrutement massif d'enseignants en grande partie formés « sur le tas » et par des constructions de locaux souvent improvisés. En même temps éclate l'inadéquation des structures traditionnelles de l'enseignement secondaire et supérieur, conçues

pour la formation d'une mince élite et qui se trouvent affrontées à l'afflux d'une population plus nombreuse qu'elles ne parviennent ni à encadrer dans de bonnes conditions ni à former
en fonction des besoins nouveaux de la société. L'heure est à la
réflexion sur l'adaptation de l'enseignement : avec les années
soixante commence le temps des réformes scolaires et universitaires [1].

Pour crucial qu'il soit, le problème de la formation de la jeunesse n'est pas le seul posé par la modification des structures
démographiques. Plus difficilement mesurable en termes statistiques est l'apparition au lendemain de la fin de la guerre d'Algérie d'un phénomène nouveau, celui de la constitution de la
génération du « baby boom » en groupe autonome dans la
société. Sans doute serait-il absurde de considérer comme un
fait sans précédent la volonté des jeunes générations de se distinguer de leurs aînés et d'affirmer leur identité par un non-
conformisme ostensible et provocateur. Mais, en l'occurrence,
ces traits traditionnels se trouvent accentués et colorés de façon
originale par les nouvelles structures socio-économiques de la
France et par le fait que la jeunesse devient la cible privilégiée
de chefs d'entreprise qui discernent les nouveautés culturelles
dont elle est porteuse et les virtualités de consommation qui
sont les siennes. Si bien que la jeunesse se trouve directement
interpellée (et à certains égards conditionnée) par les moyens
de communication de masse qui vont lui proposer des formes
d'expression adaptées à une génération qui bénéficie d'une
relative aisance matérielle, rejette les valeurs traditionnelles
qui modèlent encore la société et, de ce fait, cherche à affirmer
son originalité face au groupe des parents et grands-parents
dont ils sont séparés par le fossé qui isole ceux qui ont grandi
dans la France de la croissance de ceux qui ont connu les temps
de pénurie. Pour les premiers, la radio périphérique Europe
n° 1 lance l'émission *Salut les Copains* dont le succès est tel que
son animateur Daniel Filipacchi en tire à partir de juillet 1962
un magazine du même nom. Durant l'été 1963, il rassemble

---

1. Sur cette question, dont les aspects seront étudiés dans le tome
18 de la « Nouvelle histoire de la France contemporaine », voir
A. Prost (123).

150 000 jeunes place de la Nation pour applaudir les nouvelles « idoles » de la chanson lancées par son émission : Johnny Hallyday, Sylvie Vartan, Richard Anthony... Autour de ces idoles et à leur imitation se développe toute une culture de la jeunesse : nouvelles formes musicales (le *rock,* le *pop,* la chanson « yéyé »), vêtements agressivement non conformistes (le *jean,* puis la mini-jupe), accessoires indispensables (du transistor à la guitare électrique), modèles élevés à la hauteur de figures légendaires (à partir de 1964 commence le foudroyant succès en France des groupes de chanteurs pop britanniques, les *Beatles* et les *Rolling Stones...*). Dans le cadre de la « société de consommation » qui est en train de naître en France, les années soixante voient ainsi par le phénomène original de la constitution de la jeunesse en groupe particulier de la société se concrétiser une transformation capitale due au tournant démographique des années d'après-guerre.

Pour être moins spectaculaire, la transformation qui se produit à l'autre extrémité de la pyramide des âges n'en porte pas moins des conséquences importantes. L'allongement de la durée de la vie se combine en effet avec la volonté des Français de prendre leur retraite plus tôt pour créer chez les plus de 60 ans des comportements sociaux nouveaux. On constate en effet que les hommes âgés de 60 à 64 ans qui travaillaient encore à 71 % en 1962 ne sont plus que 54 % à le faire en 1975. Aux mêmes dates, la proportion des hommes de 65 à 69 ans qui travaillent encore tombe de 42 % à 19 %. L'explication de ce mouvement réside dans la volonté de profiter de la vie et de bénéficier de la retraite avant qu'un trop mauvais état de santé ne l'interdise. On prend ainsi conscience que la fin de la période de travail n'est plus synonyme de l'arrêt de toute activité, mais qu'il existe désormais un « troisième âge » au cours duquel hommes et femmes possèdent un temps considérable pour leurs loisirs, ce qui ouvre une possibilité de nouvelles consommations.

Au total, les transformations démographiques dont les origines remontent au lendemain de la guerre, mais dont les effets commencent à se faire sentir dans les années soixante, modifient très profondément la société française de l'époque de la

RÉPARTITION DE LA POPULATION FRANÇAISE
en pourcentage

	Population urbaine	Population rurale
1946	53,2	46,8
1954	56	44
1962	61,6	38,4
1968	66,2	33,8
1974	72,2	27,8

croissance en donnant une importance inconnue jusqu'alors, par rapport à la population active, aux classes d'âge extrêmes des jeunes et du « troisième âge ». C'est une transformation non moins considérable qu'entraîne l'urbanisation accélérée de la France durant la grande croissance des années soixante.

Une spectaculaire urbanisation.

A la veille de la Seconde Guerre mondiale, en dépit du fait que depuis 1931 la population urbaine est majoritaire, on peut, sans crainte d'erreur, affirmer que la France demeure un pays rural. D'abord parce que la définition des villes (les agglomérations de plus de 2 000 habitants) répute urbaines une multitude de bourgades dont les caractères ruraux sont évidents. Ensuite parce que, même citadins, les Français ont conservé des liens étroits avec la terre où ils sont nés, par exemple par les membres de leur famille qui y sont demeurés, et que beaucoup rêvent d'y passer les jours de leur retraite. Enfin parce que le système de valeurs de la société, les mentalités, sont profondément imprégnés de l'idée (confortée par les effets de la Seconde Guerre mondiale) que la réalité française est celle d'un pays rural formé de petits propriétaires travaillant une terre qui leur procure indépendance et liberté.

Or, à tous égards, les années de la croissance font voler en éclats ce schéma et, à la fin des années soixante, le Français type est un citadin désormais coupé de la terre et dont l'intégration à la société passe par la répudiation des vieilles valeurs rurales et l'adoption des normes nouvelles de rentabilité et de production de masse conduisant à la consommation de masse [1]. La transformation se lit d'abord dans les chiffres : alors qu'en 1946 un peu plus de la moitié des Français vivait dans des agglomérations de plus de 2 000 habitants, ils sont près des trois quarts en 1974.

La réalité qualitative montre que l'urbanisation a revêtu un caractère beaucoup plus spectaculaire encore que les données statistiques ne paraissent l'indiquer. La croissance urbaine s'est en effet opérée au profit des grandes agglomérations de 100 000 habitants et plus, puis, à partir de 1968, des agglomérations de 50 000 à 100 000 habitants. En revanche, la croissance de Paris a été freinée par une politique volontariste du gouvernement cependant que les bourgades ou les petites villes semi-rurales ont été frappées par la désertification des régions rurales.

Or cette urbanisation rapide de la population se heurte à des obstacles fondamentaux : l'absence presque totale de politique générale de l'urbanisation d'une part, l'arrêt des constructions de logements durant l'entre-deux-guerres, la guerre et la plus grande partie des années cinquante d'autre part. Avec l'arrivée massive des rapatriés d'Algérie, la crise du logement urbain, de grave qu'elle était, devient dramatique, d'autant qu'elle se surajoute à la perspective d'une demande prochaine de logements issue de la génération du *baby boom*. Si bien que le gouvernement décide de favoriser à partir de cette date une construction massive de logements destinée à répondre rapidement à l'urgence de la situation. Entre 1962 et 1969, 500 000 logements seront construits chaque année. Mais il n'est pas question de faire pousser ces logements-champignons sur le terreau des vieilles cités aux rues souvent étroites, aux quartiers différenciés et parfois vétustes, engorgées par le phénomène récent de l'automobile et qui, souvent, ne parviennent ni à les faire circuler ni à leur trouver des espaces de stationnement.

---

1. Pour une étude complète de l'urbanisation sous ses divers aspects économiques, spatiaux, esthétiques, sociaux, politiques, voir le tome 5 de l'*Histoire de la France urbaine* (112).

Aussi est-ce par l'extension accélérée des banlieues que l'on tente de résoudre le problème de la demande croissante de logements urbains. Entre 1954 et 1975 l'espace occupé par les agglomérations urbaines double, passant de 7 à 14 % du territoire national. La croissance des banlieues se fait d'abord de façon anarchique, la construction d'immeubles ne s'accompagnant ni de travaux de voirie suffisants ni de la construction des équipements collectifs nécessaires. Aussi décide-t-on de substituer à cet urbanisme sauvage un urbanisme concerté dans le cadre de la politique d'aménagement du territoire. Ainsi naît au début des années soixante le projet de la construction de « grands ensembles » dont le prototype est Sarcelles dans la banlieue parisienne. Cette fois, les équipements collectifs sont conçus en même temps que les logements et ce sont des noyaux urbains autonomes qui sont édifiés de manière globale. En 1965, l'adoption d'un schéma directeur de la région parisienne fait concevoir la création de « villes nouvelles » (5 au total autour de Paris, puis 4 en province) où des activités économiques et culturelles éviteraient le caractère de « banlieue-dortoir » qui avait été celui des « grands ensembles ». Évry et Cergy-Pontoise constituent les premiers exemples de cette troisième génération de l'urbanisation par les banlieues.

Cette urbanisation volontaire et concertée se révèle un échec. Quantitativement, elle a permis de résoudre le problème du logement en mettant à la disposition des Français des appartements bénéficiant des normes de confort moderne. Mais elle a, en retour, fait naître de nouveaux problèmes. L'absence ou la rareté d'emplois dans les banlieues où se situe le gros de cet habitat nouveau oblige les banliusards à de longs déplacements qui provoquent le matin d'interminables files d'automobiles des banlieues vers les centres urbains, le soir en sens inverse. La volonté de construire vite des logements bon marché a conduit à l'utilisation de matériaux de qualité médiocre qui se traduisent pour les résidents par la sonorité des logements et des finitions insuffisantes. L'architecture uniquement fonctionnelle et dépourvue de fantaisie engendre la monotonie, voire une impression concentrationnaire, la séparation des zones d'habitation et des centres commerciaux interdit la création d'une animation dans les rues qui fait le charme de la ville et est un élément fondamental de sociabilité. Si bien que cet effort d'urbanisation se solde pour les Français qui habitent dans ces banlieues hâtivement édifiées par un mal nouveau, parfois qualifié de « sarcellite » : l'ennui, la neurasthénie engendrés par ces cités sans âme où règne en maître le béton et où le confort matériel ne parvient pas à effacer le sentiment de vivre dans un univers artificiel bâti en marge de la « vraie ville » pour les gagne-petit de la croissance. Caractéristique, la nostalgie de la vie à la campagne que révèlent les sondages réalisés à la fin des années soixante (trois Français sur quatre rêvent d'y vivre) traduit surtout l'échec d'une urbanisation réalisée dans la hâte et l'improvisation.

Le passage d'une France encore semi-rurale à une France profonde urbanisée, surtout si ce n'est pas dans les meilleures conditions, engendre tout naturellement un désarroi psychologique dans la population qui vit cette considérable mutation. Désarroi d'autant plus grand qu'il s'accompagne d'un véritable bouleversement dans l'importance relative des groupes socio-professionnels, autrement dit dans les activités pratiquées par les Français.

Un bouleversement des structures socioprofessionnelles.

Les années de la République gaullienne sont celles où, sous l'effet de la croissance économique et des mutations qu'elle entraîne, la société enregistre des transformations spectaculaires qui modifient très profondément sa physionomie d'ensemble et ont leurs répercussions sur les représentations collectives et les comportements. Pour ramener les choses à l'essentiel, la France perd son caractère de pays des petits patrons indépendants, en raison de la chute spectaculaire du nombre des agriculteurs-exploitants et des patrons de l'industrie et du commerce. Mais elle ne devient pas pour autant le domaine de la société type vue par l'analyse marxiste opposant un nombre restreint de grands capitalistes placés à la tête d'entreprises hyperconcentrées à une classe ouvrière prolétarisée en rapide expansion numérique par l'absorption de la classe

ÉVOLUTION DES GROUPES SOCIOPROFESSIONNELS
en pourcentage de la population active

Catégories socioprofessionnelles	1954	1962	1968	1975
Agriculteurs-exploitants	20,7	15,8	12	7,7
Salariés agricoles	6	4,3	2,9	1,8
Patrons de l'industrie et du commerce	12	10,6	9,6	8,7
Cadres supérieurs et professions libérales	2,9	4	4,9	6,9
Cadres moyens	5,8	7,8	9,9	13,8
Employés	10,8	12,5	14,8	16,6
Ouvriers	33,8	36,7	37,7	37
Personnels de service	5,3	5,4	5,7	6,1
Autres catégories	2,7	2,9	2,6	1,4

moyenne indépendante expropriée : le nombre des ouvriers, s'il demeure très important, stagne en pourcentage de la population active de 1962 à 1975. Si bien qu'entre la bourgeoisie et la classe ouvrière qui subissent l'une et l'autre de profondes transformations s'interpose un ensemble hétérogène de groupes intermédiaires qu'on rassemble par commodité sous le nom de classe moyenne salariée et qui comprend les catégories en très rapide expansion des cadres supérieurs et professions libérales, des cadres moyens, des employés. Si le petit patron de l'industrie, du commerce ou de l'agriculture était le Français type du premier tiers du XXe siècle, le cadre est celui de la France de l'époque de la croissance, le vainqueur de la compétition sociale qu'elle engendre.

Cette nouvelle structure de la société française ébranle quelque peu la vision traditionnelle d'un pays dans lequel s'opposeraient, en parts inégales, la paysannerie, la classe ouvrière et la bourgeoisie. Non que cette vision des choses soit devenue totalement caduque, mais elle se trouve peu à peu fossilisée par la croissance des groupes intermédiaires, de ces « classes moyennes » qui sont le groupe émergent de la France des années soixante. Nous n'entrerons pas ici dans les querelles d'école des sociologues qui, partant d'hypothèses diverses, s'interrogent sur la meilleure manière de découper, à l'aide de concepts forgés par les théoriciens, la complexe réalité sociale des années de la France de la croissance [1]. En revanche, il nous paraît important de décrire cette réalité en voie de mutation, et c'est pourquoi nous considérerons les « classes moyennes » comme une entité spécifique, puisque perçue comme telle par une partie des Français, même si leur prise en compte cadre mal avec la vision traditionnelle (mais peut-être dépassée) de la société.

Les vaincus de la croissance : paysans et petits patrons.

S'il est un groupe social qui paraît clairement avoir fait les frais de la période de croissance économique, c'est sans aucun doute la paysannerie. Les chiffres parlent d'eux-mêmes : formant encore, en 1954, 26,7 % de la population active de la France, elle en constitue moins de 10 % en 1975. Au demeurant, le malaise paysan est particulièrement perceptible au début des années soixante du fait des grandes manifestations publiques de 1960-1961 : barrages sur les routes, pressions sur le monde parlementaire, prise d'assaut de la sous-préfecture de Morlaix. Cette disparition d'un grand nombre d'agriculteurs est d'autant plus frappante qu'elle touche un groupe social qui s'était identifié aux valeurs nationales durant tout le XIXᵉ siècle et les débuts du XXᵉ. Or, comme l'a montré le chapitre précédent, cette chute numérique de la paysannerie est à la fois le résultat de l'évolution économique et de la politique mise en œuvre par les gouvernements Debré et Pompidou, sous l'impulsion d'Edgard Pisani. Cette politique, préconisée de longue date par le Centre national des jeunes agriculteurs, animé par Michel Debatisse, consiste à adapter l'agriculture française aux nouvelles lois du marché en créant des exploitations rentables, utilisant les machines et les techniques les plus modernes afin de livrer des produits concurrentiels. Résultat qui passe par la

1. Ces problèmes sont posés dans M. Parodi (94), p. 205-207.

constitution d'exploitations de plus grande taille (qui suppose le départ de la terre d'un nombre important d'agriculteurs) et des investissements importants à la mesure des objectifs envisagés. L'application de cette politique a conduit à l'exode d'un très grand nombre de salariés agricoles (les « valets de ferme » des exploitations traditionnelles), d'agriculteurs âgés ou disposant d'exploitations de trop faible superficie. Si bien qu'entre 1963 et 1970 le nombre des exploitations agricoles passe de 1,9 million à 1,6 million. Ce « dégraissage » massif de l'agriculture a-t-il pour autant permis de donner aux paysans restants un statut social qui les place à parité avec les autres catégories socioprofessionnelles ? La réponse à cette question est nécessairement ambiguë. Le revenu des agriculteurs a connu une nette augmentation entre 1965 et 1970 et, en termes de revenu primaire, il se place avant celui des ouvriers, des employés et des cadres moyens. Mais l'utilisation de ce revenu diffère considérablement de celle du revenu des autres groupes cités. Une part importante en est consacrée à l'investissement en terres, bâtiments, machines ou animaux, ce qui permet aux paysans de se constituer un patrimoine incomparablement plus important que celui de la plupart des autres catégories socioprofessionnelles. En revanche, la part du revenu consacrée à la consommation par les agriculteurs est d'environ 20 % inférieure à la moyenne nationale. Les paysans se situent au dernier rang pour le niveau de consommation, qu'il s'agisse des dépenses de confort, de loisirs ou d'éducation. Si bien que, dans une société dont le comportement se caractérise avant tout par la propension à consommer, le paysan apparaît en situation marginale par rapport à la majorité des Français.

Il est vrai que cette situation d'ensemble qui fait des agriculteurs les vaincus de la croissance doit être nuancée par la diversité de la condition des agriculteurs des années soixante. Si on met à part l'agriculteur ne disposant que d'une petite exploitation et dans l'incapacité d'emprunter pour investir, qui est condamné à terme à disparaître, deux grandes catégories coexistent dans les campagnes françaises. L'une et l'autre se rangent dans le groupe de l'agriculture moderne, disposant d'équipements performants, fortement mécanisée et s'efforçant d'atteindre une productivité élevée. Mais elles diffèrent par l'importance des capitaux disponibles et, du même coup, par les bénéfices tirés de l'exploitation et le mode de vie qui en résulte. L'agriculteur capitaliste des grandes plaines du Bassin parisien est un chef d'entreprise dont l'importance des investissements garantit la forte productivité et qui a su bénéficier de la mise en œuvre de la politique agricole commune au sein de la CEE. Son exploitation dégage des bénéfices importants qui lui permettent un niveau de consommation élevé. Il en va différemment des agriculteurs qui ont dû s'endetter pour acheter des terres ou des équipements et dont les échéances des emprunts limitent les bénéfices qu'ils peuvent attendre de leur travail. S'ils vivent selon les normes nouvelles de la société urbaine en ce qui concerne le confort du logement ou l'éducation des enfants, la part de leurs revenus primaires qu'ils peuvent consacrer à ces dépenses est étroitement limitée. Aussi le maintien de prix rémunérateurs est-il pour eux une condition de survie et c'est pour faire pression sur la Commission de Bruxelles (qui fixe les prix) ou sur les pouvoirs publics (qui les négocient) qu'ils adhèrent massivement à la FNSEA (la Fédération nationale des syndicats d'exploitants agricoles) dont ils constituent le fer de lance.

A côté des paysans qui, s'ils n'ont pas disparu, ne constituent aujourd'hui qu'un groupe réduit de la population active de la France, le petit patronat est la grande victime des années de la croissance. Élément constituant essentiel aux côtés des petits et moyens exploitants agricoles de cette classe moyenne indépendante qui a constitué l'assise sociale de la France de la fin du XIXe siècle aux années trente, le petit patronat est affecté par un déclin également inéluctable dans la mesure où il tient à la conjoncture économique. Placés à la tête d'affaires incapables de s'adapter à la concurrence des formes modernes de production et de distribution, les patrons des petites entreprises doivent renoncer en grand nombre à partir de 1954, lorsque, les dernières traces de pénurie léguées par la guerre ayant disparu, il leur faut affronter des conditions normales de marché. Entre 1954 et 1975 leur pourcentage dans la population active passe de 12 à 8,7 % et cette chute frappe aussi bien les indus-

triels que les commerçants (qui tombent de 1 253 000 à
913 000) ou les artisans (dont le nombre diminue de 757 000 à
534 000). Encore faut-il noter que ces chiffres masquent la profondeur de la crise puisqu'on assiste à une forte résistance de la
petite entreprise dans les secteurs des bâtiments et travaux
publics et des transports, et que, comme on l'a vu au chapitre
précédent, le commerce spécialisé est le lieu de la naissance
permanente de nouvelles entreprises. Néanmoins, il est clair
qu'on est là en présence d'un milieu économiquement fragile,
qui se sent menacé et redoute aussi bien l'action des syndicats
ouvriers dont les revendications aboutissent à un accroissement de charges, mettant en question la survie des petites
entreprises, que celle du grand patronat qui domine le *Centre
national du patronat français.* C'est la raison pour laquelle ce
groupe du petit patronat est périodiquement la proie de poussées de fièvre qui traduisent sa volonté de résistance à une évolution qui le conduit à la disparition. Depuis 1944, les petits se
reconnaissent dans la *Confédération générale des petites et
moyennes entreprises,* fondée par Léon Gingembre qui a séparé
leur sort de celui des autres patrons[1]. De surcroît, les petits
patrons ont fourni dans les années cinquante les premières
troupes du poujadisme comme, à la fin des années soixante, ils
animeront la protestation sommaire d'un Gérard Nicoud et du
CID-UNATI.

Si les deux groupes les plus caractéristiques de la « France
des petits », triomphante à la fin du XIXe et au début du
XXe siècle, sont ainsi les grandes victimes sociales des années de
la croissance, le monde ouvrier connaît un maintien numérique qui pourrait faire parler de permanence, s'il n'était le lieu
de mutations profondes.

Permanence et mutations du monde ouvrier.

En termes statistiques globaux, les ouvriers demeurent le
groupe socioprofessionnel le plus nombreux de la société fran-

1. Sylvie Guillaume, « Léon Gingembre, défenseur des PME »,
Vingtième Siècle, revue d'histoire, n° 15, juill.-septembre 1987,
p. 69-80.

çaise, un groupe qui connaît une lente croissance en chiffres absolus durant les années soixante, passant de moins de 7 millions d'ouvriers en 1958 à 7 261 000 en 1968 et à 7 989 000 en 1975. Mais cette croissance est inférieure à celle des autres catégories de salariés, si bien qu'en considérant la part des ouvriers dans la population active on peut parler d'une quasi-stagnation – à un niveau élevé, il est vrai : 36,7 % de la population active en 1962 (contre 33,8 % en 1954), 37,7 % en 1975. Toutefois, cette permanence statistique masque des transformations internes considérables qui aboutissent à une véritable mutation de la classe ouvrière. On constate en effet une augmentation du nombre des ouvriers les plus qualifiés et des contremaîtres, traduisant une croissance de la qualification, cependant que les ouvriers non qualifiés voient leur nombre diminuer, en particulier les manœuvres, alors que la proportion des ouvriers spécialisés demeure identique. Il reste que cette population ouvrière non qualifiée (qui représente encore 57 % des effectifs ouvriers totaux à la fin des années soixante) voit croître en son sein le nombre des femmes et des étrangers, deux catégories qui répondent aux critères de mobilité que l'on attend désormais des « OS ».

Ces constatations statistiques, pour essentielles qu'elles soient, ne doivent cependant pas dissimuler une autre réalité qui est celle de l'éclatement du monde ouvrier en sous-groupes dont les conditions de vie et de travail sont extraordinairement différentes. Sans doute, à aucun moment de l'histoire, le monde ouvrier n'a présenté en France de réelle homogénéité et, de ce point de vue, la « classe ouvrière » a toujours été davantage une donnée de la culture collective plutôt qu'une réalité objective. En d'autres termes, on identifiait davantage le monde ouvrier par différenciation avec les autres groupes sociaux (bourgeois, paysans, classe moyenne) ou par des considérations générales qu'il fallait largement nuancer et diversifier (dépendance, précarité de l'emploi, insécurité...) que par une définition interne qui aurait permis de décrire *une* « condition ouvrière ». A cet égard, la multiplicité des groupes et la diversité des conditions de chacun d'entre eux n'apparaît pas comme un fait nouveau, mais comme l'accentuation sous les effets de la mutation technologique et les bouleversements entraînés par la croissance économique d'un phénomène traditionnel. Entre un travailleur à emploi stable, titulaire de son poste, et un salarié qui occupe provisoirement un des nombreux emplois précaires exigés par la mobilité des nouveaux processus de production, entre un ouvrier qualifié et celui qui est formé sur le tas en quelques heures, entre celui qui bénéficie des nombreux avantages sociaux qu'offrent les grandes entreprises liées par des conventions collectives et le salarié de la petite société de services ou des entreprises sous-traitantes qui ne bénéficie d'aucune garantie, entre les ouvriers fortement organisés et syndicalisés de la fonction publique ou des grandes entreprises privées, publiques et nationalisées, et le travailleur isolé, existent de multiples statuts, une infinie variété de nuances qui font du monde ouvrier un kaléidoscope de catégories, un ensemble atomisé dans lequel l'hétérogénéité l'emporte. Ce n'est qu'en fonction de données « objectives », c'est-à-dire qui n'appartiennent pas à l'expérience quotidienne, que l'on peut parler de la « classe ouvrière » comme d'une entité homogène.

Il y a probablement plus important au plan des mutations du monde ouvrier que cet accroissement de l'hétérogénéité qui le marque. La croissance a pour effet de modifier très profondément les modes de vie, le travail, les mentalités, la conscience même des ouvriers. Ainsi constate-t-on, outre la croissance du personnel d'encadrement, contremaîtres, chefs d'atelier, l'importance de plus en plus grande dans les secteurs industriels de pointe du travail intellectuel accompli par les « ouvriers en blouse blanche » : techniciens, ingénieurs de fabrication, dessinateurs industriels, employés des bureaux d'études et des centres de calcul, etc. C'est la « nouvelle classe ouvrière » dont les sociologues Serge Mallet et Pierre Belleville découvrent l'existence en 1963[1]. Ils constatent que, à la faveur de l'élévation du niveau de vie de l'ensemble de la population, ces ouvriers participent à la demande de consommation qui

1. Serge Mallet, *La Nouvelle Classe ouvrière,* Paris, Éd. du Seuil, 1963 ; Pierre Belleville, *Une nouvelle classe ouvrière,* Paris, Julliard, 1963.

marque la France durant les années de la croissance, que l'urbanisme explosif des années soixante met fin à la ségrégation de l'habitat qui avait caractérisé le XIXᵉ siècle et joué un rôle important dans la naissance d'une conscience de classe dans les milieux ouvriers. Si bien qu'on peut parler d'une véritable intégration à la société globale de cette « nouvelle classe ouvrière » qui est un groupe en expansion numérique, par rapport aux ouvriers de type traditionnel. On assiste donc à un effacement des frontières qui marquaient les limites du monde ouvrier. A partir de là, faut-il considérer (comme le fait une grande partie de la population si on en croit les sondages d'opinion) qu'il y a « embourgeoisement » du monde ouvrier en raison de la croissance ou bien au contraire, comme le professent nombre de sociologues, qu'il y a extension de la classe ouvrière par absorption des employés, des petits fonctionnaires, des artisans, etc. ? Cette dernière thèse est celle de Serge Mallet qui voit dans les cadres et techniciens qu'il assimile au monde ouvrier l'émergence d'une nouvelle élite ouvrière, porteuse d'une idéologie moderne et novatrice, tournée vers les revendications qualitatives (le statut du travailleur dans l'entreprise) plutôt que vers les traditionnelles revendications quantitatives d'augmentation des salaires. Sans entrer dans le détail de ces débats taxinomiques, contentons-nous de constater que les années soixante voient ainsi coexister, dans un monde ouvrier extraordinairement éclaté et diversifié, des ouvriers de type traditionnel qui demeurent les plus nombreux, mais ont tendance à stagner ou à décroître, et une nouvelle classe de salariés de l'industrie, fort éloignée de la vision classique de l'ouvrier d'industrie et beaucoup mieux intégrée à la société française de l'époque de la croissance. Parler d'embourgeoisement pour les premiers est, à coup sûr, une notion erronée si l'on tient compte de la permanence d'une durée de travail de 48 heures pour 53 % d'entre eux, de la tension nerveuse et de l'usure provoquées par le développement du machinisme et ses « cadences infernales » et des différences qui subsistent entre une consommation ouvrière marquée par l'écrasante domination dans les budgets des postes consacrés à l'alimentation et au logement et celle de la moyenne de la population. Mais la notion est incontestablement valable pour la « nouvelle classe ouvrière », et l'aspiration à la consommation est présente dans toutes les catégories du monde ouvrier. Il en résulte un brouillage de cette « conscience de classe » qui permettrait de marquer l'originalité de la classe ouvrière, puisque, désormais, les aspirations de celle-ci n'apparaissent guère différentes de celles des autres catégories de la population. La volonté de renverser la société bourgeoise, ciment de la pensée révolutionnaire, apparaît plus comme un thème de discours que comme un objectif politique dès lors que la volonté majeure des ouvriers est plutôt de participer plus largement aux possibilités de consommation qu'elle propose. En revanche, le thème d'une nouvelle organisation de la société qui permettrait de répartir de façon plus équitable les « fruits » de la croissance rencontre d'incontestables échos dans le monde salarial.

Puissance et crise du syndicalisme ouvrier.

Ces mutations profondes et cette diversification du monde ouvrier ne sont évidemment pas sans conséquences sur le syndicalisme ouvrier et sur les formes de son action. L'évolution de la mentalité ouvrière et la volonté de la grande majorité des salariés d'accepter les bénéfices de la croissance conduisent progressivement à une conception contractuelle des rapports sociaux et à la tentative de mise en place de procédures institutionnelles de règlements des conflits du travail afin d'éviter les effets dévastateurs sur l'économie des grèves prolongées. De multiples faits attestent la réalité de cette tendance : la « conférence des revenus » de 1963 ou la création en 1967 de l'*Agence nationale pour l'emploi* où patronat et syndicats se trouvent associés sous l'égide de l'État, la loi de juin 1966 accroissant les pouvoirs des comités d'entreprise, le rapport Toutée de 1964 qui propose un accroissement des salaires lié aux résultats de l'entreprise dans le secteur nationalisé (contrats de progrès) ou la création la même année de commissions salariales présidées par R. Grégoire afin d'apporter une solution au problème des salaires de la fonction publique. Toutefois, cette tentative se heurte à deux obstacles fondamentaux. D'une part, l'opposition à l'intervention de l'État dans les rapports sociaux qui vient d'une partie du patronat français (une partie majoritaire), profondément attachée au credo libéral et qui voit d'un mauvais œil toute esquisse d'institutionnalisation des conflits du travail qu'elle souhaite voir régler au niveau de l'entreprise sans qu'aucune pression extérieure vienne interférer sur la liberté du chef d'entreprise. D'autre part, la crainte des grandes centrales ouvrières de se voir intégrées à l'État par le biais des procédures institutionnelles de règlement des conflits sociaux. Dans cette crainte intervient la vieille tradition du syndicalisme français qui redoute de perdre son indépendance face aux politiques (qu'il s'agisse de l'État ou des partis), mais aussi la surenchère à laquelle se livrent les grands syndicats ouvriers qui craignent de perdre leur audience au profit de leurs rivaux si ceux-ci peuvent les accuser de « collaboration de classe ».

Si *Force ouvrière* née d'une scission de la minorité anticommuniste de la CGT en 1947 s'affirme réformiste et voit d'un bon œil l'évolution qui s'amorce et qui lui paraît correspondre à sa conception des conflits sociaux dans un État moderne, il n'en est pas de même des deux syndicats les plus puissants, la CGT et la CFDT. Héritière de la première centrale syndicale française, née à l'aube du xxe siècle, la CGT est passée depuis la Libération sous l'influence exclusive du parti communiste à laquelle appartiennent ses dirigeants Benoît Frachon (secrétaire général jusqu'en 1967, puis président) et son successeur à partir de 1967 Georges Séguy. Revendiquant 1,5 million à 2 millions d'adhérents, majoritaire dans la plupart des élections professionnelles en dépit d'une lente érosion au cours des années soixante, cette centrale se veut marxiste et révolutionnaire. Aussi répudie-t-elle toutes les formes de normalisation des rapports sociaux et privilégie-t-elle les grandes grèves massives qui, parties d'un secteur professionnel donné, mobilisent la plupart des salariés de ces secteurs et bénéficient d'un large soutien de l'opinion qui débouche, en dernière analyse, sur un ébranlement du pouvoir politique.

Le modèle reste pour elle la grande grève des mineurs de 1963. Déclenchée le 1er mars, après le refus de la direction des Charbonnages de France d'accepter une augmentation de salaires de 11 % demandée par la CGT, la CFTC et Force ouvrière, elle s'alimente du malaise d'une profession qui se sait condamnée par l'évolution de la consommation énergétique et les perspectives du Plan Jeanneney de 1960 prévoyant la fermeture des puits non rentables. La décision maladroite prise le 2 mars par le chef de l'État de réquisition du personnel des Houillères transforme la grève en épreuve de force entre le pouvoir et les ouvriers. Les mineurs refusent d'obéir à la réquisition, et la volonté du gouvernement de briser les syndicats en comptant sur l'impopularité d'un mouvement qui va provoquer l'épuisement des réserves de charbon à la sortie de l'hiver aboutit au durcissement de l'affrontement dans lequel sombrent les promesses d'une « année sociale » faites par Georges Pompidou en novembre 1962. Le vaste mouvement de solidarité envers les mineurs qui se produit spontanément dans le pays et que tente de canaliser la CGT, la constitution de comités intersyndicaux à la base, l'agitation sociale qui se répand par contagion dans le secteur public avec des débrayages chez les gaziers de Lacq, à la SNCF, à la RATP, à Air France, à EDF-GDF, l'entrée en lice de l'épiscopat qui appuie les revendications des mineurs, font comprendre au pouvoir que l'affaire est mal engagée. Après avoir joué l'usure du mouvement, le Premier ministre juge qu'il faut sortir d'une impasse dont pâtit désormais l'autorité de l'État. S'abritant derrière les conclusions d'un « Comité des sages » présidé par Pierre Massé, le gouvernement pousse la direction des Charbonnages à céder sur toute la ligne, accordant aux mineurs 11 % d'augmentation des salaires, une quatrième semaine de congés payés (comme à la Régie Renault) et l'ouverture de négociations sur l'avenir de la profession [1]. En fait, cette grève modèle est aussi le chant du cygne des formes traditionnelles de lutte ouvrière. Elle est sans effet sur le déclin de la profession de mineur. Et surtout, son issue marque l'irruption, caractéristique de l'évolution du début des années soixante, des formes modernes de règlement des conflits sociaux : le « Rapport Massé », rédigé en fait par Jacques Delors, en collabora-

---

1. Sur la grève des mineurs de 1963, M. Winock, « Quel avenir pour les mineurs ? » (126), p. 108-111, et H. Coulonjou, « 1963 : la grève des mineurs » (22).

tion avec les syndicats des Houillères, prend une forme contractuelle et propose une politique des revenus à la lumière de la situation économique du moment.

La grève des mineurs a vu le rôle très important de la deuxième grande confédération ouvrière, la Confédération française des travailleurs chrétiens (CFTC), dont la part a été fondamentale dans les mines de Lorraine où elle est en position dominante. Forte de 600 000 à 800 000 adhérents, obtenant environ 20 % des suffrages dans les élections professionnelles, cette centrale, rassemblée autour de la doctrine sociale de l'Église, est, depuis la Libération, le lieu d'une importante évolution. Groupée autour du syndicat enseignant, le *Syndicat général de l'Éducation nationale* (SGEN), une minorité dynamique, le groupe « Reconstruction », milite pour une « déconfessionnalisation » de la CFTC et le choix d'une voie révolutionnaire qui privilégie l'épanouissement de l'individu au sein des communautés professionnelles de base. Le congrès de novembre 1964 de la CFTC voit l'aboutissement des efforts de ce groupe : la majorité des congressistes décide la laïcisation de la centrale qui prend le nom de Confédération française démocratique du travail (CFDT) et porte à son secrétariat général Eugène Descamps. La nouvelle centrale défend désormais une stratégie révolutionnaire fondée sur la création d'un « pouvoir ouvrier » dans l'entreprise, forme moderne de la lutte des classes, et privilégie les mouvements venus de la base sur les mots d'ordre nationaux, tout en s'efforçant d'intégrer à sa réflexion les formes nouvelles de la production, comme le phénomène de la consommation dont elle dénonce les pièges et auquel elle tente d'opposer des mots d'ordre qualitatifs. Ce modernisme va faire de la CFDT la centrale qui répond le mieux aux préoccupations manifestées par la « nouvelle classe ouvrière ». En dépit des différences d'analyses considérables qui l'opposent à la CGT, la CFDT signe avec elle en janvier 1966 un pacte d'unité d'action en faveur de : l'amélioration du pouvoir d'achat et des conditions de vie et de travail des ouvriers, la défense et l'extension des droits syndicaux dans l'entreprise, l'accroissement des investissements publics, la garantie du droit à l'emploi, la refonte de la fiscalité et la dénonciation des procédures contractuelles Toutée-Grégoire...

Toutefois, une forte minorité des adhérents de la CFTC (80 000 à 100 000) refuse cette évolution et décide de maintenir la référence chrétienne et le titre de la centrale. Elle forme donc avec les syndicats de mineurs, d'employés, les fédérations d'Alsace-Lorraine, un quatrième syndicat ouvrier aux côtés de la CGT, de la CFDT et de FO, auquel le gouvernement accorde la représentativité.

En fait, la multiplication des centrales ouvrières ajoutée à la dispersion des structures du monde ouvrier traduit moins un dynamisme du mouvement ouvrier que son incapacité à intégrer dans ses conceptions et dans ses modalités d'action les fulgurantes nouveautés sociales des années soixante. Ces réalités neuves ne peuvent valablement s'exprimer dans le cadre conceptuel et les mots d'ordre du syndicalisme traditionnel qui forment l'ossature de la pensée et de l'action des syndicats. Si bien que le monde ouvrier devient largement insaisissable, le syndicalisme ne parvenant à l'encadrer que très partiellement et ne réussissant à forger ni les stratégies ni les perspectives qui permettraient d'articuler ses aspirations, au demeurant largement contradictoires (en raison de la coexistence de classes ouvrières d'âges différents) et souvent confuses. L'explosion de mai 1968 mettra en lumière ce désarroi et cette inadéquation des forces d'encadrement d'un monde ouvrier en pleine mutation.

La classe dirigeante.

La notion de « classe dirigeante » est de celles qui sont difficiles à cerner. Pour les marxistes, elle se confond avec la bourgeoisie ou le capitalisme financier. En fait, les évolutions récentes conduisent à lui donner une acception à la fois plus large et plus souple, puisqu'il s'agirait de la catégorie des grands « décideurs » quel que soit le domaine d'exercice de leur activité et à condition que les décisions qu'ils prennent aient une influence réelle sur la vie de la nation. Cette classe dirigeante ainsi entendue tournerait autour d'un ordre de grandeur de 100 000 personnes[1].

1. C'est le chiffre proposé par M. Parodi (94), p. 221, et repris par J.-L. Monneron et A. Rowley (20), p. 163.

On y inclurait d'une part les dirigeants des grandes entreprises industrielles et commerciales, ceux des grandes entreprises financières, les membres des professions libérales proches des milieux d'affaires (notaires, agents de change, avocats d'affaires, cabinets d'études, grands agents immobiliers...). Il s'y ajouterait bien entendu les membres de la haute administration, les tenants du pouvoir politique, une partie des intellectuels. Enfin on ne peut en soustraire les 30 000 gros propriétaires fonciers qui possèdent une partie non négligeable du sol national.

Il est peu contestable que cette classe dirigeante a subi des transformations importantes au cours des années soixante du fait des mutations économiques et sociales comme en fonction de l'évolution de l'appareil d'État. En ce qui concerne les décideurs économiques, le phénomène sur lequel a été mis l'accent est celui de la substitution à un patronat familial (celui des « grandes dynasties bourgeoises » comme Boussac, Wendel ou Schneider) d'un patronat nouveau, aux mains de groupes financiers qui font gérer leurs empires par des « managers salariés », patrons technocrates qui doivent leur élévation, non à la possession d'un capital financier, mais à leurs compétences techniques : Roger Martin qui prend la tête du groupe Saint-Gobain ou Ambroise Roux qui accède à la présidence de la CGE. Sans doute ne faudrait-il pas exagérer l'importance de l'évolution. Le capitalisme familial n'a pas disparu et certaines familles ont subsisté, qu'il s'agisse de Michelin, Wendel, Béghin ou Say, mais elles ont dû, pour y parvenir, s'adapter aux nouvelles règles, faire alliance avec les groupes financiers et recruter des managers. Le poids du capital financier demeure, par le contrôle qu'exercent les conseils d'administration, mais ceux-ci doivent tenir compte des stratégies que leur proposent les gestionnaires qu'elles ont choisis. Enfin, les « managers » sont généralement issus des classes dirigeantes, même s'ils ne possèdent pas le capital de l'entreprise, et sont rarement les *self-made-men* de l'image d'Épinal qu'ils s'efforcent de donner d'eux-mêmes. Il reste que, même avec ces nuances, les transformations qui affectent l'accession aux postes décisionnels ne sont pas niables, ni la signification de la modification des voies d'accès aux postes clés de la direction de l'économie.

Toutefois, ces transformations affectent inégalement les entreprises françaises puisque, nous l'avons vu, cette époque de mutation fait coexister des entreprises traditionnelles avec une minorité d'entreprises modernes répondant aux nouveaux critères économiques. Sur les 60 000 entreprises industrielles recensées en 1975, pas plus d'un millier peut être classé dans la catégorie des entreprises modernes. Or cette hétérogénéité se retrouve dans la grande confédération patronale ressuscitée en 1946 sous le nom de Centre national du patronat français (CNPF). Elle apparaît comme un organe de liaison entre les multiples fédérations et syndicats patronaux, et ses présidents successifs, Georges Villiers jusqu'en 1966, puis son successeur Paul Huvelin, sont bien incapables d'arbitrer efficacement entre les intérêts divergents des grandes entreprises riches, puissantes, tournées vers le commerce extérieur et qui exercent sur l'organisation patronale une influence déterminante, et la masse des petites et moyennes entreprises, instinctivement protectionnistes, attendant de la centrale qu'elle les aide en faisant pression sur l'État, mais individuellement trop faibles pour peser vraiment sur les décisions. Cette paralysie du CNPF le conduit à adopter face à l'État dont il redoute les interventions une position franchement conservatrice, affirmant avec intransigeance des positions libérales de défense du pouvoir patronal dans l'entreprise et refusant d'envisager une politique économique d'ensemble et ses éventuelles conséquences sociales. Tel est, en particulier, l'esprit de la « charte » adoptée le 19 janvier 1965 par le CNPF et qui insiste sur la nécessité de préserver la « fonction patronale ».

Si le patronat constitue le secteur fondamental de la classe dirigeante, on ne saurait cependant sous-estimer l'importance au sein de celle-ci du personnel politique et de la haute administration dont le pouvoir de décision constitue précisément la spécificité. Or, là encore, on constate que les années de la République gaullienne ont conduit à une nette transformation. Les travaux de Pierre Birnbaum ont montré qu'alors que les IIIe et IVe Républiques avaient été marquées par une dissociation des pouvoirs politique et administratif, la Ve République voyait au contraire se réaliser leur fusion au sein d'une « République des fonctionnaires [1] ». A la fin des années soixante, près du tiers des ministres proviennent de la haute fonction publique (contre 12 % sous la IVe République). Là aussi, comme dans le domaine économique, la compétence, constatée par le diplôme de haut niveau, apparaît comme le moyen le plus sûr d'accession à la classe dirigeante, bien avant la longue appartenance au sérail des professionnels de la politique. Près de la moitié des ministres ont passé avec succès les grands concours de l'agrégation du secondaire ou du supérieur, de l'entrée à l'ENA ou à l'École polytechnique.

Peut-on aller plus loin que ce parallélisme dans la transformation des voies d'accès aux groupes dirigeants de l'État et constater une perméabilité entre décideurs économiques et décideurs administratifs et politiques ? Si le passage des centres de décision économiques aux centres de décision administratifs et politiques est assez rare, l'inverse est en revanche relativement fréquent. Pierre Birnbaum a calculé que plus de la moitié des ministres (54 %) qui s'éloignent de la vie politique active acquièrent une participation dans les conseils d'administration d'une entreprise économique, publique ou privée. A cet égard, l'existence d'un important secteur public constitue un relais important dans cette osmose entre les sphères dirigeantes économiques et politico-administratives. De même constate-t-on une importante croissance, dans les années de la République gaullienne, de la proportion de hauts fonctionnaires civils et militaires qui « pantouflent » dans le secteur économique privé. Elle passe de 21 % de ceux qui quittent le secteur public en 1964 à 28 % en 1974. Et ce passage se fait prioritairement dans les secteurs qui exigent un niveau élevé de compétences techniques et économiques (banque, chimie, métallurgie, construction électrique).

L'existence d'un groupe dirigeant né de l'interpénétration des décideurs économiques, administratifs et politiques, paraît donc attestée. Quels sont les caractères qui marquent ce groupe ? Par rapport aux élites des IIIe et IVe Républiques, son

1. P. Birnbaum (114). Voir aussi Ch. Debbasch, *L'Administration au pouvoir,* Paris, Calmann-Lévy, 1969.

trait distinctif est, nous l'avons vu, la compétence. C'est à son propos que l'on a pu parler de la naissance d'une « méritocratie » fondée sur le diplôme acquis à l'issue d'études poussées. Celles-ci constituent un moule commun en dépit de la variété des filières possibles : acquisition d'un baccalauréat dans une série sélective (de préférence à dominante mathématique), passage par les classes préparatoires aux grandes écoles des grands lycées parisiens ou de province, ou par l'Institut d'études politiques de Paris (qui, dans le vocabulaire courant, demeure « Sciences po », comme l'ancienne École libre des sciences politiques, en dépit de la nationalisation de 1945), entrée dans l'une des grandes écoles, Polytechnique (pour la formation des ingénieurs), l'ENA (pour les hauts fonctionnaires), HEC ou l'ESSEC (pour la formation des dirigeants d'entreprise), voire des écoles plus spécialisées et toujours prestigieuses telles que l'École des mines, Centrale ou Supélec.

Est-ce à dire que la Vᵉ République a su réaliser le vieil idéal vers lequel a tendu la IIIᵉ sans jamais y parvenir : substituer aux élites de la fortune ou de la naissance celles de la compétence et du mérite ? En fait, plus que de substitution, il serait préférable, s'il faut en croire les travaux des sociologues, de parler de juxtaposition [1]. Il semble en effet qu'on ne puisse parler d'une véritable promotion sociale ou d'hommes nouveaux, mais du passage par les nouvelles filières méritocratiques des enfants de la classe dirigeante traditionnelle qui, aux atouts nés de leur naissance et de leur fortune, ajouteraient ainsi ceux de la compétence, le patrimoine culturel que ces héritiers trouvent dans leur famille leur permettant de s'assurer la part du lion dans les nouveaux circuits de la domination sociale. La mutation d'ensemble de la société française à l'époque de la croissance se traduirait ainsi au niveau de la classe dirigeante par une simple adaptation aux nouvelles conditions.

On pourrait ainsi parler d'une véritable fermeture de cette classe dirigeante à son niveau le plus élevé, qui bloquerait les possibilités de promotion partiellement ouvertes par la modifi-

---

1. P. Bourdieu, J.-C. Passeron, *Les Héritiers, les Étudiants et la Culture,* Paris, Éd. de Minuit, 1964.

cation de ses modalités de recrutement. En fait, cette conclusion n'est pas celle des contemporains qui ont, au contraire, le sentiment d'une relative fluidité de la société, en raison de l'émergence massive d'un groupe social qui apparaît comme illustrant les possibilités de mobilité de la société, celui de la classe moyenne salariée.

L'âge d'or de la classe moyenne salariée.

La notion de classe moyenne est de celles qui provoquent chez économistes et sociologues les réserves les plus considérables. Elle est en effet étrangère à l'analyse marxiste de la société qui a profondément imprégné depuis 1945 la vision sociale de la France. Aussi la plupart des spécialistes s'efforcent-ils de replacer ces groupes dans les cadres traditionnels en en faisant soit des éléments liés à la bourgeoisie (les cadres), soit des annexes du monde ouvrier (les employés)[1]. Il reste que la prise en compte des catégories socioprofessionnelles de l'INSEE permet de constater que la majorité de la population française est formée de groupes qui ne peuvent être classés dans les tiroirs traditionnels qu'au prix de raisonnements spéculatifs qui paraissent souvent spécieux. Dès lors, abandonnant les querelles taxinomiques, ne convient-il pas de faire sa part à la réalité que constitue la classe moyenne, tout au moins au niveau de la description de la société ?

Nous avons déjà vu[2] que la classe moyenne indépendante, prioritairement représentée par les propriétaires-exploitants agricoles et les petits patrons de l'industrie et du commerce, assise sociale de la IIIe République, avait subi, du fait de l'évolution économique due à la croissance, un recul considérable puisque, toutes catégories confondues, elle ne représente plus en 1975 que 15 % de la population active de la France (contre 37 % en 1931). En revanche, le fait social fondamental des années de la croissance est la véritable explosion de la classe

---

1. Voir l'intéressant tableau dressé par M. Parodi (94), p. 228-229.
2. Voir *supra,* p. 189-190.

moyenne salariée. En 1975 l'ensemble des salariés (y compris les ouvriers) représentait 82 % de la population active de la France. Si on défalque les 37,7 % d'ouvriers, on arrive à un chiffre de plus de 44 % de la population active de la France qui représenterait la classe moyenne salariée au sens large du terme.

Sans doute ce groupe est-il à tous égards hétérogène puisqu'il est formé de catégories aux revenus très divers, depuis les employés et le personnel de service jusqu'aux ingénieurs et cadres supérieurs en passant par les diverses strates des salariés de la fonction publique. De surcroît, on ne saurait trouver d'homogénéité dans les fonctions qu'exercent ses membres, non plus que dans leur place à l'intérieur du processus de production. A cette hétérogénéité interne au groupe, il faut ajouter le flou des frontières qui le séparent de la bourgeoisie (faut-il situer le cadre supérieur salarié d'une grande entreprise exerçant des fonctions de direction dans la bourgeoisie ou dans la classe moyenne ?) et du monde ouvrier (où placer le technicien ou l'employé ?). Le problème ainsi posé n'est-il pas le type même du faux problème, à savoir la volonté de surimposer un classement forgé pour la société industrielle du XIXᵉ siècle sur une société aux traits entièrement nouveaux, née de la grande croissance du second XXᵉ siècle ?

L'originalité et l'homogénéité de la classe moyenne salariée sont ailleurs que dans la position de ses membres par rapport à la possession des moyens de production, dans leurs niveaux de revenus ou dans la nature des tâches qu'ils exercent. Elles résident dans des traits distinctifs, déjà valables pour définir la classe moyenne indépendante au début du XXᵉ siècle [1] et qu'on retrouve dans le comportement des membres de la classe moyenne salariée. En premier lieu, la conscience d'appartenir à des catégories intermédiaires entre le monde ouvrier et la bourgeoisie, d'avoir commencé hors de la première une ascension

1. Voir S. Berstein, « L'enracinement de la République au sein des classes moyennes au début du XXᵉ siècle », in *Républiques et Républicains en France aux XIXᵉ et XXᵉ siècles,* Paris, Economica, 1988, et « Les classes moyennes contre la gauche », *L'Histoire,* n° 71, octobre 1984.

sociale qu'elle souhaite poursuivre pour se hisser au niveau de la seconde. En deuxième lieu, un mode de vie calqué sur celui de la bourgeoisie et qui, dans les années soixante, se traduit par une forte participation à la consommation et l'acquisition des éléments de celle-ci qui marquent concrètement la promotion : l'acquisition d'un logement confortable, voire d'une résidence secondaire, la possession d'une automobile, l'équipement du foyer en appareils électroménagers et l'achat d'une télévision. En troisième lieu enfin, une conscience aiguë de la fragilité de son statut social, qui lui fait redouter toute difficulté économique ou toute politique sociale qui menacerait son emploi ou compromettrait ses revenus et son niveau de vie. De ce fait, rompant avec la vieille pratique de l'individualisme chère à la classe moyenne indépendante, cette classe moyenne salariée se syndique volontiers, mais apparaît rétive aux formes classiques de l'action syndicale telle que la pratiquent les grandes confédérations ouvrières. La Confédération générale des cadres (CGC) animée les années soixante par André Malterre, fondée à partir des syndicats d'ingénieurs, apparaît trop élitiste à la plupart des membres de la classe moyenne salariée qui se syndiquent relativement peu, ou le font plus volontiers dans les centrales ouvrières (CGT, CFDT, FO, CFTC) qui ont institué des syndicats propres à les attirer, tout en se montrant réticents aux formes de revendication qu'elles pratiquent, ce qui ne fait qu'ajouter aux difficultés qu'elles connaissent par ailleurs.

Au sein de cette nébuleuse que constitue la classe moyenne salariée, le groupe des « cadres supérieurs », situé dans sa strate la plus élevée, aux frontières de la bourgeoisie, apparaît comme emblématique. Il est l'archétype, le modèle à imiter, celui qui a réussi à tirer le meilleur parti des chances de promotion qu'offre à la société la France de la croissance. Avec son uniforme, costume bien coupé et attaché-case, son salaire élevé qui lui permet de se tenir au premier rang de la consommation, sa voiture de sport et son image de marque, « jeune et dynamique », le cadre supérieur symbolise la France des années soixante, à la poursuite du bonheur par la consommation. Sans doute, la plupart des membres de la classe moyenne salariée sont-ils fort loin de connaître des conditions identiques, mais

ÉVOLUTION DES SALAIRES : 1955-1970
en indices

	1955	1960	1967	1970
Salaire minimum	100	130	171	276
Gains hebdomadaires ouvriers	100	160	256	353
Gains mensuels employés	100	157	262	350
Gains mensuels techniciens et agents de maîtrise	100	160	256	336
Gains mensuels cadres supérieurs	100	169	290	376
Traitements des fonctionnaires	100	150	237	310

Source : CERC, cité in A. Prost, « Le temps de la prospérité », *L'Histoire* : « Les années de Gaulle », n° 102, juill.-août 1987.

l'aspiration à celles-ci fonde de manière déterminante leur idéal de vie et modèle leurs comportements. Et, pour eux aussi, la consommation devient l'aune à laquelle se mesure le statut social.

Croissance du niveau de vie
et explosion de la consommation.

De la fin de la guerre à 1975, l'augmentation du revenu réel par tête est considérable. Exprimé en monnaie constante, il croît d'environ 50 % durant les années de la République gaullienne. Même s'il apparaît comme très inégalement réparti (donnée sur laquelle nous reviendrons), cet accroissement considérable du niveau de vie des Français a littéralement bouleversé leurs conditions de vie quotidiennes. C'est au début des années soixante que commence pour les Français un accroissement du progrès matériel qui est le plus considérable et le plus rapide que l'histoire ait connu. En dix ans la percée spectaculaire du pouvoir d'achat leur permet d'acheter des biens et des services d'une manière qui n'appartenait naguère qu'aux catégories privilégiées de la société. Une étude de l'évolution des salaires (qui concernent, rappelons-le, plus de 80 % de la population active) permet de prendre la mesure de cette spectaculaire transformation (voir tableau p. 210).

De ce fait, durant les années soixante, la principale préoccupation des Français va être leur accès à tous les types de consommation. A cet égard, on peut parler d'une véritable révolution qui modifie radicalement les conditions d'existence de la société et représente la conséquence, dans la vie quotidienne, de la croissance économique.

Premier effet de ce bouleversement, la diminution très sensible de la part des dépenses d'alimentation et d'habillement dans le budget des Français. Alors que, pendant des siècles, le souci du « pain quotidien » avait été la préoccupation majeure de la plus grande partie de la population, l'alimentation cesse, pour la plupart des Français, d'être un souci obsessionnel. Non seulement elle s'améliore considérablement, ce dont témoigne l'augmentation de la consommation de produits alimentaires de luxe, viande, légumes, fruits, y compris dans les groupes sociaux les plus modestes, mais elle pèse beaucoup moins sur le total des revenus. Observation qui vaut, avec quelques nuances et quelques retards, pour les dépenses d'habillement. Ce sont donc les postes clés des budgets dans une économie de survie qui s'effritent, rendant disponible la plus grande partie des revenus pour des dépenses qui ne venaient jusqu'alors qu'au second rang ou se classaient dans la catégorie du superflu. Ainsi en va-t-il des dépenses de logement et d'équipement du foyer en appareils électroménagers. La fièvre de construction des années soixante évoquée plus haut est largement financée par l'épargne des Français qui accèdent en grand nombre à la propriété des appartements, et, vers 1975, c'est en moyenne 20 % des revenus des Français qui se dirigent vers l'achat d'une résidence dans un immeuble collectif ou une maison individuelle. Même croissance en ce qui concerne la part des dépenses affectées à l'équipement du logement en réfrigérateurs (90 % des foyers en sont équipés à la fin des années

**PART DES DIVERS TYPES DE DÉPENSES
DANS LE BUDGET DES FRANÇAIS**
en pourcentage des dépenses totales

Type de dépenses	1959	1975
Alimentation	37,7	24,9
Habillement	12	10,1
Logement	16,4	20,3
Hygiène et santé	9,5	14
Transports et télécommunications	7,6	11,5
Culture, loisirs, distractions	6,9	9,9
Hôtels, cafés, restaurants, divers	9,9	9,3

soixante) et en machines à laver le linge (70 % des familles en possèdent une en 1975), cependant que la télévision devient un objet quasi indispensable dans la salle de séjour de la plupart des foyers.

Autre signe tangible de la modification des conditions de vie, la diffusion de l'automobile qui est non seulement signe d'évasion, mais plus prosaïquement une nécessité en raison de la prolifération des banlieues mal desservies par les moyens de transport en commun et de la séparation entre lieu de travail et lieu d'habitat. Mais on ne peut négliger dans cette diffusion de l'automobile le rôle de l'allongement des vacances qui, de trois semaines depuis 1956, passent progressivement à quatre semaines annuelles à partir de 1963. En 1973, l'automobile est présente dans la plupart des familles (70 %), avec des variations relativement minimes d'une catégorie socioprofessionnelle à l'autre.

Avec l'automobile et les voyages qu'elle autorise, on passe au stade des consommations plus sophistiquées qu'autorise la croissance. C'est ainsi qu'on assiste à une véritable explosion des dépenses d'hygiène et de santé qui se traduisent en allongement de la durée de vie. De même les dépenses de culture et de loisirs croissent de 50 % durant les années de Gaulle : les vacances, signe le plus parlant d'un désir d'évasion rendu nécessaire par le caractère accru de l'effort demandé en ces années de croissance, se généralisent, du moins pour les citadins. 31 % des Français partaient en vacances en 1958 ; ils sont 62 % en 1973. Du coup naît une véritable industrie des loisirs et des vacances dont l'exemple le plus symbolique est la singulière fortune du « Club Méditerranée » qui réussit la gageure, tout à la fois de satisfaire l'aspiration des Français à la consommation et de procurer un exutoire à l'effroi qu'ils éprouvent devant le caractère standardisé et mercantile de la société née de cette consommation. Résidences secondaires (15 % des Français en possèdent une à la fin des années soixante) et week-ends font certes partie de ce modèle de consommation des loisirs, mais plus comme un idéal à atteindre que comme une réalité généralisée, car ils demeurent encore l'apanage des strates supérieures de la société, bourgeoisie d'affaires ou cadres supérieurs et professions libérales.

Si philosophes, sociologues, écrivains déplorent cette civilisation des « choses » où l'avoir l'emporte sur l'être et la matière sur l'esprit [1], il est peu douteux que la masse des Français a bénéficié, en termes d'élévation du niveau de vie et de confort accru, de la naissance de la société de consommation. En sont-ils pour autant satisfaits ? Force est de répondre à cette question par la négative. Les sondages réalisés entre 1959 et 1969 montrent qu'ils n'ont pas perçu les années soixante comme celles d'une amélioration générale de leurs conditions d'existence et paraissent avoir été plus sensibles aux bouleversements introduits dans leur existence quotidienne par la croissance et aux inégalités dans la répartition de ses bénéfices qu'aux gains individuels qu'ils en avaient tirés. Il est vrai que l'entrée globale de la société française dans l'ère de la consom-

1. *Les Choses* est le titre d'un roman de Georges Perec qui valut à son auteur le prix Renaudot en 1965. Pour la frénésie de consommation des années soixante, voir Michel Winock, « *Les Choses* » (126), p. 112-116, et J.-P. Rioux, « Vive la consommation ! » (22).

mation de masse laisse subsister des poches de pauvreté et témoigne de la subsistance d'incontestables inégalités.

Le maintien des inégalités sociales.

La relative uniformisation des modes de vie autour du modèle fourni par les cadres durant les années soixante ne doit pas faire illusion. Si la croissance du revenu national par tête est de l'ordre de 50 % (il passe, en francs constants, de l'indice 100 en 1960 à l'indice 155 en 1970) et indique bien une élévation d'ensemble du niveau de vie, celle-ci ne réduit pas pour autant, bien au contraire, les inégalités sociales. Et il est de fait qu'il existe toujours dans la société française des riches et des pauvres.

Il est malaisé de définir avec quelque précision ces deux groupes. En ce qui concerne les riches, une étude de l'INSEE montre qu'en 1970 1 % des Français déclarent à l'administration fiscale plus de 100 000 francs de revenus[1]. Dans ce groupe, on peut isoler 8 000 foyers (soit 0,04 % du total) qui auraient un revenu supérieur à 400 000 francs. On pourrait ainsi délimiter les groupes bénéficiant d'une large aisance et les vrais riches. Mais l'évaluation des revenus constitue une donnée probablement insuffisante, car seuls les revenus salariaux qui font l'objet de déclarations par des tiers sont vraiment fiables, les autres catégories de revenus étant systématiquement sous-évaluées. Pour pouvoir vraiment connaître la richesse des Français, il faut pouvoir prendre en compte la possession d'un patrimoine : immeubles, terres, actions, bijoux, or, tableaux, épargne... Cette donnée corrige sensiblement les renseignements tirés de l'examen des revenus puisqu'elle permet de conclure que 5 % des Français (soit 2,5 millions de personnes) posséderaient 45 % du patrimoine national.

A l'autre extrémité de l'échelle sociale subsistent de vrais pauvres pour qui les besoins élémentaires d'alimentation, d'habillement et de logement demeurent un problème quotidien alors qu'il a cessé de l'être pour la majorité de la population.

1. « Les revenus des ménages en 1970 », collection de l'INSEE, n° M 40, décembre 1975.

Aucune définition précise du seuil de pauvreté n'existant vraiment, on en est réduit à tenter d'évaluer le nombre des pauvres par référence aux Français percevant des sommes inférieures ou égales au salaire minimum (le SMIG jusqu'en 1969). De 9 à 10 % environ de la population, soit 5 millions de personnes, se trouveraient dans ce cas : personnes âgées, malades, chômeurs prolongés, travailleurs étrangers, petits exploitants agricoles, salariés agricoles, petits commerçants et artisans, etc.

Entre ces deux catégories extrêmes, la croissance a tendance à creuser l'écart en ouvrant l'éventail des salaires. Les conditions économiques tirent vers le haut les salaires les plus élevés, correspondant aux qualifications les plus recherchées dans la compétition économique, alors que le salaire minimal est difficilement réajusté et avec retard, par volonté politique de justice sociale et non en raison des exigences du marché du travail. Par rapport à un indice 100 en 1955, le salaire des cadres supérieurs est à 376 en 1970, le salaire minimal à 276. Ces inégalités de la croissance sont, bien entendu, à l'origine des mouvements de revendication affectant les catégories qui connaissent une augmentation plus lente de leurs revenus et qui appartiennent en général aux secteurs en marge du développement économique. On a déjà évoqué le malaise paysan et les manifestations auxquelles il donne lieu [1] et la grande grève des mineurs de 1963 [2]. Il faudrait y ajouter les multiples grèves du secteur public et nationalisé que le gouvernement tente de conjurer en mettant au point des procédures de constatation de l'évolution des salaires (procédure Toutée) et des structures de concertation (commissions Grégoire). Il reste que, par les inégalités qu'elle maintient ou accroît, la croissance se révèle source de tensions et que le partage de ses « fruits » est à l'origine de nombre de conflits sociaux.

Il faut cependant noter que le gouvernement n'est pas demeuré passif devant ces inégalités et qu'il a tenté de les corriger. Il pratique systématiquement une politique de redistribution des revenus dont l'objet est de compenser les effets naturels de l'évolution économique. L'État prélève au titre de

1. Voir *supra*, p. 191.
2. Voir *supra*, p. 199-201.

**Indice de disparité
de la consommation totale
par ménage**

Ensemble de la population	100
Agriculteurs-exploitants	79
Salariés agricoles	71
Indépendants non agricoles	121
Cadres supérieurs	172
Cadres moyens	127
Employés	109
Ouvriers	86

l'impôt ou des cotisations sociales une part croissante du revenu national qu'il redistribue, soit sous forme d'équipements collectifs (crèches, hôpitaux, stades, écoles, bibliothèques...) soit sous forme de transferts sociaux : prestations de Sécurité sociale, allocations familiales, retraites, bourses d'études... Les « prestations sociales » qui représentaient 15,5 % du revenu national en 1960 dépassent les 20 % à la fin des années soixante. Ce transfert des revenus s'opère des riches vers les pauvres, mais aussi des célibataires vers les familles nombreuses, des bien-portants vers les malades et introduit ainsi une forme limitée de solidarité nationale permanente qui est dans le droit fil de l'inspiration qui a donné naissance en 1945 à la Sécurité sociale. Mais correction ne signifie pas égalisation. Bien que les catégories défavorisées soient les grandes bénéficiaires de ces transferts sociaux, ils n'effacent pas, bien entendu, les inégalités considérables signalées plus haut.

Ces inégalités peuvent se mesurer en disparités de consommation. On peut s'en faire une idée moyenne en considérant les indices de consommation des diverses catégories socioprofessionnelles à partir d'une moyenne nationale (indice 100).

Comment se manifestent concrètement ces inégalités de consommation ? Si l'on met à part la frange de la population définie comme pauvre pour qui, à la fin des années soixante, les dépenses élémentaires constituent encore l'essentiel du budget, on constate que, pour le reste de la population, elles ne jouent réellement que sur un nombre limité de secteurs. Entre les extrémités de l'échelle sociale, les différences sont assez faibles pour ce qui concerne la consommation alimentaire. Elles sont réduites pour l'achat de biens durables. 7,5 % des ouvriers possèdent une voiture contre 93 % des cadres supérieurs, et l'équipement des ménages en téléviseurs ou appareils électroménagers est comparable, quelle que soit la catégorie sociale, même si l'effort d'acquisition est plus grand pour un budget modeste. La grande différence se situe au niveau des formes les plus évoluées de la consommation, les loisirs et la culture. A la fin des années soixante, plus de 80 % des cadres supérieurs et des professions libérales prennent des vacances contre moins de la moitié des ouvriers. La fréquentation des musées, des monuments, des théâtres, des maisons de la culture, est l'apanage des plus aisés. Et surtout, l'accès aux études les plus poussées, ouvrant les postes supérieurs d'encadrement, demeure limité pour les enfants des milieux modestes, en dépit des efforts de démocratisation de l'enseignement. C'est poser le problème fondamental de l'existence d'une réelle mobilité sociale au sein de la population française et de la justification de l'aspiration à la promotion qui constitue l'une des caractéristiques de la classe moyenne.

Mobilité ou rigidité sociale ?

La croissance a-t-elle entraîné une mobilité accrue de la population française entre la fin des années cinquante et celle des années soixante ? Posée en ces termes la question appelle une réponse incontestablement positive. L'évolution économique a provoqué une modification globale des structures de la population active (disparition d'un grand nombre d'exploitations agricoles, d'entreprises commerciales, industrielles, artisanales et, parallèlement, croissance du nombre de postes d'employés, de cadres moyens et supérieurs)[1] qui implique que beaucoup de fils d'agriculteurs, de commerçants et d'artisans aient abandonné l'activité de leurs parents et que de nouveaux venus aient été recrutés comme employés et comme cadres. Ceci posé, qui est le simple effet social de la transformation des

1. Voir *supra*, p. 189-191.

structures économiques, il faut bien constater qu'en 1970 92 %
des hommes agriculteurs et 84 % des femmes sont enfants
d'agriculteurs, que deux fils d'ouvriers sur trois deviennent
ouvriers à leur tour, que les employés se recrutent dans les
milieux de fils d'employés ou d'ouvriers et qu'à l'autre extrémité de l'échelle sociale 60 % des fils de cadres moyens
deviennent cadres moyens ou supérieurs (30 % pour chacune
des deux catégories) et que 52 % des enfants de cadres supérieurs deviennent à leur tour cadres supérieurs. A quelle
conclusion conduisent ces constatations ? Il faut reconnaître
qu'elles sont susceptibles d'interprétations différentes. On peut
en conclure que le phénomène de reproduction sociale est
structurel, les enfants exerçant en grande majorité la profession
de leurs parents ou une profession de statut social équivalent et
que la mobilité sociale constatée tient avant tout au développement économique, les distances entre les catégories sociales
ayant été peu modifiées par la croissance[1]. On peut aussi
remarquer que l'ascension sociale joue sur plusieurs générations et sur des pourcentages réduits d'individus. Le fait que le
tiers des enfants d'employés, 15 % des enfants d'ouvriers
accèdent au statut de cadre au début des années soixante-dix,
montre que la promotion n'est pas absente de la société française du temps de la croissance. Il est vrai que l'accès inégali-
taire aux filières les plus performantes de l'enseignement qui
sont devenues le moule de recrutement de la classe dirigeante
paraît arrêter en deçà de cette strate supérieure les possibilités
de promotion. La « société bloquée » ne le serait ainsi qu'au
niveau de l'élite dirigeante, nullement dans toutes ses autres
strates. Mais cette constatation introduit-elle réellement un fait
nouveau dans l'histoire de la société française ?

Quelque nuance que l'on puisse apporter à l'idée d'une transformation en profondeur de la société française, le phénomène
lui-même n'est pas contestable : les années de la République
gaullienne sont celles d'un tournant majeur qui fait disparaître

---

1. C'est par exemple la conclusion de Claude Thélot (125).

les derniers vestiges de la France rurale, de la « France des petits », héritée du xixᵉ siècle, pour lui substituer une société nouvelle de citadins salariés, dont le moteur est la consommation. Les effets de ce bouleversement sont aisément constatables en termes statistiques et mettent en évidence une profonde mutation des structures sociales. Mais les effets sur les mentalités, les comportements, la culture (que l'on n'examinera pas ici [1]) ne sont pas moins spectaculaires et supposent une analyse approfondie. Non moins intéressants sont les rapports entre cette mutation des structures sociales et le pouvoir politique. De la nouvelle société française, ce dernier n'est pas plus responsable que de la croissance qui l'a fait naître. Son action est ailleurs : elle est dans la gestion de cette transformation, dans la manière dont elle permet au pays de négocier le grand virage de la société de consommation, dont elle favorise l'adaptation des Français à la transformation des structures, dont elle maîtrise ou corrige les effets de la croissance. Un certain nombre des réponses fournies ont été examinées. Il reste que c'est largement au carrefour de cette rencontre entre 50 millions de Français soumis en une décennie au bouleversement social le plus rapide de leur histoire (mais dans un contexte de forte augmentation de leur niveau de vie) et un pouvoir politique incarné par le général de Gaulle que s'écrit, après 1962, l'histoire de la République gaullienne. Avec ce formidable décalage que, si, pour les Français, la priorité est avant tout celle des adaptations à la croissance, à ses délices et ses poisons, pour le général de Gaulle, la vraie scène se joue sur le théâtre planétaire, et que le grand enjeu n'est pas de savoir si telle ou telle catégorie de Français recevra une part plus grande du gâteau de la consommation, mais si la France parviendra à conserver un rang qui lui permette d'être un acteur à part entière de la politique mondiale.

1. Ils seront étudiés dans le tome 18 de la « Nouvelle histoire de la France contemporaine ».

7

La politique de la grandeur :
un dessein planétaire ?

On le sait depuis 1944 : dans l'esprit du général de Gaulle, gouverner un État, c'est avant tout le mettre en mesure de peser sur le destin du monde et lui donner les moyens de défendre ses intérêts propres dans l'impitoyable compétition que se livrent entre elles les nations. A cette priorité tout le reste est subordonné et, dans cette optique, la croissance économique a moins pour objet d'augmenter le niveau de vie des Français que celui de fournir à la France les moyens de sa puissance. Le message de la Saint-Sylvestre 1963 est à cet égard d'une grande clarté : « Notre prospérité atteint un niveau que nous n'avons connu en aucun temps et notre progrès social réalise une avance sans précédent. A mesure que le couple de l'essor et de la raison nous amène à la puissance, la France retrouve son rang, son attrait, ses moyens[1]. » Il fait donc peu de doute que la République gaullienne s'organise autour de la vision qu'a son chef des relations internationales et de la place que doit y tenir la France. Mais, ce postulat qui nous servira de fil directeur étant posé, il reste à examiner quel est le but réel visé par la politique de « grandeur » que le Général entend promouvoir. S'agit-il, comme l'affirment la plus grande partie des spécialistes, de donner à la France des moyens d'action qui lui permettent de jouer un rôle mondial sans se placer sous la tutelle des deux Grands ? Ou bien, comme l'affirme Philip G. Cerny, cette priorité accordée à l'action internationale n'est-elle qu'un objectif en trompe-l'œil destiné en fait à fournir un ciment interne à la société française, un symbole, plus qu'un objectif ? « ... la politique étrangère de De Gaulle n'avait pas

1. Cité in A. Grosser (129), p. 28.

pour premier objectif d'accroître le prestige et la puissance de la France en tant que tels. Avec l'idée de *grandeur,* il s'agissait plutôt de créer un *nouveau* sentiment national, plus profond, qui permette de surmonter les clivages traditionnels de la vie politique française, en renforçant le consensus autour d'un État raffermi et actif, incarnant l'intérêt général dans le cadre d'un système politique stable [1]. »

Le monde selon de Gaulle.

On ne saurait comprendre l'action internationale de la France dans les années soixante sans examiner brièvement la conception que se fait du monde et du rôle que la France peut y jouer celui qui fut l'inspirateur et le maître d'œuvre d'une politique étrangère qui porte son sceau.

A l'origine de cette conception se situe la primauté de l'État-nation. En dehors de ce cadre, légué par l'histoire, modelé par les travaux et les épreuves, cimenté par la conscience nationale, il n'y a pour le général de Gaulle que chimères et fumées. Cet État-nation dont la définition échappe à toute rationalité (« une certaine idée de la France ») possède des intérêts qui lui sont dictés par la géopolitique, imposés par les nécessités de sa survie. Cet impératif catégorique domine tous les autres et implique que tout soit subordonné à la nécessité de défendre l'intérêt national. Et c'est la raison pour laquelle il importe qu'en ce domaine existe une volonté qui incarne ces intérêts supérieurs et détermine en fonction d'eux la politique de la nation. C'est bien entendu au président de la République qu'est dévolu ce rôle capital. A cet égard, tout est dit dans la conférence de presse du 9 septembre 1965 :

« Dès lors qu'une nation est formée, qu'à l'intérieur d'elle-même des données fondamentales, géographiques, ethniques, économiques, sociales, morales sont la trame de sa vie, et qu'au-dehors elle se trouve en contact avec les influences et les ambitions étrangères, il y a pour elle, en dépit et au-dessus de ses diversités, un ensemble de conditions essentiel à son action

1. Ph. G. Cerny (130), p. 18.

222 De Gaulle et cinquante millions de Français

et, finalement, à son existence, qui est l'intérêt général. C'est d'ailleurs l'instinct qu'elle en a qui cimente son unité et c'est le fait que l'État s'y conforme ou non, qui rend valables ou incohérentes ses entreprises politiques. Dans une démocratie moderne, tournée vers l'efficacité, et, en outre, menacée, il est donc capital que la volonté de la nation se manifeste globalement quand il s'agit du destin. Telle est bien la base de nos présentes institutions [1]. »

Cette conception de la primauté de l'État-nation est déterminante. Elle explique la méfiance du général de Gaulle envers toutes les constructions qui s'efforcent de la dépasser, qu'il s'agisse de la supranationalité – inacceptable à ses yeux – ou de la limitation de la marge d'action des entités nationales au sein de systèmes d'alliances dominés par l'une d'entre elles. Elle rend également compte de sa vision des rapports entre nations. Ceux-ci s'opèrent sur la base de la volonté de chacune d'elles de faire triompher ses propres ambitions, c'est-à-dire des desseins susceptibles de concrétiser les intérêts nationaux. C'est donc le réalisme le plus froid qui doit inspirer l'attitude de la France face aux autres nations, et les rapports tendus entre le général de Gaulle et les Alliés durant la Seconde Guerre mondiale [2] sont là pour prémunir contre toute tentation éventuelle de céder à un quelconque idéalisme de l'entente internationale ou à la propension à substituer le sentiment aux données de la géopolitique. A cet égard, la vision du général de Gaulle se réclame clairement du nationalisme de la droite française, même si à l'occasion il évoque le message des idées nouvelles apportées au monde par la France de la Révolution [3]. Cette conception de la *Realpolitik* détermine enfin la politique militaire mise au service de cette conception. Le souvenir des années trente et celui de l'effondrement militaire de 1940 se conjuguent pour renforcer l'idée que l'intérêt national exige la possession d'une force capable d'intimider l'adversaire, de le dissuader de tout risque d'agression. Force militaire qui, parce qu'elle est consubstantielle à la survie de la nation, ne saurait

1. (7), t. IV, *Pour l'effort, 1962-1965,* p. 388.
2. Voir J.-P. Azéma (14).
3. Par exemple dans sa conférence de presse du 31 janvier 1964.

se trouver en d'autres mains que celles de l'homme qui incarne le destin national. Force dont il convient d'imposer la construction comme une priorité.

On est incontestablement ici en présence d'une vision d'une grande cohérence, qui s'appuie sur des expériences récemment vécues par les Français, sur des notions que partagent beaucoup d'entre eux, au plus profond d'eux-mêmes, et parfois en dépit de choix idéologiques et politiques favorables à des formations qui se réclament de conceptions notablement différentes. Et c'est ce qui rend compte du fait que la politique étrangère du général de Gaulle est probablement le domaine de son action qui lui a valu le plus large accord de l'opinion publique comme le démontrent surabondamment les sondages d'opinion [1]. A cet égard, la réalisation du « consensus » dont parle Philip G. Cerny est une incontestable réussite, sans qu'on puisse pour autant affirmer que tel était bien l'objectif du général de Gaulle.

Il reste qu'en 1958, si la vision d'ensemble du général de Gaulle est claire et connue, la France est loin d'avoir les moyens de défendre ses intérêts dans la compétition internationale. Engluée dans l'affaire d'Algérie après celle d'Indochine, elle apparaît aux yeux du monde comme suspecte de colonialisme attardé. Si son économie est dynamique, ses finances sont en situation dramatique, limitant sa marge de manœuvre en la plaçant à la merci de créditeurs étrangers. Son appartenance à l'OTAN et son infériorité militaire ne lui donnent pas en ce domaine les moyens d'une politique autonome. Il n'est pas jusqu'à sa liberté de choix économique qui ne soit entravée par l'acceptation opérée en 1957 du traité de Rome, acte fondateur du Marché commun, que les partisans de l'Europe voient comme un premier pas vers une remise en

1. A la question posée mensuellement : « Êtes-vous satisfait ou mécontent de l'action du gouvernement en ce qui concerne la politique extérieure ? », 50 % environ des Français se déclarent satisfaits entre juin 1965 et décembre 1968 alors que le nombre des mécontents est généralement inférieur à 20 % et que 30 % environ ne se prononcent pas, IFOP (33), p. 260-261.

marche du processus de supranationalité. Si bien que la politique de la grandeur passe en premier lieu par la conquête des
moyens de l'action internationale et, tout d'abord, par le dégagement de la France de l'entrave que constitue un héritage
colonial désormais désuet.

L'achèvement de la décolonisation.

Dans le cadre de cette politique de grandeur, la possession
d'un Empire colonial (même amputé de l'Indochine) constitue
un atout puisqu'elle fait de la France une puissance mondiale.
Mais l'atout peut se transformer en piège dès lors que de nouveaux conflits coloniaux analogues à celui qui s'était déjà produit en Indochine ou à celui qui est en cours en Algérie
débouchent sur des problèmes qui ébranlent la stabilité du pays
ou aboutissent à sa mise en accusation sur le plan international. Entre les deux voies du maintien de l'Empire comme
moyen de la puissance et de sa liquidation comme une hypothèse pesant sur la liberté d'action internationale de la France,
le général de Gaulle va, de façon parfaitement pragmatique,
choisir un moyen terme. Celui-ci se fonde en tout cas sur un
diagnostic d'une aveuglante clarté dans lequel les guerres d'Indochine et d'Algérie pèsent sans doute d'un poids décisif : la
volonté d'émancipation des peuples colonisés est désormais un
fait irréversible, et tenter de s'y opposer par la force conduirait
inéluctablement à une suite interminable de guerres coloniales.
Une telle manière de faire apparaîtrait d'autant plus insupportable que les frais d'administration, de services publics, d'enseignement, de services sociaux outre-mer ne cessent de
s'alourdir. Aussi la guerre d'Algérie en cours servant
d'exemple, on peut comprendre que le général de Gaulle, à
l'unisson de la population, entende à tout prix éviter l'apparition de nouvelles Algérie dans le domaine colonial africain qui
constitue la part majeure de l'Empire français en 1958. C'est
ainsi qu'il faut comprendre la phrase qui ouvre le chapitre
« L'Outre-mer » dans le premier tome des *Mémoires d'espoir* :
« En reprenant la direction de la France, j'étais résolu à la

dégager des contraintes, désormais sans contrepartie, que lui imposait son Empire [1]. »

Mais il va de soi que ce dégagement ne saurait à ses yeux signifier abandon. D'abord, parce que, comme le rappelle de Gaulle lui-même, toute sa formation s'est faite dans l'exaltation de la grandeur de l'œuvre coloniale française ; ensuite, en raison de la conscience que le domaine colonial de la France lui procure « un champ d'activité et un surcroît de puissance ». Dès lors, comment, pour un adepte de la *Realpolitik,* concilier le souhaitable avec le réel ? Par la formule magique de l'« association » permettant de « conduire les peuples de la France d'outre-mer à disposer d'eux-mêmes et, en même temps, [d']aménager entre eux et nous une coopération directe [2] ». Formule d'autant plus intéressante qu'elle est parallèle à celle que le Général médite pour l'Algérie et que les efforts conjugués du FLN et des ultras de l'Algérie française lui interdiront d'y appliquer. De surcroît, et à la différence de l'Algérie, il n'y aurait là aucune rupture, mais une totale continuité avec la ligne suivie à la fin de la IVe République. Depuis 1956, la loi-cadre Defferre a créé les structures de l'évolution de l'Afrique noire française en instituant pour chacun des territoires une manière d'autonomie interne, une assemblée territoriale élue au suffrage universel désignant à son tour un Conseil de gouvernement dirigé par un vice-président, le gouverneur français restant, avec le titre de président du Conseil de gouvernement, le représentant de la France et le chef des services publics territoriaux. En fait, l'institution de ce parlementarisme démocratique et la personnalité des vice-présidents élus (Houphouët-Boigny en Côte-d'Ivoire, l'abbé Youlou au Congo, Sékou Touré en Guinée...) confèrent aux territoires le statut de fait d'entités politiques spécifiques qui – c'est évident – ne sauraient se contenter longtemps du semblant d'autonomie qui vient de leur être conféré. En effet, les deux grands rassemblements politiques africains, le RDA (Rassemblement démocratique africain) animé par l'Ivoirien Houphouët-Boigny et le Parti du regroupement africain (PRA), conduit par le Sénéga-

1. (19), t. I, *Le Renouveau,* p. 49.
2. (19), t. I, p. 51.

lais Senghor, réclament avec une égale ardeur dès 1957 la reconnaissance du « droit à l'indépendance » des territoires africains, ce qui ne signifie pas qu'ils entendent en user dans l'immédiat. De plus, si les deux partis sont d'accord pour élaborer une association avec la France, ils diffèrent sur la forme qu'elle devra revêtir : à la fédération prônée par Houphouët-Boigny et le RDA s'oppose la confédération préconisée par Senghor et le PRA. A ces deux partis, le général de Gaulle, après avoir tenté d'opposer un projet n'offrant aux territoires africains qu'une autonomie interne qui provoque un tollé chez les leaders africains, propose un compromis audacieux (celui-là même qu'il tentera d'appliquer à l'Algérie en 1959) : la proclamation du droit à l'autodétermination et le choix offert en fonction de ce principe à chacun des territoires entre l'association aux structures proposées pour la « Communauté » (mot qui sera préféré à ceux de fédération ou de confédération) et la sécession. Le référendum d'autodétermination ne sera autre que celui prévu le 28 septembre 1958 pour l'acceptation ou le refus de la Constitution dans son ensemble, un territoire rejetant majoritairement le texte proposé étant de ce fait considéré comme ayant choisi la rupture de tous les liens avec la France. Pour les autres, le titre XII de la Constitution définit le statut des membres de la Communauté et les institutions qui les régissent.

Les États qui composent la Communauté jouissent de l'autonomie, s'administrent eux-mêmes et gèrent démocratiquement leurs propres affaires. Toutefois, la définition des « compétences communautaires » révèle l'importance des domaines qui échappent à chacun des territoires concernés et limitent d'autant la souveraineté reconnue aux États puisqu'il ne s'agit de rien de moins que de la politique étrangère, la défense, la monnaie, la politique économique et financière et celle des matières premières stratégiques, le contrôle de la justice, l'enseignement supérieur, les transports et les télécommunications communs. Pour gérer ces problèmes communautaires, des institutions ont été prévues. La Communauté a un président qui n'est autre que le président de la République française, jouant le rôle de chef de l'Exécutif. C'est lui qui convoque et préside le

Conseil exécutif formé du Premier ministre de la République, des chefs de gouvernement des États membres et des ministres chargés par la Communauté des affaires communes. C'est lui qui fixe l'ordre du jour du Conseil exécutif, formule et notifie les mesures nécessaires à la direction des affaires communes et veille à leur exécution. Le législatif est confié à un Sénat, composé de délégués désignés par les parlements des États membres au prorata de leur population et des responsabilités qu'ils assument dans la Communauté (ce qu'une décision du 9 février 1959 traduira en attribuant 186 sénateurs à la République française et 98 à l'ensemble des 12 autres membres !). Ce Sénat n'a d'ailleurs d'autre attribution que celles que lui délèguent les assemblées législatives de la Communauté (et aucune délégation ne sera jamais consentie). Enfin, pour régler les éventuels litiges entre les membres est créée une Cour arbitrale dont un texte de décembre 1958 précise qu'elle est formée de 7 juges nommés par le président de la Communauté.

Tel qu'il apparaît, ce projet, qui, s'il proclame bien le droit à l'indépendance des États africains, laisse à la France l'essentiel du pouvoir, n'est guère de nature à enthousiasmer les dirigeants de la future Communauté. Mais le général de Gaulle a fait savoir sans ambiguïté que le projet était à prendre ou à laisser. C'est ce qu'avec fermeté, mais non sans envolées lyriques sur la future Communauté franco-africaine, il répète dans le voyage qu'il entreprend en Afrique noire du 21 au 26 août 1958. A l'accueil enthousiaste de Fort-Lamy, Tananarive, Brazzaville, Abidjan, dont les dirigeants ont choisi d'accepter les propositions du Général, sous bénéfice d'inventaire et d'évolutions ultérieures, répond la diatribe anticolonialiste de Sékou Touré en Guinée (qui déclare préférer « la pauvreté dans la liberté à la richesse dans l'esclavage ») ou les manifestations houleuses de Dakar qui traduisent les déchirements du Sénégal. Le vote du 28 septembre représente pour de Gaulle un apparent triomphe. Dans les 13 territoires d'Afrique noire et de Madagascar les « oui » l'emportent largement (7 471 000 contre 1 121 600 « non »). Dans 12 des 13 territoires, d'écrasantes majorités se sont prononcées pour l'adhésion à la Communauté. Seule la Guinée a choisi de la rejeter par

636 000 voix contre 18 000 : elle est aussitôt considérée comme
en dehors de la Communauté, ne pouvant plus recevoir normalement le concours de l'administration française ni aucun
crédit d'équipement et les fonctionnaires français devant être
mutés dans un délai de deux mois. Le général de Gaulle laisse
sans réponse un message de Sékou Touré demandant l'association avec la Communauté au titre de l'article 88 de la Constitution ; elle est désormais un État indépendant, mais étranger.

En fait, le fédéralisme communautaire institué en septembre
1958 n'aura guère le temps d'entrer en action. Un an à peine
après le « oui » massif au référendum et l'expulsion de la Guinée dans les ténèbres extérieures commence le démantèlement
de l'édifice communautaire. A peine la Communauté formée,
les chefs de gouvernement du Sénégal (Léopold Senghor) et du
Soudan (Modibo Keita) annoncent leur intention de constituer
une République du Mali. Celle-ci voit le jour à Dakar le 17 janvier 1959, et ses dirigeants réclament l'indépendance du nouvel État sans rupture avec la Communauté en septembre 1959.
C'est reprendre les exigences de Sékou Touré. Poussé par Houphouët-Boigny, le Général penche pour un refus. Mais ses
conseillers et le Premier ministre Michel Debré lui font valoir
que mieux vaut adapter la Communauté, source d'influence
réelle pour la France, que de la voir éclater. Le 11 décembre
1959, à Saint-Louis du Sénégal, lors de la session du Conseil
exécutif de la Communauté, le général de Gaulle accepte l'évolution du statut des États membres. Dès le 15 décembre 1959,
Philibert Tsiranana demande l'indépendance de la République
malgache. A la communauté fédérale mise en place en septembre 1958 se substitue ce que Léopold Senghor baptise une
« communauté contractuelle ». Des accords franco-maliens,
puis franco-malgaches sont négociés, et il n'est guère possible
de refuser aux autres États ce qui vient d'être accordé aux
Maliens et aux Malgaches. L'année 1960 voit donc s'achever le
processus de transformation de la Communauté. A l'article 86,
alinéa 2, de la Constitution qui affirmait « Un État membre de
la Communauté peut devenir indépendant. Il cesse de ce fait
d'appartenir à la Communauté », la loi constitutionnelle du

4 juin 1960 ajoute un troisième alinéa : « Un État membre de la Communauté peut également, par voie d'accords, devenir indépendant, sans cesser de ce fait d'appartenir à la Communauté. » Au cours de l'année, des accords transférant aux États les compétences communautaires sont signés, les indépendances proclamées, les nouveaux États indépendants admis à l'ONU, et des textes instituant une coopération avec la France paraphés. Cameroun, Togo, Mali (l'ex-Soudan), Sénégal, (les deux États s'étant entre-temps séparés), Côte-d'Ivoire, Dahomey, Haute-Volta, Niger, Mauritanie, République centrafricaine, Congo, Gabon, Tchad, Madagascar sont devenus des États à part entière liés à la France par des accords bilatéraux. Les institutions communautaires disparaissent en 1961, faute de rôle réel.

Désormais, les relations entre la France et les nouveaux États indépendants d'Afrique sont régis par les principes du droit international et dépendent du ministère des Affaires étrangères. Toutefois, les accords de coopération (gérés par le ministre de la Coopération) laissent subsister des liens privilégiés entre la France et son ancien Empire africain. Enfin, auprès du président de la République un secrétaire général pour la Communauté et les Affaires africaines et malgaches, Jacques Foccart, apparaît comme le véritable maître d'œuvre de la politique africaine de la France. Cette politique se fonde sur le soutien systématique aux jeunes États nés en 1960, cette aide prenant la forme de crédits pour le développement, d'une assistance technique par l'envoi de fonctionnaires et surtout d'enseignants, d'une assistance militaire qui se manifeste, par exemple, par l'aide apportée en février 1964 au président gabonais Léon M'Ba, renversé par un putsch militaire, ou par celle qui permet au Tchadien Tombalbaye de venir à bout d'une rébellion. En revanche, la coopération apporte en contrepartie à la France une influence politique, culturelle et parfois économique déterminante dans les pays africains et qui, pour cette raison, l'a parfois fait accuser de « néo-colonialisme ».

C'est en partie pour répondre à cette accusation que le général de Gaulle demande en mars 1963 à une commission présidée par l'ancien ministre Jean-Marcel Jeanneney d'examiner de manière globale le problème de la Coopération. Le « rapport Jeanneney » remis au chef de l'État en juillet 1963 propose de mettre fin aux relations privilégiées entre la France et ses anciennes colonies en matière de coopération, en regroupant toutes les actions sous la responsabilité du ministre des Affaires étrangères, en écartant toute délimitation géographique et en étendant à l'ensemble du Tiers Monde (y compris l'Asie et l'Amérique latine) le bénéfice de l'aide. Tout en célébrant l'esprit de ce texte (en particulier dans sa conférence de presse du 31 janvier 1964), le Général se garde bien de le mettre en pratique. La coopération conservera jusqu'en 1969 ses traits privilégiant les pays de l'ex-Communauté et faisant d'eux, au-delà de la proclamation de leur indépendance, une zone d'influence française. Il reste que l'accession à l'indépendance en 1960 du domaine africain et malgache de la France achève pratiquement la décolonisation, le statut des départements et territoires d'outre-mer (Martinique, Guadeloupe, Réunion, Guyane, Saint-Pierre et Miquelon dans le premier cas, la Nouvelle-Calédonie, la Polynésie française, les Comores dans le second) faisant de ces vestiges de l'Empire des portions du territoire national. Comment les Français ont-ils apprécié l'évolution qui conduit ainsi les colonies africaines vers l'indépendance ? A un sondage de février 1959 qui leur pose la question suivante : « En instituant la Communauté groupant la France et les pays d'outre-mer, le général de Gaulle a donné aux anciennes colonies la possibilité d'acquérir leur indépendance quand elles le voudraient. Êtes-vous partisan de cette mesure », 73 % des personnes interrogées répondent « oui » (contre 9 % non). Et, le processus achevé, deux sondages de novembre 1961 et décembre 1962 montrent que 54 % des Français considèrent comme un succès la politique de décolonisation du général de Gaulle en Afrique noire (alors que respectivement 12 et 13 % la tiennent pour un échec)[1]. La conclusion est sans équivoque : les Français ont massivement approuvé l'achèvement de la décolonisation.

Il reste que celle-ci ne constituait que la levée d'une hypo-

1. IFOP (33), p. 291.

thèque, au même titre que la guerre d'Algérie (qui, nous l'avons vu, s'avère un obstacle de plus grande ampleur). Celui-ci écarté, le président de la République peut passer à l'essentiel. Puisque le pays « se retrouve la première fois depuis un demi-siècle avec l'esprit libre et les mains libres... [il] peut... et [il] doit [...] jouer dans l'univers un rôle qui soit le sien », affirme-t-il dans son allocution radiotélévisée du 19 avril 1963. Mais la France possède-t-elle les moyens de jouer ce rôle ?

Le refus du protectorat américain.

Le « grand dessein » du général de Gaulle de permettre au pays de jouer un rôle majeur dans les affaires du monde est-il compatible avec la situation réelle de la France ? Est-il possible d'envisager une politique autonome dès lors que la France est membre à part entière de l'Alliance atlantique, que sa sécurité repose sur le « parapluie nucléaire » américain dont la décision de mise en œuvre dépend du seul président des États-Unis, qu'une grande partie de ses unités sont intégrées dans les forces de l'OTAN, placées sous commandement américain ? Force est de constater que ces contraintes acceptées en 1949 par la IVᵉ République et approuvées à l'époque par le général de Gaulle interdisent au pays d'avoir une stratégie autonome et le placent, comme les autres États de l'Alliance, en position de pion sur un échiquier où seuls les États-Unis ont les moyens de jouer la partie.

Cette situation de subordination est à coup sûr inacceptable pour le président de la République qui voit dans l'autonomie de décision en politique étrangère une condition *sine qua non* de la souveraineté de l'État. Non qu'il souhaite renoncer à l'Alliance atlantique ; mais il entend que celle-ci soit un pacte librement consenti (ce qui avait été le cas) entre partenaires égaux (et, sur ce point, force était de constater que la France était vassale des États-Unis). Ce que refuse de Gaulle, c'est que le sort du monde soit réglé unilatéralement par les deux super-Grands, en considérant que les autres États ne sont que des cartes dans la partie qu'ils jouent l'un contre l'autre. Et contre cet « esprit de Yalta » (du moins est-ce l'interprétation que Charles de Gaulle en donne) il revendique le droit des nations de faire valoir et défendre leurs intérêts. Encore faut-il qu'elles en aient les moyens et c'est pourquoi la possession de l'arme nucléaire lui apparaît comme l'indispensable instrument de la politique d'indépendance nationale qu'il entend promouvoir. « Mon dessein, affirme Charles de Gaulle dans ses *Mémoires d'espoir,* consiste donc à dégager la France, non pas de l'Alliance atlantique que j'entends maintenir à titre d'ultime précaution, mais de l'intégration réalisée par l'OTAN, sous commandement américain ; à nouer avec chacun des États du bloc de l'Est, et d'abord avec la Russie, des relations visant à la détente, puis à l'entente et à la coopération ; à en faire autant, le moment venu, avec la Chine ; enfin, à nous doter d'une puissance nucléaire telle que nul ne puisse nous attaquer sans risquer d'effroyables blessures [1]. »

Sur quelle analyse se fonde cette réorientation d'ensemble de la politique étrangère de la France ? Avant tout sur l'idée que le monde de 1958 n'est plus celui de 1949. En bref, le Général juge que la menace communiste en Europe appartient au passé, que le progrès matériel de l'Occident éloigne de lui toute tentation communiste venue de l'intérieur, qu'une conquête soviétique par les armes qui déclencherait une guerre mondiale est invraisemblable. Dès lors que la menace n'existe plus, la nécessité de la protection cesse d'apparaître. Et ce d'autant plus que celle-ci est jugée fort illusoire par le chef de l'État : l'équilibre nucléaire qui s'est instauré entre les États-Unis et l'Union soviétique exclut à ses yeux que les deux rivaux se frappent directement l'un l'autre, conscients qu'ils sont que l'aboutissement du conflit ne pourrait être que leur anéantissement réciproque ; en revanche, un conflit limité au terrain de l'Europe occidentale et centrale ne présenterait pour les deux super-Grands ni les mêmes inconvénients ni les mêmes risques. En d'autres termes l'appartenance à l'OTAN qui prive la France de toute autonomie ne lui garantit aucune protection et ne lui ouvre d'autre perspective que de devenir le champ de bataille de deux armées étrangères.

L'évolution des événements dans les premières années qui

1. (19) t. I, p. 256-257.

suivent le retour au pouvoir du général de Gaulle ne peut que le confirmer dans son analyse. Les années 1957-1958 sont celles qui voient se développer la force nucléaire britannique et, avec l'accord du président Eisenhower, un « directoire à deux » anglo-américain conférant aux deux États un monopole nucléaire au sein de l'Alliance atlantique. Le 3 juillet 1958 est signé un accord entre les deux pays sur l'échange d'informations confidentielles et la vente à l'Angleterre de moteurs de sous-marins nucléaires, de plans et d'uranium 235. Or, le lendemain, le secrétaire d'État américain Foster Dulles rencontre de Gaulle à Paris et refuse sa demande d'accorder à la France une aide nucléaire tant qu'elle n'acceptera pas la présence sur son sol de missiles stratégiques à moyenne portée (IRBM) que l'OTAN a accepté d'installer. Devant la perspective d'un directoire anglo-américain qui se dessine ainsi au sein de l'OTAN, le général de Gaulle décide de mettre ses partenaires au pied du mur : le 17 septembre 1958, il réclame la création d'un directoire à trois de l'OTAN (États-Unis, Grande-Bretagne, France) qui impliquerait des consultations communes pour la définition de la stratégie politique et militaire, le contrôle collectif des armes nucléaires de l'Alliance, la mise en commun des secrets nucléaires et des commandements combinés dans les diverses parties du monde où les membres de l'Alliance ont des intérêts (ce qui pourrait impliquer l'Algérie). Le 20 octobre, Eisenhower répond à cette demande de transformation des structures de l'OTAN par une fin de non-recevoir catégorique, jugeant que les intérêts et les responsabilités des États-Unis étant sans commune mesure avec ceux de la France on ne peut les réduire à un arrangement tripartite, que les autres membres de l'OTAN s'opposeraient à ce directoire à trois, enfin que les États-Unis jugent inopportun d'étendre la compétence de l'OTAN à d'autres régions du globe. Réponse qui ne peut que confirmer de Gaulle dans son sentiment que les États-Unis entendent conserver la maîtrise complète du jeu international face à l'URSS en refusant à leurs alliés un rang de partenaires et en ne leur proposant d'autre statut que celui de client et vassal. Analyse confortée enfin par l'évolution de la stratégie et de la politique militaire américaines au début des années soixante.

La substitution à la doctrine des représailles nucléaires massives en cas d'attaque de l'URSS de celle de la « riposte graduée » impliquait qu'avant d'en venir à l'usage des armes nucléaires les États-Unis utiliseraient l'arsenal conventionnel traditionnel ; or, au sein de l'Alliance atlantique, les États-Unis détiennent seuls l'épée nucléaire, les États européens, les Français en particulier, devant fournir le bouclier conventionnel. Non seulement, pour de Gaulle, c'est réduire la France au rôle, non de partenaire responsable, mais de fournisseur d'infanterie, mais encore la nouvelle stratégie ne signifie-t-elle pas que les États-Unis considéreraient l'invasion de l'Europe occidentale comme un fait insuffisant pour justifier une réplique nucléaire, la « riposte graduée » permettant de les abandonner à leur sort puisque l'usage de leurs forces conventionnelles apparaîtrait alors comme un moyen de défense suffisant ? Enfin, la proposition, formulée en 1962 par le président Kennedy, de force multilatérale (MLF), est-elle autre chose qu'une nouvelle tentative pour contrôler les forces nucléaires britannique et française ? Les États-Unis décident unilatéralement d'annuler la production de fusées *Skybolt* qui devaient servir à propulser les armes atomiques britanniques et proposent en échange de mettre à la disposition des États européens (y compris la France) des missiles Polaris, à la condition qu'ils soient intégrés dans l'arsenal de l'OTAN et que leur mise à feu soit subordonnée à la décision du président des États-Unis. Proposition que le général de Gaulle repousse catégoriquement dans sa conférence de presse du 14 janvier 1963 : « Depuis quand est-il prouvé qu'un peuple doit demeurer privé de ses armes les plus efficaces pour cette raison que son principal adversaire éventuel et son principal ami ont des moyens très supérieurs aux siens ? » Et c'est avec la même énergie et pour les mêmes raisons qu'il refuse à l'automne 1963 la signature de la France au traité paraphé par Kennedy et Khrouchtchev, et interdisant les expériences nucléaires dans l'atmosphère.

Pour le gouvernement français, les choses sont donc claires. Le gouvernement des États-Unis, quel que soit son président (et après Eisenhower qu'il respecte et Kennedy qu'il estime, viendra Johnson avec qui le général de Gaulle ne trouve aucun terrain de dialogue), vise à réduire à un statut mineur les membres de l'OTAN. L'affirmation de l'indépendance nationale implique donc que la France reconquière son autonomie vis-à-vis de celle-ci et la pleine souveraineté sur ses armées. Le refus persistant des États-Unis d'envisager la réforme des structures de l'OTAN entraîne donc un relâchement progressif des liens de la France avec elle. En mars 1959, c'est le retrait du commandement intégré de la flotte française de Méditerranée, suivie de l'interdiction faite aux Américains d'introduire en France des bombes atomiques. Par la suite, c'est le retour sous contrôle national des moyens de défense aérienne et de la surveillance du survol du territoire français. En juin 1963, les flottes de la Manche et de l'Atlantique sont à leur tour retirées de l'OTAN. Enfin, en février 1966 est prise la mesure décisive : le général de Gaulle annonce le retrait de toutes les unités françaises hors du commandement intégré de l'OTAN et demande l'évacuation de toutes les bases étrangères placées sur le territoire français ou leur contrôle par les autorités françaises. Le 1er juillet 1966 les représentants de la France quittent les organismes militaires de l'OTAN, et le 1er avril 1967 toutes les bases américaines et canadiennes sont évacuées. La France a reconquis la plénitude de sa souveraineté militaire.

Toutefois cette attitude conforme à la volonté d'indépendance nationale ne signifie en rien un renversement d'alliance. Si la France quitte l'organisation militaire de l'Alliance atlantique, faute qu'on ait accepté de la traiter en partenaire égal, elle ne quitte nullement l'alliance politique. Refusant d'être un protectorat des États-Unis, elle accepte d'être leur alliée. Et dans ce domaine, le général de Gaulle se montrera vis-à-vis des dirigeants américains un partenaire d'une exemplaire fermeté. Fermeté dont il témoigne en mai 1960 lors de la conférence des quatre « Grands » à Paris en mettant en garde Eisenhower contre toute concession faite à Khrouchtchev qui utilise l'affaire de l'avion-espion U2 abattu au-dessus de l'Union soviétique pour placer les Occidentaux en situation d'infériorité. Fermeté encore en 1962 lors du conflit suscité entre les deux Grands par la révélation de l'installation de fusées soviétiques à Cuba : le président de la République assure John F. Kennedy de son soutien total face à l'URSS. De surcroît, s'il ne ménage pas critiques et gestes provocateurs à l'Amérique de Lyndon Johnson (reconnaissance de la Chine communiste, critiques de l'intervention américaine au Vietnam, voyage en URSS, violente réaction contre Israël au moment de la guerre des Six Jours, voyage au Mexique et au Canada...), le retrait de l'OTAN n'empêche nullement le gouvernement français de pratiquer avec celle-ci une politique de coopération directe : la France participe au système de détection aérienne de l'OTAN, ne se retire pas officiellement du Conseil de l'Atlantique Nord, organisme politique de l'OTAN, reste en liaison avec le Comité militaire, est présente dans les organismes de recherche liés à la technologie militaire, coopère à diverses manœuvres militaires et navales de l'OTAN. Elle demeure donc hors de l'OTAN le partenaire loyal, mais pleinement souverain qu'elle avait souhaité être à l'intérieur de celle-ci en 1958. Et en avril 1969, quelques jours avant de quitter le pouvoir, le général de Gaulle décide de reconduire le Pacte Atlantique venu à expiration.

Le refus de la sujétion technique et économique.

La volonté d'affirmation de l'indépendance politique et militaire avait cependant toutes chances de demeurer un vœu pieux si les États-Unis disposaient sur la France de moyens de pression d'ordre technologique, économique et financier. Aussi la politique du général de Gaulle passe-t-elle également par la conquête dans ces domaines d'une autonomie non exempte de rivalités avec le grand allié.

Sur le plan technologique, la nécessité politique de l'indépendance vis-à-vis des États-Unis est soulignée par les implications de la force nucléaire. Mais elle l'est aussi pour des raisons de prestige destinées à affirmer devant l'opinion publique l'excellence de la technologie française face au mépris ostensible dans lequel la tiennent l'administration et l'opinion américaines et face à la renommée d'institutions comme le *Massachusetts Institute of Technology* (MIT) ou la *Harvard Business School* auprès desquelles Centrale ou Polytechnique font désormais pâle figure. Ainsi s'expliquent le soutien et la publicité donnés par le gouvernement du général de Gaulle à de grands

projets d'audience internationale, aux destinées du reste
variables : construction de l'avion de transport supersonique
Concorde, procédé français de télévision en couleurs *SECAM,*
filière française d'enrichissement de l'uranium, lancement en
1967 du premier sous-marin nucléaire français *le Redoutable,*
mise en place en 1966 du « Plan Calcul » pour la production
d'ordinateurs après le refus opposé en 1963 par les États-Unis
à la vente à la France d'un ordinateur jugé indispensable pour
la réalisation de la force de frappe. Sur le plan technologique,
l'heure est bien, pour le gouvernement comme pour l'opinion,
à la réponse au *Défi américain,* selon le titre de l'ouvrage publié
par Jean-Jacques Servan-Schreiber en 1967. Interrogés par
l'IFOP en 1967, 46 % des Français voient les intérêts fondamentaux de la France différents ou très différents de ceux des
États-Unis contre 29 % qui les considèrent comme proches ou
très proches[1].

La rivalité technologique s'accompagne d'une rivalité économique et financière. La poursuite d'une politique d'indépendance nationale est-elle compatible avec l'implantation en
France d'entreprises multinationales dont les capitaux sont
souvent majoritairement américains et dont les centres de décision sont situés outre-Atlantique ? Les risques d'une telle situation sont évidents : les implantations d'usines, leur fermeture
ou leurs transformations se font sans égards à la politique de
l'emploi ou de l'aménagement du territoire de la France. Elles
créent certes des emplois, mais la menace de leur retrait ne
constitue-t-elle pas un moyen de pression insupportable ?
L'utilisation par ces entreprises de la technologie de pointe
dans le domaine considéré se traduit pour la France par un
accroissement de la productivité, mais aussi par une redoutable dépendance technologique qui va à contre-courant de la
politique pratiquée dans ce domaine. Devant les avantages et
les inconvénients partagés des investissements étrangers des
hésitations se font jour. Jusqu'en 1962, les avantages pour
l'économie nationale semblent l'emporter, et le gouvernement
s'efforce de favoriser et d'orienter les capitaux étrangers, accor-

1. IFOP (33), p. 291.

dant même un statut très favorable aux entreprises américaines. Mais, à partir de 1962-1963, des licenciements dans certaines filiales d'entreprises américaines en France, la prise de contrôle de Simca par Chrysler et les manœuvres de la *General Electric* pour s'assurer la maîtrise de l'entreprise de fabrication d'ordinateurs Bull éveillent les méfiances du gouvernement. Si bien qu'en 1963 Georges Pompidou formule la doctrine officielle de la République gaullienne en matière d'investissements étrangers. Ceux-ci demeurent les bienvenus s'ils se produisent dans des domaines essentiels pour le développement de l'économie française, mais à la condition expresse qu'ils n'aboutissent pas à créer une situation dominante dans un secteur économique ou géographique qui placerait l'avenir de celui-ci entre des mains étrangères. Cette doctrine d'indépendance nationale en matière d'investissements est appliquée de façon quelque peu fluctuante dans les années qui suivent. Finalement, en janvier 1967 un décret institutionnalise le contrôle de l'État sur les investissements étrangers directs : ceux-ci sont soumis à une déclaration obligatoire auprès du ministère de l'Économie et des Finances qui dispose de deux mois pour demander l'ajournement de l'opération envisagée.

L'inquiétude née des investissements américains en Europe que l'opinion traduit un peu sommairement comme l'achat de l'économie européenne par les Américains va faire passer au premier plan le problème du rôle du dollar dans le système monétaire international, problème qui est posé en fait de longue date. Institué au lendemain de la Seconde Guerre mondiale par les Accords de Bretton Woods, le système monétaire international reprend la pratique du *Gold Exchange Standard* de l'entre-deux-guerres, en faisant du dollar, convertible en or sur la base de 35 dollars l'once, la monnaie de réserve et celle des transactions internationales. Or les États-Unis connaissent désormais un déficit commercial qu'ils soldent par des émissions répétées de dollars. Le système ne peut se perpétuer que tant que les autres grandes puissances industrielles possédant des réserves en dollars n'en demandent pas la conversion en or. En revanche, si cette conversion est demandée, les États-Unis ne pourront faire face, les quantités de dollars émises étant sans rapport avec les réserves d'or des États-Unis. Or le général de Gaulle, obsédé par les souvenirs de la guerre, et poussé par son conseiller économique Jacques Rueff, souhaite que l'or constitue 80 % des réserves de la Banque de France et demande la conversion en or des réserves de dollars de la France. C'est menacer tout à la fois la prépondérance du dollar et les bases sur lesquelles est fondé le système monétaire international, ce qui n'est pas pour améliorer les rapports franco-américains.

La tension sur les problèmes financiers va trouver son point d'orgue avec la conférence de presse du 4 février 1965. Le général de Gaulle y dresse une impitoyable critique du système monétaire international et conteste vivement le privilège du dollar comme les avantages qu'en tirent les Américains : « La convention qui attribue au dollar une valeur transcendante comme monnaie internationale ne repose plus sur sa base initiale, savoir la possession par l'Amérique de la plus grande partie de l'or du monde... Le fait que de nombreux États acceptent, par principe, des dollars, au même titre que de l'or pour compenser, le cas échéant, les déficits que présente à leur profit la balance américaine des paiements, amène les États-Unis à s'endetter gratuitement vis-à-vis de l'étranger. En effet, ce qu'ils lui doivent, ils le lui paient, tout au moins en partie, avec des dollars qu'il ne tient qu'à eux d'émettre, au lieu de les payer totalement avec de l'or, dont la valeur est réelle, qu'on ne possède que pour l'avoir gagné [1]... »

La critique ainsi posée, vient la proposition : une reconstruction du système monétaire international sur le retour à l'étalon-or. Bien que la France soit isolée dans son attitude, cette nouvelle attaque contre la primauté américaine provoque aux États-Unis une exaspération d'autant plus vive que les traits lancés sont fort loin d'être spécieux et que le Général n'a fait que formuler à haute voix les critiques que les experts monétaires portent contre le fonctionnement du système. De surcroît, la France quitte le « pool de l'or » en juin 1967 (parce que la Banque fédérale d'Allemagne a pris l'engagement de ne

---

1. (7) t. IV, p. 332

pas convertir ses dollars en or) et elle refuse en novembre d'accepter le principe des droits de tirage spéciaux (DTS), nouveau
mécanisme qui doit remplacer l'or comme garantie des monnaies et qui permet de maintenir la prépondérance américaine.
De toute manière, la crise de 1968, en affaiblissant la position
financière de la France, mettra fin à cette guerre monétaire
contre le dollar. Il n'en reste pas moins que cette politique est
perçue aux États-Unis comme témoignant d'un anti-américanisme que confirment les aspects politiques et militaires de
refus de la prépondérance américaine. De cet anti-américanisme, le Général s'est toujours défendu, marquant que son
seul objectif est de défendre l'intérêt national en évitant que le
pays n'apparaisse comme une simple colonie américaine. Au
demeurant, cette politique du général de Gaulle vis-à-vis des
États-Unis est massivement approuvée par les Français. Interrogés en octobre 1964 et mai 1965 sur le point de savoir si la
politique du Général vis-à-vis des États-Unis est « comme il
faut », trop dure ou trop conciliante, 51 % et 50 % de l'échantil-
lon choisissent le premier terme, 18 % et 16 % le deuxième, 5 %
et 6 % le troisième [1].

Les moyens de la grandeur : l'impératif nucléaire.

La politique d'indépendance nationale préconisée par le
général de Gaulle comme la volonté de peser dans les affaires
du monde qui constitue sa grande ambition rendent indispensable la possession de l'arme nucléaire, élément clé de toute
stratégie internationale. De ce point de vue, le général de
Gaulle peut s'appuyer sur les travaux préparatoires entrepris
dans le domaine de la recherche atomique par le Commissariat
à l'énergie atomique créé en 1945. C'est en 1954 que se trouve
pris le tournant décisif ; sensible aux prises de position en
faveur de la construction de l'arme atomique du colonel Ailleret, du général Chassin, de René Pleven, ministre de la Défense
nationale du cabinet Laniel, puis du général de Gaulle lui-
même, Pierre Mendès France crée un comité des explosifs

1. IFOP (33), p. 268.

nucléaires et propose de lancer un programme d'études et de
préparation d'un prototype d'arme nucléaire et d'un sous-
marin atomique. Par la suite, malgré des hésitations, un
ensemble de décisions sont prises qui aboutissent, en particulier après la crise de Suez, à accélérer le programme nucléaire
français par la construction de centrales et d'une usine de séparation isotopique. Avant la fin de la IVe République, le CEA
commence la construction des premiers engins expérimentaux,
et on choisit le site de Reggane au Sahara pour une première
explosion dont la date est fixée en avril 1958 au premier tri-
mestre 1960.

Parvenu au pouvoir, le général de Gaulle va faire fructifier
l'héritage nucléaire de la IVe République en quoi il voit l'instrument indispensable de la politique qu'il préconise. La priorité désormais reconnue à la force de frappe en matière stratégique se manifeste par la nomination comme ministre des
Armées du commissaire à l'Énergie atomique Pierre Guillaumat ou par le rôle désormais dévolu à la tête de l'armée aux
théoriciens du nucléaire comme le général Ailleret. Le
13 février 1960, la première bombe atomique française éclate à
Reggane au Sahara : « Hourra pour la France ! Depuis ce
matin, elle est plus forte et plus fière », télégraphie Charles de
Gaulle à son ministre des Armées. La France fait désormais
partie du cercle fermé qu'est le club des puissances nucléaires.
Aussitôt, le chef de l'État fait pousser les études pour l'expéri-
mentation de la bombe thermonucléaire, la bombe H, s'impa-
tientant des délais nécessaires à sa mise au point. En août
1968, la première bombe H française explose à Mururoa, le
nouveau site nucléaire français dans le Pacifique.

Dotée de l'arsenal nucléaire qui assure son statut de grande
puissance, la France ne possède toutefois pas les vecteurs qui le
rendent opérationnel. Si bien que, dans un premier temps, c'est
l'armée de l'air qui est chargée de la nouvelle stratégie
nucléaire française. Son instrument privilégié est le Mirage IV
construit par la société Dassault ; en 1967, une flotte de
62 Mirage IV porteurs de bombes A de 60 kilotonnes chacune
constitue la « force de frappe ». Mais dès 1960 commencent les
études d'un missile sol-sol-balistique-stratégique (SSBS) des-

tiné à relayer les Mirages IV, mais qui ne commencera à devenir opérationnel qu'en 1971. C'est également à partir de 1960 que débutent les premières études destinées à la construction d'un sous-marin nucléaire qui aboutiront au lancement en mars 1967 du *Redoutable*. En même temps commencent les travaux de mise au point d'un missile balistique mer-sol (MBMS) transporté par sous-marins qui devient l'arme absolue puisqu'il est à peu près impossible à détecter et qu'il peut frapper n'importe quel point du globe. *Le Redoutable* sera équipé lors de sa mise en service en 1971 de 16 missiles balistiques mer-sol de 2 500 à 3 000 kilomètres de portée, possédant chacun une tête nucléaire de 500 kilotonnes. L'importance essentielle donnée dans le cadre de la stratégie nucléaire à l'armée de l'air et surtout à la marine diminue corrélativement l'importance de l'armée de terre. Les effectifs de celle-ci qui étaient de 830 000 hommes environ à l'arrivée au pouvoir du général de Gaulle tombent à 330 000 hommes en 1969-1970.

Le passage d'une armée conventionnelle intégrée à la défense atlantique à une armée indépendante organisée autour de la force de dissuasion nucléaire a des effets fondamentaux sur l'organisation du commandement comme sur la stratégie d'ensemble. Sur le premier plan l'arme nucléaire, étant considérée comme un instrument essentiellement politique, dépend avant tout du pouvoir civil. L'ordonnance du 7 janvier 1959 définit la défense comme englobant « en tous temps, en toutes circonstances et contre toutes les formes d'agression » tous les secteurs de la vie du pays. Aussi est-elle rattachée au Premier ministre, le ministre de la Défense nationale disparaissant de la nomenclature ministérielle au profit d'un ministre des Armées, chargé de mettre en œuvre la politique du gouvernement avec l'aide du chef d'état-major des Armées, conseiller militaire du gouvernement et non chef des armées. Cette primauté du pouvoir politique sur les militaires est encore plus vraie au niveau de la force nucléaire. Chef des armées selon l'article 15 de la Constitution, le président de la République l'est encore plus en fait en vertu du décret du 14 janvier 1964 qui fait de lui, en cas de guerre, le responsable de la mise en œuvre de la force aérienne stratégique. Maître du feu nucléaire, il est bien la clé de voûte de la stratégie française de dissuasion.

Celle-ci apparaît comme étroitement liée à l'évolution de la doctrine stratégique américaine des années soixante. Rejetant, on l'a vu, la conception américaine de la riposte graduée, la stratégie française est fondée sur la dissuasion nucléaire contre une éventuelle agression par « une riposte immédiate sur le potentiel de l'agresseur avec les moyens les plus puissants [1] ». Et à ceux qui ironisent sur la « bombinette » française comparée aux arsenaux nucléaires des États-Unis et de l'URSS, le général de Gaulle rétorque dans sa conférence de presse du 23 juillet 1964 :

« Sans doute les mégatonnes que nous pourrions lancer n'égaleraient pas en nombre celles qu'Américains et Russes sont en mesure de déchaîner. Mais, à partir d'une certaine capacité nucléaire et pour ce qui concerne la défense directe de chacun, la proportion des moyens respectifs n'a plus de valeur absolue. En effet puisqu'un homme et un pays ne peuvent mourir qu'une fois, la dissuasion existe dès lors qu'on a de quoi blesser à mort son éventuel agresseur, qu'on y est très résolu et que lui-même en est bien convaincu [2]. »

Reste à savoir contre qui s'exercerait la dissuasion nucléaire. En principe, contre personne puisque la France ne se place pas en position d'agresseur, mais éventuellement contre tous, puisque la force nucléaire est l'instrument de la politique d'indépendance nationale. C'est ce qu'exprime le général Ailleret dans un article qui fait sensation : « Notre force autonome ne devrait point être orientée dans une seule direction, celle d'un ennemi *a priori,* mais être capable d'intervenir partout, donc être ce que nous appelons, dans notre jargon militaire, tous azimuts [3]. » Annonce d'une volonté de renversement des alliances, comme certains l'ont pensé en se fondant sur l'anti-

1. Général Ailleret, *Revue de défense nationale,* janvier 1965, cité dans J. Doise et M. Vaïsse (144), p. 485.
2. Ch. de Gaulle, *Discours et Messages,* t. IV, p. 233.
3. Général Ailleret : « Défense dirigée ou défense tous azimuts », *Revue de défense nationale,* décembre 1967.

américanisme présumé du général de Gaulle ? L'hypothèse ne résiste pas à l'analyse. En revanche, volonté de conclure des accords entre partenaires égaux, sans subordination aucune, peut-on conclure en observant la volonté du général de Gaulle de parvenir à un accord avec le commandement de l'OTAN. En août 1967 les conversations entre le général Ailleret et le général Lemnitzer, commandant en chef des forces de l'OTAN, prévoient en cas d'engagement militaire la coopération de l'armée française avec les forces intégrées. La force nucléaire permet ainsi à Charles de Gaulle d'obtenir ce qu'on lui refusait en 1958, un statut de partenaire responsable.

Si la politique étrangère du général de Gaulle et sa volonté d'indépendance à l'égard des États-Unis sont, on l'a vu, largement approuvées par les Français, l'armement nucléaire qui en est inséparable suscite pour sa part une large incompréhension. Pour des raisons où se mêlent étroitement l'idée qu'il s'agit là d'un armement inefficace et onéreux dont la réalisation pèse sur le budget et s'inscrit au passif de la prospérité nationale, la crainte de la guerre atomique, le sentiment d'un bellicisme français quelque peu archaïque, une majorité de Français se montre constamment hostile à la politique du général de Gaulle en ce domaine. En 1959, 38 % contre 37 % ne jugent pas souhaitable que la France fabrique sa propre bombe atomique. Après les campagnes expérimentales de 1966, 1967 et 1968 à Mururoa, on voit respectivement 51 %, 56 % et 52 % des Français les désapprouver (contre 34 %, 32 % et 35 % qui approuvent). Enfin, après cette date, lorsque la France dispose d'une force nucléaire opérationnelle, 43 % contre 37 % jugent qu'elle n'assure pas de façon essentielle la sécurité du pays et 38 % contre 37 % qu'elle ne garantit pas son indépendance politique [1]. C'est donc face à l'hostilité et au scepticisme de la majorité des Français que le général de Gaulle a doté la France de la force nucléaire qui garantit son indépendance. Instrument de politique internationale, quelles directions de politique étrangère est-elle supposée permettre ?

1. IFOP (33), p. 273-274.

Les moyens de la grandeur :
espoirs et déconvenues européens.

Instrument de la dissuasion, arme politique ouvrant à la France la porte du club des grandes puissances, la force nucléaire destinée à ne pas servir est plus un symbole de la grandeur qu'un moyen de sa mise en œuvre. Or, en dépit du rôle mondial que le général de Gaulle entend faire jouer à la France, il ne peut ignorer que celle-ci n'est qu'une puissance moyenne dont le poids est fort limité face aux deux « Grands ». Comment, dès lors, pratiquer dans le directoire des deux super-puissances cette brèche par laquelle pourrait s'introduire l'initiative française ? La construction européenne que le Général trouve dans l'héritage de la IVe République constitue à ses yeux une opportunité à saisir.

Encore faut-il s'entendre sur les mots. Si le président de la République se veut européen, il ne l'est pas à la manière des fondateurs de l'Europe communautaire et se montre sans aucune complaisance pour la construction supranationale, liée aux États-Unis au sein de l'OTAN et désireuse de s'intégrer le Royaume-Uni, qui constituait le projet d'un Robert Schuman ou d'un Jean Monnet en France, de Paul-Henri Spaak en Belgique, de Konrad Adenauer à Bonn. Le combat acharné mené contre cette Europe par le Général et ses partisans à l'époque du projet de Communauté européenne de défense, en 1950-1954, est là pour en témoigner. L'Europe telle que la voit le général de Gaulle devrait constituer une entité indépendante des deux grands blocs rassemblés autour des États-Unis et de l'Union soviétique, cette indépendance lui permettant de jouer un rôle mondial autonome et de défendre ses intérêts. La nécessité de se libérer de la tutelle américaine explique l'hostilité du général de Gaulle à toute entrée du Royaume-Uni dans le Marché commun, car il la juge trop proche des États-Unis et craint que son adhésion ne transforme celui-ci en une zone soumise à l'influence prédominante de Washington. Enfin, considérant les États comme la seule réalité tangible, il n'accepte pas de voir les nations (spécifiquement la nation française) se dissoudre à terme dans une entité supranationale. Au vrai, sa conception est celle d'une confédération de nations détermi- nant en commun une politique homogène, confédération sur laquelle s'exercerait la prépondérance française. La politique mondiale dont rêve le général de Gaulle s'exercerait donc non par le vecteur de la seule France, puissance trop réduite à l'échelle mondiale, mais par l'intermédiaire d'une Europe poli- tiquement unie et qui constituerait ainsi un ensemble propre à peser sur le destin du monde. La France que les circonstances ont contrainte à abandonner la souveraineté sur son Empire conserverait ainsi, par Europe interposée, une influence plané- taire. Encore fallait-il que les réalités européennes se prêtassent à la mise en œuvre de ce projet et que les partenaires de la France au sein du Marché commun acceptassent de jouer un jeu dont l'intérêt était évident pour Paris, mais apparaissait comme nettement moins bénéfique pour les autres capitales.

Où en est l'Europe au moment de l'arrivée à l'Élysée de Charles de Gaulle ? Encore convalescente de la crise de la CED qui a vu sombrer les espoirs de réalisation d'une Europe supra- nationale, elle s'est repliée sur des objectifs plus limités, d'ordre économique et technique. Après la signature en 1957 du traité de Rome sont nées la Communauté économique euro- péenne, qui doit supprimer tout obstacle aux échanges entre les Six, et l'Euratom. On a vu que le général de Gaulle avait décidé de jouer le jeu engagé par la IVe République : grâce au plan Pinay-Rueff, la France peut participer le 1er janvier 1959 au premier abaissement des tarifs douaniers et elle insiste ensuite pour une accélération des étapes, si bien que l'union douanière est réalisée le 1er juillet 1968, dix mois avant la date prévue par le traité. En échange de cette bonne volonté européenne, la France plaide pour une politique agricole commune, indispen- sable à ses agriculteurs, et le principe de cette extension du Marché commun à l'agriculture est adopté dès 1962, même si son financement pose des problèmes plus difficiles à résoudre.

Mais, si la République gaullienne se prête de bonne grâce à la mise en œuvre de l'Europe économique dans laquelle elle voit un ferment de développement de l'économie française, et donc l'acquisition d'un facteur de puissance, il est clair que, pour le pouvoir, l'essentiel n'est pas là, mais dans la réalisation d'une Europe politique. Et, sur ce point, le général de Gaulle va rencontrer chez ses partenaires européens des résistances qui vont conduire à l'échec son grand dessein européen.

Il est évident que les partenaires de la France au sein de la CEE, n'ont pas renoncé à leur projet d'Europe supranationale liée aux États-Unis et à la Grande-Bretagne. Dans leur esprit l'instrument de l'évolution qu'ils souhaitent est la Commission du Marché commun, présidée par l'Allemand Walter Hallstein, dont les autres États souhaitent étendre les pouvoirs, de même qu'ils préconisent qu'au sein du Conseil de la CEE, formé par les représentants des gouvernements des pays membres, les votes soient acquis à la majorité. Deux projets inacceptables pour la France qui rejette tout pouvoir supranational et n'accepte pas de voir limitée sa souveraineté. En 1961, le général de Gaulle va opposer à cette vision qu'il rejette son propre plan. En février, les chefs d'État et de gouvernement des Six réunis à Paris forment une Commission d'études chargée de poser les bases d'une Europe politique, voulue par les Français. Présidée par le Français Christian Fouchet, animée par le diplomate Jean-Marie Soutou, cette commission élabore en octobre 1961 un plan proposant une « union d'États » respectant la personnalité des peuples et des États membres, mais organisant leur coopération en matière de diplomatie, de défense et de culture. Le « Plan Fouchet » prévoit des institutions communes : un Conseil des chefs d'État et de gouvernement prenant ses décisions à l'unanimité, une Assemblée parlementaire formée de délégations des Parlements des Six, mais n'ayant que des attributions consultatives, une Commission politique, formée de hauts fonctionnaires, et véritable exécutif de l'union. Après d'interminables discussions, et malgré l'appui des Allemands, des Italiens et des Luxembourgeois, le « Plan Fouchet » échoue finalement en avril 1962 devant l'opposition déterminée du Belge Paul-Henri Spaak et du Néerlandais Joseph Luns, décidés à faire capoter un projet qui leur paraît signifier l'enterrement de l'Europe supranationale. Politique du tout ou rien dont les conséquences seront considérables : la déception du général de Gaulle se manifestant désormais par un règlement à la hussarde des projets européens qui lui déplaisent – ceux précisément des nostalgiques de la supra-nationalité.

La première réaction qui permet de prendre la mesure du nouveau style du Général dans les problèmes européens inter-vient peu après l'enterrement définitif du Plan Fouchet, lors de la conférence de presse du 15 mai 1962. Après une profession de foi patriotique et la réaffirmation qu'il ne saurait être d'autre Europe que « l'Europe des patries », car « Dante, Goethe, Chateaubriand... n'auraient pas beaucoup servi l'Eu-rope s'ils avaient été des apatrides et s'ils avaient pensé, écrit, en quelque ' esperanto ' ou ' volapük ' intégré », le président de la République fait une déclaration de guerre ouverte aux parti-sans de l'intégration européenne, les accusant tout bonnement de minimiser les réalités nationales pour mieux soumettre l'Eu-rope aux États-Unis :

« Il est vrai que, dans cette Europe ' intégrée ' comme on dit, il n'y aurait peut-être pas de politique du tout... Dès lors qu'il n'y aurait pas de France, pas d'Europe, qu'il n'y aurait pas une politique, faute qu'on puisse en imposer une à chacun des Six États, on s'abstiendrait d'en faire. Mais alors, peut-être ce monde se mettrait-il à la suite de quelqu'un du dehors qui, lui, en aurait une. Il y aurait peut-être un fédérateur, mais il ne serait pas européen [1]. »

Propos qui provoquent le retrait du gouvernement des ministres MRP, le chef de l'État venant de claquer la porte au nez des champions de l'Europe supranationale.

Autre nasarde à leur égard, le veto mis par le général de Gaulle à l'adhésion britannique au Marché commun. C'est le 2 août 1961 que le Royaume-Uni fait connaître son désir d'en-trer dans l'Europe des Six à l'écart de laquelle il s'était soigneu-sement tenu jusqu'alors. Des négociations complexes s'en-gagent alors, mais l'essentiel est ailleurs. Il réside dans le scepticisme du général de Gaulle quant à la réalité des senti-ments européens des Britanniques. Au moment où John Ken-nedy propose la constitution d'un grand ensemble atlantique

1. (7) t. III, p. 408-409.

sur la base du partenariat, qui aurait pour effet de dissoudre l'unité européenne naissante dans une nébuleuse dont les États-Unis seraient les inspirateurs, le chef de l'État français est tenté de voir dans le Royaume-Uni le cheval de Troie qui minera de l'intérieur l'édifice de l'Europe des Six. C'est ce qu'il écrit sans ambages dans ses *Mémoires d'espoir* : « Comme du dehors, [les Anglais] n'ont pu empêcher la Communauté de naître, ils projettent maintenant de la paralyser du dedans[1]. » Ces prémisses étant posées, le sort de l'adhésion britannique se trouve scellé. Des conversations répétées entre le Général et le Premier ministre Harold Macmillan qui tente de le convaincre de la réalité de sa conversion européenne, la signature en novembre 1962 d'un accord franco-britannique pour la construction en commun du *Concorde* ne peuvent fléchir de Gaulle. Recevant Harold Macmillan à Rambouillet le 15 décembre 1962, il lui fait connaître qu'il estime que les conditions d'une adhésion britannique ne sont pas réunies, jugement qui sera confirmé une semaine plus tard par les décisions prises aux Bahamas en matière d'armement nucléaire, Macmillan acceptant la proposition Kennedy d'équipement de la force de frappe britannique en fusées *Polaris*, que le général interprète comme une nouvelle preuve de l'alignement britannique sur les Américains. Dans ces conditions, la conférence de presse du 14 janvier 1963 formule la fin de non-recevoir française à la démarche britannique, démarche cavalière qui fait bon marché de l'avis – favorable au principe de l'adhésion britannique – des autres partenaires de la France :

«... Il est possible qu'un jour l'Angleterre vienne à se transformer elle-même suffisamment pour faire partie de la Communauté européenne, sans restriction et sans réserve et de préférence à quoi que ce soit... Il est possible aussi que l'Angleterre n'y soit pas encore disposée et c'est bien là ce qui semble résulter des longues, si longues conversations de Bruxelles[2]. »

Même réaction en 1967 lorsque le Premier ministre travailliste Harold Wilson, poussé par le secrétaire au Foreign Office George Brown, revient à la charge. La conférence de presse du

1. (19) t. I, p. 239-240.
2. (7) t. IV, p. 69-70.

16 mai 1967 est l'occasion pour le Général d'affirmer qu'à ses yeux la transformation britannique attendue sur le plan économique comme sur le plan politique et qui pourrait justifier son adhésion (c'est-à-dire l'acquisition d'une position autonome vis-à-vis des États-Unis) n'a pas encore été menée à terme.

Cette attitude brutale, à la mesure de la déception éprouvée par de Gaulle devant la ruine de ses espoirs de voir se constituer une Europe politique parlant d'une seule voix – de préférence la sienne – au reste du monde, se retrouve enfin dans le long épisode de crise institutionnelle et politique qui affecte l'Europe en 1965. L'origine en est double. Elle résulte d'une part des difficultés qui se font jour quant au financement de la politique agricole commune que la France juge fondamentale, mais qui suscite des réticences chez ses partenaires. Mais elle tient aussi d'autre part à la double offensive des champions de l'intégration qui appuient les efforts de Walter Hallstein pour donner à la commission de la CEE un véritable rôle politique et qui exigent d'autre part l'application intégrale des articles 145 et 148 du traité de Rome donnant au Conseil des ministres un pouvoir de décision, – ces décisions étant prises à la majorité des membres. C'est pour obtenir la mise en œuvre de la politique agricole, le rejet des prétentions de la Commission en quoi il voit une simple réunion d'experts sans pouvoir politique, et un assouplissement des articles 145 et 148, que Maurice Couve de Murville ouvre le 30 juin 1965 une crise européenne mûrement préparée. La France constate l'échec des négociations en cours et décide de s'abstenir jusqu'à nouvel ordre de toute participation aux organismes européens. Cette « politique de la chaise vide » entraîne le blocage de la CEE et la menace d'éclatement.

La crise ne se dénoue qu'en janvier 1966, la France obtenant satisfaction sur pratiquement tous les points. Elle a gain de cause pour l'essentiel sur le financement de la politique agricole commune. Une Commission unique de 14 membres remplace les exécutifs de la CECA, de la CEE et de l'Euratom, et Walter Hallstein, champion des pouvoirs politiques de la Commission, renonce à en briguer la présidence. C'est le Belge

Jean Rey qui en prend la tête et, désormais, elle constitue un Comité de proposition, de mise en œuvre, préparant des compromis, élaborant des projets, mais laissant au Conseil les véritables pouvoirs de décision. Enfin, le « compromis de Luxembourg », signé le 30 janvier 1966, admet, à la demande de la France, que, lorsqu'une décision du Conseil met en jeu les intérêts importants d'un ou de plusieurs partenaires, elle exige l'unanimité des participants. Chaque pays dispose donc d'un droit de veto qui n'est guère dans l'esprit du traité de Rome.

Au total, le général de Gaulle, faute de pouvoir imposer l'Europe politique de ses vœux, a accepté la Communauté telle qu'elle était. Mais, pour préserver sa conception de l'État-nation, il a dû la faire fonctionner à coups de crises, de diktats, de menaces. Si bien que la Communauté de 1969 n'a plus grand-chose à voir avec celle des origines ; elle est devenue le champ clos où s'affrontent les intérêts nationaux contradictoires des divers partenaires, un champ clos où les décisions sont prises avec l'idée qu'un mauvais compromis vaut mieux que la disparition de l'ensemble. On est loin de la mystique européenne qu'avaient tenté de faire prévaloir les pères fondateurs à l'aube des années cinquante. Il est vrai qu'on est loin également des espoirs du général de Gaulle de faire de l'Europe une entité indépendante éloignée des deux grands blocs et par l'intermédiaire de laquelle pourrait s'exprimer la grande politique dont il rêve. Et ce qui vaut pour l'Europe vaut aussi pour l'entente franco-allemande dont le général de Gaulle entendait faire la clé de voûte de sa politique européenne.

Heurs et malheurs de l'axe Paris-Bonn.

Le 14 septembre 1958, le général de Gaulle, président du Conseil de la IVe République moribonde, reçoit dans sa résidence de Colombey-les-Deux-Églises son homologue allemand Konrad Adenauer. De ce premier contact naît entre les deux hommes une amitié personnelle qui va, au fil des années, se transformer en entente politique. Sur les bases de celle-ci, tout a été dit : la volonté de réconciliation portée par deux personnages historiques de gigantesque stature, du côté allemand la nécessité d'un dialogue avec un puissant voisin, allié et non plus adversaire, du fait de la coupure en deux de l'Allemagne et de la présence des Soviétiques à la frontière de l'est de la République fédérale. Du côté français, la conviction que la République fédérale, compte tenu de son besoin de protection, constituerait pour la France un partenaire idéal dans une Europe débarrassée de toute sujétion à l'égard des États-Unis. Quelque illusion que comportent ces analyses, elles sont, pour quelques années, la base même de la politique de rapprochement franco-allemand. Avec quelques périodes de doute et de refroidissement causées par le comportement abrupt du Général vis-à-vis des États-Unis, ces relations s'épanouissent à base de visites et de discours. Voyage en France du chancelier Adenauer du 2 au 9 juillet 1962 dont l'image forte demeure celle des deux vieillards côte à côte dans la nef de la cathédrale de Reims. Voyage du président de la République française en République fédérale du 4 au 9 septembre 1962 où Charles de Gaulle harangue ouvriers, officiers, étudiants, et se fait plébisciter par la foule au point que la presse allemande, mi-plaisante mi-admirative, évoque l'héritage des Carolingiens et le sacre du président français comme empereur d'Europe. Et de ces visites amicales, de ces acclamations sort la signature à l'Élysée le 23 janvier 1963 du traité franco-allemand. Quel contenu politique prend donc l'axe Paris-Bonn ainsi solennellement proclamé à la face du monde ? Si l'on s'attache aux seules réalités concrètes, force est de reconnaître que celui-ci est fort mince. En dehors de quelques vœux pieux, il est prévu des rencontres périodiques entre les chefs d'État et de gouvernement « au moins deux fois par an » et les ministres des Affaires étrangères « au moins tous les trois mois ». Tous les deux mois les responsables de la défense, de l'éducation et de la jeunesse des deux pays se rencontreront également. Enfin un organisme destiné à développer les échanges entre les jeunes Français et Allemands est mis sur pied : ce sera l'Office franco-allemand de la jeunesse qui naît officiellement en juillet 1963. Le traité ne contient donc, si on met à part l'accent mis sur l'éducation, qu'une simple promesse de dialogue. Il est vrai qu'il n'existe entre les deux États aucun contentieux bilatéral.

Toutefois, le triomphe franco-allemand de 1962-1963 sera sans lendemain pour le général de Gaulle et ne portera pas les fruits qu'il en espérait. En particulier, l'axe Paris-Bonn ne constituera nullement cette clé de voûte de la politique européenne qu'en espérait le général de Gaulle. D'abord parce que les réalités géopolitiques s'y opposent. Placée au contact du bloc soviétique, la République fédérale compte avant tout pour sa protection sur les États-Unis d'Amérique et ne peut en aucune façon accepter la politique d'indépendance vis-à-vis d'eux qu'entend promouvoir Charles de Gaulle. Et la force nucléaire française encore balbutiante de 1963 ne saurait constituer une alternative au parapluie nucléaire américain. Le voyage de John Kennedy en Allemagne en 1963, son affirmation « *Ich bin ein Berliner* » qui vaut promesse de défendre Berlin-Ouest contre toute menace soviétique, font pâlir le traité de l'Élysée. La proposition de Force multilatérale (refusée par la France) rehausse l'intérêt de l'appartenance à l'OTAN au moment où la France en retire sa flotte de Méditerranée. En bref, entre les États-Unis et une Europe autonome, dominée par la France, l'Allemagne choisit sans hésitation la première. De surcroît, si Konrad Adenauer montre, en dépit de quelques réserves, une incontestable sympathie pour Charles de Gaulle, ce n'est pas le cas de la majeure partie du personnel politique de la République fédérale, exaspéré par la politique personnelle du chancelier et la superbe du président. Invité le 8 mai 1963 à ratifier le traité de l'Élysée, le Bundestag unanime l'assortit d'un préambule en forme de camouflet aux deux chefs d'État signataires et particulièrement au président français puisqu'il affirme placer le document dans le cadre des grandes tâches que préconise la République fédérale et qu'il énumère ainsi :

« Le maintien et la consolidation de l'entente entre les peuples libres – avec une coopération particulièrement étroite entre l'Europe et les États-Unis –, l'application du droit à l'autodétermination au peuple allemand et le rétablissement de l'unité allemande, la défense commune dans le cadre de l'OTAN et l'intégration des forces des pays appartenant à cette alliance, l'unification de l'Europe en suivant la voie amorcée par la création des Communautés européennes et en incluant l'Angleterre [1]... »

En fait, le traité de l'Élysée est largement l'œuvre du chancelier que ses amis politiques pressent de prendre sa retraite. Ministre des Affaires étrangères de la République fédérale depuis 1961, Gerhard Schröder demeure réservé envers ce traité et ne dissimule pas l'antipathie que lui inspire le Général. Favorable à une entente étroite avec les États-Unis, à l'entrée de la Grande-Bretagne dans le Marché commun, il prend à peu près systématiquement le contre-pied des positions françaises. La retraite de Konrad Adenauer fin 1963 et l'arrivée à la Chancellerie de Ludwig Erhard qui éprouve peu d'intérêt pour les questions de politique étrangère lui laissent les mains libres. Si bien que Paris ne pèse guère dans les prises de position de Bonn. La République fédérale refuse tout accord avec la France sur le procédé de télévision couleur, applaudit à la Force multilatérale, soutient la politique américaine au Vietnam.

L'axe Paris-Bonn, voulu par de Gaulle est mort-né en 1963. Si la politique du général de Gaulle en ce domaine porte des fruits, c'est dans l'avenir. On peut le créditer d'avoir été visionnaire, d'avoir perçu les raisons géopolitiques qui militent en faveur d'un rapprochement franco-allemand. On peut aussi remarquer qu'il n'a fait que suivre, avec plus de panache et de sens de la dramatisation, la voie politique ouverte par Robert Schuman et Jean Monnet en 1950 et qui conduisait également au rapprochement franco-allemand. Mais on doit constater que, comme instrument de la politique de grandeur, l'axe Paris-Bonn n'a pas plus répondu que l'Europe politique aux espoirs mis en eux par le général de Gaulle. Les moyens de la politique de grandeur faisant successivement défaut, s'ensuit-il pour autant que le Général ait dû renoncer à jouer un rôle planétaire ? Il restait un domaine d'action possible où nulle contrainte matérielle n'était de nature à infléchir son action et où pouvaient s'épanouir à l'aise ses dons médiatiques, celui du geste, du symbole, du discours.

---

1. Cité in A. Grosser (127), p. 185.

A l'échelle du monde : le syndrome de Yalta.

S'il est un élément constant et déterminant dans la politique du président de la République, c'est bien le refus d'accepter l'équilibre mondial issu de la guerre qui confie aux deux grandes puissances le soin de régler le sort de la planète et qui est pour lui le résultat de cette conférence de Yalta où elles se seraient partagé le monde (interprétation à laquelle les historiens ne souscrivent pas en règle générale). Quoi qu'il en soit, le syndrome de Yalta domine sa pensée et son action, et on a vu comment, de son refus du protectorat américain à la constitution de la force de frappe, de ses conceptions européennes à sa volonté de rapprochement avec l'Allemagne, une grande partie de sa politique était dominée par la volonté d'opposer au monde né de Yalta l'indépendance nationale et la liberté de mouvement de la France. La même clé d'explication rend compte des relations de la République gaullienne avec le monde extérieur durant les onze années de sa durée.

Le refus de la politique des blocs, la volonté de ne reconnaître aucune puissance majeure qui parlerait au nom d'un camp et par conséquent, dans le cas français, celle de ne pas admettre que le dialogue avec le monde communiste constitue un monopole des États-Unis sont illustrés par les relations directes que le général de Gaulle s'efforce de nouer avec les pays socialistes. Au demeurant, pour ce champion de l'État-nation, l'idéologie ne constitue qu'un vernis négligeable par rapport aux données géopolitiques qui font que l'URSS demeure à ses yeux la Russie, animée des mêmes ambitions nationales que l'empire des tsars, qu'elle se contente de dissimuler sous le masque de la doctrine marxiste-léniniste. Aussi, tout en montrant une exemplaire fermeté dans les crises internationales (celle de Berlin à l'automne 1958, celle de Cuba en 1962), entend-il nouer avec les dirigeants soviétiques des relations directes sans l'aval de Washington. A la visite de Nikita Khrouchtchev en France en mars 1960 qui donne peu de résultats sinon la décision de convoquer à Paris en mai une conférence à quatre, que le leader soviétique fera échouer en se servant de l'épisode de l'avion-espion U2, succède à partir de 1963 le grand dégel des relations franco-soviétiques. Du 20 au 30 juin 1966 le général de Gaulle séjourne en « Russie », signant des accords commerciaux, économiques, techniques et scientifiques dont une commission mixte permanente franco-soviétique surveillera l'application. Aux yeux du général de Gaulle la décision la plus importante est sans doute l'installation d'une ligne téléphonique directe entre le Kremlin et l'Élysée, analogue au « téléphone rouge » qui existe entre Moscou et Washington et qui témoigne que la France jouit par rapport aux États-Unis d'un statut autonome.

Mais le rejet de l'esprit de Yalta ne se borne pas à refuser aux États-Unis le droit de parler au nom de la France. Il s'exprime aussi par la volonté de nouer des liens directs avec les satellites de l'Union soviétique. Encore que, dans ce domaine, le réaliste qui voisine chez de Gaulle avec le visionnaire chemine à pas prudents, veillant à ne rien faire ni dire qui puisse effaroucher le protecteur soviétique. Toutefois, visitant la Pologne en septembre 1967, il n'hésite pas, en dépit des réserves de Gomulka, à critiquer la politique des blocs, à exalter l'indépendance dont jouit la France et à inviter discrètement les Polonais à « voir loin, ... grand » en dépit des obstacles. Langage encore plus net en Roumanie que le Général visite en mai 1968 (en pleine crise étudiante à Paris) et où il rejette avec énergie la sujétion de nombre de pays qui, « répartis entre deux blocs opposés, se plient à une direction politique, économique et militaire provenant de l'extérieur, subissent la présence permanente des forces étrangères sur leur territoire ».

L'invasion de la Tchécoslovaquie par les troupes du pacte de Varsovie qui mettent fin au « printemps de Prague » en août 1968 vient à point pour illustrer ses propos et ses thèses. Le communiqué de la présidence de la République, publié au lendemain des événements, condamne certes le geste soviétique, mais impute plus directement encore la responsabilité de l'événement aux deux Grands, signataires des Accords de Yalta :

« L'intervention armée de l'Union soviétique en Tchécoslovaquie montre que le gouvernement de Moscou ne s'est pas dégagé de la politique des blocs qui a été imposée à l'Europe par l'effet des Accords de Yalta qui est incompatible avec le droit des peuples à disposer d'eux-mêmes et qui n'a pu et ne peut conduire qu'à la tension internationale. »

Il va cependant de soi que le syndrome de Yalta conduit par la force des choses à un comportement qui, le plus souvent, consiste à damer le pion aux Américains puisque c'est le bloc qu'ils dominent qui menace le plus directement la volonté française d'indépendance. Aussi n'y a-t-il pas lieu de s'étonner que la politique mondiale de la France revêt souvent les dehors de l'anti-américanisme. Ainsi, la reconnaissance décidée en janvier 1964, après une mission préparatoire d'Edgar Faure en 1963, de la Chine communiste apparaît comme un camouflet donné aux États-Unis qui, depuis 1949, considèrent contre toute réalité qu'il n'est qu'une Chine, celle représentée à Taiwan par le vieux maréchal Tchang Kaï-chek. Plus mal ressenties encore sont les critiques des interventions américaines à l'étranger. C'est ainsi qu'en 1965 le Conseil des ministres désapprouve l'intervention des troupes américaines à Saint-Domingue destinée à soutenir la dictature militaire et à interdire le retour de l'ancien président Juan Bosch, soupçonné de sympathies pour la gauche. Mais ce sont surtout les critiques formulées contre l'engagement américain dans la péninsule indochinoise qui suscitent l'exaspération de Washington. Eisenhower puis Kennedy ont poliment écouté les conseils de non-intervention que leur a prodigués le vieux général en 1959 et 1961, mais ils ont agi comme ils l'entendaient, c'est-à-dire en entrant dans l'engrenage de l'engagement politique et de la guerre. A partir de 1963, de Gaulle prend ouvertement parti pour l'indépendance et l'autodétermination des peuples d'Indochine, critiquant de plus en plus nettement la politique d'escalade militaire suivie par le président Johnson. Dès 1966, il préconise une solution du conflit qui va provoquer l'indignation de Washington : la neutralisation de la péninsule. Et, devant ce qu'il considère comme l'aveuglement américain, il donne un caractère spectaculaire à sa mise en accusation de la politique des États-Unis. En septembre 1966, en visite au Cambodge, il prononce à Phnom Penh un discours retentissant dans lequel il rejette sur les Américains toutes les responsabili-

tés du conflit, leur suggère d'évacuer leurs troupes et d'ouvrir
des négociations qui aboutiront au rétablissement de la paix et
à la neutralisation de la région. Discours sans effet pratique
dans l'immédiat, mais qui contribue sans nul doute, compte
tenu de son immense écho dans le Tiers Monde, à l'évolution
des esprits. Lorsque, le 3 mars 1968, le président Johnson
annonce la cessation des bombardements sur le Vietnam du
Nord et accepte d'entrer en conversation avec ses antagonistes,
c'est Paris qui est choisi comme lieu des conversations. Elles
s'ouvrent le 13 mai 1968, alors que s'élèvent au quartier Latin
les premières barricades.

Le défi à la prépondérance américaine et la volonté de faire
éclater les blocs va plus loin encore, puisque le Général, dans
une démarche parallèle à celle qu'il applique aux satellites de
l'Union soviétique, entend établir un contact direct avec les
peuples du continent américain, chasse gardée des États-Unis.
Début 1964, il se rend au Mexique où il déchaîne l'enthousiasme de la foule en déclarant à son arrivée : « *Marchamos la
mano en la mano* » (Nous marchons la main dans la main). Six
mois plus tard, du 20 septembre au 16 octobre, il parcourt dix
pays d'Amérique latine : le Venezuela, la Colombie, l'Équa-
teur, le Pérou, la Bolivie, le Chili, l'Argentine, le Paraguay,
l'Uruguay, le Brésil. Aux portes des États-Unis, il tonne contre
les hégémonies, fait l'éloge des indépendances nationales, provoque des tempêtes d'acclamation, mais prend clairement
conscience (et ses hôtes le lui rappellent parfois) que l'équilibre
politique et économique du continent repose sur la tutelle américaine et que la France n'a rien à offrir comme solution de
rechange.

Succès populaire considérable, minces résultats concrets,
c'est le diagnostic qu'on est également tenté d'appliquer au
plus spectaculaire et au plus controversé des voyages du général de Gaulle, celui qu'il accomplit au Canada en juillet 1967.
Au Québec, ne cessant de rappeler le passé français de la province, il pose en termes d'autodétermination et d'indépendance le problème du devenir des francophones au sein de la
fédération canadienne, promettant la coopération de la France
à la digue qu'ils dressent contre l'influence envahissante des

États-Unis. L'affirmation du « Québec maître de ses destinées » prend dans la bouche du Général, lors de l'allocution
qu'il prononce le 24 juillet au balcon de l'Hôtel de Ville de
Montréal, la forme lapidaire et provocante de « Vive le Québec
libre ! ». La réaction du Premier ministre canadien Lester Pear-
son qui juge « inacceptables » les propos du président français
entraîne la décision de celui-ci d'interrompre son voyage canadien et de regagner Paris. Si l'émotion provoquée par les mots
du général de Gaulle est considérable au Canada, suscitant la
réprobation de la communauté anglophone quasi unanime et
apportant une aide inespérée à la minorité indépendantiste du
Québec, l'opinion publique française ne suit pas cette fois la
position du président de la République. Consultés par l'IFOP
début août, les Français désapprouvent à 45 % contre 18 % ce
qui apparaît comme un défi gratuit à un Canada vis-à-vis
duquel l'opinion n'éprouve ni antipathie ni exaspération,
comme ce peut être le cas à l'encontre des États-Unis.

Il est vrai qu'en cette année 1967 se dessine une faille entre
les Français et leur président sur les problèmes de politique
étrangère. Alors qu'ils ont depuis 1958 massivement approuvé
une politique qui répondait à leurs aspirations les plus profondes, ils éprouvent désormais une incompréhension, un
doute grandissant vis-à-vis des gestes gratuits, ostentatoires,
parfois provocateurs auxquels le Général semble se complaire.
Quelques jours avant le voyage québécois, la position prise par
le chef de l'État sur le dernier avatar du conflit israélo-arabe
provoque le même désarroi chez les Français pris à contre-
pied. Depuis la IV⁰ République et la lutte menée par Israël
contre ses voisins arabes et par la France au Maghreb contre
des nationalismes soutenus par les pays arabes, des liens étroits
se sont forgés entre la France et Israël, marqués en particulier
par une coopération militaire et une communauté de vues politiques. Toutefois la fin de la guerre d'Algérie modifie en partie
ce contexte. Désormais la France n'est plus en guerre avec
aucun pays arabe. Du même coup, la voie est libre pour une
réorientation de la politique française vis-à-vis de ces pays. Et,
pour un stratège comme le général de Gaulle dont les perspec-

tives sont à l'échelle planétaire, les possibilités ouvertes par l'immense monde arabe sont d'une tout autre ampleur que celles pouvant résulter des liens avec le minuscule Israël, lequel apparaît de surcroît comme le très fidèle allié des États-Unis. Or à ces arguments objectifs en faveur d'une révision de la politique française au Proche-Orient vont s'ajouter des faits conjoncturels qui montrent le peu de cas qu'Israël paraît faire de l'influence française. En mai 1967, le colonel Nasser, après avoir demandé le retrait des forces de l'ONU qui, depuis 1956, surveillent la frontière entre l'Égypte et Israël, décrète le blocus du golfe d'Akaba, condamnant à l'asphyxie le port israélien d'Eilath. Devant la tension qui en résulte entre les deux pays, la France fait connaître son vœu de voir le conflit réglé par une conférence des grandes puissances et dissuade les États rivaux d'avoir recours à la force, une déclaration du 2 juin précisant même que « l'État qui, le premier et où que ce soit, emploierait les armes, n'aurait ni son approbation, ni, à plus forte raison, son appui ». Or le 5 juin, Israël passe à l'attaque et, à l'issue de la guerre des Six Jours, l'emporte de façon écrasante. Dès le 5, le gouvernement français réagit en annonçant sa décision de suspendre toute livraison de matériel militaire aux pays du Proche-Orient, embargo qui n'atteint véritablement qu'Israël, grand client de l'industrie militaire française. Un communiqué publié le 21 juin condamne l'ouverture des hostilités par Israël et, à l'ONU, la France vote une motion yougoslave qui exige le retrait des troupes israéliennes. A cette condamnation unilatérale d'Israël qui heurte une partie de l'opinion française va s'ajouter la maladresse des déclarations de la conférence de presse du 27 novembre 1967. Invité à s'expliquer sur les événements de juin 1967 le Général dresse un tableau historique de l'installation des juifs en Israël et des origines du conflit qui fait retomber sur l'État juif la quasi-totalité des responsabilités en vertu d'un déterminisme ethnique dans lequel une partie de l'opinion croit discerner des relents de racisme ou d'antisémitisme :

« On pouvait se demander [...] si l'implantation de cette communauté sur des terres qui avaient été acquises dans des conditions plus ou moins justifiables et au milieu des peuples

arabes qui lui étaient foncièrement hostiles n'allait pas entraîner d'incessants, d'interminables frictions et conflits. Certains
même redoutaient que les Juifs, jusqu'alors dispersés, mais qui
étaient restés ce qu'ils avaient été de tous temps, c'est-à-dire un
peuple d'élite, sûr de lui-même et dominateur, n'en viennent,
une fois rassemblés dans le site de leur ancienne grandeur, à
changer en ambition ardente et conquérante les souhaits très
émouvants qu'ils formaient depuis dix-neuf siècles [1]. »

En dépit des démentis, des précisions, des exégèses que le
Général et ses fidèles prodiguent par la suite, l'effet demeure et
fait apparaître de Gaulle comme ayant procédé à une révision
déchirante des alliances et des amitiés françaises, troquant le
soutien à Israël contre un appui au monde arabe, assurément
plus conforme à la stratégie mondiale d'ensemble dessinée au
fil des années.

Mais une telle position ne laisse pas de déconcerter une opinion qui suit difficilement l'évolution du chef de l'État. Là
encore les sondages sont révélateurs. A la question posée aux
Français de savoir s'ils approuvent ou non la position du général de Gaulle dans le conflit israélo-arabe, une courte majorité
(36 % contre 30 %) donne son approbation en août 1967. Mais,
après la conférence de presse du 27 novembre, les choses ont
évolué. Interrogés en décembre 1967, 33 % des Français désapprouvent l'attitude du général de Gaulle (contre 30 % d'appro-
bations), et les résultats seront à peu près identiques en janvier
1969 [2]. Il ne semble donc pas excessif de constater que l'été
1967 marque un infléchissement décisif dans l'approbation
jusqu'alors massive donnée par les Français à la politique
étrangère du général de Gaulle. Appuyant largement la politique d'indépendance nationale, la dénonciation de la domination des super-Grands, le langage ferme tenu aux Américains et
le refus de leur protectorat politique, militaire et économique,
suivant le général de Gaulle dans sa politique européenne et
son rapprochement avec l'Allemagne, ils cessent de soutenir le
chef de l'État dès lors que la ligne qu'il suit ne tient compte que
des éléments stratégiques, de la *Realpolitik,* faisant bon marché

1. (7) t. V, *Vers le terme,* p. 232.
2. IFOP (33), p. 281.

des sentiments et des aspirations de l'opinion publique. Du même coup, cette faille entre le président et l'opinion va priver le chef de l'État des moyens de poursuivre sa politique. En 1968 commence le temps des turbulences qui menace de l'intérieur la République gaullienne et débouche sur l'abandon du grand dessein planétaire qui précède de peu le départ du pouvoir du général lui-même.

A quelle aune mesurer les résultats de la politique mondiale du général de Gaulle ? En termes de *Realpolitik* on peut parler d'échec si on constate que la France n'a guère pesé dans le destin d'un monde qui reste plus que jamais réglé, pour l'essentiel, par le dialogue ou l'affrontement des États-Unis et de l'Union soviétique. Au demeurant, il était dès l'origine évident qu'elle n'en avait pas les moyens, et les déceptions de la politique européenne, du rapprochement franco-allemand ou des voyages latino-américains sont là pour souligner cruellement la disparité entre la France et le géant dont elle entendait contester la prééminence, de même que l'intervention soviétique à Prague réduit les déclarations du général de Gaulle sur l'indépendance nationale et la fin des blocs à de simples incantations. Toutefois, il serait simpliste de s'en tenir à cette évaluation des choses. Il fait peu de doute que le président de la République française a joué en matière internationale le rôle d'éveilleur et qu'il n'est sans doute pas excessif de considérer les années soixante comme le temps du général de Gaulle. Plus que personne, et même si la manière est parfois provocatrice, il a contribué à poser les problèmes réels à la face des opinions publiques : dysfonctionnement du système monétaire international, problèmes du Tiers Monde, refus de subordonner à un protecteur puissant les intérêts nationaux. Au niveau français, il a su faire adhérer l'opinion à une doctrine de politique étrangère posant en primat le refus de la politique des blocs et la garantie de l'indépendance nationale par la constitution d'une force nucléaire. Mais le caractère altier du verbe ne dissimule pas aux Français les réalités. En janvier 1968, si 34 % (contre 33 %) considèrent que la France a les moyens de pratiquer une politique indépendante, 42 % (contre 28 %) jugent que cette indépendance ne s'étend pas au domaine militaire et 47 % (contre 26 %) qu'elle n'existe pas non plus dans le domaine économique[1]. Dès lors, les sacrifices consentis au maintien de cette indépendance valent-ils la peine d'être poursuivis ? En 1967, au moment où précisément l'opinion éprouve des doutes sur les objectifs et les pratiques du Général en matière internationale, apparaît l'écart entre les aspirations des Français à une vie plus aisée, à davantage de justice sociale, à une transformation des rapports humains, à de nouvelles conceptions de l'organisation sociale et une politique de grandeur à l'échelle planétaire qui ne relève pas du même univers. Ainsi s'annonce le crépuscule de la République gaullienne que la crise de 1968 manifestera brutalement.

1. IFOP (33), p. 282-283.

3

*Le crépuscule
de la
République gaullienne*

1965-1969

8
L'usure du pouvoir :
les premiers symptômes
1965-1967

Étrange paradoxe que celui de l'année 1962. Au lendemain de la double consultation électorale de l'automne, le pouvoir du général de Gaulle apparaît au zénith. Il a vaincu l'ensemble des forces politiques françaises, fait triompher sa conception des institutions et, appuyé par une majorité qui s'est fait élire sur son nom, il apparaît comme le maître du jeu. Si bien que, pour l'élection présidentielle de 1965 à laquelle nul ne doute qu'il se portera candidat, sa réélection apparaît comme une simple formalité. Au demeurant, qui, parmi les dirigeants de l'opposition, aurait une stature suffisante pour oser s'opposer à lui ? Peut-être Pierre Mendès France dont le prestige moral demeure considérable à gauche et qui vient, en octobre 1962, de faire paraître *la République moderne* dans laquelle il synthétise ses idées politiques. Mais, précisément, Pierre Mendès France qui a pris parti contre l'élection du président de la République au suffrage universel y expose des conceptions totalement antithétiques de celles de la Ve République, fondées sur la primauté du Parlement, équilibrée par le contrat de législature assorti du droit de dissolution, et sur une conception exigeante de la démocratie issue de la base, qui en fait à tous égards un opposant de principe au régime fondé en 1958 et aménagé en 1962. Pour l'ancien président du Conseil ce serait se déjuger que d'entrer dans le jeu des nouvelles institutions, et il a d'ores et déjà fait connaître qu'il n'était pas dans ses intentions de briguer en 1965 la magistrature suprême devant le suffrage universel.

De la même manière, comment les dirigeants de l'opposition qui ont pris parti contre la réforme de 1962 pourraient-ils sans perdre la face se présenter au scrutin de 1965 (avec la certitude d'un échec de surcroît) ? Fin 1962, le diagnostic est clair : l'op-

Premier septennat

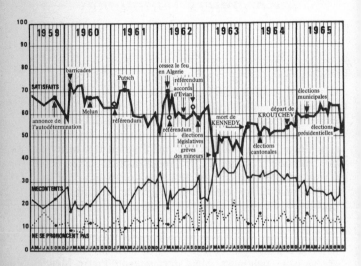

Source : IFOP, « Sondages », *Les Français et de Gaulle,* 1971, p. 202-203

position, à court terme, n'a rien à opposer au pouvoir du général de Gaulle. S'ensuit-il que rien ne menace celui-ci ? Quelques semaines après son triomphe électoral de 1962, on a la preuve du contraire. La grève des mineurs fait brusquement chuter sa popularité et, alors que l'indice des satisfaits par rapport aux mécontents dépasse généralement les 60 % contre 20 à 30 % jusqu'en 1962, en mars 1963 le nombre des mécontents (42 %) dépasse celui des satisfaits (40 %) et les deux chiffres s'équilibrent en avril (43 %)[1]. On constate ainsi que si l'opposition organisée paraît hors d'état de menacer la position du chef de l'État, celle-ci connaît une incontestable cause de fragilité

1. IFOP (33), p. 202-205.

DU GÉNÉRAL DE GAULLE

Second septennat

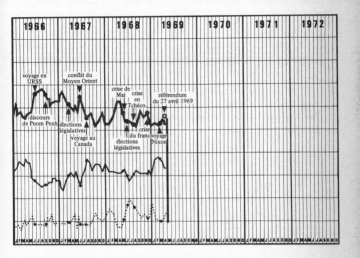

qui tient à l'écart entre les vues du président de la République et les aspirations de la population. En fait, dès le début de 1963, alors que se poursuit la croissance, que la société se tranforme, que le niveau de vie des Français augmente et que le chef de l'État développe ses grands desseins de politique étrangère, se révèle une certaine usure du pouvoir qui en sape insensiblement les fondements.

*Une lente dégradation de l'image
du gaullisme dans l'opinion.*

Sans doute les sondages révèlent-ils que la popularité du général de Gaulle demeure considérable jusqu'à la fin de sa présidence : après la crise du printemps 1963 le nombre des satisfaits passe au-dessus de la barre des 50 % et ne redescendra pas sous ce seuil jusqu'en 1969 (à la veille du référendum qui provoquera la démission du chef de l'État, il s'établit à 53 % contre 33 % de mécontents). Il reste que l'action du général de Gaulle, dans les divers domaines où elle s'exerce, provoque des mécontentements minoritaires, mais non négligeables. Sans doute ces mécontentements visent-ils certains ordres de problèmes et n'impliquent-ils pas que ceux qui les éprouvent souhaitent pour autant que le général de Gaulle quitte le pouvoir. C'est ainsi que ces mécontentements existent jusqu'en 1962, mais que la priorité accordée par l'opinion au règlement de l'affaire algérienne conduit à les considérer comme secondaires par rapport à celle-ci.

Après 1962, le gaullisme bénéficie du souvenir du règlement difficile de la guerre d'Algérie, mais son crédit se fonde sur la stabilité des institutions, sur la politique étrangère et sur la remise en ordre du pays (un sondage de 1965 montre que les Français invités à se prononcer sur ce que le général de Gaulle a fait de mieux depuis 1958 placent en tête la stabilité gouvernementale – 27 % –, la fin de la guerre d'Algérie – 14 % –, la politique internationale – 13 % –, la remise en ordre de la France – 9 %). Mais des minorités jugent ces divers domaines comme négatifs puisque, à la question portant sur ce que le général de Gaulle a fait de moins bien depuis 1958, 8 % considèrent dans le même sondage que c'est la fin de la guerre d'Algérie, 6 % lui reprochent sa politique extérieure (et spécifiquement son attitude envers les États-Unis) et 4 % le pouvoir personnel[1]. A partir de 1962, la stabilité gouvernementale apparaît comme l'atout maître du pouvoir. En revanche, outre les rancœurs liées au règlement de la question algérienne, ce sont les divers mécontentements suscités par la politique étrangère et par la politique économique et sociale qui constituent les principales causes de divorce entre le régime et l'opinion.

On a vu que la politique étrangère du chef de l'État avait toujours rassemblé sur ses objectifs une majorité de Français.

1. IFOP (33), p. 162-163.

Mais les minorités qu'elle mécontente ne sont pas pour autant négligeables. Ainsi, à mesure que le chef de l'État durcit sa politique vis-à-vis des États-Unis, le nombre des Français qui le désapprouvent va croissant : 15 % en mai 1962, 17 % en janvier 1963, 21 % en septembre 1965, 29 % en avril 1966. A cette dernière date, 27 % des Français désapprouvent la politique du Général vis-à-vis de l'OTAN (contre 39 % d'approbation), 28 % se déclarent en 1967 en désaccord avec l'opposition du général de Gaulle à l'entrée de l'Angleterre dans le Marché commun (ils n'étaient que 21 % en 1963)[1]. On constate donc un renforcement de l'opposition aux aspects les plus rigoureux de la politique étrangère du chef de l'État, même si cette opposition reste toujours minoritaire. Plus grave est le divorce en ce qui concerne les questions économiques et financières, à la fois parce que le fossé entre le pouvoir et l'opinion est ici plus large et parce que ce type de problèmes concerne la vie quotidienne de chaque Français, à un moment où la croissance économique et l'augmentation du niveau de vie apparaissent comme le souci primordial de tous les grands pays industriels. Interrogés sur le point de savoir si l'action du gouvernement en matière économique et financière provoque leur satisfaction ou leur mécontentement, les Français se déclarent mécontents de manière continue et à de fortes majorités de 1964 à 1969, le record du mécontentement étant atteint en février 1969 avec 59 % contre 19 % de satisfaits. Sur la politique suivie par le gouvernement et son aptitude à résoudre les problèmes économiques et financiers règne le plus grand scepticisme puisque quatre sondages réalisés mensuellement de septembre à décembre 1963 montrent qu'environ 60 % des Français manifestent leur défiance envers le Plan de stabilisation alors que moins du quart témoignent de leur confiance. L'insatisfaction n'est pas moindre en ce qui concerne l'action du gouvernement sur les problèmes sociaux : de 1963 à 1969, plus de 50 % des Français se déclarent mécontents contre en moyenne environ 30 % de satisfaits[2]. Tout se passe donc comme si les Français étaient moins sensibles à l'augmentation du niveau de vie d'en-

1. IFOP (33), p. 267-279.
2. IFOP (33), p. 292-294.

semble de la société française qu'aux inégalités dans la répartition des bénéfices de la croissance, deux phénomènes réels et
bien attestés[1]. Cette idée d'une augmentation du niveau de vie
passant inaperçue est d'ailleurs confortée par la très étonnante
série de sondages portant sur le fait de savoir si les Français ont
conscience d'une baisse, d'une amélioration ou d'un maintien
de leur niveau de vie. Dans le meilleur des cas, 20 % des personnes interrogées concluent à une amélioration, mais le
chiffre est le plus souvent inférieur à 10 % alors qu'une majorité allant de 80 à 90 % des sondés juge que son niveau de vie
est inférieur ou égal à ce qu'il était auparavant[2]. Bien que cette
opinion soit contredite par les réalités, c'est incontestablement
là que se situe le défaut de la cuirasse du régime et dans ce
mécontentement social diffus que se trouve le noyau dur de
l'opposition au gaullisme d'une partie de l'opinion. A la veille
des élections de 1965, ce mécontentement se manifeste par la
présence massive du social dans les rubriques jugées comme
constituant ce que le général de Gaulle a fait de « moins bien »
depuis 1958 : blocage des salaires, hausse des prix, baisse du
niveau de vie, défaveur aux ouvriers, aux classes modestes, aux
petits et à l'agriculture, impôts trop élevés, misère des vieux,
insuffisance de l'aide sociale, etc. Réquisitoire partiellement
injuste, mais fait historique réel. Dès lors, il suffit qu'à ce
noyau dur du mécontentement s'ajoute la désapprobation de la
politique extérieure et les rancœurs nées de l'affaire algérienne
pour que le pouvoir se trouve fragilisé et les motifs de satisfaction (stabilité du gouvernement, prestige international,
décolonisation) contrebalancés. Toutefois, il existe un frein à
ce mécontentement qui est la crainte du vide politique. Dans la
mesure où le Général n'a pas de successeur désigné et où l'opposition ne peut offrir aucune solution crédible, la République

---

1. Voir *supra,* p. 210-213 et 214-217.
2. IFOP (33), p. 299. La date de référence varie selon les sondages entre « l'année précédente » et « avant l'arrivée au pouvoir du
général de Gaulle ». Par exemple le sondage effectué du 19 septembre au 4 octobre 1964 révèle que 9 % des Français considèrent
leur niveau de vie comme supérieur à ce qu'il était un an auparavant, 64 % l'estiment inférieur et 23 % égal, 4 % ne se prononçant
pas.

gaullienne bénéficie d'une rente de situation qui assure sa pérennité au-delà de la date charnière de 1962. Il est vrai que l'opposition tâtonne à la recherche d'une solution à l'effondrement qu'elle a connu de 1958 à 1962.

L'opposition à la recherche d'un nouveau souffle :
la candidature Defferre.

Le double effet de l'adoption du référendum sur l'élection du président de la République au suffrage universel et de l'effondrement des partis d'opposition entraîne tout à la fois une réflexion sur la gestion du nouveau mode de scrutin et ses conséquences, et sur la reconstruction de forces politiques mieux adaptées aux nouvelles conditions politiques de la France. Ce dernier point a déjà été évoqué au chapitre 4[1], mais il est inséparable de la volonté d'intégrer l'élection présidentielle à la stratégie d'ensemble des novateurs de la politique. L'initiative en ce domaine vient de la gauche nouvelle. S'inspirant de l'exemple américain (et en particulier de l'ouvrage de Th. H. White paru en France durant l'été 1962, *Comment on fait un président,* qui évoque la candidature et la victoire de John F. Kennedy), le Club Jean-Moulin avance début 1963 l'idée d'une « convention » qui comprendrait délégués des partis, membres des clubs, syndicalistes afin de désigner le candidat de l'opposition. Mais les clubs sont pris de vitesse par *l'Express* où Jean Ferniot lance en septembre 1963 le portrait-robot du candidat idéal, M. X... qui doit certes appartenir au milieu politique, mais être éloigné de tout sectarisme, de toute démagogie, voire de toute idéologie. On attend de lui qu'il soit un gestionnaire ouvert aux réalités économiques, en contact avec les responsables des organisations ouvrières, paysannes et étudiantes, entouré de techniciens compétents, sensible au progrès scientifique. C'est donc une nouvelle conception de la politique qui répond de fait aux aspirations qu'expriment en décembre 1963 le Club Jean-Moulin, Citoyens 60, le cercle Tocqueville, Démocratie nouvelle, etc. De ce portrait-robot qui

1. Voir *supra,* p. 137-143.

trace le profil du Kennedy français que l'opposition appelle de ses vœux doit se dégager une dynamique nouvelle qui aboutira au regroupement de l'opposition autour du « présidentiable ». Une telle démarche qui personnalise la reconstruction politique que chacun juge nécessaire n'est pas de nature à enthousiasmer des forces politiques dont les regroupements, on l'a vu, s'opèrent timidement, à partir d'une conjonction des partis existants et sur la base de conversations d'appareils. C'est dans ce hiatus entre la démarche novatrice des clubs et les réticences des partis sur l'élection présidentielle que se situe l'explication de l'échec de la tentative lancée en 1963. Lorsque derrière le masque vite transparent de M. X... se révèle le visage de Gaston Defferre, député-maire socialiste de Marseille, la question se trouve brutalement posée de la greffe des courants novateurs sur les partis traditionnels. Or c'est à coup sûr cette greffe que poursuit le maire de Marseille qui entend tout à la fois jouer le jeu présidentiel des nouvelles institutions et procéder du même coup au remodelage des forces politiques françaises.

Sur le premier point, il s'entoure d'une petite équipe dont l'état-major est constitué d'hommes du Club Jean-Moulin, autour du journaliste Georges Suffert et de l'équipe de *l'Express* conduite par Jean Ferniot et Jean-Jacques Servan-Schreiber. Autour de ce noyau initial s'agglomèrent bientôt les représentants de ces « forces vives » de la nation sur lesquelles compte le candidat, hommes des clubs, syndicalistes qui s'apprêtent à transformer la CFTC en CFDT, jeunes patrons (José Bidegain), syndicalistes agricoles (Michel Debatisse), etc. C'est cette équipe qui forme le « Comité national Horizon 80 », qui crée des filiales en province et qui publie en mai 1965 le livre-programme *Un nouvel horizon*. Mais, parce qu'il n'ignore pas que sa candidature est vouée à l'échec s'il n'obtient pas l'appui des forces politiques organisées qui encadrent l'opinion et qu'il est, par ailleurs, membre du parti socialiste SFIO, Gaston Defferre va s'efforcer de gagner les forces d'opposition. Non le parti communiste avec lequel il refuse toute négociation et qui, de ce fait, se montrera résolument hostile à sa candidature qui le contraindrait à présenter son propre champion, assuré de l'échec, compte tenu des règles du jeu électoral. Mais l'ensemble des autres forces de l'opposition qu'il rêve de fédérer. C'est pourquoi, après avoir obtenu en décembre 1963 le soutien du parti socialiste SFIO, le maire de Marseille s'efforce de gagner les autres forces politiques. Or il se heurte au refus très ferme du PSU, aux réticences du MRP, du parti radical, des modérés et même aux réserves de nombreuses fédérations socialistes qui souhaitent que les partis discutent d'abord d'un programme avant de choisir un homme. En fait, la candidature Defferre va être victime des incertitudes de ses objectifs.

Pour avoir voulu à la fois jouer le jeu de la modernisation des institutions et de la vie politique en acceptant la logique de la personnalisation présidentielle et l'appui des « forces vives », et celui des partis que les nouvelles règles du jeu tendent à marginaliser, le candidat va perdre sur les deux tableaux. Les hommes des comités « Horizon 80 » vont se montrer réticents envers une démarche qui risque de les intégrer aux partis politiques traditionnels à leurs yeux dépassés et pour lesquels ils n'ont que méfiance. Très vite, ils prennent leurs distances ou sont contraints de quitter les organes dirigeants des clubs. Quant aux syndicalistes, après avoir montré de l'intérêt pour le projet, la plupart se dérobent, les hommes de la CGT en suivant l'argumentation du parti communiste, ceux de la CFDT ou de la FEN par méfiance envers l'action politique directe. Cette retombée de l'appui des forces nouvelles durant l'année 1964 entraîne un tassement de l'audience de la candidature Defferre dans l'opinion.

Au début de l'année 1964, 24 à 25 % des Français se déclarent prêts à voter pour le maire de Marseille. Mais, dès mai 1964, les intentions de vote en sa faveur tombent à 13 %. L'échec de la percée dans l'opinion conduit alors Gaston Defferre à parier sur le rassemblement des forces politiques d'opposition non communistes. Aussi, dans une interview au *Monde*, en avril 1965, propose-t-il la création d'une *Fédération démocrate et socialiste* rassemblant socialistes, radicaux, MRP, modérés et membres des clubs. Ce rassemblement des « réformateurs » sera, on le sait, un nouvel échec en raison du refus des deux forces politiques les mieux structurées du rassemblement projeté, la SFIO et le MRP de perdre leur identité dans un regroupement où elles risqueraient d'être noyées sous la masse des nouveaux adhérents. L'échec du 18 juin 1965 révèle en tout cas que le phénomène circonstanciel que constitue l'opposition au gaullisme et la reconnaissance commune de leur caractère réformateur par les partis politiques sont insuffisants pour créer des solidarités abolissant les traditions politiques dont chacune se réclame. Le MRP ne peut accepter que la nouvelle fédération se déclare « socialiste », qu'elle fasse référence à la laïcité, qu'elle dialogue avec le parti communiste. La candidature Defferre n'a pu redonner à l'opposition le nouveau souffle qu'elle attendait. L'abolition des vieux clivages au nom de l'antigaullisme s'est révélée prématurée et peut-être insuffisamment mobilisatrice. L'opposition a échoué dans sa tentative d'adaptation aux nouvelles règles du jeu politique. Au début de l'été 1965, le paysage de l'élection présidentielle de décembre demeure inconnu.

*Les déclarations de candidature
et la recomposition du paysage politique.*

A dire vrai, deux candidats ont, au début de l'été 1965, déjà fait connaître leur intention de briguer les suffrages des électeurs, mais ni l'un ni l'autre n'apparaissent comme ayant la moindre chance de l'emporter. C'est en novembre 1963, lors d'un banquet tenu à Montbrison, que l'avocat d'extrême droite Jean-Louis Tixier-Vignancour a annoncé qu'il entrait en lice sur un programme de recomposition de la droite écrasée en 1962 en rassemblant les nostalgiques de Vichy, du poujadisme et de l'Algérie française. Une partie de la droite n'entend pas se lier à ce candidat compromettant et, à défaut d'une candidature d'Antoine Pinay qui comblerait ses vœux, elle va se choisir un candidat modéré, pondéré, qui se réclame du libéralisme et des valeurs morales plus que d'un programme politique. En avril 1965 une Convention nationale libérale, réunie à l'initiative de Jean-Paul David, secrétaire général du *Parti libéral européen,* désigne Pierre Marcilhacy, sénateur de la Charente-Maritime. Sa présence rejette à l'extrême droite Jean-Louis Tixier-Vignancour et il peut espérer rassembler derrière lui l'électorat centriste et modéré, à condition toutefois que les

partis représentatifs de cette tendance de l'opinion, MRP, radicaux, Centre national des indépendants et paysans, se rallient à
sa candidature. Or il n'en sera rien, si bien que Pierre Marcilhacy se trouvera vite marginalisé. Enfin, en novembre, s'ajou-
tera à ces « petits candidats » qui entendent témoigner et n'ont
guère d'espoir de l'emporter un candidat individuel, Marcel
Barbu, qui a recueilli les 100 signatures nécessaires et qui
entend exprimer « la colère et l'indignation » des simples
citoyens.

En fait, la véritable partie va se jouer, sur les ruines de la
« grande fédération » de Gaston Defferre, autour de la SFIO et
du MRP, cependant que, pour les gaullistes, nul ne doute que
le général de Gaulle se portera candidat, en dépit de son
silence. A gauche le jeu est dominé par la stratégie de Guy Mollet qui rejette l'idée qu'un socialiste puisse être candidat à
l'élection présidentielle (ne deviendrait-il pas son rival pour la
direction de la SFIO ? l'hypothèse a pesé lourd dans l'enterrement de la candidature Defferre). Le secrétaire général du parti
socialiste verrait avec faveur une candidature Pinay ou l'entrée
en lice du radical Maurice Faure (qui a les faveurs du MRP).
Mais les hésitations et les atermoiements de l'un et de l'autre
vont ouvrir la voie à une troisième solution. Le 9 septembre
1965 François Mitterrand soulignant « l'incompatibilité d'hu-
meur [...] entre le général de Gaulle et la démocratie » décide
de se porter candidat au nom de cette dernière. Les contacts
pris durant l'été lui garantissent, outre l'appui de la Convention des institutions républicaines, celui du parti socialiste
SFIO (le candidat n'est pas socialiste et ne peut être tenu pour
le représentant d'aucune force politique constituée), celui du
parti communiste (avec lequel il ne négocie pas, mais qu'il
« informe » de ses intentions) et enfin celui de Pierre Mendès
France qui permet de neutraliser le PSU (qui finira en octobre
par se rallier à sa candidature). Quelques jours plus tard, et
après bien des hésitations, le parti radical demande à ses adhérents de voter pour François Mitterrand et il se donne en René
Billières un président plus marqué à gauche que Maurice Faure
(qui penche pour une alliance avec le MRP). François Mitterrand apparaît donc fin octobre comme le candidat unique de la

« gauche » (du centre gauche radical à l'extrême gauche communiste). Sa tentative, bien que, comme celle de Gaston Defferre, elle soit celle d'un homme et non d'un parti, est plus soucieuse de l'avis des formations organisées avec lesquelles des contacts préalables ont été pris. En revanche, à la différence de celle du maire de Marseille, la candidature Mitterrand inclut le parti communiste et laisse de côté droite et centre droit. Au demeurant, parallèlement à cette candidature de gauche s'opère un rassemblement des forces politiques de la gauche non communiste autour du candidat puisque le parti socialiste, le parti radical et les clubs de la Convention des institutions républicaines décident de constituer le 10 septembre la *Fédération de la gauche démocrate et socialiste*.

Entraînés malgré eux et à leur corps défendant dans la tentative Defferre, démocrates chrétiens et modérés ont salué avec soulagement l'échec du maire de Marseille en juin 1965. La candidature Mitterrand est inacceptable pour la plupart d'entre eux, aussi bien en raison de la personnalité et du passé du député de la Nièvre (homme de gauche, mendésiste, farouchement opposé au gaullisme) qu'en raison de l'appui qu'il reçoit du parti communiste. Leur espoir réside dans Antoine Pinay qu'ils considèrent comme seul capable de mettre en échec le général de Gaulle. Mais celui-ci, qui se réserverait volontiers pour le rôle de recours, est peu enthousiaste à l'idée d'une défaite face au chef de l'État. Aussi, tout en laissant filtrer l'idée qu'il pourrait se dévouer en cas de « circonstances dramatiques », affirme-t-il qu'il n'est pas candidat (et les sondages effectués montrent de fait qu'il serait largement battu par le général de Gaulle). Après de multiples démarches, les hommes du centre droit et de la droite, convaincus que l'ancien ministre des Finances se dérobera, cherchent une solution de rechange. Après avoir pris contact avec Émile Roche, président du Conseil économique et social, Louis Armand, ancien président de la SNCF et d'Euratom qui se veut un technicien apolitique, Pierre Sudreau, ancien ministre du général de Gaulle qui a démissionné en octobre 1962 en raison de son désaccord sur l'élection du président de la République au suffrage universel, leur choix se porte finalement le 19 octobre sur le président du

MRP, Jean Lecanuet, qui s'affirme comme un candidat « démocrate, social et européen » (trois qualificatifs qui montrent sur quels points il entend combattre le général de Gaulle, lui reprochant ainsi implicitement le pouvoir personnel, l'absence de politique sociale et une vision européenne nationaliste à l'excès). En fait, appuyé par le MRP, les modérés et quelques radicaux, Jean Lecanuet va surtout jouer sur l'image de la jeunesse, du modernisme, se voulant, après Gaston Defferre, le « Kennedy français ».

Le dernier candidat à faire connaître ses intentions est le général de Gaulle lui-même qui attend le 4 novembre pour se prononcer (mais, à vrai dire, personne ne doutait de son entrée en lice). L'allocution radiotélévisée par laquelle il annonce sa candidature dramatise d'emblée l'enjeu de la consultation. Les sondages que nous avons évoqués plaçant au premier plan des motifs de satisfaction des Français depuis l'avènement de la Ve République la stabilité gouvernementale, c'est sur elle qu'insiste le chef de l'État, situant l'enjeu de la consultation au niveau du maintien de cette stabilité : « Que l'adhésion franche et massive des citoyens m'engage à rester en fonctions, l'avenir de la République nouvelle sera décidément assuré. Sinon personne ne peut douter qu'elle s'écroulera et que la France devra subir – mais cette fois sans recours possible – une confusion de l'État encore plus désastreuse que celle qu'elle connut autrefois. » Discours que l'opposition traduira par « moi ou le chaos », accusant le chef de l'État de déplacer l'enjeu du scrutin en agitant la menace d'une crise de régime. Mais il est vrai qu'il s'agit là sans doute d'un argument décisif.

Un mois avant les élections, le paysage de celles-ci est donc en place. La partie va se jouer entre trois grands candidats, le général de Gaulle, François Mitterrand, Jean Lecanuet. Derrière eux s'esquisse une recomposition du paysage politique en quatre grandes forces qui se regroupent pour soutenir les trois champions : le gaullisme appuyant son fondateur, la gauche soutenant François Mitterrand dans sa double composante communiste et non communiste, la droite et le centre droit rassemblés par Jean Lecanuet.

Une campagne électorale porteuse de nouveautés.

Première élection directe du président de la République au suffrage universel, le scrutin de décembre 1965 séduit d'abord les Français par son caractère inédit. Mais, surtout, il présente tous les caractères d'une campagne électorale moderne par le fait que, pour la première fois dans l'histoire française, l'usage de la télévision permet aux candidats de toucher pratiquement toute l'opinion publique en même temps et que, par ailleurs, l'usage généralisé des sondages va donner (là encore pour la première fois) à l'ensemble des électeurs une image quasi instantanée de l'évolution des intentions de vote des Français.

A l'origine, la campagne électorale apparaît comme devant être sans surprise puisque le premier sondage de l'IFOP réalisé entre le 22 octobre et le 5 novembre (donc préalablement à la déclaration de candidature du chef de l'État) prévoit la réélection sans difficulté du général de Gaulle au premier tour par 66 % des suffrages contre 23 % à François Mitterrand et 5 % à Jean Lecanuet (et autant à Jean-Louis Tixier-Vignancour). Si bien que l'intérêt pour les candidats d'opposition semble se réduire à la nature de leur témoignage. Le résultat paraît si clairement acquis que le président de la République qui montre peu de goût pour l'épreuve électorale décide de ne pas utiliser le temps de parole qui lui est attribué à la télévision. Or l'apparition sur les écrans familiaux des dirigeants de l'opposition qui en sont habituellement exclus provoque un effet de choc. D'abord parce que les téléspectateurs accoutumés à entendre les journalistes répercuter les vues du pouvoir se montrent sensibles aux critiques émises par les candidats de l'opposition à l'encontre du gouvernement ou du chef de l'État et se révèlent d'autant plus attentifs aux propositions de leurs adversaires qu'elles rendent un son inattendu. Ensuite parce que l'apparition sur les écrans d'hommes jeunes (François Mitterrand a 49 ans et Jean Lecanuet 45), convaincus, éloquents, séduit une partie du public et fait, par contraste, cruellement ressortir l'âge du général de Gaulle (qui a 75 ans) et dont les idées sont depuis longtemps ressassées par les médias. Les affiches des

deux principaux candidats d'opposition insistent d'ailleurs sur
ce thème de la jeunesse (« Un président jeune pour une France
moderne », « La France en marche », « Pour une France nouvelle »). Si chacun des candidats d'opposition met l'accent sur
des thèmes mobilisateurs pour le secteur de l'opinion qu'il
cherche à séduire (la justice sociale pour le candidat de la
gauche ou l'Europe pour celui du centrisme d'opposition), c'est
surtout leur image télévisuelle qui frappe l'opinion et la conviction de François Mitterrand ou le sourire de Jean Lecanuet
bouleversent les pronostics du début de campagne.

L'usage généralisé des sondages d'opinion permet de suivre
les effets de la campagne présidentielle. Sans doute s'agit-il de
photographies successives de l'opinion, mais leur publication
n'est nullement neutre et les tendances qu'elles révèlent inflé-
chissent à leur tour le jugement des électeurs et contribuent à
renforcer les mouvements constatés. Or celui qui est mis en
évidence est clair : il consiste en la montée régulière de la cote
des deux principaux candidats d'opposition. François Mitter-

ÉVOLUTION DES INTENTIONS DE VOTE
AU COURS DE LA CAMPAGNE ÉLECTORALE
1er tour
sur 100 personnes
qui indiquent le sens de leur vote
en pourcentage

	22 octobre 5 novembre	6 au 16 novembre	17 au 27 novembre	1er et 2 décembre	Élection 5 décembre
	Sondages préélectoraux				
De Gaulle	66	61	46,5	43	43,7
Mitterrand	23	24	28	27	32,2
Lecanuet	5	7	14	20	15,9
Tixier-Vignancour	5	7	7	7	5,3
Marcilhacy	1	1	3	2	1,7
Barbu	–	–	1,5	1	1,2
	100 %	100 %	100 %	100 %	100 %

Source : IFOP (33), p. 228.

5 DÉCEMBRE 1965
VOTES GÉNÉRAL DE GAULLE

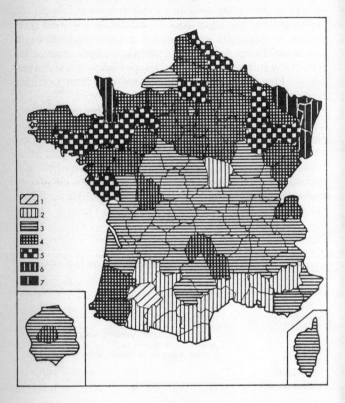

% des inscrits
1. 18 à 23,9 – **2.** 24 à 29,9 – **3.** 30 à 35,9 – **4.** 36 à 41,9
5. 42 à 47,9 – **6.** 48 à 53,9 – **7.** 54 à 59,9

Source : F. Goguel, *Chroniques électorales,* Presses de la FNSP,
1983, t. 2, p. 390.

5 DÉCEMBRE 1965
VOTES FRANÇOIS MITTERRAND

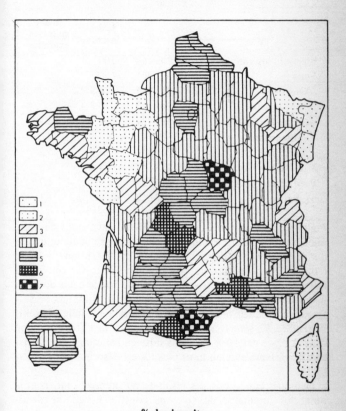

% des inscrits
1. 6 à 11,9 – **2.** 12 à 17,9 – **3.** 18 à 23,9 – **4.** 24 à 29,9
5. 30 à 35,9 – **6.** 36 à 41,9 – **7.** 42 à 44,3

Source : F. Goguel, *Chroniques électorales,* Presses de la FNSP,
1983, t. 2, p. 391.

ÉLECTION PRÉSIDENTIELLE DU 5 DÉCEMBRE 1965
1er tour

		% des inscrits	% des suffrages exprimés
Électeurs inscrits	28 233 167	100	
Votants	24 001 961		
Abstentions	4 231 206	14,9	
Blancs et nuls	244 292	0,8	
Général de Gaulle	10 386 734	36,7	43,7
F. Mitterrand	7 658 792	27,1	32,2
J. Lecanuet	3 767 404	13,3	15,8
J.-L. Tixier-Vignancour	1 253 958	4,4	5,2
P. Marcilhacy	413 129	1,4	1,7
M. Barbu	277 652	0,9	1,1

rand passe en un mois de 23 à 27 % des intentions de vote, mais, surtout, Jean Lecanuet effectue une spectaculaire percée qui le situe début décembre à 20 % des intentions de vote (contre 5 % début novembre). Comme l'électorat sur lequel mord le candidat centriste est en grande partie celui du gaullisme, l'effet mécanique de cette percée est de diminuer les suffrages sur lesquels peut compter le général de Gaulle. A la mi-novembre, les sondages révèlent que le chef de l'État est tombé sous la barre des 50 % et que sa mise en ballottage qui paraissait invraisemblable un mois plus tôt est désormais une possibilité.

Dans ces conditions, les résultats du premier tour, confirmant les intentions de vote, ne constituent qu'une demi-surprise. Alors que 85 % des Français ont participé au vote, le général de Gaulle est effectivement mis en ballottage, ayant obtenu, comme les sondages le prévoyaient, 43 % des suffrages exprimés. Principal responsable de cette évolution, Jean Lecanuet enregistre une relative déception, son score de 15,8 % étant inférieur de plus de 4 points aux prévisions des instituts. En revanche, avec 32,2 % des suffrages, François Mitterrand réalise une excellente opération qui le situe 5 % au-dessus des intentions de vote et fait de lui, pour le second tour, le candidat de l'opposition face au chef d'État.

Les résultats de ce premier tour du scrutin présidentiel ne laissent pas d'être paradoxaux. Pour le général de Gaulle, la déception est évidente puisque personne ne pouvait sérieusement penser que le personnage historique qui gouverne la France et qui s'apprêtait à une réélection sans campagne connaîtrait l'humiliation d'une mise en ballottage et se verrait contraint de courtiser l'électeur en vue du second tour. Aussi ce résultat est-il généralement interprété comme un signe d'une certaine usure du gaullisme dans l'opinion, d'un sourd malaise des Français qui ont voulu donner un net avertissement à l'impérieux souverain qui les gouverne depuis sept ans.

Par contrecoup, les résultats de l'opposition apparaissent spectaculaires et inespérés. La gauche, vaincue en 1958, apparemment incapable de trouver un champion à opposer au chef de l'État, réalise un score inattendu et voit son candidat devenir celui de l'opposition pour le second tour. Quant au centrisme d'opposition, il vient de trouver en Jean Lecanuet un fédérateur qui a prouvé par la percée électorale qu'il a su réaliser qu'il était en mesure de faire véritablement exister une force politique à la recherche d'elle-même.

Sans doute une analyse plus sereine des résultats électoraux (comparés par exemple aux élections législatives de 1962) conduirait-elle à nuancer ces impressions. Après tout, le général de Gaulle a accru de plus de 7 points les résultats cumulés de l'UNR et des républicains indépendants, il a obtenu la majorité absolue des suffrages exprimés dans 13 départements (en particulier dans les bastions traditionnels de la droite que sont l'Ouest intérieur et l'Est) et est arrivé en tête dans 70 autres, établissant une véritable prédominance dans la France du Nord où la gauche se trouve balayée. Après tout, les 32,2 % obtenus par François Mitterrand sont inférieurs de 12 points au total cumulé des voix obtenues par les partis qui le soutenaient aux élections de 1962 ; seul Jean Lecanuet a fait mieux que les candidats MRP et modérés hostiles au général de Gaulle en 1962 (mais MRP et indépendants pris dans leur tota-

ÉLECTION PRÉSIDENTIELLE DE 1965
2ᵉ tour, 19 décembre 1965

		% des inscrits	% des suffrages exprimés
Électeurs inscrits	28 233 198	100	
Votants	23 862 653		
Abstentions	4 360 545	15,4	
Blancs et nuls	665 141	2,3	
Général de Gaulle	12 643 527	44,7	54,5
F. Mitterrand	10 553 985	37,3	45,5

lité représentaient en 1962 18,5 % des suffrages exprimés). Il n'importe. Puisque Charles de Gaulle a fait de l'élection présidentielle non une affaire de partis, mais un combat de personnalités, il apparaît, contre toute évidence, comme le vaincu du premier tour. Si bien qu'il va devoir s'employer à convaincre ses concitoyens pour éviter une mauvaise surprise au second tour face à un adversaire dont la pugnacité naturelle se trouve accrue par les résultats qui le consacrent comme le champion de l'opposition.

La loi électorale disposant que seuls les deux candidats arrivés en tête au premier tour peuvent se maintenir au second, seuls le général de Gaulle et François Mitterrand peuvent participer au duel décisif. Or celui-ci est loin d'être joué et, sur le papier, le chef de l'État est même potentiellement vaincu puisque ses quatre compétiteurs, éliminés au premier tour, se désistent virtuellement en faveur de son adversaire, MM. Barbu et Tixier-Vignancour explicitement, MM. Marcilhacy et Lecanuet en invitant les électeurs à ne pas voter pour le chef de l'État. Aussi celui-ci doit-il véritablement faire campagne pour convaincre les Français ; il le fera sous une forme habile en se prêtant à une série de trois interviews avec le journaliste Michel Droit, au cours desquels il justifie les divers aspects de la politique suivie depuis 1958, tout en se montrant moins olympien que dans ses allocutions et conférences de presse, plus proche des préoccupations des Français. De son côté, M. Mitterrand mène une campagne de rassemblement sur des thèmes unificateurs capables de mobiliser les électorats des candidats éliminés au premier tour, en se présentant comme le candidat de « tous les républicains » et l'adversaire déterminé du gaullisme.

Annoncés par les sondages, les résultats sont sans surprise : le 19 décembre 1965, avec une participation électorale presque aussi importante qu'au premier tour, le général de Gaulle l'emporte par 54,5 % des suffrages contre 45,5 %.

L'analyse du scrutin montre que les 2 250 000 voix gagnées par le général de Gaulle entre les deux tours proviennent majoritairement de l'électorat du centrisme d'opposition : ce sont les électeurs de Jean Lecanuet qui, en choisissant le général de Gaulle plutôt que le candidat unique de la gauche, ont fait pencher la balance de manière décisive en faveur du chef de l'État. Du même coup, le problème du devenir de cette famille politique devient l'une des clés de la vie politique française. Se constituera-t-elle en force autonome capable de peser sur les choix nationaux comme l'espèrent ses dirigeants, à commencer par Jean Lecanuet, ou ne sera-t-elle qu'un enjeu disputé entre le gaullisme et la gauche, à la recherche de majorités stables ?

Quoi qu'il en soit, l'élection présidentielle de 1965 apparaît comme un tournant fondamental dans l'histoire de la République gaullienne. Première grande élection nationale qui échappe au poids déterminant du conflit algérien, elle voit certes la confirmation du pouvoir de Charles de Gaulle qui l'a nettement emporté. Mais, en même temps, parce que cette victoire n'a été acquise qu'au second tour, au prix d'une campagne difficile, elle porte un coup au prestige du président de la République qui a été contesté, a dû descendre de l'Olympe où il se complaît, parler non seulement des institutions ou de la stratégie mondiale, mais aussi des préoccupations quotidiennes des Français. Le de Gaulle des débuts du second septennat n'est plus le personnage hors du commun qu'il était depuis son retour au pouvoir, et les électeurs (dans une proportion de 45 %) lui ont signifié leur mécontentement d'une politique

économique et sociale qui ne répond pas à leurs vœux ou d'un
style de gouvernement hautain qui ne correspond pas à la
conception qu'ils se font de la démocratie. Cet affaiblissement
du président de la République a pour contrepartie le renforcement de l'opposition. Écrasée en 1962, elle retrouve en 1965
une crédibilité certaine, puisque, rassemblée, elle est parvenue
à réunir près de la moitié des électeurs. Privée de véritable leader capable de mobiliser l'opinion à la veille du scrutin, elle se
trouve dotée quelques semaines plus tard de deux dirigeants de
premier plan ayant fait leurs preuves, éclipsant les appareils de
partis et apparaissant aux yeux des Français comme ayant
vocation à rassembler les forces politiques dont ils ont été les
champions. Vaincus par le général de Gaulle, François Mitterrand et Jean Lecanuet sont les grands bénéficiaires du premier
scrutin présidentiel au suffrage universel. Si bien que rien n'apparaît joué fin 1965 puisqu'un « troisième tour » du combat
entre gaullisme et opposition se profile à l'horizon avec les
élections législatives de 1967.

Un affrontement longuement préparé.

Dès les lendemains de l'élection présidentielle de 1965
commence la préparation des élections législatives de 1967.

La majorité tente de tirer les leçons de la mise en ballottage
du général de Gaulle et de la sous-estimation de l'opposition
qui a été à l'origine de la déconvenue du 5 décembre 1965. Si
Georges Pompidou est confirmé dans ses fonctions de Premier
ministre comme l'opinion s'y attendait, son gouvernement est
modifié pour tenir compte des réserves manifestées par le
corps électoral sur la politique économique et sociale du gouvernement. C'est ainsi que Valéry Giscard d'Estaing, ministre
de l'Économie et des Finances, jugé responsable de l'échec relatif du général de Gaulle pour avoir trop tardé à mettre en
œuvre le plan de stabilisation et l'avoir ensuite trop longtemps
prolongé, perd son portefeuille et préfère quitter le gouvernement plutôt qu'accepter le ministère de l'Équipement qu'il juge
indigne de lui. Éviction dont les conséquences politiques sont
lourdes, puisque le leader des républicains-indépendants peut
désormais tenter d'affirmer ouvertement l'identité du groupe

qu'il préside sans se trouver lié par une contraignante solidarité gouvernementale. Il est remplacé à l'Économie et aux Finances par Michel Debré, beaucoup plus dirigiste et réformateur que son prédécesseur et qui, durant la campagne électorale, s'est montré un remarquable auxiliaire du chef de l'État en débattant avec Pierre Mendès France dans ce qui a été un des grands moments de la campagne électorale. Non moins significatives sont les entrées au gouvernement d'Edgar Faure, ancien président du Conseil de la IVe République, qui reçoit le portefeuille de l'Agriculture afin d'apaiser un monde paysan perturbé par les réformes d'Edgard Pisani et qui a témoigné son malaise en votant massivement pour Jean Lecanuet, et de Jean-Marcel Jeanneney, placé à la tête d'un grand ministère des Affaires sociales. Si ces gestes sont significatifs, ils n'entraînent cependant pas de réels changements politiques, si on met à part la loi de décembre 1966 sur la formation professionnelle et la promotion sociale qui traduit le désir du nouveau gouvernement de reprendre à son compte le vieil idéal d'intégration par l'ascension sociale de la IIIe République. Mais, dans le domaine social, le pouvoir n'entend pas dépasser l'encouragement à la promotion par la formation. C'est ainsi que la participation des salariés au capital de l'entreprise, la vieille « association capital-travail » préconisée par les gaullistes de gauche, est proprement enterrée en octobre 1966. C'est en juillet 1965 que l'Assemblée nationale avait voté « l'amendement Vallon » destiné à garantir « les droits des salariés sur l'accroissement des valeurs d'actifs des entreprises dû à l'autofinancement ». Mais ce texte suscite la méfiance des syndicats et l'hostilité du patronat et de l'administration. Les réserves de Michel Debré, le scepticisme de Georges Pompidou poussent le général de Gaulle à en approuver le principe, mais à en ajourner l'application lors de sa conférence de presse du 28 octobre 1966.

Si le second septennat du chef de l'État commence sous le signe de velléités sociales sans véritable lendemain, dont l'origine paraît bien résider dans les enseignements du scrutin présidentiel, on ne constate aucun infléchissement en matière de politique étrangère, bien au contraire. Le second septennat voit le raidissement des positions antérieures, sans aucun égard aux critiques formulées en décembre 1965 par la gauche ou le centrisme d'opposition en ce domaine : la France impose à l'Europe des Six le « compromis de Luxembourg », elle quitte le commandement intégré de l'OTAN, commence les premières expériences nucléaires à Mururoa, cependant que le chef de l'État manifeste envers les États-Unis une indépendance non exempte de défi en se rendant à Moscou en juin 1966 et en prononçant en septembre le discours de Phnom-Penh[1]. Ce n'est donc nullement un chef d'État affaibli, mais un président impérieux et sûr de lui qui sort de l'épreuve de fin 1965. La même pugnacité vaut au niveau de la préparation des élections. Promu chef d'état-major de la majorité, le Premier ministre Georges Pompidou entend réduire d'emblée les velléités d'autonomie de Valéry Giscard d'Estaing. Le 1er juin 1966, celui-ci crée la Fédération nationale des républicains-indépendants qui paraît reprendre à son compte une partie du programme du centrisme d'opposition en se déclarant « libérale, centriste et européenne ». Mais les limites d'une fronde possible au sein de la majorité ont d'ores et déjà été tracées par le Premier ministre : en mai 1966 celui-ci a imposé l'idée d'une candidature unique de la majorité dans toutes les circonscriptions et la création d'un « Comité d'action pour la Ve République » chargé de distribuer les investitures. La marge de manœuvre de l'ancien ministre des Finances se trouve réduite d'autant et il ne peut marquer vis-à-vis des orientations du pouvoir que des réserves mineures destinées à préserver l'identité de son groupe. Ce sera le cas lors de sa conférence de presse du 10 janvier 1967 où, définissant l'attitude des républicains-indépendants au sein de la majorité, il formule le célèbre « oui, mais... », « oui » à la majorité, « mais » avec la ferme volonté de « peser sur ses orientations ».

Le même souci de se préparer avec soin au scrutin de 1967 est perceptible à gauche. Après l'élection de décembre 1965, François Mitterrand se préoccupe de resserrer les liens de la Fédération de la gauche démocrate et socialiste, créée en sep-

---

1. Voir chap. 7.

tembre pour soutenir sa candidature et rassemblant les socialistes, les radicaux et les clubs de la Conventions des institutions républicaines. Malgré les rivalités des trois formations, il parvient à imposer le principe d'une candidature unique de la FGDS par circonscription lors des élections de 1967. Dans cette perspective François Mitterrand décide en mai 1966 de créer une « équipe formatrice du contre-gouvernement » sur le modèle du *shadow-cabinet* britannique. Initiative malheureuse dans la mesure où, pour lier entre elles les forces politiques incluses dans la FGDS, il place aux divers secteurs de cette « équipe formatrice » les dirigeants de ces formations, dont certains apparaissent typiquement comme des hommes de la IVe République, à l'instar de Guy Mollet, ou sont des technocrates inconnus du grand public. Du même coup, la tentative provoque la déception d'une opinion de gauche qui s'attendait à la surrection d'un courant vraiment novateur. L'archaïsme de la démarche est d'ailleurs souligné par la tenue au même moment – mai 1966 – du colloque de Grenoble, réuni à l'initiative du PSU, du Club Jean-Moulin, des syndicalistes, d'intellectuels, et où l'on débat d'un programme neuf pour l'opposition, adapté à la France de la croissance.

Toutefois, après le pas de clerc du contre-gouvernement, l'adoption en juillet 1966 d'un programme qui indique les grands choix de la FGDS en matière d'institutions, de politique économique et sociale, de politique étrangère, puis la conclusion, le 20 décembre 1966, d'un accord de désistement pour le second tour entre le parti communiste et la Fédération fait de celle-ci la force principale de l'opposition de gauche non communiste, d'autant que le PSU, qui s'était jusqu'alors tenu à l'écart de ces manœuvres politiciennes, décide, en janvier 1967, de se rallier à l'accord de désistement électoral entre le parti communiste et la FGDS. Il s'y ajoute le fait que cette dernière s'affirme prête (à la différence du PC et du PSU) à favoriser l'élection d'un candidat centriste hostile au « pouvoir personnel » dans les circonscriptions où la gauche ne peut espérer l'emporter.

Or, au même moment, les forces politiques qui ont soutenu Jean Lecanuet décident à leur tour de rendre permanent leur rassemblement. Dès le lendemain du premier tour des élections présidentielles de 1965, Jean Lecanuet avait proposé la constitution d'un *Centre démocrate*. Celui-ci est officiellement formé le 2 février 1966 et regroupe pour l'essentiel le MRP, le Centre national des indépendants et paysans et quelques radicaux qui suivent Maurice Faure (mais qui, sur injonction de leur parti, membre de la FGDS, seront contraints à se retirer). Le Centre démocrate apparaît ainsi comme une force politique fortement marquée au centre droit et qui s'apprête à consolider le courant d'opinion qui s'est concrétisé en décembre 1965 sur la personne de Jean Lecanuet. La stratégie du Centre démocrate est moins de chasser le gaullisme du pouvoir que de peser sur lui, en l'obligeant à tenir compte des vues d'un groupe politique qui, comme les partis charnières des IIIe et IVe Républiques, serait indispensable à la formation de la majorité. A bien des égards, la tactique du Centre démocrate est parallèle à celle des républicains-indépendants (et on a déjà noté le parallélisme de leur programme), la seule différence portant sur le fait que l'un des groupes agit à l'intérieur de la majorité et l'autre (provisoirement) à l'extérieur.

Les élections de 1967, nouvelle déconvenue pour le pouvoir.

Si le gaullisme et l'opposition se préparent avec un soin égal au « troisième tour » que pourraient représenter les élections législatives de 1967, ni les forces politiques ni l'opinion n'en attendent de grands bouleversements. Sans doute se pose-t-on les questions rituelles sur les conséquences d'une éventuelle défaite de la majorité gaulliste qui contredirait le résultat acquis en 1965, mais il s'agit là, estime-t-on, d'une simple hypothèse d'école. Les prévisions des instituts de sondage attribuent en effet 37 à 38 % des suffrages du premier tour à la majorité gaulliste, 21 à 24 % au parti communiste, 20 à 23 % à la FGDS, 14 % au Centre démocrate, ce qui conduit à des simulations de sièges qui, quelle que soit l'hypothèse retenue, donnent une nette majorité aux candidats du Comité d'action pour la Ve République. De surcroît, le Premier ministre Georges Pompidou conduit une campagne habile et dynamique, contrôlant de très près la cohésion de la majorité et payant de sa personne, les deux grands débats au cours desquels il polémique avec François Mitterrand à Nevers le 22 février, avec Pierre Mendès France à Grenoble le 27 février, apparaissant comme des sommets de la préparation des élections. Enfin, le général de Gaulle lui-même, ayant pu mesurer les inconvénients de sa trop grande réserve lors du premier tour des présidentielles de décembre 1965, jette son poids dans la balance. Le 9 février, il intervient à la télévision pour mettre en garde les Français contre les trois oppositions « juxtaposées pour détruire [...] incapables de construire », propos qu'il reprend le 4 mars à la veille du premier tour, après la clôture de la campagne électorale, ce qui provoque une polémique portant aussi bien sur le respect des dispositions constitutionnelles qui font du chef de l'État un arbitre que sur le principe de l'égalité des antennes entre majorité et opposition et sur l'interdic-

ÉLECTIONS LÉGISLATIVES DU 5 MARS 1967		
1er tour		
	% des inscrits	% des suffrages exprimés
Électeurs inscrits	28 291 838	100	
Votants	22 887 151		
Abstentions	5 404 687	19,1	
Blancs et nuls	494 834	1,7	
Parti communiste	5 029 808	17,7	22,4
Extrême gauche	506 592	1,7	2,2
FGDS	4 207 166	14,8	18,7
Comité d'action Ve République	8 453 512	29,8	37,7
Gaullistes dissidents	104 544	0,3	0,4
Centre démocrate	3 107 447	10,6	13,4
Divers	878 472	3,1	3,9
Extrême droite	194 776	0,6	0,8

tion de toute propagande électorale après la clôture de la campagne.

Quoi qu'il en soit, les résultats du premier tour le 5 mars au soir témoignent d'une forte participation des Français (plus de 80 %) et d'une grande stabilité du corps électoral.

La première leçon des élections de 1967 est la constatation que le gaullisme accentue son emprise sur l'opinion. Sans doute les républicains-indépendants et un certain nombre de modérés se sont-ils ajoutés à l'UNR-UDT au sein du Comité d'action pour la Ve République, mais, même en tenant compte de ce reclassement, le gaullisme progresse de près de deux points établissant avec 37,7 % des suffrages un nouveau record historique. Cette remarque faite, qui place le gaullisme au premier rang des forces politiques françaises, il faut noter qu'il n'est pas majoritaire dans le pays si on considère que l'ensemble des autres forces s'oppose à lui.

Au sein de l'opposition, les conclusions diffèrent selon que l'on considère la gauche, le centrisme d'opposition ou la droite. La gauche progresse très légèrement, surtout dans sa composante communiste. Sorti de son ghetto politique, ayant loyalement joué le jeu de l'union de la gauche en acceptant de passer des accords de désistement avec la FGDS et le PSU, le parti communiste améliore de 0,7 % son score de 1962, progressant en particulier dans les régions ouvrières touchées par la récession entraînée par le Plan de stabilisation (Lorraine ou Doubs). En revanche, la constitution de la FGDS n'a visiblement pas provoqué l'enthousiasme du pays, et la percée électorale attendue par François Mitterrand ne se réalise pas. Avec 18,7 % des suffrages, la Fédération ne fait que maintenir l'addition des voix obtenues en 1962 par les forces qui la composent. Écrasée en 1962, l'extrême droite ne sort guère de son néant. La grande victime des élections, dans le cadre du maintien général constaté, est le Centre démocrate. Avec 13,4 % des suffrages exprimés, il reste en deçà des résultats obtenus par Jean Lecanuet aux élections présidentielles de 1965 et ne réalise pas cette poussée qui aurait pu le constituer en arbitre du jeu politique français.

On est donc conduit à parler à propos du premier tour des

élections de 1967 de très grande stabilité, ce qui constitue une déception pour les adversaires du gaullisme qui espéraient capitaliser l'audience acquise par les champions de l'opposition en 1965. La configuration politique de la France paraît figée.

Or, contre toute attente, le second tour va provoquer la surprise que les résultats du premier rendaient improbable. Alors que les scores enregistrés auraient dû conduire au soir du 12 mars à un nouveau triomphe de la majorité, d'ailleurs prévu par les instituts de sondage, il s'en faut de très peu que celle-ci ne perde sa prépondérance à l'Assemblée nationale. Sur 470 sièges en métropole, le gaullisme n'en conquiert que 233 ; il faudra le vote de l'outre-mer pour que les gaullistes s'assurent une étroite marge de sécurité, disposant finalement de 247 sièges sur 487.

Comment expliquer cette fragile victoire, obtenue sur le fil du rasoir et qui a fait passer sur la France, quelques heures durant, le frisson de la crise de régime ? En premier lieu par le fait que les gaullistes rassemblent moins de 38 % des suffrages des Français et que, dans un grand nombre de circonscriptions, la marge entre majorité et opposition est relativement étroite. Dans ce contexte, la stabilité des suffrages du premier tour conduit à l'idée que le second sera sans surprise, ce qui aboutit

ÉLECTIONS LÉGISLATIVES DES 5 ET 12 MARS 1967
résultats en sièges

Majorité		Opposition		Comparaison avec 1962
Union des démocrates V^e	200			– 33
Républicains-indépendants	44			+ 9
		Parti communiste	73	+ 32
		FGDS	121	+ 16
		Progrès et démocratie moderne	41	– 14
Non-inscrits : 8				– 5

à une certaine démobilisation, en particulier chez les électeurs
du centre qui ne votent pour la majorité au tour décisif que par
crainte d'une crise de régime. De plus, l'alliance électorale
entre le parti communiste et la FGDS joue à plein et même au-
delà des accords passés, puisque des communistes arrivés au
premier tour devant des candidats de la FGDS se désistent en
leur faveur lorsqu'ils considèrent qu'ils ont plus de chances
qu'eux-mêmes de l'emporter. Enfin, la crainte d'une écrasante
victoire gaulliste conduit une partie de l'électorat centriste à
voter pour l'opposition afin de donner un avertissement (qui
paraît sans frais) au général de Gaulle et à ses partisans. Le
résultat est inattendu : tandis que le centrisme d'opposition fait
figure de grand vaincu du scrutin, la gauche battue d'une
courte tête est la grande triomphatrice, les communistes passant de 41 à 73 élus et la gauche non communiste de 105 à 121
(dont 76 socialistes, 24 radicaux, 16 membres de la Convention des institutions républicaines et 5 « divers gauches »).

Après sa déception des élections présidentielles et en dépit
de son score du premier tour, la majorité a frôlé de peu une
défaite historique et la crise de régime. L'atmosphère politique
des années 1967-1968 va s'en ressentir.

Une atmosphère politique alourdie.

La double déconvenue que constituent pour la majorité les
consultations électorales de 1965 et de 1967 donne à l'opinion
le sentiment d'un affaiblissement du pouvoir qui se trouve
désormais à la merci du premier incident venu. C'est ce qu'exprime Pierre Mendès France en déclarant au soir des élections
que le second tour ne clôt pas l'affrontement entre la Ve République et ses adversaires et que la législature n'ira sans doute
pas à son terme normal. De fait, l'opposition, encouragée par la
fragilité révélée du pouvoir, va accentuer son action contre le
gouvernement. Sur le plan parlementaire, elle le prouve en
conduisant une offensive acharnée contre la procédure des
ordonnances décidée par le pouvoir afin de prendre des
mesures d'urgence dans l'ordre économique et social. Trois
motions de censure successives, déposées par l'opposition les
20 mai, 9 et 16 juin, n'échouent qu'à quelques voix. Mais cette

procédure des ordonnances qui prend figure de dessaisissement du Parlement nouvellement élu jette le trouble au sein
même du gouvernement, entraînant la démission du ministre
Edgard Pisani. Parallèlement, les syndicats accentuent leur
opposition à la politique sociale du gaullisme, organisant
grèves et manifestations qui connaissent un incontestable succès et traduisent, comme les élections, le sourd malaise qui
s'installe dans l'opinion. L'opposition de gauche, sentant le
pouvoir ébranlé, accentue ses efforts pour le déstabiliser. Elle
est d'ailleurs encouragée par le succès qu'elle remporte aux
élections cantonales de l'automne 1967 et elle s'efforce de s'organiser. Les efforts de François Mitterrand pour aboutir à une
véritable fusion des trois familles composant la FGDS
paraissent sur le point d'aboutir lorsque le 29 février 1968,
après de laborieuses discussions sur la pondération entre les
trois formations au sein des organes dirigeants, le Comité exécutif et le Bureau politique de la FGDS se réunissent et portent
le candidat unique de la gauche en 1965 à la présidence de l'organisation. Si le PSU refuse de rejoindre la Fédération, celle-ci
discute avec le parti communiste des bases d'un éventuel programme commun qui aboutit, en février 1968, à un inventaire
préalable des thèmes d'accord et des points de divergence.

Si la gauche semble ainsi parvenir à se recomposer, le centre
d'opposition paraît, pour sa part, condamné à l'impuissance et
à la division. Pour constituer un groupe parlementaire, le
groupe *Progrès et démocratie moderne,* les élus du Centre
démocrate ont dû s'unir à d'autres centristes qui se sentent peu
éloignés de la majorité. Si bien qu'une division se fait jour chez
les centristes entre les opposants déterminés au gaullisme
conduits par Jean Lecanuet et Pierre Abelin (respectivement
président et secrétaire général du Centre démocrate) et une tendance gestionnaire tentée par le ralliement au pouvoir et dirigée par Jacques Duhamel, président du groupe PDM, et Joseph
Fontanet.

Enfin et surtout, le chef de l'État va contribuer à l'alourdissement du climat politique en affectant de considérer comme
une péripétie qui ne touche pas à l'essentiel le résultat des élections législatives. Il montre ostensiblement son mépris envers

les nouveaux élus en décidant de les dessaisir par la procédure des ordonnances. Il maintient en fonctions des ministres battus aux élections comme Maurice Couve de Murville et Pierre Messmer, qui demeurent aux Affaires étrangères et aux Armées. Et, par-dessus tout, il prend, en 1967, sur les problèmes de politique étrangère, des positions qui montrent qu'il n'entend nullement tenir compte des vues du monde politique, fussent-elles celles de la majorité. C'est ainsi qu'en juin 1967, après la « guerre des Six Jours », il condamne l'agression israélienne et décide l'embargo sur les armes à destination du Proche-Orient et que, en juillet 1967, il lance à Québec le cri « Vive le Québec libre ! » qui provoque un incident diplomatique avec le Canada, le chef de l'État se ralliant publiquement aux thèses de la minorité indépendantiste. En novembre 1967, sa conférence de presse est à la fois l'occasion pour lui de parler d'Israël comme d'un « peuple d'élite, sûr de lui et dominateur », expression qui est interprétée comme teintée d'antisémitisme, et de rejeter à nouveau l'entrée de la Grande-Bretagne dans le Marché commun. Ces diverses prises de position qui n'ont fait l'objet d'aucune discussion dans la majorité provoquent au sein de celle-ci un grave malaise qu'exprime Valéry Giscard d'Estaing en dénonçant le 17 août 1967 « l'exercice solitaire du pouvoir ».

A l'issue des années 1963-1967, on constate donc, après l'écrasante victoire de la majorité en 1962, une incontestable usure du pouvoir gaulliste. Alors que l'opposition, encouragée par les résultats électoraux de 1965 et de 1967, a le vent en poupe, la majorité, en perte de vitesse, contestée dans la pratique du pouvoir de son chef, paraît essoufflée et des divisions se font jour dans ses rangs. En novembre 1967, pour reprendre l'initiative, Georges Pompidou réorganise le parti majoritaire aux Assises de Lille en transformant l'UNR en *Union des démocrates pour la V*ᵉ *République* (UD Vᵉ), remplaçant les cadres venus du gaullisme historique par une nouvelle génération, souvent issue (comme lui-même) de la période du RPF et qui doivent leur promotion au Premier ministre. En fait, cette réorganisation s'explique parce que le gaullisme est désormais sur la défensive et que la République gaullienne paraît à tout moment à la merci d'un événement qui pourrait transformer son affaiblissement en échec, comme cela a failli se produire en 1965, puis en 1967. C'est le cas de figure que semble réaliser la crise de 1968, qui ne doit rien par ses origines aux phénomènes politiques, mais qui va se greffer sur eux et devenir une crise politique en raison de l'affaiblissement interne du régime.

9

La crise de 1968

L'historien d'aujourd'hui, raisonnant sur des événements connus et cherchant à en comprendre la logique, peut *a posteriori* parvenir à discerner dans la France des années soixante les lignes de dépression rendant compte de la tornade qui s'abat sur le pays en mai et juin 1968. Mais aucune de ces lignes n'est visible sur le moment aux yeux des contemporains. L'écart qui se manifeste entre les aspirations des Français et la pratique du régime, s'il permet de saisir les raisons des déconvenues électorales du gaullisme en 1965 et 1967, est insuffisant à expliquer la brutalité de la crise qui frappe la France et ébranle profondément le régime. On ne peut qu'adhérer au constat de totale surprise dressé par trois sociologues qui tentent une première lecture des événements au moment où ils se produisent : « La France ne paraissait pas, dans les derniers jours d'avril, sur le point d'engendrer une révolution. Un pouvoir qui a gagné la stabilité, le plus ferme qu'on ait connu depuis un siècle, le mieux armé [...] une économie en expansion, suivant le rythme d'une croissance dont les pauses ne font pas douter qu'elle se poursuivra, le niveau de vie des salariés s'élevant peu à peu – si lente soit l'ascension et réduit le bénéfice que ceux-ci tirent de l'accroissement de la productivité –, la hausse des prix contenue, l'inflation conjurée, la monnaie consolidée ; une opposition installée dans une pratique parlementaire et électoraliste [...] une population enfin qui, dans sa majorité, ne s'intéresse à la politique que le temps des joutes électorales et dont les désirs, les goûts et les conduites tendent à se modeler en fonction des mêmes critères – quelles que soient les différences de classe –, orientés qu'ils sont par toutes les puissances qui magnifient les emblèmes de la modernité[1] »

Au vrai, si les lignes de fêlure qui vont jouer en mai sont indiscernables, c'est qu'elles ne concernent pas les phénomènes sociaux et politiques vers lesquels se trouve attirée l'attention quotidienne, mais qu'elles se produisent au plus profond de la conscience sociale, mettant en jeu les bases sur lesquelles s'est reconstruite la France d'après-guerre et les valeurs nouvelles qu'elle a adoptées à l'époque de la croissance. Par ses manifestations les plus caractéristiques, elle est crise morale et culturelle née de l'inadéquation entre les valeurs traditionnelles issues du XIXe siècle, et qui continuent à modeler dans ses cadres et ses comportements la société française, et les réalités nouvelles que croissance et consommation ont fait naître depuis une décennie. Et ce n'est que par ses conséquences qu'elle débouche dans le champ du politique, à la fois parce que le pouvoir est plus affaibli qu'il ne le pense par les deux épreuves de 1965 et de 1967 et parce que, d'une manière ou d'une autre, c'est dans le langage politique que s'articulent en démocratie les aspirations d'une société. Le déroulement de la crise révèle d'ailleurs sa complexité et son caractère composite. En en suivant les trois phases chronologiques que l'historiographie a rendu traditionnelles, la phase étudiante, la phase sociale, puis la phase politique, il sera possible d'analyser les ressorts qu'elle fait successivement jouer et les failles profondes qu'elle met en évidence.

La phase étudiante, mise en évidence
d'une crise des valeurs sociales.

Il est bon d'observer que la crise étudiante de mai 1968 n'est que l'aspect français d'un mouvement international qui n'a épargné aucun des grands pays industriels et qui a affecté, avant la France, les États-Unis, le Japon ou la République fédérale d'Allemagne. Sans doute peut-on trouver dans chacun des pays des causes spécifiques. Il reste que la simultanéité des

1. Cl. Lefort dans E. Morin, Cl. Lefort, C. Castoriadis, *La Brèche, premières réflexions sur les événements,* Paris, Fayard, 1969.

mouvements ne peut s'expliquer que par un minimum de facteurs communs. Compte tenu des revendications et des mots
d'ordre que l'on retrouve d'un pays à l'autre, on peut admettre
que la crise internationale résulte d'une double contestation sur
la validité de la société de consommation qui s'est instaurée
dans les pays industriels au lendemain de la Seconde Guerre
mondiale et sur les valeurs et les structures de la société traditionnelle héritée de l'avant-guerre. A cet égard, la crise de mai
1968 est fille de la croissance économique dont elle conteste
certains aspects, mais dont elle se réclame pour rejeter les
contraintes sociales jugées inadaptées à l'état d'évolution des
pays concernés.

Sur le premier point, les contestataires rejettent une croissance économique qui aboutit, selon eux, à l'aliénation de la
personne humaine au bénéfice d'une idéologie productiviste
tout en laissant subsister de très profondes inégalités à l'intérieur même des pays industriels et, plus encore, à l'échelle
mondiale entre pays industriels et pays sous-développés. A
cette critique d'un capitalisme oppresseur (qui prend souvent
ses arguments dans l'arsenal du marxisme) s'ajoutent des
considérations plus pragmatiques comme la destruction de
l'environnement par l'industrialisation à outrance et les pollu-
tions qu'elle provoque. Dans tous les pays, la grande revendication étudiante est un droit au bonheur, valeur fondamentale
qui vient couronner l'octroi des libertés et la satisfaction des
besoins fondamentaux et qui paraît menacé par un impéria-
lisme qui montre au Vietnam son véritable visage et par un
productivisme qui n'offre d'autre perspective et d'autre idéal
que la rentabilité financière et la consommation à outrance. On
voit ainsi se mêler indissolublement une contestation politique
à forte tonalité tiers-mondiste contre la bourgeoisie et les
grandes puissances industrielles (principalement les États-
Unis, mais aussi, à un moindre degré, l'Union soviétique) et
une volonté de préserver la personne humaine des aliénations
supposées provoquées par la société de consommation qui
entraîne un mouvement de retour à la nature, voire une fuite
hors de la société dans la marginalité (à l'exemple du mouvement *hippie* qui apparaît en 1963 en Californie).

En même temps cette revendication du droit au bonheur entraîne un rejet des contraintes liées aux conventions sociales et héritées de la société du XIXe siècle. Si bien qu'au nom de l'épanouissement de la personne humaine la contestation étudiante rejette toutes les formes d'autorité, qu'elles proviennent de l'État, du patronat, de la famille, des Églises ou des règles morales traditionnelles, et plaide pour le défoulement de la nature et des instincts, réclamant ainsi une « révolution » dans l'homme comme dans la société. Rejet du conformisme et des valeurs « bourgeoises » qui trouvent leur inspirateur en Freud plutôt qu'en Marx, ou, plus exactement, chez le philosophe germano-américain Herbert Marcuse qui se réclame à la fois de Freud et de Marx. Dans ses ouvrages (*Eros et Civilisation,* paru en 1955, *l'Homme unidimensionnel,* publié en 1964), Marcuse dénonce le « totalitarisme » de la société bourgeoise qui aliène l'individu non seulement en l'opprimant politiquement, mais aussi en sécrétant de nouvelles formes de domination et de contrainte par la création, avec l'aide des *médias,* de besoins artificiels qui seront pour l'homme autant de chaînes nouvelles qui le lieront à la société.

Si cette contestation d'ensemble a un versant politique, celui-ci n'est que la conséquence d'une remise en question plus vaste qui est la réaction de sociétés affrontées au problème nouveau de la croissance économique. Sous sa forme la plus élaborée, on conçoit sans difficulté que le mouvement soit particulièrement marqué dans les milieux intellectuels et spécifiquement étudiants. De même n'y a-t-il pas lieu d'être surpris que le cœur de cette contestation vienne des étudiants en sociologie dont l'une des fonctions est précisément de réfléchir sur l'organisation sociale et ses justifications.

Par tous ces caractères, la crise de mai 1968 dans sa phase étudiante relève des traits internationaux que nous venons de décrire. Il reste que la tornade a probablement revêtu en France un aspect plus brutal et plus violent qu'ailleurs, et que l'explication des aspects spécifiques de la crise française trouve son origine dans le véritable bouillon de culture que constitue le milieu universitaire français en 1968.

Le tonneau de poudre universitaire et l'explosion de mai.

A l'origine du mai français, un milieu étudiant en proie à un
profond malaise. Celui-ci est directement lié à la véritable
explosion des effectifs universitaires au cours des années
soixante. L'allongement de la scolarité, l'amélioration du
niveau de vie, les besoins du pays en cadres ont fait passer de
200 000 à 500 000 le nombre des étudiants entre 1960 et 1968.
Cette spectaculaire croissance est grosse de nombreuses difficultés que le pouvoir résout souvent dans l'improvisation.
Pour encadrer cette masse nouvelle d'étudiants le corps des
professeurs et maîtres de conférences se révèle numériquement
insuffisant, même accru des assistants au statut précaire. Aussi
a-t-il fallu créer en 1959 un nouveau corps d'enseignants titulaires, les maîtres-assistants, et multiplier les nominations d'assistants, voire de chargés de cours. Du même coup, on voit
naître des tensions entre le corps professoral qui détient le pouvoir dans les instances universitaires et la masse des nouveaux
venus aux statuts subordonnés ou précaires, mais qui sont
numériquement plus nombreux. Autre problème, celui de l'inadéquation des locaux, conçus pour des contingents réduits
d'étudiants, au flux de jeunes gens qui les occupent désormais.
Les amphithéâtres surchargés où les étudiants ne peuvent s'as-
seoir et sont parfois conduits à suivre les cours dans les cou-
loirs deviennent la règle. Pour tenter de dégorger des universités proches de l'asphyxie, le gouvernement crée hâtivement des
campus suburbains sur des terrains libres aménagés loin des
villes. Ainsi naissent Toulouse-Le Mirail ou Nanterre, bâtiments brusquement surgis dans le vide de banlieues situées à la
périphérie des grandes agglomérations, coupés du tissu urbain,
véritables ghettos où les étudiants se sentent isolés et vivent en
vase clos.

A cet inventaire du malaise universitaire, il faudrait ajouter
l'inquiétude des étudiants sur leurs débouchés. La croissance
des effectifs est particulièrement forte en lettres (une augmentation de 50 % des effectifs en 1968 par rapport à 1960)
alors que ce secteur offre moins de débouchés que les sciences

ou le droit, et que les carrières auxquelles il conduit (enseignement ou fonction publique) connaissent une réelle dévalorisa-
tion par rapport à celles du privé en cette période de croissance. De plus, la « réforme Fouchet » prise en juin 1966 et
applicable à la rentrée 1967 intensifie le malaise étudiant. Elle
institue en effet deux cycles en lettres et en sciences, avec une
sélection à l'issue du premier cycle et une sélection finale, qui
multiplient les obstacles dans le déroulement du cursus universitaire.

Il s'y ajoute enfin le fait que la pédagogie de l'enseignement
supérieur, fondée sur le cours magistral, paraît mal adaptée aux
nouvelles conditions de l'enseignement supérieur et que les
masses d'étudiants qui y assistent désormais ressentent bien
davantage que les petits groupes de jadis la passivité qu'il
engendre et le manque de contacts entre enseignants et étudiants. Ces traits qui font du milieu étudiant un groupe
inquiet, mal à l'aise, sensible aux dénonciations des défauts
d'une société dont il ressent les faiblesses, à la fois parce qu'il
est composé d'intellectuels et parce qu'il est victime de ses
imprévoyances, expliquent qu'il ait constitué le noyau initial
d'où part la contestation de mai 1968. Mais celle-ci ne peut se
comprendre sans l'existence de minorités activistes qui vont
être le détonateur de la crise. Le puissant syndicat étudiant,
l'Union nationale des étudiants de France (UNEF), qui a
acquis le maximum de son audience en rassemblant la majorité
des étudiants contre la guerre d'Algérie se trouve depuis les
Accords d'Évian privé de véritables perspectives. Il est divisé
en de multiples groupes qui luttent entre eux pour conquérir le
pouvoir en son sein, en particulier des groupes proches du
PSU, mais aussi ceux issus de l'éclatement en 1965-1966 de
l'*Union des étudiants communistes* (UEC). Ces jeunes intellectuels qui éditent la revue *Clarté* ont, des mois durant, rusé avec
la direction du parti communiste pour imposer une déstalinisation au mouvement communiste et donner une allure moderne
à la révolution dont ils rêvent. Finalement chassés d'une UEC
reprise en main par la direction du parti communiste, ils se
sont dispersés en multiples groupes qui cherchent leurs
modèles révolutionnaires dans le Cuba de Fidel Castro ou la

Chine de Mao et, contre le communisme stalinien, se réclament désormais du trotskisme, de l'anarchisme, du maoïsme,
autant de termes qui habillent leur double haine de la bourgeoisie capitaliste et du totalitarisme bureaucratique[1]. Ils
prennent la tête d'une floraison de groupuscules qui débattent
furieusement de la révolution future, publient des feuilles
ronéotées, mais guettent avec anxiété dans les soubresauts
sociaux provoqués par la croissance l'annonce de l'étincelle qui
embrasera le vieux monde bourgeois. Dans un monde étudiant
en proie au malaise, croissent et prospèrent ainsi la *Jeunesse
communiste révolutionnaire* d'Alain Krivine, l'*Union des jeu-
nesses communistes marxistes-léninistes,* le *Comité de liaison
des étudiants révolutionnaires,* etc.

Or, dès les débuts de 1968, les premiers craquements se font
entendre à la faculté de Nanterre, inaugurée en 1963 pour
décongestionner une Sorbonne hypertrophiée. Une localisation
qui ne doit rien au hasard. Symbole de l'expansion universitaires des années soixante, Nanterre a été érigée au milieu d'un
immense bidonville où s'entasse une population immigrée qui
vit dans des conditions dramatiques. Elle symbolise ainsi les
contrastes jugés insupportables d'une société qui ne se soucie
que de profits et ignore l'homme et ses besoins. De surcroît,
coupée de Paris à laquelle elle n'est reliée que par une ligne fer-
roviaire de banlieue aux trains rares, elle constitue le ghetto
universitaire type. La première manifestation spectaculaire du
mouvement de contestation est l'occupation le 22 mars 1968
de la salle du Conseil de la faculté par les étudiants d'extrême
gauche, conduits par l'étudiant en sociologie Daniel Cohn-
Bendit, qui a suivi avec intérêt l'agitation qui, depuis 1967,
atteint les universités allemandes. A la suite de cette manifestation, les étudiants révolutionnaires se fédèrent dans le *Mouvement du 22 mars.* Leur but est nettement politique et l'Université ne les intéresse guère. Il s'agit simplement pour eux de
lancer, à partir d'un milieu étudiant, particulièrement réceptif
en raison des difficultés qu'il connaît, un brûlot qui embrasera
la société tout entière. Ils n'entendent donc nullement réfor-

---

1. L'itinéraire de ces groupes est remarquablement décrit dans
l'ouvrage de H. Hamon et Ph. Rotman, *Génération* (151).

mer, mais jeter bas l'institution universitaire, tenue par eux pour un des rouages de la société capitaliste. Leur but est donc, dans cette optique, de faire prendre conscience à la masse des étudiants du rôle que jouerait l'Université comme dispensatrice d'une forme de savoir préparant ceux qui le reçoivent à devenir les auxiliaires du capitalisme, les « chiens de garde de la bourgeoisie ». L'objectif ultime est de faire des étudiants des révolutionnaires qui se joindraient aux « travailleurs en lutte », non des syndicalistes attachés à la réforme de l'Université. Quel est l'objectif de cette « révolution » si souvent invoquée qu'elle devient un mythe mobilisateur paraissant se suffire à lui-même ?

Si l'accord est général chez les « gauchistes » pour jeter bas structures et valeurs de la société en place, aucune stratégie réelle de prise de pouvoir ne se dessine, pas plus qu'il n'existe de projet clair de nouvelle société. Tout au plus discerne-t-on une aspiration vague, qui n'est pas sans répondant dans la population, pour une société libertaire aux traits assez flous qui abolirait hiérarchie et arguments d'autorité, où l'homme pourrait s'accomplir individuellement, où l'imagination se donnerait libre cours et où un pouvoir décentralisé et démocratiquement exercé (de préférence dans des cellules de vie de taille réduite) cesserait de faire peser sur chacun les multiples contraintes, règles et obligations dont le caractère aliénant pour la personne humaine est passionnément dénoncé.

Si ces vues sont bien accueillies par une fraction de la jeunesse, et, au-delà, par une partie plus large de la population, la stratégie de guérilla contre la société à partir du milieu étudiant n'est le fait que d'une très étroite minorité de révolutionnaires. Toutefois, elle suffit à paralyser une institution intellectuelle comme l'Université, mal armée face au terrorisme verbal et à la menace physique. Devant les multiples escarmouches dont la faculté de Nanterre est le théâtre quotidien en avril 1968 et constatant l'impossibilité d'assurer le déroulement normal des cours, le doyen Grappin décide, le 2 mai 1968, la fermeture de l'établissement.

Cette décision a pour effet de transporter l'agitation nanterroise au centre de Paris et de muer en émeute à portée nationale une suite d'incidents dont la signification a jusqu'alors échappé à tous. A preuve, la décision prise par le Premier ministre Georges Pompidou de quitter Paris ce même 2 mai pour un voyage de dix jours en Afghanistan.

Or c'est le 3 mai que tout bascule et que le bouillonnement du microcosme nanterrois donne naissance à la crise de mai 1968. Ne pouvant développer leur activité à Nanterre, les étudiants « gauchistes » se transportent à Paris le 3 mai et occupent la cour de la Sorbonne. A la demande du recteur, la police intervient pour les en expulser, non sans brutalité, et procède à 500 arrestations. La répression a aussitôt pour effet de provoquer la solidarité de nombreux étudiants : 2 000 manifestants envahissent les artères du quartier Latin, des barricades sont dressées, des jets de pavés et de cocktails Molotov répondent aux charges de CRS qui tentent de disperser l'émeute à coups de matraque et de gaz lacrymogènes. Les affrontements durent une partie de la nuit. C'est le début d'un processus de dégradation de la situation qui dure jusqu'au 11 mai : cortèges d'étudiants dans Paris, déploiement de forces de police, affrontements multiples instantanément répercutés par les reporters des stations de radios périphériques qui, grâce au radiotéléphone, font vivre en direct les « événements » à leurs auditeurs. Le point culminant de cette phase étudiante de la crise de mai est atteint dans la nuit du 10 au 11, la « nuit des barricades » durant laquelle de véritables combats de rues se déroulent entre étudiants et forces de l'ordre, des voitures sont incendiées, des rues dépavées, des vitrines brisées, des centaines de manifestants et un certain nombre de policiers blessés. Lorsque, le 11 mai au soir, Georges Pompidou rentre à Paris, la situation s'est envenimée au point de devenir incontrôlable. Le Premier ministre tente d'apaiser le mouvement en prenant ou en annonçant une série de mesures libérales : réouverture de la Sorbonne (fermée le 5 mai) et promesse de libération des étudiants condamnés le 5 mai en flagrant délit après la nuit d'émeute du 3. Mais ces mesures qui viennent trop tard sont impuissantes à arrêter un mouvement qui trouve désormais des relais dans le monde politique et syndical.

Jusqu'au 11 mai, l'agitation étudiante s'est déroulée dans l'isolement le plus total. Le parti communiste qui reconnaît dans une partie des meneurs du mouvement étudiant les hérétiques qu'il a dû chasser de la direction de l'UEC condamne en termes sévères les « groupuscules gauchistes » (lesquels de leur côté ne se montrent pas tendres pour le « stalinisme »). Les autres forces politiques sont déconcertées et rebutées par un désordre dont elles voient mal la signification et qui leur paraît disproportionné à son objet (les difficultés de l'Université). Quant à la masse de l'opinion, d'abord hostile à l'agitation étudiante, elle montre, après le 11 mai, de la sympathie envers les manifestants par réaction contre une répression policière qu'elle condamne. C'est cette évolution qui va donner à la crise une nouvelle tonalité. Le tournant qui ouvre la deuxième phase des événements se situe le 13 mai. Ce jour-là, les organisations syndicales, jusqu'alors très réservées envers le mouvement étudiant, lancent une grève générale et un défilé dans Paris, de la République à Denfert-Rochereau, pour protester contre les brutalités policières de la nuit du 10 au 11 mai. Un cortège de 200 000 personnes marque en apparence le triomphe des dirigeants « gauchistes » du mouvement étudiant auxquels le mouvement ouvrier paraît se rallier. En fait, la journée du 13 mai représente un passage de relais de la phase étudiante à la phase sociale de la crise qui va désormais jouer le rôle essentiel.

La crise sociale (13-27 mai).

A ce stade de la crise, le pouvoir refuse toujours de considérer l'événement comme revêtant une réelle importance. Le 14 mai, signifiant avec éclat que l'agitation étudiante ne saurait détourner l'État de ses tâches, le général de Gaulle s'envole pour une visite officielle en Roumanie. Pourtant, l'indifférence affectée du chef de l'État n'apaise pas pour autant le mouvement étudiant. Toutefois, à partir du 13 mai, il cesse de tenir la rue pour se replier dans les facultés. L'une après l'autre, celles-ci sont occupées (y compris la Sorbonne, réouverte le 13 mai) et les cours s'y arrêtent, remplacés par des « assemblées générales » qui sont le lieu de fiévreuses discussions où, selon les cas, on reconstruit le monde ou on réforme l'Univer-

sité[1]. Pendant que la crise universitaire prend ainsi un caractère de plus en plus insaisissable, un phénomène nouveau,
mieux connu dans sa forme, mais plus préoccupant par ses
conséquences immédiates sur la vie des Français, occupe le
devant de la scène, la diffusion d'une vague de grèves qui, dans la
seconde quinzaine de mai, va progressivement paralyser le pays.

Elles débutent le 14 mai à l'usine Sud-Aviation de Nantes
selon un scénario qui va vite devenir classique : les locaux sont
occupés, le directeur et les cadres séquestrés. Le lendemain, la
grève gagne les usines Renault de Cléon, Sandouville, Flins,
Boulogne-Billancourt sans que les syndicats l'aient déclenchée
(ils donneront le mot d'ordre officiel de grève le 16 mai). Puis,
progressivement jusqu'au 22 mai, sans mot d'ordre national,
les grèves gagnent le pays, atteignant 10 millions de salariés
(encore qu'il soit difficile de distinguer les véritables grévistes
de ceux que la paralysie des transports empêche de gagner leur
lieu de travail ou des salariés placés en chômage technique par
la grève des fournisseurs). Quoi qu'il en soit, toute l'activité
nationale est bloquée et la France totalement paralysée[2].

Les grèves de mai 1968 revêtent un caractère inédit dans
l'histoire sociale française et font parfois penser à un immense
psychodrame davantage qu'à un classique mouvement reven-
dicatif. Ce sont des grèves spontanées, déclenchées non sur des
mots d'ordre syndicaux, mais par la base, en vertu d'un phénomène de capillarité ou de contagion, l'exemple de la grève provoquant l'extension du phénomène. Ce n'est qu'*a posteriori*
que les organisations syndicales interviennent pour tenter d'encadrer et de canaliser un mouvement qui leur échappe, d'articuler des revendications qui puissent revêtir un caractère opé-
ratoire lors des négociations, mais dont il n'est nullement
évident qu'elles traduisent les aspirations souvent confuses des

---

1. Les idées émises durant la crise par les étudiants ont fait l'objet
d'une recension à partir des affiches, tracts, déclarations in J. Mai-
tron, M. Perrot, J.-C. Perrot, *La Sorbonne par elle-même*, numéro
spécial du *Mouvement social,* n° 64, juill.-septembre 1968.
2. Sur les grèves de 1968, voir la mise au point d'A. Prost, « Les
grèves de mai-juin 1968 », *L'Histoire*, n° 110, avril 1978. S'appuyant
sur divers travaux, l'auteur propose de chiffrer à 7 millions le
nombre de « vrais grévistes ».

grévistes. Originales, les grèves de 1968 le sont encore par le fait qu'elles concernent tous les domaines d'activité, le secteur public et les entreprises privées, la fonction publique comme les activités de service, les ouvriers et les cadres. Enfin, leur caractère spécifique résulte des motivations, apparemment nouvelles, des grévistes. Sans doute trouve-t-on fréquemment formulées des demandes classiques d'augmentation de salaires ou d'amélioration des conditions matérielles de travail, mais ce qui frappe surtout est l'importance des revendications « qualitatives » variant d'ailleurs d'un secteur à l'autre, d'une entreprise à l'autre et qui traduisent, de manière désordonnée et tâtonnante, les réactions du monde salarial aux formes nouvelles de la production dans la France de la croissance. Ainsi voit-on apparaître l'aspiration à une modification des rapports humains dans l'entreprise qui donnerait aux salariés une responsabilité réelle, qui remettrait en cause les liens hiérarchiques fondés sur l'autorité au profit de décisions collectives, qui prendrait en compte le désir des travailleurs de saisir la signification de leur travail, parfois même qui établirait une cogestion réelle dans la direction de l'entreprise. On relève ainsi des caractères communs entre mouvement étudiant et mouvement ouvrier : le refus des hiérarchies établies, le rejet du principe d'autorité, le désir de participation aux décisions, la volonté de reconnaissance de la dignité de chacun traduisent de profondes tendances de la société française à une transformation des structures de l'organisation sociale.

Elles s'accompagnent d'un discours souvent utopique qui voit la révolution dans la constitution de cellules de pouvoir placées aux mains des salariés dans chacun des lieux de travail, d'une remise en question des compétences, considérées comme inutiles, de l'idée que l'épanouissement des acteurs de la vie sociale importe plus que les résultats de la production. Il est peu douteux que s'expriment ainsi à travers la crise sociale de la seconde quinzaine de mai le sourd malaise d'une société soumise aux brutales mutations de l'âge de la croissance, des revendications confuses (dont un Mendès France paraît avoir perçu les prodromes dès 1962 dans *la République moderne*) qui forment non un programme concret, mais un ensemble d'aspirations. Peut-on trouver en celles-ci la base de ce ferment révolutionnaire que les leaders « gauchistes » appellent de leurs vœux ? Ceux-ci l'ont pensé, dont la grande préoccupation, à partir du 13 mai, est de réaliser la liaison entre le mouvement étudiant et le mouvement ouvrier, plus prometteur que le premier pour réaliser le scénario révolutionnaire imaginé par eux. Mais les banderoles des universités : « Ouvriers, étudiants, enseignants, tous unis » n'émettent que des vœux pieux et les efforts des contestataires étudiants pour nouer des liens avec les grévistes ouvriers se heurtent à la volonté de la CGT de tenir à distance des « gauchistes » dont ils se méfient et à l'incrédulité des ouvriers eux-mêmes face au langage radical de ces intellectuels.

Si l'explosion sociale de mai 1968, pour insolite qu'elle paraisse, et déstabilisatrice en raison même de son caractère inédit, ne donne cependant pas lieu à une véritable flambée révolutionnaire, sa solution semble d'autant moins en vue qu'à des revendications du type nouveau le pouvoir comme les organisations syndicales n'ont à offrir que des réponses de type classique et, partant, sans action réelle sur le mouvement, contribuant à donner le sentiment d'une agitation impossible à maîtriser.

La première réponse proposée aux grévistes de mai vient du général de Gaulle et elle est politique. De retour de Roumanie le 18 mai, le président de la République semble annoncer la reprise en main de la situation par le pouvoir dans une formule lapidaire : « La réforme, oui, la chienlit, non. » En fait, le discours qu'il prononce le 24 mai annonce un référendum donnant au chef de l'État le pouvoir « de faire changer partout où il le faut les structures étroites et périmées ». La réponse correspond incontestablement à la nature des revendications formulées, mais le vague des principes proclamés n'est pas adapté à l'urgence de la situation, ni surtout la forme politique que le général de Gaulle lui donne et qui aboutirait à lui octroyer un nouveau blanc-seing. Le discours du 24 mai est sans effet sur le mouvement de grèves ; le général de Gaulle lui-même reconnaît avoir « mis à côté de la plaque ».

Plus proche des réalités, le Premier ministre Georges Pompidou choisit, lui, la voie de la discussion sociale. Le 25 mai

après-midi il réunit au ministère du Travail, rue de Grenelle,
les représentants du patronat, autour du président du CNPF,
Paul Huvelin, et des principaux syndicats ouvriers. La tâche du
Premier ministre est facilitée en apparence par les divisions des
syndicats, conformes à leurs analyses de la situation de la
société française à l'époque de la croissance[1]. La CGT se
montre réticente devant un mouvement qu'elle ne parvient pas
à contrôler, qui lui apparaît noyauté par les « gauchistes » et
qu'elle ne considère pas comme révolutionnaire puisqu'il ne se
propose pas comme objectif principal de remettre en cause la
propriété du capital. Aussi souhaite-t-elle mettre fin le plus
rapidement possible à une agitation qui l'inquiète et s'efforce-
t-elle de la canaliser vers les voies rassurantes et bien balisées
des revendications classiques : augmentation des salaires,
durée du travail, droits syndicaux... Tout autre est l'attitude de
la CFDT. Conformément à la ligne d'exploration des voies
nouvelles de l'action syndicale qu'elle a entreprise[2], la centrale
met l'accent sur les revendications « qualitatives », sur les possibilités d'expression à la base par la reconnaissance de la sec-
tion syndicale d'entreprise et sur les transformations internes
des rapports de travail. Revendications un peu floues, bien
accordées aux nouvelles aspirations qui se font jour, mais qui
paraissent aventureuses et peut-être destructrices de l'ordre
social existant aussi bien au Premier ministre qu'au patronat.
Aussi l'un et l'autre choisissent-ils de négocier de préférence
avec la CGT qui les entraîne en terrain connu. Au demeurant,
les objectifs des uns et de l'autre sont identiques, reprendre en
main un mouvement dont nul ne sait jusqu'où il pourra aller,
au prix de sacrifices pour les premiers, en tirant au passage le
bénéfice de quelques vieilles revendications pour la seconde.
C'est sur ces bases que, le 27 mai à l'aube, Georges Pompidou
établit le protocole de ses propositions, improprement appelées
les « Accords de Grenelle » (personne ne les ayant signés), qui
prévoient une augmentation de 35 % du SMIC, le relèvement

---

1. On pourra retenir ici sur l'attitude du pouvoir pendant la négociation de Grenelle le témoignage de G. Pompidou (160) et celui de
son principal conseiller Édouard Balladur (153).
2. Voir *supra,* p. 201.

en deux étapes des salaires de 10 %, une diminution du ticket modérateur de la Sécurité sociale, une réduction d'une heure de la durée hebdomadaire du travail avant la fin du Ve Plan, le paiement à 50 % des jours de grève. En s'appuyant sur le principal syndicat français, le Premier ministre l'a emporté, en apparence tout du moins : en cédant sur des revendications matérielles et quantitatives, il a pu ignorer les transformations structurelles souhaitées par la CFDT. Mais le choix d'un traitement « politique » de la crise sociale montre à nouveau ses limites dès qu'on confronte ses résultats avec les réalités. Parce que les résultats de Grenelle, pour importants qu'ils soient, ne correspondent nullement aux attentes et aux aspirations des grévistes, qui sont d'un tout autre ordre, ils aboutissent à un coup d'épée dans l'eau. Lorsque, à la fin de la matinée du 27 mai, Georges Séguy soumet aux grévistes de Renault le protocole d'accord de Grenelle, il se heurte au refus de la base de les entériner. Alors que les protagonistes paraissaient toucher au but, la grève continue.

Ainsi le pouvoir s'est-il montré impuissant à résoudre la crise sociale, comme il s'était montré incapable de juguler la crise universitaire. En fait, on est frappé par le décalage entre la nature des mouvements qui touchent aux domaines fondamentaux de l'organisation et des valeurs sociales et les réponses de caractère traditionnel qui leur sont apportées. Le 27 mai, le gouvernement semble avoir brûlé ses dernières cartouches et n'avoir plus rien à proposer, alors que les syndicats aussi bien que les forces politiques ont démontré qu'ils ne contrôlaient nullement le mouvement. Pendant que la société française donne l'apparence de la décomposition, le pouvoir qui ne parvient pas à saisir une société civile qui a échappé à ses structures d'encadrement voit son existence mise en cause. La crise passe sur le terrain politique, un domaine où le gouvernement comme les partis sont mieux à même d'agir et de ressaisir la situation.

La crise politique (27-31 mai).

Le double échec du discours du général de Gaulle le 24 mai et des négociations sociales de son Premier ministre le 27 mai donne le sentiment d'une véritable vacance du pouvoir et, dans les heures et les jours qui suivent, des solutions alternatives sont proposées au peuple comme issue à l'impasse politique désormais révélée.

La première vient dès le 27 mai des organisations qui paraissent le mieux accordées aux aspirations nouvelles émises durant le mouvement de mai, le syndicat étudiant, l'UNEF, et le PSU. Avec l'appui de la CFDT, ils convoquent au stade Charléty une grande manifestation afin d'affirmer la possibilité d'une solution révolutionnaire à la crise. 30 000 manifestants gauchistes s'y rassemblent, en présence de Pierre Mendès France qui demeure silencieux, cautionnant le rassemblement, mais refusant d'en apparaître comme le leader potentiel.

Le lendemain 28 mai, ce sont deux solutions plus politiques et plus classiques qui sont avancées. La première est issue de la gauche non communiste. François Mitterrand, président de la FGDS, fait le constat d'une vacance du pouvoir et préconise pour y mettre fin la constitution d'un gouvernement provisoire de 10 membres dont il propose de confier la présidence à Pierre Mendès France, l'élection en juillet d'un nouveau président de la République, poste auquel il se porte candidat, et un renouvellement en octobre de l'Assemblée nationale élue l'année précédente. Le lendemain Pierre Mendès France ainsi sollicité de diverses manières fait connaître qu'il est prêt à exercer le mandat que lui proposerait la gauche tout entière.

Précisément, le parti communiste, en ce même 28 mai, lance un appel à un « gouvernement populaire » dont nul ne sait exactement en quoi il consiste, mais dont il est évident qu'il n'inclut pas la perspective d'un rôle éminent de Mendès France, Waldeck Rochet qui a succédé à Maurice Thorez au Secrétariat général du parti communiste en 1964 ayant déclaré à propos de l'ancien président du Conseil : « Il n'est pas sérieux de prétendre aller au socialisme sans les communistes et encore moins en faisant de l'anticommunisme comme au stade Charléty. »

Ce pouvoir dont la gauche s'affirme prête à assumer la succession et pour lequel elle dessine le processus de substitution,

est-il réellement vacant ? On peut le penser le 29 mai, jour où
la crise politique atteint son paroxysme. La rumeur filtre en
effet que le général de Gaulle a disparu, après avoir annulé au
dernier moment le Conseil des ministres, et avoir quitté l'Élysée pour Colombey où il n'est pas arrivé. En quelques heures,
les hypothèses les plus folles courent au sein du monde politique, répercutées par les médias et contribuant à dramatiser
une situation déjà dramatique : on parle de suicide, de démission, de retraite au PC de la force nucléaire à Taverny, ou au
fort de Brégançon, de départ à l'étranger... Le fait que le Premier ministre lui-même soit incapable de fournir une réponse
aux interrogations de la nation accroît encore le sentiment d'un
vide du pouvoir. Ce n'est qu'à 18 heures que le mystère est
levé. On apprend que le général de Gaulle est arrivé à Colombey et qu'il convoque le Conseil des ministres pour le lendemain 30 mai. En fait, le Général durant sa « disparition » s'est
rendu à Baden-Baden auprès du général Massu, commandant
des forces françaises en Allemagne. La signification de ce
voyage a suscité sur le moment et suscite toujours des contro-
verses qui opposent les témoins entre eux : crise de découragement du général de Gaulle qui aurait été tenté par un retrait et
aurait été finalement convaincu de réagir par le général Massu
(thèses du général Massu et de Georges Pompidou) ? Volonté
tactique de dramatiser la situation afin d'inquiéter les Français
par la peur du vide politique qui demeure son argument fondamental et afin de mieux préparer les conditions de la reprise en
main de la situation qu'il médite (thèse des collaborateurs du
Général, comme Pierre Lefranc, reprise par François Goguel) ?
En revanche, rien ne permet d'étayer l'idée d'une intention du
Général de Gaulle de s'assurer l'appui de l'armée contre un
éventuel mouvement insurrectionnel menaçant le pouvoir
légal, idée émise sur le moment [1].

Entre les deux thèses principales dont aucune ne manque
d'arguments, il est difficile de trancher. Il faut simplement

1. La thèse d'un de Gaulle découragé et prêt à la retraite est évoquée par G. Pompidou (160) et par J. Massu (158), celle de la mise
en scène délibérée est présentée de la façon la plus convaincante in
F. Goguel, *L'Espoir,* n° 24.

constater que, si crise de découragement il y a eu, elle est sur-
montée au soir du 29 et que, si la volonté de dramatisation et
de mise en scène a présidé à la « disparition » du Général, la
manœuvre est couronnée de succès.

Le 30 mai est en effet le jour du retournement de la situation. Après le Conseil des ministres, le Général prononce une
allocution radiodiffusée qui est celle de la reprise en main. Par
rapport au 24 mai le ton a changé : il n'est nullement question
de fournir des réponses aux aspirations de la société révélées
par la crise, mais d'utiliser l'effet de dramatisation des événements de la veille, la crainte de l'aventure politique, la lassitude des Français après un mois d'agitation désordonnée, d'in-
cessantes palabres, de difficultés nées des grèves, pour
réaffirmer l'autorité de l'État, battue en brèche depuis plusieurs semaines. Dans le style des grandes allocutions dramatiques des temps de putsch ou d'insurrection, le président de la
République faisant planer la menace, à l'évidence illusoire,
d'un coup de force préparé par les communistes, annonce une
série de décisions d'autorité : sa volonté de maintenir en poste
le Premier ministre dont l'opposition et même les républicains-
indépendants demandaient le retrait, la dissolution de l'Assemblée nationale et la tenue de nouvelles élections, et sa détermination d'user des moyens exceptionnels que lui confère la
Constitution au cas où la situation se dégraderait. L'allocution
se termine par un appel à l'action civique des Français afin de
soutenir le pouvoir.

Appel aussitôt suivi d'effet, comme si l'opinion favorable au
gouvernement n'attendait pour lui manifester spontanément
son appui que l'invitation du chef de l'État. En fait, c'est une
manifestation soigneusement préparée depuis plusieurs jours
par les dirigeants gaullistes qui se déroule le 30 mai au soir sur
les Champs-Élysées. Mais son succès est réel et inespéré. Derrière les fidèles du Général, Michel Debré, André Malraux,
François Mauriac, 300 000 à 400 000 manifestants défilent
pour affirmer leur soutien au gaullisme. Pour la première fois
depuis le début du mois, la gauche n'a pas le monopole de la
rue. Alors que le pouvoir semblait la veille au bord de l'effondrement, il a reconquis l'initiative. Les manifestations qui

ont lieu en province les jours suivants ne font que confirmer ce retournement.

On assiste ainsi à un spectaculaire déplacement du centre de gravité de la crise. Du terrain universitaire et du terrain social où elle paraissait insaisissable parce que ce qui était en jeu ressortissait aux structures mêmes de l'organisation sociale ou aux valeurs traditionnelles, voire représentait, dans le vaste défoulement collectif qu'a été la crise de mai, la projection dans la vie publique des frustrations et des problèmes personnels des participants, on passe au terrain politique, mieux connu, identifié, où les enjeux s'expriment dans une langue codée, claire pour les protagonistes et où l'issue résulte d'une pratique simple, le bulletin de vote. Or, il est caractéristique de constater que tous les grands acteurs institutionnels, laissés sur la touche au plus fort de la crise, accueillent avec soulagement ce retour à la normale. Le gouvernement, les partis, les syndicats se déclarent favorables à la consultation électorale, préparent leur campagne et se gardent soigneusement de toute attitude qui pourrait être considérée comme une entrave au jeu démocratique. Cette évolution est parallèle à celle de l'opinion dont une bonne partie a approuvé l'esprit nouveau de mai, mais qui souhaite maintenant sortir d'une situation qui apparaît sans issue, retrouver une vie normale, reprendre le travail, oublier les difficultés de l'existence quotidienne dues à la prolongation des grèves. Du même coup, étudiants, minorité gauchiste, syndicalistes, qui tentent de prolonger en juin les grèves et les manifestations – souvent violentes –, dénonçant dans les élections une trahison, sont considérés comme des trublions, isolés et sans prise sur une réalité sociale qu'ils ont dominée un mois durant.

Sur le terrain politique, chacun fourbit ses armes. Dès le 31 mai, Georges Pompidou, confirmé dans ses fonctions, a remanié son gouvernement dont se trouvent exclus les ministres qui, à un titre ou à un autre, ont eu une responsabilité dans les événements, soit en raison des décisions qu'ils ont prises, soit pour n'avoir pas su prévoir les conséquences de leurs actes, soit pour avoir, par maladresse, laissé la situation se dégrader. Quittent ainsi le pouvoir le ministre de l'Éducation nationale Alain Peyrefitte, Louis Joxe, Premier ministre par intérim pendant le voyage afghan de Georges Pompidou, Christian Fouchet, ministre de l'Intérieur, François Missoffe, ministre de la Jeunesse, Georges Gorse, ministre de l'Information, Jean-Marcel Jeanneney, ministre des Affaires sociales. Ils sont remplacés par des gaullistes bon teint (René Capitant à la Justice) ou des hommes qui ont la confiance du Premier ministre (François-Xavier Ortoli à l'Éducation nationale, Raymond Marcellin à l'Intérieur).

La priorité du nouveau gouvernement, outre la préparation des élections, est le rétablissement d'une situation qui a échappé au pouvoir durant un mois. Or, de ce point de vue, les choses paraissent mûres au niveau de l'opinion. Les mesures symboliques prises à la mi-juin, dissolution de divers mouvements gauchistes, évacuation du théâtre de l'Odéon, puis de la Sorbonne, ne suscitent que des protestations de principe. Le mouvement de mai appartient déjà au passé. L'heure est aux élections. Il reste à savoir dans quelle mesure la crise de mai infléchira le vote des électeurs : se traduira-t-elle par un raz-de-marée électoral condamnant un pouvoir bafoué et conspué par la rue un mois durant ou, au contraire, par un désaveu des tentatives gauchistes de déstabilisation de la société ?

Les élections de juin 1968 et la consolidation du gaullisme.

Les élections de juin 1968 se marquent d'abord par une certaine simplification des enjeux qui est le résultat de la crise de mai et qui profite largement au pouvoir. En effet, sous la houlette du Premier ministre, les gaullistes qui se rassemblent désormais sous le sigle UDR *(Union pour la défense de la République)* font une campagne tout entière orientée vers la défense de l'ordre et la dénonciation de ce qui le menace, le « complot communiste », rassemblant ainsi sous les traits d'un adversaire connu et bien identifié, mais qui n'a joué que le rôle de frein durant la crise, les groupes gauchistes en réalité violemment hostiles au parti communiste français. Dans cette défense de l'ordre menacé, on englobe d'ailleurs largement tous ceux qui peuvent constituer un rempart contre la gauche, les républi-

ÉLECTIONS LÉGISLATIVES DE 1968
1er tour, 23 juin 1968

		% des inscrits	% des suffrages exprimés
Électeurs inscrits	28 171 635	100	
Votants	22 539 743		
Abstentions	5 631 892	19,9	
Blancs et nuls	401 086	1,4	
Parti communiste	4 435 357	15,7	20
PSU	874 212	3,1	3,9
FGDS	3 654 003	12,9	16,5
Divers gauches	133 100	0,4	0,6
UDF Rép.-indép.	10 201 024	36,3	46
Centre PDM	2 290 165	8,1	14,4
Modérés	410 699	1,4	1,8
Divers	140 097	0,5	0,6

cains-indépendants qui se présentent sous leurs couleurs dans 120 circonscriptions, des centristes proches du pouvoir, comme René Pleven, etc. A cette « union sacrée » contre le désordre, on invite même à se joindre les anciens partisans de l'Algérie française, des grâces (celle de Raoul Salan), une loi d'amnistie, et l'autorisation de retour en France de Georges Bidault et de Jacques Soustelle, ayant pour objet de passer l'éponge et de rallier cette partie de l'électorat.

Face à la campagne simplifiée de la majorité, la gauche est plongée dans le plus grand embarras. Seul le PSU, qui présente plus de 300 candidats et dont les militants sont à l'unisson des thèmes de mai, fait campagne sur ceux-ci. En revanche, le parti communiste et la FGDS mènent une campagne très classique, tout entière orientée autour du problème des responsabilités du pouvoir, tentant tout à la fois de rassurer les électeurs en affirmant leur volonté de légalité et de la nécessité d'une réforme qui ne peut résulter pour eux que de leur victoire aux élections.

L'embarras est encore plus grand, s'il est possible, du côté des centristes d'opposition qui tentent tout à la fois de se montrer ouverts à certaines des préoccupations manifestées en mai par la société tout en affirmant que la réponse ne peut être fournie que dans l'ordre.

Face aux hésitations de l'opposition et aux certitudes de la majorité, la réponse sera sans ambiguïté. Les élections de 1968 sont les élections de la peur. Peur devant le désordre, la sub-version, le « complot communiste » dénoncé par le Premier ministre. Mais aussi crainte de l'aventure, de la remise en cause des bénéfices de la croissance dont la société mesure tous les avantages au moment où elle éprouve la crainte de les perdre. Sans doute cette peur est-elle celle d'une majorité silen-cieuse qui ne s'est pas exprimée en mai et a assisté avec épou-vante au basculement de la société et à l'asphyxie des pouvoirs établis. Mais elle est aussi celle de participants au mouvement, qui ont, par la grève, dans leur entreprise, dans leur quartier, exprimé leurs aspirations ou leur mécontentement diffus, mais n'entendent pas pour autant aller plus loin dans une voie révo-lutionnaire dont nul ne sait où elle conduira, qui leur donne le vertige et les effraie. En d'autres termes, l'acte électoral destiné à désigner le pouvoir d'État est d'une autre nature que l'acte de protestation gratuit qui consiste à défiler, à manifester, à péti-tionner. Il est sans doute moins paradoxal qu'il ne paraît de voir un peuple qui semble massivement choisir la contestation en mai se prononcer pour l'ordre en juin, et il n'est pas néces-saire pour cela de postuler que les électeurs de la majorité sont ceux qui s'étaient terrés lors de la crise. Mais, le 23 juin, au soir du premier tour des élections, la réponse du peuple est massive en faveur du retour à l'ordre.

Cette réponse se traduit par un véritable plébiscite en faveur de la majorité gouvernementale. Toutes tendances confondues, celle-ci rassemble 46 % des suffrages, établissant un nouveau record dans l'histoire électorale de la France et progressant de près de 8 points par rapport à 1967. En revanche, toutes les forces politiques d'opposition reculent, à l'exception du PSU qui passe de 2,2 % des voix à 3,9 % (mais il a présenté plus de 300 candidats en 1968 contre une centaine l'année précédente).

ÉLECTIONS LÉGISLATIVES DES 23 ET 30 JUIN 1968
résultats en sièges

Majorité		Opposition		Comparaison avec 1967
UDR	293			+ 93
Républicains-indépendants	61			+ 19
Total	354			
		PC	34	– 39
		FGDS	57	– 64
		PDM	33	– 8
	Non-inscrits : 9			+ 1

Le centre et les modérés d'opposition connaissent un très sévère recul, perdant ensemble plus de 5 points et fournissant le gros des gains de la majorité : il est peu douteux que leur électorat a massivement voté pour le rétablissement de l'ordre. Mais la réflexion vaut, dans une moindre mesure, pour la gauche, puisque la FGDS tombe en un an de 18,7 % à 16,5 %, et le parti communiste de 22,4 % à 20 %. Il est vrai qu'une partie au moins de ces pertes des deux grandes formations de gauche a contribué à l'augmentation des suffrages PSU ou à celle des abstentions, passées entre 1967 et 1968 de 19,1 % à 19,9 %. La leçon du premier tour peut donc s'analyser comme un désaveu par les électeurs du mouvement de mai, le pouvoir qui paraissait devoir être balayé se trouvant consolidé alors que ses opposants, supposés complices ou au moins complaisants envers le désordre, sont pénalisés. Contrairement à ce qui s'était passé en 1967, le second tour n'infirme pas le premier, mais en amplifie les tendances.

Dès le soir du premier tour, la victoire de la majorité apparaissait comme une quasi-certitude. L'UDR disposait d'ores et déjà de 144 élus sur les 154 désignés au soir du 23 juin. De surcroît, les électeurs centristes détenant dans la plupart des circonscriptions en ballottage la clé de l'issue, il était peu douteux que leur choix se porterait, non pas comme cela avait été le cas en 1967 vers les opposants au gaullisme, mais vers les candidats de l'ordre. Si bien que le 30 juin les résultats du second tour ne constituent une surprise que par l'extraordinaire ampleur de la victoire de la majorité qui prend des proportions écrasantes.

Pour la première fois dans l'histoire de la République un groupe conquiert la majorité absolue à l'Assemblée nationale. Avec 293 élus sur 487, l'UDR domine à elle seule l'Assemblée. Si on ajoute ses alliés républicains-indépendants (dont les effectifs se sont accrus de 50 %) et le renfort de quelques non-inscrits, elle dispose des trois quarts des sièges. Sa prépondérance peut d'autant moins être contestée que les trois formations d'opposition ont été écrasées dans la bataille et sont affaiblies par leur échec, d'autant que le groupe Progrès et démocratie moderne présidé par Jacques Duhamel éprouve fortement l'attraction de la majorité.

Les élections de 1968 qui mettent fin à la brutale crise de mai 1968 peuvent valablement être qualifiées d'élections du paradoxe. Menacé d'être emporté, avec l'ensemble des structures de la société, un mois plus tôt, par un mouvement de contestation qui ne le vise pas spécifiquement, mais sur lequel il est sans action, le gaullisme remporte fin juin une stupéfiante victoire électorale, la plus spectaculaire depuis son arrivée au pouvoir en 1958, victoire qui constitue un record dans l'histoire parlementaire. En apparence, la crise aboutit donc à la consolidation d'un gaullisme ébranlé par ses demi-succès électoraux de 1965 et de 1967. Le général de Gaulle, décidément invulnérable, peut se targuer d'avoir victorieusement franchi une nouvelle passe dramatique. En fait, l'écrasante victoire électorale de 1968 soulève autant de problèmes qu'elle en résout. La « Chambre introuvable » de 1968 est formée d'élus conservateurs, désignés par un électorat épouvanté, pour maintenir l'ordre contre les velléités révolutionnaires. Elle va se montrer sensiblement plus conservatrice que le chef de l'État et méfiante envers toute initiative jugée trop audacieuse. Par ail-

leurs, si le corps électoral a massivement réagi à la peur de voir
compromis les acquis de la croissance, aucun des problèmes
antérieurs à 1968, et qui avaient fragilisé le gaullisme et provoqué les déceptions électorales de 1965 et de 1967 n'est vraiment résolu. Les élections passées, les problèmes vont rejouer
et il devient clair que l'Assemblée élue en 1968 constitue moins
une aide qu'un frein en ce qui concerne leur solution éventuelle. Si bien que la consolidation du pouvoir du général de
Gaulle en juin 1968 n'est qu'apparente. Neuf mois plus tard
une nette défaite devant le suffrage universel met fin à la République gaullienne, révélant que l'explosion de mai 1968 ne
constituait en rien un épiphénomène, mais était le signe d'un
profond ébranlement du corps social.

10

L'échec de la relance et la fin de la République gaullienne
juin 1968-avril 1969

La période qui se déroule entre les élections de juin 1968 et le référendum d'avril 1969 illustre le décalage qui s'est institué entre le général de Gaulle et une opinion dont il ne saisit pas l'évolution, mais aussi – fait nouveau – entre de Gaulle et les gaullistes qui ne tirent visiblement pas de la crise de mai des conséquences identiques aux siennes. La formation du nouveau gouvernement en présente un premier exemple.

Le gouvernement Couve de Murville.

Un moment débordé par la crise soudaine du printemps 1968, ayant paru laisser au Premier ministre le soin de combattre pied à pied pour le « retour à la normale », le général de Gaulle, finalement vainqueur de l'épreuve, entend reprendre les choses en main et redonner au régime un second souffle. On en a la preuve lorsque, à la surprise générale, il décide début juillet 1968 « d'accepter la démission » de Georges Pompidou en qui l'opinion voit le véritable vainqueur de la tornade récente. Décision qui fait l'effet d'un véritable coup de théâtre.

Sans doute le Premier ministre a-t-il, à diverses reprises, proposé au chef de l'État de se retirer, pendant la crise de mai, puis entre les deux tours des élections, puis à nouveau après le second tour, propositions confirmées avec insistance auprès de Bernard Tricot, secrétaire général de l'Élysée. Mais le général de Gaulle a nettement décliné ces offres. Au lendemain du scrutin, la position du Premier ministre semble consolidée. N'a-t-il pas, au plus fort de la crise, fait front et affirmé la présence et la continuité de l'État alors que tous les rouages de la société et de l'administration semblaient se gripper ? N'a-t-il pas organisé et conduit à la bataille la majorité durant le scrutin de juin et remporté à la tête de celle-ci une victoire historique ? Au demeurant, nombre d'élus de juin 1968, désignés ou confirmés comme candidats par Georges Pompidou voient en lui le véritable chef de la majorité d'ordre qui s'est dégagée les 23 et 30 juin, davantage que le général de Gaulle, personnage emblématique, lointain et fort à l'écart de la politique quotidienne.

S'il faut en croire le récit de Georges Pompidou lui-même, confirmé par de nombreux autres témoins, sa mise à l'écart serait le résultat d'un contretemps malheureux. Finalement convaincu par ses proches de rester en fonctions, le Premier ministre aurait fait connaître son revirement au secrétaire général de l'Élysée, lequel l'aurait ensuite rappelé pour lui faire savoir que le Général, pensant son désir de se retirer irrévocable, avait déjà proposé son poste à Maurice Couve de Murville [1]. Au-delà de l'anecdote, on peut se demander si le départ de Georges Pompidou n'a pas des explications politiques plus profondes. Peut-être peut-on retenir celles qui sont classiquement fournies sur la nécessité de changer de Premier ministre pour éviter l'usure du pouvoir – or Georges Pompidou occupe ses fonctions depuis plus de six ans – ou sur les divergences de vues entre le chef de l'État et celui du gouvernement quant aux réponses à donner à la crise de mai, le général de Gaulle songeant à une action réformatrice, Georges Pompidou se montrant avant tout conservateur. Mais la réponse la plus convaincante réside sans doute dans le succès même du Premier ministre et dans le rôle d'incarnation de l'État qu'il a joué en mai. A partir de là se profile le risque de la dyarchie, insupportable dans un régime dont l'essence repose sur la prépondérance présidentielle. Dès lors que le Premier ministre dispose d'une forte position personnelle, il cesse d'être l'homme lige du président de la République et risque d'éclipser celui-ci. C'est à

---

1. Thèse exprimée par G. Pompidou (160). Mais dans la biographie qu'il consacre à Georges Pompidou, Éric Roussel [163] penche pour une comédie volontairement montée par Charles de Gaulle.

ce danger que semble parer la mise à l'écart du Premier ministre. Toutefois, celle-ci se trouve adoucie par les propos flatteurs dont le président de la République assortit sa décision, propos qui, de surcroît, ouvrent un avenir politique à l'ancien Premier ministre puisque, après avoir déclaré dans sa conférence de presse du 9 septembre qu'il le mettait « en réserve de la République », le Général l'invite à se tenir prêt pour « tout mandat que la nation pourrait un jour lui confier ». Pour l'opinion publique cette déclaration équivaut à l'introniser comme dauphin éventuel, interprétation que Georges Pompidou lui-même feindra de considérer comme valable, alors qu'elle n'est sans doute qu'un baume destiné à adoucir la plaie ouverte d'une rupture.

Quoi qu'il en soit, Georges Pompidou devenu simple « député du Cantal » (titre par lequel le salue André Malraux), c'est Maurice Couve de Murville, inamovible ministre des Affaires étrangères de la Ve République jusqu'en 1968, dont le Général a apprécié l'efficacité et la discrétion à la tête de la diplomatie française, qui lui succède à l'Hôtel Matignon. En fait, mis à part le changement de Premier ministre, l'ossature du nouveau gouvernement diffère peu de celle du précédent ministère. Si François-Xavier Ortoli, proche de Georges Pompidou, remplace Maurice Couve de Murville au ministère des Finances (qu'il n'occupait que depuis le 30 mai), la plupart des autres ministres demeurent en place, Michel Debré aux Affaires étrangères, Raymond Marcellin à l'Intérieur, René Capitant à la Justice, Maurice Schumann aux Affaires sociales, Olivier Guichard au Plan et à l'Aménagement du territoire. Ce n'est donc pas dans la composition du gouvernement que réside la nouveauté, mais dans le programme que le président de la République entend lui voir accomplir.

Ce programme se caractérise d'un mot – la participation. Le président de la République a analysé – non sans lucidité – la crise de mai comme la revendication d'une population lasse d'être conduite de manière autoritaire et qui entend participer à toutes les décisions qui la concernent. Aussi décide-t-il de faire droit à cette aspiration en plaçant la Ve République consolidée par les élections de juin dans la voie de cette réforme.

Celle-ci devrait s'appliquer à tous les domaines de la vie sociale et politique. Une fois de plus, le Général reporte à plus tard la réforme des rapports sociaux qu'établirait la participation dans l'entreprise, réclamée de longue date par les gaullistes de gauche, mais qui ne lui paraît pas mûre et qu'il envisage pour plus tard comme le couronnement éventuel de l'édifice. Mais il décide de mettre immédiatement en chantier la participation dans les deux domaines où il pense que la demande est la plus forte, en confiant la réalisation aux deux hommes qui, depuis 1966, incarnent la volonté de réforme et d'ouverture du pouvoir gaulliste. En premier lieu l'Université où l'exigence de nouveaux rapports s'est exprimée avec force durant la crise de mai : Edgar Faure, nommé ministre de l'Éducation nationale, est chargé de reconstruire un système scolaire et universitaire qui a totalement volé en éclats. Ensuite, l'organisation administrative de la France, avec la volonté de rapprocher les citoyens des centres de décision, ce qui suppose la mise en œuvre d'une régionalisation dans laquelle devraient jouer un rôle ces « forces vives » de la nation (patrons, syndicalistes, représentants des associations culturelles) dont le suffrage universel ne permet pas l'expression : c'est à Jean-Marcel Jeanneney, nommé ministre d'État chargé des Réformes institutionnelles, qu'est confiée la tâche de mener à bonne fin la participation en ce domaine.

C'est donc sur la participation que va se jouer la tentative de relance de la République gaullienne.

La réforme universitaire d'Edgar Faure.

Nommé ministre de l'Éducation nationale, Edgar Faure se trouve contraint par l'urgence d'agir rapidement. La crise de mai a interrompu l'année universitaire, les examens n'ont pas eu lieu et il semble impossible d'envisager une rentrée sans promettre une réforme qui donnerait des satisfactions aux étudiants et isolerait les gauchistes qui attendent la fin des vacances pour reprendre leur action. Entouré d'une équipe active, constituée d'universitaires aux idées avancées, parfois proches de la gauche, le ministre jette, durant l'été 1968, les bases d'une réforme qui fera l'objet d'une « loi-cadre » soumise au Parlement. Adoptée le 19 septembre 1968 par le Conseil des ministres, présentée au Parlement convoqué en session extraordinaire le 24 septembre, elle fait l'objet de discussions durant tout le mois d'octobre, pour être définitivement adoptée le 12 novembre 1968. Mise en œuvre dans les années qui suivent, la *loi d'orientation universitaire* s'appuie sur deux grands principes qui constituent effectivement une réponse aux vœux manifestés par la plus grande partie de la communauté universitaire, même si elle suscite les réserves des éléments les plus conservateurs et la franche hostilité des étudiants gauchistes, pourfendeurs d'un réformisme qui les priverait d'un terrain favorable au développement de leurs projets révolutionnaires.

Le premier des principes de la nouvelle loi est celui de la participation. Appliquée au domaine universitaire, elle consiste à confier la gestion des établissements et des *unités d'enseignement et de recherche* (UER) qui les composent désormais à des conseils élus, où l'ensemble de ceux qui y travaillent sont représentés : enseignants des différents grades, personnels administratifs et de service, étudiants. C'est la fin de la direction exclusive des facultés par les seuls professeurs, et nombre de ceux-ci n'envisagent pas sans hostilité une réforme qui remet en cause leur pouvoir en les contraignant à le partager avec des élus dont ils contestent les compétences et redoutent la politisation.

Le second principe affirmé par la loi est celui de l'autonomie universitaire. Elle doit permettre aux universités de mettre en œuvre des formations nouvelles fondées sur la pluridisciplinarité, d'innover en matière de programmes et de méthodes pédagogiques d'autant que le système très souple des « unités de valeur » représentant des acquis et pouvant faire l'objet de multiples combinaisons se substitue à l'organisation rigide en certificats ou en années universitaires. Toutefois, le maintien de diplômes nationaux et le refus de donner aux universités l'autonomie financière apparaissent d'emblée comme constituant d'importantes restrictions au principe de l'autonomie.

En dépit de multiples séquelles de l'agitation de mai, qui vont se prolonger des années durant, la loi d'orientation est généralement bien accueillie dans les universités qui se consacrent à sa mise en œuvre progressive dans les mois qui suivent. En apparence, elle constitue aussi un succès politique. Après des semaines de discussion, elle est votée à l'Assemblée nationale par 441 voix contre 0 et 39 abstentions (les communistes et 6 UDR) et adoptée au Sénat dans des conditions tout aussi favorables (260 voix pour et 18 abstentions). En fait, c'est un triomphe en trompe-l'œil. Les discussions sur la loi d'orientation ont révélé les divergences entre un ministre réformateur qui peut se prévaloir de l'appui total du chef de l'État et une majorité qui juge que la loi fait la part trop belle aux revendications des gauchistes, déplore qu'elle introduise la politique à l'Université et ne dissimule pas sa préférence pour une reprise en main autoritaire de la jeunesse étudiante, au besoin par la répression. Sans doute l'UDR vote-t-elle finalement la loi d'orientation pour éviter de désavouer ouvertement le président de la République, mais il est clair qu'elle le fait à contre-cœur, et ce premier vote important de la législature dissimule mal le clivage que la discussion a révélé entre le chef de l'État et la majorité de juin 1968. Au demeurant, faute de pouvoir critiquer le président de la République, l'aile la plus conservatrice de l'UDR concentre ses attaques sur les ministres qui mettent sa politique en œuvre, et Edgar Faure constitue sa cible de choix. Il est en bute à la malveillance des *Comités de défense de la République,* créés en mai pour défendre le régime, et qui rassemblent les gaullistes ultra-conservateurs. Or ceux-ci regardent avec espoir vers l'homme qui, tout en demeurant discret et se tenant dans la pénombre, apparaît comme le chef occulte de la majorité et le véritable leader de l'UDR dont il a mis en place les cadres en 1967, le député du Cantal, Georges Pompidou. Sans doute, comme tous les députés gaullistes, a-t-il voté la loi d'orientation, mais il n'a pas fait mystère des réticences qu'il éprouve à son égard, de son inquiétude devant les idées d'Edgar Faure, qu'il juge démagogue, faisant agir dans la coulisse pour tenter de freiner les initiatives du ministre de l'Éducation nationale, son ancien conseiller pour les Affaires universitaires, Michel Bruguière[1]. Pour discrètes qu'elles

1. Éric Roussel (163).

soient dans leur expression, les réserves de Georges Pompidou sur la politique universitaire d'Edgar Faure sont suffisamment notoires pour que, lorsque, en décembre 1968, le Comité de défense de la République de Dijon (la ville de Robert Poujade, secrétaire général de l'UDR) attaque vivement Edgar Faure, qualifiant son action de « bluff », nombre d'observateurs politiques s'interrogent pour savoir si l'ancien Premier ministre n'est pas l'inspirateur de cette offensive.

La réforme régionale de Jean-Marcel Jeanneney.

A la différence de la réforme universitaire que les circonstances imposaient, la réforme régionale et la réforme constitutionnelle dont elle est l'occasion ne sont le fait d'aucune urgence. Elles apparaissent plutôt comme le terrain délibérément choisi par le général de Gaulle pour provoquer un référendum qui lui permettrait, après la crise de mai, de renouveler la légitimité qu'il tire du suffrage universel. C'est la réponse qu'il propose dès le 24 mai au courant de contestation qui se développe dans le pays, mais l'indifférence des Français à son annonce le contraint à en différer la mise en œuvre. Depuis cette date, il ne cesse de songer à cette procédure qui renouvellerait le contrat personnel l'unissant au pays, d'autant que les élections de juin ont été l'affaire du Premier ministre et que l'écrasante victoire obtenue par celui-ci est plus celle de l'ordre que celle du gaullisme. Cette volonté d'un référendum, nécessaire à la conception que le Général se fait de son pouvoir, suppose cependant le choix d'un terrain qui permettrait de poser au peuple la question dont l'approbation signifierait de manière éclatante que le Général possède toujours la confiance des Français. Or la procédure du référendum est prévue pour régler des questions concernant l'organisation des pouvoirs publics. C'est donc la mise en œuvre d'une réforme concernant l'organisation des pouvoirs publics qu'est chargé de préparer Jean-Marcel Jeanneney. Mais il apparaît que le contenu de la réforme, même s'il entre dans le cadre de la participation qui est le mot d'ordre du gaullisme d'après 1968, compte moins que le référendum dont il va constituer le prétexte davantage que le motif.

Le projet de Jean-Marcel Jeanneney qui sera finalement soumis au référendum le 27 avril 1969 comporte deux volets liés entre eux, mais d'inspiration assez différente. Le premier met en place en France une organisation régionale qui doit concrétiser la participation des Français aux prises de décision qui les concernent sur le plan local. Les régions, selon le projet de loi, « seront en général nos anciennes provinces mises au plan moderne, ayant assez d'étendue, de ressources, de population, pour prendre leur part à elles dans l'ensemble de l'effort national ». En termes plus concrets, le futur Conseil régional, placé sous la tutelle d'un préfet de région, aura à connaître des projets concernant l'application du Plan et l'équipement dans la région. Au regard des objectifs qui sont fixés, la réforme paraît modeste, tant dans les attributions de la région que dans le mode de désignation des membres du Conseil. Ceux-ci ne sont pas désignés au suffrage universel direct, ce qui aurait pu susciter une certaine mobilisation de la population. Pour les trois cinquièmes, les conseillers régionaux sont désignés par les élus, conseillers généraux et délégués des conseils municipaux. Plus neuf et plus intéressant est le mode de désignation des deux cinquièmes restants puisqu'ils seront nommés par les organisations professionnelles, chambres d'agriculture, de commerce et d'industrie, syndicats, associations sociales et culturelles. C'est la traduction de la volonté, affirmée jadis par le discours de Bayeux, mais jamais concrétisée jusqu'alors, de faire représenter les « forces vives » de la nation. Quoi qu'il en soit, la création des régions entraîne la modification de l'article 72 de la Constitution qui traite des collectivités territoriales et justifie le recours au référendum. Mais force est de reconnaître que le contenu de ce premier volet de la réforme est plus de nature à susciter l'indifférence des Français que tout autre sentiment.

Il en va tout autrement du second volet qui concerne le Sénat. Le texte de loi prévoit le remplacement de la seconde Chambre et du Conseil économique et social par un Sénat consultatif dont le caractère représentatif et les attributions changent totalement. Le nouveau Sénat doit en effet assurer la représentation des collectivités territoriales (ce qui était déjà le cas sous les précédentes Républiques et jusqu'en 1969), mais

aussi des activités économiques, sociales et culturelles. Pour
remplir cette fonction, il aura, comme pour les conseils régionaux, deux catégories de membres : 173 représentants des collectivités territoriales de métropole et d'outre-mer élus pour six
ans dans le cadre de la région par un collège électoral comprenant députés, conseillers régionaux, généraux et délégués des
conseils municipaux ; 146 sénateurs désignés par les organisations nationales représentatives dans les domaines économique, social et culturel. Cette nouvelle Assemblée perd toute
attribution législative, même modeste, et tout droit de contrôler le gouvernement. Son rôle se borne à donner des avis obli-
gatoires et préalables à tout projet et proposition de loi, avis
que l'Assemblée nationale n'est nullement tenue de suivre.

Sans doute peut-on admettre que la réforme du Sénat – tout
au moins dans sa composition – présente un parallélisme avec
celle des conseils régionaux, qui donne sa cohérence à l'ensemble de la construction. Il reste que l'amenuisement des pouvoirs de la seconde Chambre aboutit pratiquement à exclure
celle-ci du Parlement dont elle fait constitutionnellement partie et que l'opinion publique y voit la volonté du chef de l'État
de faire payer ainsi au Sénat, où les oppositions sont majoritaires depuis 1958 et qui mène une guérilla larvée contre le
pouvoir, le prix de son attitude. Analyse que confirme l'article
du projet de loi modifiant les règles de l'intérim en cas de
vacance de la présidence de la République. Désormais, si le
projet est adopté, ce ne sera plus le président du Sénat qui assu-
rera cet intérim, mais le Premier ministre, ainsi sacré second
personnage de l'État.

Si le projet régional ne suscite guère de grandes passions
dans l'opinion, il en va différemment de la réforme du Sénat.
Celle-ci dresse contre le général de Gaulle, outre la plupart des
sénateurs, conduits par leur président, le centriste Alain Poher
qui vient de succéder en octobre 1968 au radical Gaston Monnerville, la masse des élus locaux qui s'indignent de la remise
en cause de l'Assemblée qui les représentait. Opposition massive, répercutée sur tout le territoire national par un réseau de
notables influents et qui va peser lourd dans l'issue du référendum. Mais on ne saurait comprendre celle-ci sans examiner

l'ensemble de la situation de l'opinion publique en ce printemps 1969 où le général joue, sur un coup de dés délibérément
souhaité, le sort de la République gaullienne.

La France au printemps 1969 :
un faisceau de mécontentements.

Dans la campagne électorale qui s'ouvre en avril 1969, le
général de Gaulle va devoir affronter, outre l'opposition traditionnelle, nombre de défections issues des milieux dans lesquels le gaullisme trouve d'ordinaire ses soutiens.

L'opposition de la gauche, qui préconise le « non » au référendum, n'est pas un fait nouveau. Pratiquement rejetée hors
du régime depuis 1958, elle est un îlot naturel d'opposition à
toutes les initiatives du pouvoir. De surcroît, le référendum est
pour elle une occasion d'en appeler de sa lourde défaite électorale de juin 1969. Alors qu'elle avait éprouvé entre 1965 et
1967 la fragilité du régime, elle n'a pas su en tirer profit, pas
plus qu'elle n'a su utiliser politiquement la contestation de mai
1968. Lorsqu'elle a tenté de le faire, à la fin du mois de mai,
son initiative s'est retournée contre elle puisqu'elle a paru alors
avoir partie liée avec les trublions gauchistes au moment même
où l'opinion manifestait sa lassitude de l'agitation et souhaitait
un retour à l'ordre. Mais la gauche politique, si elle peut donner des mots d'ordre, n'est pas réellement en état de reprendre
l'offensive contre le pouvoir : le parti communiste, profondément ébranlé par l'invasion de la Tchécoslovaquie par les
troupes du pacte de Varsovie en août 1968 (qu'il a condamnée
dans un premier temps), est isolé et en proie au doute ; la
défaite électorale de juin a provoqué une crise de la FGDS
dont François Mitterrand a abandonné la présidence en
novembre 1968. Il faut d'ailleurs noter que le centre d'opposition connaît les mêmes tensions, le scrutin de 1968 creusant le
fossé entre les opposants systématiques au gaullisme conduits
par Jean Lecanuet et Pierre Abelin, et les gestionnaires dirigés
par Jacques Duhamel et Joseph Fontanet, tentés par un ralliement au pouvoir. Mais les syndicats ont pris le relais des oppositions politiques.

La forte poussée inflationniste qui a suivi les Accords de

Grenelle a eu pour résultat d'annuler l'effet des hausses de salaires de mai 1968. Les syndicats ont obtenu une nouvelle négociation d'ensemble avec le patronat pour examiner la situation. Mais la « conférence de Tilsitt » (du nom de la rue où est situé le ministère des Affaires sociales) s'achève sur un échec, en partie du fait de la volonté du gouvernement de « tenir les salaires » pour bloquer l'inflation. Une grève du secteur public le 11 mars témoignera de l'amertume d'une partie des salariés. Le mécontentement des syndicats ouvriers tend à aigrir le climat social et à accroître l'hostilité au pouvoir d'une partie de l'électorat.

A cette opposition de milieux où le gaullisme n'a trouvé qu'un électorat marginal s'ajoute celle d'une partie de la clientèle traditionnelle de la majorité. En premier lieu, l'agitation qui se manifeste dans les milieux du commerce et de l'artisanat. La croissance économique et la modernisation de l'appareil productif et des formes de distribution ont pour résultat, comme en 1950-1953, de menacer la survie de petites entreprises peu compétitives et mal adaptées au marché. Cette situation se solde par une cascade de dépôts de bilan, de démêlés avec le fisc, de saisies, qui entretiennent la colère et le désir de réaction de la classe moyenne indépendante. Cette agitation néo-poujadiste des années 1968-1969 trouve un leader en Gérard Nicoud qui s'oppose violemment au pouvoir, coupable de ne pas défendre avec assez d'énergie les petits entrepreneurs.

A l'autre extrémité de la hiérarchie des entreprises, le mécontentement, pour être moins visible, n'en est pas moins redoutable. Les milieux économiques les plus performants ne dissimulent guère la désapprobation que leur inspire la politique conduite par Michel Debré, trop dirigiste à leur gré. Ils admettent très mal l'augmentation de la pression fiscale décidée par le ministre des Finances qui augmente les tranches supérieures de l'impôt sur le revenu et les droits de succession. Il en résulte une fuite des capitaux français à l'étranger, d'autant plus importante qu'en septembre 1968, afin de rétablir la confiance, le gouvernement a décidé la suppression du contrôle des changes. Si bien que des manœuvres spéculatives contre le

franc venant à la fois de la France et de l'étranger se
déclenchent, les spéculateurs jouant à la dévaluation du franc
au profit du deutsche-Mark qui serait réévalué. Cette perspective d'une dévaluation est d'ailleurs considérée avec faveur par
les milieux d'affaires français qui y voient un moyen de favoriser les exportations de produits nationaux, pénalisées par
l'alourdissement des coûts liés aux concessions salariales de
1968. Au mois de novembre 1968, la dévaluation du franc
paraît imminente. Mais, alors qu'on suppute déjà son montant,
le général de Gaulle, poussé par son ministre d'État Jean-
Marcel Jeanneney, s'oppose vigoureusement à cette mesure
pour des raisons politiques. « Une pareille opération, déclare-
t-il, risquerait fort d'être non pas du tout un remède mais l'arti-
fice momentané d'une ruineuse facilité et la prime payée à
ceux qui ont joué notre déclin. » Coup d'arrêt qui entraîne une
profonde déception des milieux patronaux, mais aussi des
désaveux politiques. Celui de Valéry Giscard d'Estaing qui
joue le rôle de chef d'une opposition larvée et interne à la
majorité. Celui de Georges Pompidou qui, s'il se garde de toute
prise de position publique, fait connaître en privé (mais les
confidences circulent), sa désapprobation d'une politique monétaire qui lui paraît archaïque et irréaliste[1].

Ce faisceau de mécontentement a en effet sa traduction politique. Non seulement dans l'opposition de gauche ou chez les
centristes. Non seulement chez les sénateurs ou chez les élus
locaux. Mais aussi, ce qui est plus grave, dans les rangs de la
majorité où, pour demeurer discrète, elle n'en manifeste pas
moins une réelle aigreur.

C'est, bien entendu, des rangs des républicains-indépendants
que proviennent les dissonances les plus audibles. Écarté du
pouvoir depuis 1966, Valéry Giscard d'Estaing multiplie les
demi-critiques sur la pratique politique du général de Gaulle et
sur son autoritarisme, s'appliquant à présenter de lui-même et
de la formation qu'il inspire une image plus ouverte et plus
moderniste que celle de l'UDR. A la présidence de la Commission des finances de l'Assemblée nationale où il a été élu après

---

1. Éric Roussel (163) fait état de confidences que Georges Pompidou aurait faites à Raymond Tournoux.

les élections de 1967, il n'a pas ménagé ses successeurs Rue de Rivoli allant même jusqu'à s'abstenir lors du vote du collectif budgétaire en novembre 1967. L'UDR est exaspérée par cette attitude de semi-opposition qui ne s'avoue pas ouvertement, si bien qu'après les élections de 1968 elle se sert de l'avantage numérique dont elle dispose pour écarter le leader des républicains-indépendants de la présidence de la Commission des finances à laquelle elle élit un des siens, Jean Taittinger. Par solidarité, les républicains-indépendants refusent de siéger dans les bureaux des commissions. Le fossé se creuse donc entre les gaullistes et les modérés qui les ont appuyés depuis 1962. Le mécontentement de Valéry Giscard d'Estaing et de ses amis est sans conséquence à l'Assemblée nationale compte tenu du nombre des députés UDR, mais il n'en va pas de même dans le pays en période de référendum.

Reste enfin, au sein de la majorité, le problème délicat posé par Georges Pompidou, lequel joue avec le général de Gaulle une version au second degré de *la Double Inconstance*. Déjà blessé de n'avoir pas été tenu au courant du voyage à Baden-Baden de mai 1968, alors qu'il était Premier ministre, Georges Pompidou n'est nullement convaincu de la sincérité du général de Gaulle dans la comédie des malentendus qui a présidé à son départ de Matignon en juin. Or l'influence du « député du Cantal » demeure considérable sur l'UDR qui a créé pour lui le poste de président d'honneur du groupe de l'Assemblée nationale. Moralement, il en est le véritable leader, et ce, d'autant plus qu'il ne dissimule guère les réserves qu'il éprouve à l'égard de son successeur et de la politique qu'il mène. Du même coup, c'est vers lui que se tournent, comme vers un possible recours, les députés UDR, heurtés par l'action réformatrice que conduit le général de Gaulle dans le cadre de la politique de participation. Élus par un électorat conservateur pour s'opposer à tout bouleversement, ils ne peuvent assister avec plaisir à celui que médite le chef de l'État, en tentant de changer en profondeur, par la loi, la société française. Beaucoup regardent avec nostalgie vers Georges Pompidou qu'ils jugent, à tort ou à raison, à l'unisson de leurs propres sentiments. Nostalgie qui se transforme en espoir à l'évocation du « destin national » promis par Charles de Gaulle à son ancien Premier ministre.

Or toute une série de circonstances vont faire de ce dernier, leader moral d'une majorité qui voit en lui le successeur du chef de l'État, un homme de plus en plus décidé à recueillir l'héritage promis. C'est d'abord l'« affaire Markovic », sordide règlement de comptes au sein du milieu, dans laquelle on tente de compromettre, à coups de rumeurs et de photos truquées l'ancien Premier ministre et son épouse, la victime (Markovic) étant un garde du corps de l'acteur Alain Delon, par ailleurs ami du couple Pompidou. Celui-ci juge l'affaire comme une machination (les Services secrets y auraient joué un rôle) destinée à ruiner ses ambitions présidentielles et il considère que les instigateurs sont proches du pouvoir. Par-dessus tout, il reproche vivement à son successeur Maurice Couve de Murville de n'avoir rien fait pour le prévenir de ce qui se tramait contre lui, voire d'avoir laissé ses collaborateurs propager complaisamment des rumeurs diffamatoires à son endroit. Enfin, il est profondément blessé que le chef de l'État ait pris avec une grande résignation philosophique les attaques dirigées contre son ancien Premier ministre et n'ait pas prononcé les paroles décisives qui auraient fait avorter dans l'œuf le « complot ».

Quoi qu'il en soit, c'est après le déclenchement de « l'affaire Markovic » que se produisent les faits principaux qui vont contribuer à dresser Georges Pompidou en rival objectif de Charles de Gaulle aux yeux de l'opinion. A Rome où il séjourne, il déclare à des journalistes qu'il sera candidat à la présidence de la République le jour où il y aura une élection, ajoutant aussitôt : « Je ne suis pas du tout pressé. » Déclaration conforme à ce que chacun sait, mais que la dépêche publiée par l'AFP transforme en déclaration officielle de candidature, provoquant en France un écho considérable. Un très sec communiqué de l'Élysée le 22 janvier faisant savoir que le général de Gaulle remplira son mandat jusqu'au bout, une mise au point de M. Pompidou à Genève le 13 février donnant de ses propos une interprétation beaucoup plus floue, mais confirmant l'essentiel (sa candidature éventuelle), enfin un dîner à l'Élysée destiné à montrer le maintien des liens unissant le général à son ancien Premier ministre n'empêcheront pas que, dans l'esprit de nombreux membres de la majorité, le message politique soit reçu : Georges Pompidou dont ils ont apprécié la fermeté et le sens politique en mai-juin 1968, dont ils connaissent l'expérience des affaires, est prêt à assurer la succession du général de Gaulle si celui-ci était conduit à se retirer. La peur du vide, la perspective du chaos, élément clé de l'argumentation du général de Gaulle dans toutes les consultations, est devenu, à la veille du référendum, une arme sans efficacité.

C'est cette conjonction de mécontentements, d'oppositions, de déceptions, de rancœurs personnelles qui va peser de façon décisive sur l'issue du référendum de 1969.

La fin de la République gaullienne.

La campagne du référendum s'engage dans de très mauvaises conditions pour le chef de l'État. Comme en 1962, celui-ci voit se dresser contre lui la totalité des forces politiques. La gauche se prononce pour le « non » comme on pouvait s'y attendre, faisant de la violation de la Constitution que représente la quasi-suppression du Sénat son cheval de bataille. Elle est rejointe dans son opposition par les ex-partisans de l'Algérie française qui, à la suite de Jacques Soustelle, saisissent l'occasion qui leur est offerte de tenter de régler leurs comptes avec le chef de l'État. Le centrisme d'opposition est uni dans son attitude négative, les gestionnaires de Jacques Duhamel rejoignant, non sans hésitation, les opposants de Jean Lecanuet. Dans ce camp, le premier rôle est d'ailleurs tenu par Alain Poher, président du Sénat, qui, avec mesure et détermination, entraînant derrière lui un grand nombre de sénateurs, va devenir le chef de file des centristes dans la bataille. Derrière eux, c'est la masse des élus locaux, influents en particulier dans les zones rurales et les petites villes (où la modernisation provoque le malaise des paysans, commerçants, artisans), qui bascule dans l'opposition au pouvoir. Enfin, franchissant le pas qui conduit de l'opposition larvée à l'opposition ouverte, Valéry Giscard d'Estaing préconise un vote négatif (il n'est d'ailleurs pas suivi sur ce point par tous les dirigeants de son parti, Raymond Marcellin, ministre de l'Intérieur, se prononçant par

ÉVOLUTION DES INTENTIONS DE VOTE
AU COURS DE LA CAMPAGNE ÉLECTORALE
pour le référendum d'avril 1969
en pourcentage

	1re enquête 18/23 mars	2e enquête 1/7 avril	3e enquête 14/17 avril	4e enquête 23/24 avril	5e enquête 26 avril matinée
Intentions de vote					
Oui	51	52	52	49	46,5
Non	49	48	48	51	53,5
	100 %	100 %	100 %	100 %	100 %
Pourcentage ayant décidé entre « oui » et « non »	47	48	56	78	84

Source : IFOP (33), p. 242.

exemple pour le « oui »). Devant cette coalition qui rappelle le
« Cartel des non », le Général peut certes espérer que, comme
en 1962, le suffrage universel se prononcera pour lui et contre
les partis. Mais les différences avec le précédent référendum
sont sensibles. Le projet de 1969, peu clair, peu mobilisateur,
aux objectifs mal discernables ne saurait avoir l'effet mobilisateur de celui de 1962.

Enfin la campagne de l'UDR elle-même, la seule force politique à préconiser le « oui » est une arme à double tranchant.
Georges Pompidou y joue son rôle, plaidant pour un vote positif, mais cette attitude loyale ne va pas jusqu'à la déclaration
que lui demande en vain André Malraux et selon laquelle il ne
serait pas candidat à la succession du général en cas de départ
de celui-ci. De surcroît, la réapparition au premier plan de l'ancien Premier ministre a pour lui le double avantage de le rappeler à l'attention des Français (et de leur faire souvenir qu'il
est prêt à succéder à Charles de Gaulle) tout en le situant dans
un rôle qui le présente en gaulliste loyal et sans état d'âme.

Ce sont ces conditions défavorables qu'enregistrent les sondages de l'IFOP, à mesure que la campagne se précise. Pendant un mois, ceux-ci donnent au « oui » une étroite majorité des suffrages exprimés (51 ou 52 %) mais, durant cette période, la proportion de ceux qui n'ont pas pris leur décision est de l'ordre de près de la moitié du corps électoral. C'est durant les derniers jours de la campagne que tout bascule : une grande partie des hésitants vont définitivement choisir le camp du « non » dans les jours et les heures qui précèdent le scrutin. Ce n'est sans doute pas solliciter la réalité que de penser que cette partie de l'opinion, retenue un moment d'émettre un vote négatif par la crainte d'un saut dans l'aventure, se décide finalement pour cette perspective lorsqu'elle se convainc que le risque est limité puisque la succession sera assurée par un homme qui a fait ses preuves. Quoi qu'il en soit, les dernières enquêtes révèlent que, désormais, les « non » sont majoritaires. Peut-être à son corps défendant, Georges Pompidou apparaît ainsi comme l'un des principaux artisans de la défaite de Charles de Gaulle.

Les résultats officiels du scrutin du 27 avril consacrent cette défaite.

L'analyse du scrutin révèle la netteté de l'échec du chef de l'État : 71 départements ont voté en majorité pour le « non » contre 24 pour le « oui ». Sur le plan géographique, la structure d'ensemble de la carte du « oui » est proche de celle des zones

RÉFÉRENDUM DU 27 AVRIL 1969

		% des inscrits	% des suffrages exprimés
Électeurs inscrits	28 655 692	100	
Votants	23 093 296		
Abstentions	5 562 396	19,4	
Blancs et nuls	635 678	2,2	
Oui	10 512 469	36,7	46,82
Non	11 945 149	41,6	53,18

VOTES « OUI » AU RÉFÉRENDUM
DU 27 AVRIL 1969

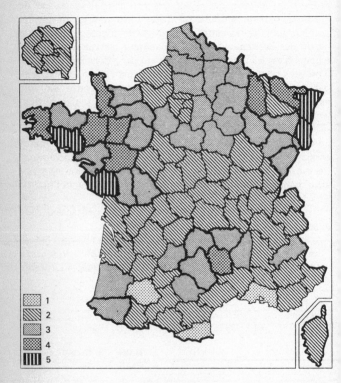

% des inscrits
1. 24 à 30 – **2.** 30 à 36 – **3.** 36 à 42
4. 42 à 48 – **5.** 48 à 51,34

Source : F. Goguel, *Chroniques électorales,* Presses de la FNSP,
1983, t. 3, p. 16

RÉPARTITION DES INTENTIONS DE VOTE DES DIFFÉRENTS GROUPES DE LA POPULATION

Le sens du vote au référendum du 27 avril 1969 dans les différents groupes de la population

Intentions de vote des 1re et 3e, 4e et 5e enquêtes préélectorales et lors du 2e tour des élections présidentielles du 19 décembre 1965 (vote de Gaulle et au référendum du 28 octobre 1962 [vote « OUI »])

Intentions de vote sur 100 personnes qui ont arrêté leur vote, en pourcentage

	« OUI » oct. 1962	De Gaulle 19 déc. 1965	« OUI » 1re et 3e en-quêtes	Avril 1969 « OUI » 4e et 5e en-quêtes	« NON » 4e et 5e en-quêtes
	%	%	%	%	%
Ensemble	**63**	**55**	**52**	**48**	**52**
Sexe					
Hommes	57	48	46	43	57
Femmes	70	62	60	53	47
Age					
20 à 34 ans	65	49	43	43	57
35 à 49 ans	60	54	52	44	56
50 à 64 ans	63	55	52	48	52
65 ans et plus	66	64	62	60	40
Profession du chef de ménage					
Agriculteur	71	60	62	58	42
Industriel et commerçant	47	67	46		
Cadre supérieur et profession libérale	62	60	39	46	54
Employé	56	53	50	47	53
Ouvrier	61	45	45	38	62
Inactif	65	60	60	59	41
Résidence					
Communes rurales	69	58	60	56	44
Villes de					
Moins de 20 000 habitants	72	50	52	44	56
20 000 à 100 000 habitants	57	50	59	46	54
Plus de 100 000 habitants	60	55	47	47	53
Agglomération parisienne	55	53	40	39	61
Préférences politiques					
Parti communiste	–	–	5	5	95
Fédération de la gauche	–	–	16	15	85
Centre démocrate (PDM)	–	–	41	38	62
Républicains-indépendants	–	–	74	75	25
UD Ve République	–	–	84	84	16

Source : IFOP (33), p. 245.

de force du gaullisme au premier tour des élections de 1965, mais elle se marque partout par un affaiblissement des pourcentages favorables au chef de l'État (en particulier dans les bastions de l'Ouest, de l'Est et du Nord), preuve supplémentaire que la partie la plus conservatrice de l'électorat gaulliste avait partiellement accepté l'idée d'ouvrir la succession du Général. Il reste que les travaux des politistes ont montré que ce fait, pour important qu'il soit, n'aurait pu suffire à provoquer la défaite du Général sans le vote décisif en faveur du « non » des centristes et des modérés libéraux partisans de Valéry Giscard d'Estaing. Sociologiquement le basculement dans le camp antigaulliste a affecté prioritairement les agriculteurs, les commerçants et les cadres. C'est bien la somme des mécontentements sociaux et politiques qui aboutit en ce 27 avril 1969 à l'échec du chef de l'État.

Celui-ci tire en tout cas la leçon du scrutin. Considérant qu'il a été désavoué par le suffrage universel en quoi il a toujours vu l'unique source de son pouvoir, il fait publier le 28 avril, aux premières minutes du nouveau jour, le communiqué suivant préparé dès le 26 :

« Je cesse d'exercer mes fonctions de président de la République. Cette décision prend effet aujourd'hui à midi. »

Le 28, pendant que le Général s'enferme à Colombey, se murant dans un silence officiel dont il ne sortira plus jusqu'à sa mort en novembre 1970, son vainqueur Alain Poher, président du Sénat, s'installe à l'Élysée pour y exercer l'intérim prévu par la Constitution, savourant sans doute l'ironie de l'Histoire qui lui fait remplir une tâche dont le référendum rejeté avait pour objet, parmi d'autres, de le priver.

La République gaullienne s'achève sur un coup de théâtre. D'un bout à l'autre de son orageuse histoire, elle aura été marquée par l'atmosphère dramatique qu'affectionnait son fondateur qui ne se sentait véritablement lui-même que dans le rôle de l'homme des tempêtes.

Conclusion : de Gaulle et l'entrée de la France dans le second XXe siècle

A l'issue de ce parcours des onze années de la République gaullienne, peut-on tenter d'évaluer historiquement ce qu'elle a apporté à la France contemporaine ? L'entreprise est périlleuse, non en raison de la relative proximité des événements, mais parce que, avec le temps, s'est tissée une légende dorée dont les fidèles du Général ont été les initiateurs, mais qui s'est peu ou prou imposée à la conscience collective des Français et qui est aujourd'hui quasi unanimement admise : celle de l'homme exceptionnel qui, après avoir sauvé la France du déshonneur en 1940, l'avoir libérée en 1944, a su la redresser après les errements d'une IVe République dont il avait dénoncé les tares, lui a donné des institutions stables, une place essentielle dans le monde, la prospérité économique, le progrès social... Image qui, si l'on accepte de gommer quelques aspérités qui défigurent ce tableau trop lisse, est bien, avec le recul, celle de la France des années soixante, même si les Français n'en ont pas eu sur le moment totalement conscience ainsi que le prouvent les sondages. Mais quels sont les éléments de ce paysage qu'il faut attribuer à l'action propre du pouvoir et quels sont ceux qui résultent de l'évolution d'une conjoncture mondiale dans laquelle la France se trouve inscrite au même titre que les autres nations industrielles ?

La mise en parallèle de l'histoire de la IVe et de celle de la Ve République constitue à cet égard un sûr critère d'appréciation[1]. Il permet d'affirmer qu'au niveau des grandes évolutions il existe une indéniable continuité entre les deux régimes. De

---

1. Pour l'évocation de la IVe République, on s'appuiera sur Jean-Pierre Rioux (15).

1945 à 1969, la France ne joue plus le rôle mondial qui avait été le sien jusqu'en 1939 et elle se trouve contrainte de choisir son camp entre les deux super-Grands qui sont devenus les chefs de file du monde nouveau de l'après-guerre. Et sa situation géopolitique, son passé, ses valeurs, sa civilisation, sa culture la poussent tout naturellement à s'intégrer à la nébuleuse occidentale rassemblée autour des États-Unis : les liens économiques, l'appartenance à l'Alliance atlantique, l'appui aux États-Unis lors des crises (à Berlin ou à Cuba) l'attestent à l'évidence. Toutefois, la France ne se résigne ni sous la IVe ni sous la Ve République à être simplement un pion dans le jeu américain. C'est pour retrouver une marge d'action sur un continent apaisé et rassemblé qu'elle décide, sous la IVe République, de se lancer dans la construction européenne dont la volonté supranationale qui l'anime atteste qu'elle dépasse le simple niveau des nécessités économiques ; c'est pour ne pas se laisser dépasser sur le terrain technologique et pour se garder la possibilité d'acquérir l'arme suprême du nucléaire qu'elle se lance dans la course à l'atome et décide d'expérimenter une bombe A. C'est la Ve République qui poursuivra et développera ces initiatives du régime précédent en dotant la France d'un arsenal nucléaire opérationnel et en mettant en vigueur le traité de Rome signé en 1957. Alléguera-t-on que désormais la construction européenne se fait sur la base de l'Europe des patries, sans visée supranationale ? Lorsqu'un gouvernement accepte de soumettre le prix de ses produits agricoles à la négociation avec ses partenaires, sous l'égide d'une autorité européenne, peut-on considérer qu'il conserve intégralement tous les attributs de sa souveraineté ?

La même continuité peut s'observer, en ce qui concerne le domaine des affaires internationales, pour le mouvement de décolonisation. La IVe République, mal préparée à l'affronter, le prend de plein fouet en 1946 : deux guerres coloniales, en Indochine et en Algérie, dont la seconde aura raison du régime, d'innombrables conflits dans les autres territoires de l'Empire marquent dramatiquement son histoire. Mais, dès les années 1954-1956, elle tire les conséquences d'un courant que nombre de ses gouvernants jugent inéluctable et le retrait français d'Indochine, l'octroi de l'indépendance à la Tunisie et au Maroc, la préparation d'une évolution en Afrique noire par la loi-cadre Defferre l'engagent fortement dans les voies de la décolonisation. La Ve République achèvera ici l'œuvre entreprise en donnant l'indépendance aux États d'Afrique noire et en dégageant la France du conflit algérien, mais dans des conditions guère plus favorables que celles qui avaient présidé à la fin du conflit d'Indochine puisque, en quelques années, la France perd la plupart des avantages que lui avaient consentis les Accords d'Évian et que la paix rétablie se solde par l'exode massif de la population européenne d'Algérie.

C'est de continuité encore qu'on peut parler à propos de la croissance économique. Après le gigantesque effort de reconstruction accompli par la IVe République, la France entre dans l'ère de la croissance en 1953-1954. C'est à partir de cette époque, avec quelques ralentissements conjoncturels, que la production de biens et de services s'accroît régulièrement chaque année par rapport à l'année précédente et, à cet égard, les onze années de la République gaullienne s'intègrent harmonieusement entre la croissance née sous la IVe République et celle poursuivie de 1969 à 1974 sous la présidence de Georges Pompidou. Croissance qui, durant toute cette période, a pour moteur principal les industries de consommation, alors que les industries de base, une fois la reconstruction achevée, s'essoufflent rapidement et que l'agriculture ne parvient pas à suivre le rythme imposé par les industries les plus prospères. On observera encore que cette croissance connaît, sous la République gaullienne comme sous la IVe République, les mêmes problèmes permanents, celui de l'inflation menaçante, celui de sa répartition sur le territoire national, supposant la mise en œuvre de politiques d'aménagement. Et comme il est légitime, la continuité dans l'ordre de la croissance économique entraîne celle de la transformation de la société. C'est au début des années cinquante que commencent les transformations fondamentales des structures sociales et du cadre de vie que nous avons observées sous la République gaullienne : l'urbanisation qui efface chaque jour un peu plus les traces de la société et des mentalités rurales, la disparition pro-

gressive de la France des « petits » indépendants qui avaient
fait les beaux jours de la IIIe République et constituaient
encore l'assise sociale de la France en 1945, l'expansion de la
classe moyenne salariée en même temps que cette France nouvelle commence à bénéficier des effets de l'augmentation du
niveau de vie sous forme d'automobiles, d'équipement électroménager, d'amélioration de la santé, de naissance d'une civilisation des loisirs. Transformations sociales spectaculaires qui
ne vont pas sans tensions et sans malaise. Les groupes marginalisés par la croissance réagissent par des protestations som-
maires et, à la vague poujadiste de la IVe République,
répondent les barrages paysans des années soixante ou la
contestation conduite par Gérard Nicoud à la fin de la période.
L'inégale répartition des fruits de la croissance entraîne grèves
et mécontentements sectoriels. Et surtout, surprise par le caractère inédit des effets sociaux de l'expansion économique, la
société française ne sait pas inventer les idées et les valeurs qui
permettraient de comprendre, de maîtriser, d'intégrer dans une
pratique sociale les mutations en cours. D'où cette atmosphère
de malaise permanent, de recherche d'un « ailleurs » ou d'un
« autrement » aussi vagues et flous l'un que l'autre, qui
marquent ces années soixante que la rupture de 1974 tend avec
le recul à nous présenter aujourd'hui comme un âge d'or. Ce
serait ici le lieu de se tourner vers les manifestations socio-
culturelles qui traduisent cette recherche [1] et qui seront évo-
quées dans le prochain volume de cette collection.

   Est-ce à dire que la contrainte imposée par les grands flux de
l'histoire mondiale est telle qu'au-delà des péripéties politiques
la République gaullienne n'aurait aucune originalité et que la
continuité serait totale entre la IVe et la Ve République ? Il est
évident qu'une telle conclusion serait excessive et que l'adapta-
tion des politiques nationales aux nécessités inéluctables imposées par les évolutions planétaires laisse une marge de
manœuvre aux gouvernants. Mais il importe d'évaluer la
mesure exacte de celle-ci.

   Quel est donc le rôle exact du gaullisme qui gouverne la

___

1. Pour la IVe République, voir J.-P. Rioux (15), t. 2, chap. 8.

France entre 1958 et 1969 si une grande partie de ce qui fait l'originalité de la période échappe à sa volonté ? Et d'abord, comment définir le gaullisme ? Constitue-t-il une doctrine politique ? Certes pas, si on admet, comme nous pensons l'avoir montré, qu'il est avant tout une pratique pragmatique du pouvoir. Toutefois cette pratique paraît dominée par un thème majeur, cette « certaine idée de la France » par quoi s'ouvrent les *Mémoires de guerre* du général de Gaulle. La France constituant une entité irréductible à toute autre, il importe dans toutes les circonstances de faire prévaloir ses intérêts, de faire entendre sa voix, de la faire respecter, de sauvegarder son rôle, bref d'assurer son destin, plus important que celui de tel ou tel groupe qui n'en constitue qu'une fraction. Et comme cette vision de la nation France conçue comme une entité mystique s'inscrit paradoxalement dans une conception froidement réaliste, strictement fondée sur les données géopolitiques de la situation mondiale, la pratique gaulliste du pouvoir consiste à s'appuyer sur les inéluctables contraintes que nous venons d'évoquer pour tenter de mettre en œuvre une stratégie susceptible de dégager au pays un espace de manœuvre dans les brèches de la nécessité.

L'apport du général de Gaulle à l'histoire nationale, c'est d'abord – et peut-être avant tout – la création d'institutions qui assurent à la France une réelle stabilité contrastant avec la IVe République, institutions qui restaurent son image dans le monde et commandent les autres aspects de la politique nationale. C'est elle qui permet au Général, sans quitter l'alliance occidentale, d'y affirmer son autonomie et sa volonté de partenariat en se retirant du commandement militaire intégré de l'OTAN, en s'efforçant de nouer des relations directes avec l'Est, en critiquant la politique américaine, en se présentant en défenseur du Tiers Monde, des petites nations, des indépendances nationales. C'est elle qui lui donne les moyens de mettre un terme à la guerre d'Algérie en évitant, sinon les crises, du moins l'effondrement dans lequel s'était abîmée la IVe République. La France lui doit encore une gestion relativement ordonnée de la croissance à travers les plans successifs qui modifient progressivement les structures de l'économie française en relâchant les contraintes étatiques au profit d'un retour de plus en plus net aux mécanismes du marché et des tentatives moins réussies d'aménagement du territoire. Et c'est cette stabilité institutionnelle qui, là encore non sans exceptions, difficultés, crises sociales limitées (la grève des mineurs de 1963) ou généralisées (mai 1968), permet, dans ses grandes lignes, de maintenir la cohésion sociale et d'assurer sans drame trop profond les gigantesques mutations des années soixante. Au total, et malgré la crise de 1968, le général de Gaulle laisse en se retirant une France modernisée, beaucoup mieux intégrée dans le monde nouveau de la fin des années soixante que ne l'était le pays qu'il avait trouvé en 1958.

Est-ce diminuer son mérite que de constater que, pour n'avoir pas fait l'impossible, rendu la France l'égale des deux Grands, maintenu l'Empire, créé la prospérité économique et entraîné la satisfaction générale des Français sur le plan social, il n'en reste pas moins le personnage historique majeur de la France du XXe siècle pour avoir été capable de négocier l'adaptation de son pays aux conditions du moment ? Et sa plus grande réussite est sans doute d'avoir su, par un verbe inimitable, transformant en accents d'épopée les réalités les plus prosaïques, convaincre ses concitoyens que ce qui n'était souvent qu'une nécessité impossible à éviter représentait une éclatante victoire de la volonté et de la compétence. Puisque la politique n'est après tout que l'art du possible, ce n'est pas un mince succès que de rendre un peuple fier de lui-même en transmuant par le discours le vil plomb des faits en or de la légende.

Chronologie sommaire

1958 2 juin — Vote des pleins pouvoirs au général de Gaulle.

4-7 juin — Voyage de De Gaulle à Alger : « Je vous ai compris. »

1er-5 juillet — Nouveau voyage de De Gaulle en Algérie.

4 septembre — De Gaulle présente la nouvelle Constitution place de la République.

24 septembre — Mémorandum sur le directoire à trois de l'OTAN.

28 septembre — Référendum sur l'adoption de la Constitution.

23 octobre — De Gaulle propose « la paix des braves ». Création de l'UNR.

23-30 novembre — Élections législatives et poussée de l'UNR.

9 décembre — J. Chaban-Delmas élu président de l'Assemblée nationale.

21 décembre — De Gaulle élu président de la République et de la Communauté.

28 décembre — Dévaluation du franc et création du « nouveau franc ».

1959 6 janvier — Ordonnance prolongeant la scolarité jusqu'à 16 ans. Création d'un cycle d'observation dans les collèges.

8 janvier — De Gaulle prend ses fonctions de président.

9 janvier — Formation du ministère Debré.

mars — Retrait de l'OTAN de la flotte française de Méditerranée.

8-15 mars — Élections municipales ; poussée communiste.

14 avril — Création de l'Union démocratique du travail (gaullistes de gauche).

26 avril — Élections sénatoriales favorables à l'opposition.

19 juin — Saisie du livre *la Gangrène* dénonçant la torture en Algérie.

16 septembre — Allocution du général de Gaulle sur l'autodétermination en Algérie.

19 septembre	Georges Bidault et Roger Duchet créent à Paris un Rassemblement pour l'Algérie française.
15 octobre	Attentat de l'Observatoire contre F. Mitterrand.
novembre	Le Sénat vote la levée de l'immunité parlementaire de François Mitterrand, accusé d'avoir organisé un pseudo-attentat.
2 décembre	Grève des fonctionnaires. Rupture du barrage de Malpasset qui fait 200 morts dans la région de Fréjus.
23-24 décembre	Vote de la loi proposant un régime contractuel à l'enseignement privé. Démission du ministre de l'Éducation nationale André Boulloche.

1960

13 janvier	A. Pinay démissionne du gouvernement et est remplacé par Wilfrid Baumgartner.
19 janvier	Le général Massu est relevé de ses fonctions à Alger.
24 janv.-1er févr.	Semaine des barricades à Alger.
février	Émeutes agricoles dans diverses régions.
2 février	Loi autorisant le gouvernement à prendre des ordonnances.
5 février	Remaniement ministériel évinçant les partisans de l'Algérie française Soustelle et Cornut-Gentile.
13 février	Explosion de la bombe atomique à Reggane.
3-7 mars	« Tournée des popotes » du général de Gaulle en Algérie.
15-17 mars	Refus du général de Gaulle de convoquer l'Assemblée nationale en session extra-ordinaire malgré la demande de 300 parlementaires, pour discuter des problèmes agricoles.
23 mars-3 avr.	Voyage en France de Nikita Khrouchtchev.
3 avril	Création du parti socialiste unifié (PSU).
25 avril	J. Soustelle exclu de l'UNR.
19 mai-juill.	Vote de la loi d'orientation agricole.
14 juin	Discours de De Gaulle réaffirmant sa politique algérienne.
25-29 juin	Entretiens de Melun avec le FLN.
5 septembre	Conférence de presse de De Gaulle sur l'Algérie. Ouverture du procès du réseau Jeanson d'aide au FLN. Publication de la

	« Déclaration des 121 » sur le droit à l'insoumission.
6 octobre	Manifeste des intellectuels favorables à l'Algérie française.
27 octobre	Manifestation des syndicats pour la paix en Algérie.
4 novembre	Allocution télévisée du général de Gaulle évoquant « l'Algérie algérienne » et annonçant un référendum sur l'autodétermination pour le 8 janvier 1961.
10-13 novembre	Voyage de De Gaulle en Algérie. Manifestations des deux communautés pour ou contre « l'Algérie algérienne ».
janv.-juill.	Accession à l'indépendance des pays de l'Afrique francophone et de Madagascar.

1961

8 janvier	Référendum sur l'autodétermination.
20 février	Entrevue de Gaulle-Bourguiba.
23 février	Marcel Servin et Laurent Casanova sont relevés de leurs fonctions au parti communiste.
2 mars	Acquittement des accusés présents au procès des barricades.
22-25 avril	Putsch des généraux à Alger.
15 mai	Publication de l'encyclique *Mater et Magistra*.
31 mai-2 juin	Voyage en France du président Kennedy.
juin	Agitation paysanne, en particulier en Bretagne.
20 juin	Entretiens de Lugrin avec le FLN.
juillet	Incidents à Bizerte.
24 août	Edgard Pisani devient ministre de l'Agriculture.
8 septembre	Attentat contre de Gaulle à Pont-sur-Seine.
17 octobre	Manifestations musulmanes à Paris, violemment réprimées.

1962

janvier	Multiplication des attentats OAS en métropole.
18 janvier	Valéry Giscard d'Estaing remplace W. Baumgartner au ministère des Finances.
8 février	Manifestation anti-OAS à Paris. 8 morts au métro Charonne.
13 février	Manifestation massive à l'occasion des obsèques des morts du métro Charonne.

19 mars	Cessez-le-feu en Algérie après la signature des Accords d'Évian la veille.
23 mars	Émeutes de Bab el-Oued : 20 morts.
26 mars	Manifestation de la rue d'Isly à Alger et fusillade.
8 avril	Référendum sur l'approbation des Accords d'Évian.
14 avril	Georges Pompidou remplace Michel Debré comme Premier ministre.
11-13 avril	Le général Jouhaud est condamné à mort.
20 avril	Arrestation du général Salan.
15 mai	Conférence de presse du général de Gaulle qui rejette l'Europe intégrée. Démission des ministres MRP.
15-23 mai	Procès du général Salan qui est condamné à la détention à perpétuité.
27 mai	Suppression du haut tribunal militaire.
30 mai	Création d'une Cour militaire de Justice.
1er juillet	L'Algérie accède à l'indépendance.
22 août	Attentat du Petit-Clamart contre le général de Gaulle.
12 septembre	Le général de Gaulle annonce un référendum sur l'élection du président de la République au suffrage universel.
5 octobre	L'assemblée nationale vote la censure contre le gouvernement Pompidou.
10 octobre	Dissolution de l'Assemblée nationale.
23 octobre	Sommet de la crise de Cuba.
28 octobre	Référendum sur l'élection du président de la République au suffrage universel.
18-25 novembre	Élections législatives.
7 décembre	Remaniement du gouvernement Pompidou.
29 décembre	Accord d'entreprise chez Renault : 4 semaines de congés payés.

1963

3-4 janvier	Création de la Cour de sûreté de l'État.
14 janvier	De Gaulle repousse la candidature de l'Angleterre au Marché commun.
22 janvier	Signature du traité de coopération franco-allemand.
mars-5 avril	Grève des mineurs.
avril	Crise à l'Union des étudiants communistes.
3 juin	Mort du pape Jean XXIII.
22 juin	Nuit de « Salut les Copains » place de la Nation.

	juin	Retrait de l'OTAN des forces navales de la Manche et de l'Atlantique.
	juillet	Loi réglementant le droit de grève dans les services publics.
	3 août	Décret créant les collèges d'enseignement secondaire (CES).
	12 septembre	Mise en œuvre du plan de stabilisation.
	15 septembre	« Banquet des mille » préparant un regroupement de l'opposition.
	octobre	*L'Express* lance la campagne présidentielle avec l'opération M. X (G. Defferre).
	27 novembre	Manifestations contre la force de frappe.
1964	27 janvier	Reconnaissance de la Chine communiste.
	1er-2 février	Le congrès de la SFIO ratifie la candidature Defferre à la présidence de la République.
	5 février	Rapport Toutée
	8-15 avril	Élections cantonales favorables à la gauche.
	7-10 mai	Congrès du MRP dont J. Lecanuet devient président.
	14-17 mai	Congrès du PCF : Waldeck Rochet secrétaire général.
	mai	Vote du statut de l'ORTF.
	7 juin	Création de la Convention des institutions républicaines.
	12 juillet	Mort de Maurice Thorez.
	octobre	Les « Commissions Grégoire » sur les salaires du secteur public commencent à siéger.
	6-7 novembre	Congrès extraordinaire de la CFTC qui devient la CFDT. Les minoritaires « maintiennent » la CFTC.
	11 décembre	Grève générale du secteur public.
1965	14-21 mars	Élections municipales favorables à l'opposition.
	25-26 mars	Crise à l'UEC reprise en main par le PC. Crise à la JEC.
	25 avril	P. Marcilhacy candidat à la présidence de la République.
	8 mai	G. Defferre propose une Fédération démocrate et socialiste.
	17-18 juin	Échec du projet de Fédération démocrate et socialiste.
	1er juillet	La France pratique à Bruxelles la politique de la « chaise vide ».

	9 septembre	François Mitterrand candidat à la présidence de la République.
	10 septembre	Création de la Fédération de la gauche démocrate et socialiste.
	26 septembre	Renouvellement sénatorial.
	26 octobre	Jean Lecanuet candidat à la présidence de la République.
	29 octobre	Enlèvement du leader marocain Ben Barka.
	4 novembre	Le général de Gaulle annonce sa candidature à la présidence de la République.
	5-19 décembre	Élection présidentielle.
1966	5 janvier	Remaniement du gouvernement Pompidou.
	7 janvier	Décret créant les instituts universitaires de technologie.
	2 février	Naissance du Centre démocrate.
	février	Les Républicains-indépendants prennent leurs distances par rapport à l'UNR.
	4 mars	La France quitte le commandement intégré de l'OTAN.
	12-13 mars	Annonce de l'équipe formatrice du contre gouvernement.
	15-17 mars	Grève de l'enseignement supérieur contre le projet Fouchet.
	30 avril-1er mai	Colloque de Grenoble.
	mai	Création de l'équipe formatrice du contre gouvernement.
	juin	Voyage en URSS du général de Gaulle.
	22 juin	Réforme Fouchet de l'enseignement supérieur.
	1er septembre	Discours de Phnom-Penh.
	14-15 novembre	Colloque de Caen sur l'enseignement supérieur et la recherche.
	décembre	Accord de désistement PC-FGDS en vue des élections législatives de 1967.
	20 décembre	Manifestation des aviculteurs bretons à Morlaix.
1967	10 janvier	Conférence de presse de Valéry Giscard d'Estaing : « Oui, mais... »
	22 février	Débat Pompidou-Mitterrand à Nevers.
	27 février	Débat Pompidou-Mendès France à Grenoble.
	5-12 mars	Élections législatives.
	13 avril	Mise en route du Plan Calcul.

26 avril	Le Conseil des ministres demande le vote d'une autorisation de légiférer par ordonnances. Démission d'Edgard Pisani.
17 mai	Grève générale et manifestation contre les pouvoirs spéciaux.
5-10 juin	« Guerre des Six Jours ».
11-16 juin	Congrès de la CGT. Georges Séguy remplace Benoît Frachon au secrétariat général.
13 juillet	Création de l'Agence nationale pour l'emploi.
26 juillet	De Gaulle à Montréal : « Vive le Québec libre ! »
17 août	Ordonnance sur l'intéressement des salariés aux bénéfices de l'entreprise.
22 août	Ordonnances et décrets réformant la Sécurité sociale.
24 sept.-1er oct.	Élections cantonales.
octobre	Grèves et manifestations nombreuses.
23 novembre	Valéry Giscard d'Estaing, président de la Commission des finances, s'abstient dans le vote du collectif budgétaire.
19 décembre	Vote de la loi Neuwirth autorisant la contraception.

1968

janvier	Agitation dans les lycées et incidents à la faculté de Nanterre.
février	Manifestations contre la guerre du Vietnam, grèves, manifestations ouvrières et étudiantes.
22 mars	Occupation de la salle du Conseil de la faculté des lettres de Nanterre.
avril	Poursuite de l'agitation dans les universités.
2 mai	Départ de G. Pompidou pour l'Afghanistan. Fermeture de Nanterre.
3 mai	Premières bagarres au quartier Latin et début de la « phase étudiante » des événements de mai.
10-11 mai	Nuit des barricades.
13 mai	Défilé des étudiants et des syndicats de la République à Denfert-Rochereau. Début de la « phase sociale » des événements de mai.
14-18 mai	Visite officielle du général de Gaulle en Roumanie.

20 mai	Le nombre des grévistes atteindrait 10 millions.
25-27mai	Négociations et accords de Grenelle.
27 mai	Meeting du stade Charléty.
28 mai	F. Mitterrand réclame la formation d'un gouvernement provisoire.
29 mai	« Disparition » du général de Gaulle.
30 mai	Allocution du général de Gaulle. Défilé des gaullistes aux Champs-Élysées.
1ᵉʳ juin	Remaniement du gouvernement Pompidou.
14-16 juin	Évacuation de l'Odéon et de la Sorbonne.
23-30 juin	Élections législatives.
10 juillet	Maurice Couve de Murville remplace Georges Pompidou comme Premier ministre.
21 août	Entrée des troupes du Pacte de Varsovie en Tchécoslovaquie.
12 novembre	Vote définitif de la loi d'orientation de l'enseignement supérieur.
23 novembre	Le général de Gaulle rejette la dévaluation du franc.
5 décembre	Loi sur le droit syndical dans l'entreprise.
27 décembre	Attaque du CDR de Dijon contre la politique d'Edgar Faure.

1969	17 janvier	G. Pompidou fait savoir à Rome qu'en cas d'élection présidentielle il se porterait candidat.
	22 janvier	Communiqué de l'Élysée annonçant l'intention du chef de l'État de remplir jusqu'au bout son mandat.
	3 février	Alain Poher rejette la réforme du Sénat.
	mars-avril	Développement de la campagne pour ou contre la réforme Jeanneney.
	27 avril	Le « non » l'emporte au référendum.
	28 avril	Démission du général de Gaulle.

Orientation bibliographique

Avertissement : La production historique sur la République gaullienne est immense. Aussi les quelques indications bibliographiques qui vont suivre n'ont-elles pas pour objet de la recenser de manière exhaustive. Seuls ont été retenus les ouvrages fondamentaux (du moins ceux qui semblaient tels aux yeux de l'auteur qui prend la responsabilité d'un choix qu'il sait comporter une large part d'arbitraire). Ont été éliminés les articles, la plupart des ouvrages en langue étrangère qui avaient un équivalent en français et, sauf exception, les ouvrages anciens qui figurent dans la bibliographie des livres indiqués. Enfin, l'objet de cette bibliographie étant de permettre d'approfondir tel ou tel des aspects traités dans le livre, on n'y a pas inclus les aspects socioculturels, les croyances et le mouvement des idées qui seront traités dans le prochain volume de la collection. Sauf indication contraire, le lieu d'édition des ouvrages est Paris.

1. Instruments de travail

1. G. Vincent, *Les Français 1945-1975. Chronologie et structures d'une société*, Masson, 1977.
[UNE SUCCESSION CHRONOLOGIQUE ASSORTIE DE COMMENTAIRES PRÉCIEUX.]

2. M. Belloc *et al*, *Chronologies, 1946-1973*, Hachette, 1974.
[PLUS RAPIDE, MAIS COMMODE.]

3. *Annuaire statistique de la France*, un volume par an, Imprimerie nationale.
[TOUS LES CHIFFRES FONDAMENTAUX.]

4. INSEE, *Le Mouvement économique en France, 1949-1979, séries longues macro-économiques*, Imprimerie nationale, 1983.
[POUR SAISIR LES DONNÉES DE LA CROISSANCE FRANÇAISE.]

5. *L'Année politique*, un volume par an, PUF, puis Éd. du Moniteur.
[UNE CHRONIQUE ET DES ANALYSES INDISPENSABLES.]

6. R. Lasserre, sous la direction de, *La France contemporaine, guide bibliographique et thématique*, Tübingen, Niemeyer, 1978.
[UNE SOMME BIBLIOGRAPHIQUE SUR LA FRANCE.]

7. Ch. de Gaulle, *Discours et Messages*, Plon.
T. III. *Avec le renouveau, mai 1958-juillet 1962*, 1970.
T. IV. *Pour l'effort, 1962-1965*, 1970.
T. V. *Vers le terme, 1966-1969*, 1970.
[UNE SOURCE FONDAMENTALE.]

8. Ch. de Gaulle, *Lettres, Notes et Carnets,* Plon.
Juin 1958-décembre 1960, 1985.
1961-1963, 1986.
Janvier 1964-juin 1966, 1987.
Juillet 1966-avril 1969, 1987.
[L'ACTION AU JOUR LE JOUR.]

2. La République gaullienne dans l'environnement spatial et temporel

9. R. Rémond (avec la collaboration de J.-F. Sirinelli, *Notre siècle, 1918-1988,* Fayard, 1988, t. VI de l'*Histoire de France* sous la direction de Jean Favier.
[LA SOMME LA PLUS RÉCENTE SUR LA FRANCE DU XXe SIÈCLE.]

10. S. Berstein et P. Milza, sous la direction de, *Histoire du vingtième siècle,* Hatier, 1985-1987.
[UN MANUEL DONT LE TOME 3 PORTE SUR LA PÉRIODE ÉTUDIÉE.]

11. B. Droz et A. Rowley, *Histoire générale du xxe siècle. 2. Depuis 1950. 3. Expansion et indépendances 1950-1973,* Éd. du Seuil, coll. « Points Histoire », 1987.
[UNE APPROCHE TRÈS SYNTHÉTIQUE.]

12. Y. Lequin, sous la direction de, *Histoire des Français xix-xxe siècle. 1. Un peuple et son pays. 2. La société. 3. Les citoyens et la démocratie,* Colin, 1983-1984.
[LA FRANCE DU XXe SIÈCLE RESTITUÉE DANS L'ÉVOLUTION DE LONGUE DURÉE.]

13. Bédarida, J.-M. Mayeur, J.-L. Monneron, A. Prost, *Cent ans d'esprit républicain,* tome V de l'*Histoire du peuple français,* Nouvelle Librairie de France, 1965.
[UN TRÈS REMARQUABLE OUVRAGE SUR LA SOCIÉTÉ ET LES MENTALITÉS DE LA FONDATION DE LA IIIe RÉPUBLIQUE À 1962.]

14. J.-P. Azéma, *De Munich à la Libération 1938-1944,* Éd. du Seuil, coll. « Nouvelle histoire de la France contemporaine, t. 14 », 1979.

15. J.-P. Rioux, *La France de la Quatrième République. 1. L'ardeur et la nécessité 1944-1952. 2. L'expansion et l'impuissance 1952-1958,* Éd. du Seuil, coll. « Nouvelle histoire de la France contemporaine, tomes 15-16 », 1980 et 1983.
[TROIS OUVRAGES INDISPENSABLES À LA COMPRÉHENSION DE LA RÉPUBLIQUE GAULLIENNE.]

3. Ouvrages généraux sur la Ve République

16. P. Viansson-Ponté, *Histoire de la République gaullienne. 1. La fin d'une époque, mai 1958-juillet 1962. 2. Le temps des orphelins, août 1962-1969,* Fayard, 1970-1971.
[UNE CHRONIQUE PIONNIÈRE.]

17. J. Chapsal, *La Vie politique sous la Ve République*. 1. *1958-1974.* 2. *1974-1987,* PUF, 1987.
[LE MANUEL DE BASE.]

18. Hugues Portelli, *La Politique en France sous la Ve République,* Grasset, 1987.
[UN INTÉRESSANT ESSAI SUR LES DIVERSES PHASES DE LA Ve RÉPUBLIQUE.]

19. Ch. de Gaulle, *Mémoires d'espoir.* 1. *Le Renouveau, 1958-1962,* 2. *L'Effort, 1962...,* Plon, 1970-1971, Éd. Le Livre de Poche.
[UNE VISION, MALHEUREUSEMENT INACHEVÉE, DE LA RÉPUBLIQUE GAULLIENNE PAR SON FONDATEUR.]

20. J.-L. Monneron, A. Rowley, *Les 25 ans qui ont transformé la France,* t. VI de l'*Histoire du peuple français,* Nouvelle Librairie de France, 1986.
[UN TRÈS REMARQUABLE OUVRAGE INFORMÉ, SYNTHÉTIQUE ET EXPLICATIF.]

21. S. Sur, *La Vie politique en France sous la Ve République,* Montchrestien, 1987.
[UN PRÉCIS UTILE ET BIEN STRUCTURÉ.]

22. *Les Années de Gaulle, 1958-1974,* numéro spécial de *L'Histoire,* n° 102, juill.-août 1987.
[UN ENSEMBLE EXCEPTIONNEL DE CONTRIBUTIONS RÉDIGÉES PAR LES MEILLEURS SPÉCIALISTES ET MISES À LA PORTÉE D'UN LARGE PUBLIC.]

4. De Gaulle, l'entourage, le régime

23. J. Lacouture, *De Gaulle.* 2. *Le politique.* 3. *Le souverain,* Éd. du Seuil, 1985-1986.
[UNE MONUMENTALE BIOGRAPHIE ET UN EXCELLENT OUVRAGE HISTORIQUE. INDISPENSABLE.]

24. L. Noël, *La Traversée du désert,* Plon, 1973.
[INTÉRESSANT POUR LES MOIS DE TRANSITION MAI-DÉCEMBRE 1958.]

25. L. Noël, *Comprendre de Gaulle,* Plon, 1972.
[UNE APOLOGIE DU GÉNÉRAL.]

26. J.-R. Tournoux, *La Tragédie du Général,* Plon, 1967.
[LES DÉBUTS DU RÉGIME VUS DES COULISSES.]

27. A. de Boissieu, *Pour servir le Général, 1946-1970,* Plon, 1982.
[L'ŒIL DU GENDRE.]

28. C. Fouchet, *Mémoires d'hier et de demain.* 1. *Au service du général de Gaulle.* 2. *Les lauriers sont coupés,* Plon, 1971-1973.
[LE TÉMOIGNAGE D'UN FIDÈLE.]

29. E. Burin des Roziers, *Retour aux sources : 1962, l'année décisive,* Plon, 1986.
[LE POUVOIR VU PAR LE SECRÉTAIRE GÉNÉRAL DE L'ÉLYSÉE.]

30. G. Pilleul, sous la direction de, *L'Entourage et de Gaulle,* Plon, coll. « Espoir », 1979.

31. *De Gaulle et Malraux,* colloque organisé par l'Institut Charles-de-Gaulle, 13-15 novembre 1986, Plon, coll. « Espoir », 1987.

32. S. Cohen, *Les Conseillers du président : de Charles de Gaulle à Valéry Giscard d'Estaing,* PUF, coll. « Politique d'aujourd'hui », 1980.

33. IFOP, *Les Français et de Gaulle,* présentation et commentaire de Jean Charlot, Plon, 1971.
   [LA PERSONNE ET LA POLITIQUE DU GÉNÉRAL À TRAVERS LES SONDAGES DE L'IFOP.]

34. *Les Constitutions de la France depuis 1979,* présentées par J. Gode-chot, Garnier-Flammarion, 1970.
   [UNE SOURCE ESSENTIELLE.]

35. O. Duhamel et J.-L. Parodi, sous la direction de, *La Constitution de la Ve République,* Presses de la Fondation nationale des sciences politiques, 1965.
   [UNE RÉFLEXION DES CONSTITUTIONNALISTES SUR LE RÉGIME.]

36. J.-L. Quermonne, *Le Gouvernement de la France sous la Ve République,* Dalloz, 1980.
   [UN MANUEL FONDAMENTAL.]

37. S. Sur, *Le Système politique de la Ve République,* PUF, coll. « Que sais-je ? », 1983
   [UN PRÉCIS SIMPLE ET UTILE.]

38. D. Maus, *Textes et Documents sur la pratique institutionnelle de la Ve République,* La Documentation française-CNRS, 1982.
   [UNE SOURCE DE PREMIER ORDRE.]

39. D. Maus, *Documents pour servir à l'histoire de l'élaboration de la Constitution,* La Documentation française, 1987, t. I.
   [COMMENT S'EST ÉLABORÉE LA CONSTITUTION.]

40. J. Gicquel, *Essai sur la pratique de la Ve République,* LGDJ, 1968.

41. P. Avril, *Le Régime politique de la Ve République,* LGDJ, 1967.
   [DEUX OUVRAGES ASSEZ CRITIQUES SUR LA PRATIQUE DU RÉGIME.]

5. Les forces politiques

42. A. Chebel d'Appolonia, *L'Extrême Droite en France de Maurras à Le Pen,* Bruxelles, Éd. Complexe, coll. « Questions au xxe siècle », 1988.
   [UNE MISE AU POINT RÉCENTE, CLAIRE, SYNTHÉTIQUE ET COMPLÈTE.]

43. P. Milza, *Fascisme français. Passé et présent,* Flammarion, 1987.
   [À TRAVERS LA PROBLÉMATIQUE DU FASCISME, UNE MISE EN PERSPECTIVE DE L'EXTRÊME DROITE.]

44. R. Rémond, *Les Droites en France,* Aubier, 1982.
   [UN GRAND CLASSIQUE RÉCEMMENT REMIS À JOUR ET QUI CONSTITUE LA SOMME SUR LE SUJET.]

45. J.-C. Colliard, *Les Républicains-indépendants. Valéry Giscard d'Estaing*, PUF, 1971.
[LE SEUL LIVRE SUR LE SUJET.]

46. J. Charlot, *L'UNR, étude du pouvoir au sein d'un parti politique*, Presses de la Fondation nationale des sciences politiques, 1967.
[L'OUVRAGE FONDAMENTAL SUR CE PARTI. UN MODÈLE D'ÉTUDE.]

47. J. Charlot, *Le Phénomène gaulliste*, Fayard, 1970.
[COMPLÈTE LE PRÉCÉDENT.]

48. J. Touchard, *Le Gaullisme 1940-1969*, Éd. du Seuil, 1978.
[DES PERSPECTIVES SUGGESTIVES.]

49. J.-Th. Nordmann, *Histoire des radicaux (1820-1973)*, La Table ronde, 1974.

50. J.-M. Mayeur, *Des partis catholiques à la démocratie chrétienne (XIXᵉ-XXᵉ siècle)*, Colin, coll. « U », 1980.
[LA QUESTION EST ENVISAGÉE SOUS L'ANGLE EUROPÉEN.]

51. E.-F. Callot, *Un parti politique de la démocratie chrétienne en France, le MRP*, Rivière, 1978.
[UN PEU DÉCEVANT.]

52. F.-G. Dreyfus, *Histoire de la démocratie chrétienne en France, de Chateaubriand à Raymond Barre*, Albin Michel, 1988.
[UN OUVRAGE SOLIDEMENT INFORMÉ DONT LA THÈSE EST QUE LA DÉMOCRATIE CHRÉTIENNE N'EST ELLE-MÊME ET N'A D'AVENIR QUE LORSQU'ELLE S'ORIENTE À DROITE.]

53. O. Duhamel, *La Gauche et la Vᵉ République*, PUF, 1980.
[UN LIVRE DE BASE.]

54. H. Portelli, *Le socialisme français tel qu'il est*, PUF, 1980.
[UN OUVRAGE TRÈS BIEN INFORMÉ DONT LA THÈSE EST QUE LE SOCIALISME FRANÇAIS NE SERAIT QU'UN NÉO-RADICALISME.]

55. H. Hamon et P. Rotman, *La Deuxième Gauche, histoire intellectuelle et politique de la CFDT*, Ramsay, 1982.

56. M. Rocard *et al*, *Le PSU et l'Avenir socialiste de la France*, Éd. du Seuil, 1969.
[UN OUVRAGE-PROGRAMME PLUS QU'UNE HISTOIRE.]

57. J. Mossuz, *Les Clubs et la Politique en France*, Colin, « Dossiers U2 », 1966.

58. J.-P. Brunet, *Histoire du PCF*, PUF, coll. « Que sais-je ? », 1982.
[UNE EXCELLENTE MISE AU POINT QUI DIT L'ESSENTIEL.]

59. Ph. Robrieux, *Histoire intérieure du parti communiste*. T. 2. *1945-1972, de la Libération à l'avènement de Georges Marchais*, Fayard, 1981.
[UN OUVRAGE PRÉCIS, DÉTAILLÉ, VU DE L'INTÉRIEUR.]

60. J.-J. Becker, *Le parti communiste veut-il prendre le pouvoir ?*, Éd. du Seuil, 1981.
[LA STRATÉGIE DU PC.]

61. F.-O. Giesbert, *François Mitterrand ou la Tentation de l'histoire*, Éd. du Seuil, 1977.
[PLUS ÉCLAIRANT SUR LA STRATÉGIE D'UNION DE LA GAUCHE DE FRANÇOIS MITTERRAND QUE LE LIVRE SUPERFICIEL DE C. NAY, *Le Noir et le Rouge ou l'Histoire d'une ambition*, Grasset, 1984.]

62. F. Bédarida et J.-P. Rioux, sous la direction de, *Pierre Mendès France et le Mendésisme,* Fayard, 1985.
[POUR LES ASPECTS PORTANT SUR LA Ve RÉPUBLIQUE EN FIN DE VOLUME.]

63. F. Mitterrand, *Le Coup d'État permanent,* Plon, 1964.
[UN TEXTE FONDAMENTAL DE L'OPPOSITION AU RÉGIME GAULLISTE.]

64. F. Mitterrand, *Ma part de vérité,* Fayard, 1969.
[LES ÉVÉNEMENTS DES ANNÉES 1965-1969 VUS PAR LE CANDIDAT UNIQUE DE LA GAUCHE AUX ÉLECTIONS DE 1965.]

65. P. Mendès France, *Pour une République moderne, 1955-1962,* tome 4 des *Œuvres complètes,* Gallimard, 1987.
[CRITIQUE DU RÉGIME ET SOLUTION ALTERNATIVE.]

6. Les élections

66. F. Bon, *Les Élections en France, histoire et sociologie,* Éd. du Seuil, 1978.
[UNE EXCELLENTE ET BRÈVE MISE AU POINT.]

67. A. Lancelot, *Les Élections sous la Ve République,* PUF, 1983.
[UN OUVRAGE DE RÉFÉRENCE.]

68. Association française de science politique, *L'Établissement de la Cinquième République. Le référendum de septembre et les élections de novembre 1958,* Colin, 1960, Cahier de la FNSP, n° 109, *Partis et élections.*

69. François Goguel, sous la direction de, *Le Référendum d'octobre et les Élections de novembre 1962,* Presses de la Fondation nationale des sciences politiques, 1965, Cahier de la FNSP, n° 142.

70. Centre d'étude de la vie politique française, *L'Élection présidentielle de décembre 1965,* Colin, 1970, Cahier de la FNSP, n° 169.

71. *Les Élections législatives de mars 1967,* Colin, 1971, Cahier de la FNSP, n° 170.

72. *Les Élections législatives de 1968,* Imprimerie nationale, 1969.

73. F. Goguel, *Chroniques électorales.* T. 2. *La Cinquième République du général de Gaulle.* T. 3. *La Cinquième République après de Gaulle,* Presses de la Fondation nationale des sciences politiques, 1983.
[LES ANALYSES ÉLECTORALES D'UN DES MAÎTRES DE LA SCIENCE POLITIQUE FRANÇAISE.]

7. L'Algérie et la décolonisation

74. B. Droz, É. Lever, *Histoire de la guerre d'Algérie,* Éd. du Seuil, coll. « Points Histoire », 1982.
[LA MEILLEURE SYNTHÈSE SUR LA QUESTION ; UNE BIBLIOGRAPHIE DÉTAILLÉE.]

75. L. Theis, Ph. Ratte, *La Guerre d'Algérie ou le Temps des méprises,* Mame, coll. « L'Histoire à l'épreuve », 1974.
[DEUX HISTORIENS CONFRONTENT LES TÉMOIGNAGES CONTRADICTOIRES DE 15 PROTAGONISTES.]

76. Ch.-R. Ageron, *Histoire de l'Algérie contemporaine, 1830-1970,* PUF, 1970.
[LE PROBLÈME EN PERSPECTIVE LONGUE.]

77. L. Terrenoire, *De Gaulle et l'Algérie, témoignages pour l'histoire,* Fayard, 1964.
[LE TÉMOIGNAGE D'UN GAULLISTE FAVORABLE À L'INDÉPENDANCE ALGÉRIENNE.]

78. J. Soustelle, *L'Espérance trahie (1958-1961),* Éd. de l'Alma, 1962.
[LE TÉMOIGNAGE D'UN GAULLISTE DÉÇU PAR LA POLITIQUE DU GÉNÉRAL.]

79. R. Salan, *Mémoires. Fin d'un Empire.* T. 4. *L'Algérie, de Gaulle et moi (7 juin 1958-10 juin 1960),* Presses de la Cité, 1974.
[UN PLAIDOYER *pro domo* DU DÉLÉGUÉ GÉNÉRAL DE 1958 S'ACHEVANT EN RÉQUISITOIRE DE LA POLITIQUE GAULLISTE.]

80. J. Massu, *Le Torrent et la Digue,* Plon, 1972.
[LES SOUVENIRS D'UN DES PRINCIPAUX ACTEURS DU DRAME ALGÉRIEN.]

81. B. Tricot, *Les Sentiers de la paix en Algérie (1958-1962),* Plon, 1972.
[LE TÉMOIGNAGE DU PLUS PROCHE COLLABORATEUR DE DE GAULLE POUR LES AFFAIRES ALGÉRIENNES.]

82. R. Buron, *Carnets politiques de la guerre d'Algérie,* Plon, 1965.
[LE JOURNAL D'UN DES NÉGOCIATEURS DE LA PAIX EN ALGÉRIE.]

83. R. Girardet, *La Crise militaire française, 1945-1962,* Colin, 1964.
[L'OUVRAGE FONDAMENTAL SUR LE SUJET.]

84. P.-M. de La Gorce, *La France et son armée,* Fayard, 1963.

85. M. Vaïsse, *Alger, le putsch des généraux,* Bruxelles, Éd. Complexe, 1983.

86. H. Hamon et Ph. Rotman, *Les Porteurs de valises. La résistance française à la guerre d'Algérie,* Albin Michel, 1979.
[LES RÉSEAUX FRANÇAIS D'AIDE AU FLN.]

87. H. Alleg, *La Question,* Éd. de Minuit, 1958.
[L'OUVRAGE QUI RENDIT LE SCANDALE PUBLIC.]

88. P. Vidal-Naquet, *La Torture dans la République,* Éd. de Minuit, 1972.
[UN OUVRAGE ENGAGÉ ÉCRIT PAR UN INTELLECTUEL QUI DÉNONCE PASSIONNÉMENT L'USAGE DE LA TORTURE.]

89. P. Vidal-Naquet, *L'Affaire Audin,* Éd. de Minuit, 1958.

90. *OAS parle,* Julliard, coll. « Archives », 1964.
[UN ENSEMBLE DE DOCUMENTS SUR L'OAS.]

91. *La Politique africaine du général de Gaulle (1958-1969)*, Actes du colloque organisé par le Centre bordelais d'études africaines, le Centre d'études d'Afrique noire et l'Institut Charles-de-Gaulle, Bordeaux, 20 octobre 1979, Pédone, 1980.

92. R. Bourgi, *Le général de Gaulle et l'Afrique noire (1940-1969)*, LGDJ, Nouvelles Éditions africaines, 1980 (bibliothèque africaine et malgache, t. XXXIII).
[UNE APPROCHE TRÈS JURIDIQUE DU SUJET.]

8. Économie et société

93. F. Braudel et E. Labrousse, sous la direction de, *Histoire économique et sociale de la France*. T. IV. *L'Ère industrielle et la Société d'aujourd'hui (siècle 1880-1980)*. 3ᵉ vol. : *Années 1950 à nos jours*, PUF, 1982.
[UNE SOMME IMPRESSIONNANTE ÉCRITE PAR LES MEILLEURS SPÉCIALISTES.]

94. M. Parodi, *L'Économie et la Société française depuis 1945*, Colin, coll. « U », 1981.
[UN OUVRAGE CLAIR, INTELLIGENT ET RICHE.]

95. H. Bonin, *Histoire économique de la France depuis 1880*, Masson, 1988.
[UN MANUEL À JOUR, MANIABLE ET QUI DIT L'ESSENTIEL.]

96. J.-Ch. Asselain, *Histoire économique de la France du xviiiᵉ siècle à nos jours*. T. 2. *De 1919 à la fin des années 1970*, Éd. du Seuil, 1984.
[LES GRANDES LIGNES DE L'ÉVOLUTION ÉCONOMIQUE.]

97. J. Guyard, *Le Miracle français*, Éd. du Seuil, 1970.
[UNE ÉTUDE DE LA CROISSANCE ET DE SES EFFETS.]

98. J. Fourastié, *Les Trente Glorieuses ou la Révolution invisible de 1946 à 1975*, Fayard, 1979.
[UN HYMNE EXALTÉ À LA CROISSANCE.]

99. E. Malinvaud, J.-J. Carré, P. Dubois, *La Croissance française*, Éd. du Seuil, 1972.
[L'OUVRAGE DE BASE.]

100. R. Delorme et C. André, *L'État et l'Économie. Un essai d'application de l'évolution des dépenses publiques en France 1870-1980*, Éd. du Seuil, 1983.

101. Ph. Brachet, *L'État-patron. Théories et réalités. Le rôle des entreprises publiques en France depuis la Libération*, Skyros, 1974.

102. H. Rousso, sous la direction de, *De Monnet à Massé*, IHTP-CNRS, 1986.
[DU RÔLE DE LA PLANIFICATION.]

103. Y. Morvan, *La Concentration de l'industrie en France*, Colin, 1972.

104. J. Chombart de Lauwe, *L'Aventure agricole de la France de 1945 à nos jours*, PUF, 1979.

105. A. Gueslin, *Le Crédit agricole*, La Découverte, 1985.

106. B. Guibert *et al.*, *La Mutation industrielle de la France. Du traité de

Rome à la crise pétrolière, collections de l'INSEE, n° 173-174, série E-Entreprises, n° 31-32, novembre 1975.

107. A. Cotta, *Inflation et Croissance en France depuis 1962*, PUF, 1974.

108. A. Prate, *Les Batailles économiques du général de Gaulle*, Plon, 1978.
[LA POLITIQUE ÉCONOMIQUE DU POUVOIR PAR UN COLLABORATEUR DU GÉNÉ-RAL.]

109. P. Sorlin, *La Société française*, Arthaud, 1969, t. 2.
[UNE VUE D'ENSEMBLE DES MUTATIONS SOCIALES, ÉCLAIRÉE PAR LA LUEUR DE 1968.]

110. J. Beaujeu-Garnier, *La Population française*, Colin, coll. « U2 », 1982.

111. M. Gervais, M. Jollivet, Y. Tavernier, *La Fin de la France paysanne*, tome IV de l'*Histoire de la France rurale*, sous la direction de G. Duby et A. Wallon, Éd. du Seuil, 1977.

112. M. Roncayolo, sous la direction de, *La Ville aujourd'hui*, tome V de l'*Histoire de la France urbaine*, sous la direction de G. Duby, Éd. du Seuil, 1985.

113. F. Bloch-Lainé, *Profession : fonctionnaire*, Éd. du Seuil, 1973.
[LES MÉMOIRES D'UN TECHNOCRATE MODÈLE.]

114. P. Birnbaum, *Les Sommets de l'État. Essai sur l'élite du pouvoir en France*, Éd. du Seuil, coll. « Politique », 1977.
[UNE PRÉCIEUSE ÉTUDE SUR LA COMPOSITION ET LES RAPPORTS DES ÉLITES POLITIQUES, ADMINISTRATIVES ET ÉCONOMIQUES EN FRANCE SOUS LES IIIe, IVe ET Ve RÉPUBLIQUES.]

115. P. Birnbaum, *La Classe dirigeante française*, PUF, 1978.

116. H. Weber, *Le Parti des patrons, le CNPF (1946-1986)*, Éd. du Seuil, 1986.

117. J. Capdevielle et R. Mouriaux, *Les Syndicats ouvriers en France*, Colin, 1970.

118. A. Barjonet, *La CGT*, Éd. du Seuil, 1968.
[UN OUVRAGE ÉCRIT PAR UN RESPONSABLE DE LA CGT, DÉMISSIONNAIRE EN 1968, ET ÉCLAIRÉ PAR LA QUESTION : « POURQUOI CE SYNDICAT A-T-IL FREINÉ LE MOUVEMENT DE MAI ? »]

119. A. Bergounioux, *Force ouvrière*, PUF, coll. « Que sais-je ? », 1982.
[UNE ÉTUDE SOLIDE ET DOCUMENTÉE.]

120. Y. Tavernier, *Le Syndicalisme paysan, FNSEA et CNJA*, Colin, 1969.

121. L. Boltanski, *Les Cadres*, Éd. de Minuit, 1982.
[UN REGARD CRITIQUE.]

122. A. Prost, *Histoire de l'enseignement en France (1800-1967)*, Colin, coll. « U », 1968.
[UN OUVRAGE DE BASE.]

123. A. Prost, *Histoire générale de l'enseignement et de l'éducation en France*, Nouvelle Librairie de France, 1982, t. IV.
[UNE SOMME SUR LA QUESTION.]

124. L. Roussel, *Le Mariage dans la société française*, INED, 1975.

125. C. Thélot, *Tel père, tel fils ? Position sociale et origine familiale,* Dunod, 1982.
[UNE ÉTUDE SUR LA MOBILITÉ SOCIALE ET SES DÉTERMINANTS DANS LA FRANCE DU XXᵉ SIÈCLE.]

126. M. Winock, *Chronique des années soixante,* Éd. du Seuil, 1987.
[LA VIE QUOTIDIENNE DE LA FRANCE DE LA CROISSANCE ; UNE RESTITUTION REMARQUABLE DE L'ENVIRONNEMENT DES FRANÇAIS À L'ÉPOQUE DE LA RÉPUBLIQUE GAULLIENNE.]

9. Politique extérieure et politique militaire

127. A. Grosser, *Affaires extérieures. La politique de la France 1944-1984.*
[UNE VISION GLOBALE DE LA POLITIQUE ÉTRANGÈRE DE LA FRANCE DES QUARANTE ANNÉES QUI SUIVENT LA FIN DE LA GUERRE.]

128. J.-B. Duroselle, *Histoire diplomatique de 1919 à nos jours,* Dalloz, 1971 (5ᵉ édition).
[UN MANUEL FONDAMENTAL.]

129. A. Grosser, *La Politique extérieure de la Vᵉ République,* Éd. du Seuil, 1965.
[UNE REMARQUABLE MISE AU POINT AVEC DES APERÇUS SUGGESTIFS À LA DATE DE PARUTION DU LIVRE.]

130. Ph. G. Cerny, *Une politique de grandeur,* Flammarion, 1986.
[UN LIVRE À THÈSE : LA POLITIQUE PLANÉTAIRE DU GÉNÉRAL DE GAULLE NE SERAIT QU'À USAGE INTERNE.]

131. L. Hamon, sous la direction de, *L'Élaboration de la politique étrangère,* PUF, 1969.

132. P. Gerbet, *La Construction de l'Europe,* Imprimerie nationale, 1983.
[UNE VISION D'ENSEMBLE INCLUANT LA POLITIQUE FRANÇAISE.]

133. E. Jouve, *Le Général de Gaulle et la Construction de l'Europe 1940-1966,* LGDJ, 1967.
[UN GROS OUVRAGE QUI DIT L'ESSENTIEL DE LA POLITIQUE DU GÉNÉRAL.]

134. G. Gozard, *De Gaulle face à l'Europe,* Institut Charles-de-Gaulle-Plon, 1976.

135. R. Poidevin, J. Bariéty, *Les Relations franco-allemandes 1815-1975,* Colin, 1977.
[POUR INCLURE DANS UNE VISION D'ENSEMBLE LA POLITIQUE ALLEMANDE DU GÉNÉRAL.]

136. J. Binoche, *L'Allemagne et le Général de Gaulle 1924-1970,* Plon, 1975.

137. J.-B. Duroselle, *La France et les États-Unis des origines à nos jours,* Éd. du Seuil, 1976.

138. M. Ferro, *De Gaulle et l'Amérique, une amitié tumultueuse,* Plon, 1973.

139. R. Lescop, *Le Pari québécois du Général,* Montréal, Boréal Express, 1981.

140. M. Mourin, *Les Relations franco-soviétiques 1917-1967,* Payot, 1967.

141. S. Cohen, *De Gaulle, les Gaullistes et Israël,* Alain Moreau, 1974.

142. M. Couve de Murville, *Une Politique étrangère 1958-1969,* Plon, 1971.
[LE TÉMOIGNAGE SANS RÉVÉLATION NI RECUL DU PRINCIPAL DIRIGEANT DES AFFAIRES ÉTRANGÈRES SOUS LA RÉPUBLIQUE GAULLIENNE.]

143. H. Alphand, *L'Étonnement d'être. Journal 1939-1973,* Fayard, 1977.
[LES SOUVENIRS D'UN GRAND DIPLOMATE, TÉMOIN ESSENTIEL DE LA PÉRIODE.]

144. Jean Doise, M. Vaïsse, *Diplomatie et outil militaire 1871-1969,* Imprimerie nationale, 1987.
[L'OUVRAGE DE BASE SUR LA POLITIQUE MILITAIRE DE LA FRANCE, REMARQUABLEMENT CLAIR ET INFORMÉ.]

145. R. Lothar, *La Politique militaire de la Ve République,* Presses de la Fondation nationale des sciences politiques, 1976.

10. D'un mai à l'autre...

146. R. Rémond, *Le Retour de De Gaulle,* Bruxelles, Éd. Complexe, 1985.
[LE 13 MAI ET LE CHANGEMENT DE RÉPUBLIQUE VUS PAR LE MEILLEUR CONNAISSEUR DE LA FRANCE DU XXe SIÈCLE.]

147. O. Rudelle, *Mai 58, de Gaulle et la République,* Institut Charles-de-Gaulle-Plon, 1988.
[COMMENT LA VISION DE LA RÉPUBLIQUE QU'A CHARLES DE GAULLE PEUT RENDRE COMPTE DE SA STRATÉGIE DE MAI 1958.]

148. A. Dansette, *Mai 68,* Plon, 1971.
[UN RÉCIT ÉVÉNEMENTIEL UTILE.]

149. E. Morin, C. Lefort, C. Castoriadis, *Mai 68 : la brèche, suivi de vingt ans après,* Bruxelles, Éd. Complexe, 1988.
[LA PREMIÈRE INTERPRÉTATION À CHAUD DES ÉVÉNEMENTS DE MAI RÉÉDITÉE ET ASSORTIE D'UNE RÉFLEXION NOUVELLE DES AUTEURS VINGT ANS PLUS TARD.]

150. *Mai 68,* numéro spécial de la revue *Pouvoirs,* n° 39, 1986.
[L'ÉDITION D'UN COLLOQUE SUR LES INTERPRÉTATIONS DU MOUVEMENT.]

151. H. Hamon et Ph. Rotman, *Génération.* T. I. *Les Années de rêve.* T. II. *Les Années de poudre,* Éd. du Seuil, 1987-1988.
[L'ITINÉRAIRE DES ACTEURS DE MAI 68 AVANT, PENDANT, APRÈS.]

152. M. Grimaud, *En mai, fais ce qu'il te plaît,* Stock, 1977.
[LE TÉMOIGNAGE DU PRÉFET DE POLICE SUR LES ÉVÉNEMENTS.]

153. E. Balladur, *L'Arbre de mai, chronique alternée,* Atelier Marcel-Jullian, 1979.
[UN CURIEUX ROMAN-TÉMOIGNAGE D'UN DES PLUS PROCHES COLLABORATEURS DE GEORGES POMPIDOU EN MAI 1968.]

154. R. Aron, *La Révolution introuvable, réflexions sur la révolution de mai,* Julliard, 1968.
[UNE VISION TRÈS CRITIQUE DU MOUVEMENT DE MAI.]

155. M. Crozier, *La Société bloquée,* Éd. du Seuil, 1970.
[UNE EXPLICATION SOCIOLOGIQUE DU MOUVEMENT DE MAI.]

156. A. Touraine, *Le Mouvement de mai ou le Communisme utopique,* Éd. du Seuil, 1968.
[UNE TENTATIVE DE THÉORISATION DE LA CONTESTATION.]

157. Ph. Alexandre, R. Tubiana, *L'Élysée en péril, 2-30 mai 1968,* Fayard, 1969.
[LE POUVOIR FACE À LA CRISE DE MAI, VU PAR DEUX JOURNALISTES.]

158. J. Massu, *Baden 68,* Plon, 1983.
[LE TÉMOIGNAGE DE L'INTERLOCUTEUR DU GÉNÉRAL DE GAULLE LE 29 MAI.]

159. Ph. Alexandre, *Le Duel de Gaulle-Pompidou,* Grasset-Tallandier, 1970.
[UNE PRÉSENTATION JOURNALISTIQUE DE LA RIVALITÉ DE FAIT ENTRE LE GÉNÉRAL DE GAULLE ET SON SUCCESSEUR.]

160. G. Pompidou, *Pour rétablir une vérité,* Flammarion, 1982.
[LA PUBLICATION APRÈS LA MORT DE GEORGES POMPIDOU DES FRAGMENTS DE SES MÉMOIRES PORTANT SURTOUT SUR SES RAPPORTS AVEC DE GAULLE DE LA LIBÉRATION À 1969.]

161. M. Jobert, *Mémoires d'avenir,* Grasset, 1974.
[LE TÉMOIGNAGE D'UN PROCHE COLLABORATEUR DE GEORGES POMPIDOU QU'ON POURRA COMPLÉTER PAR L'OUVRAGE SUIVANT.]

162. M. Jobert, *L'Autre Regard,* Grasset, 1976.

163. E. Roussel, *Pompidou,* J.-C. Lattès, 1984.
[UNE BIOGRAPHIE PRÉCISE.]

164. M. Winock, *La Fièvre hexagonale. Les grandes crises politiques 1871-1968,* Calmann-Lévy, 1986 ; rééd. Éd. du Seuil, coll. « Points Histoire », 1987.
[LES CRISES DE MAI 1958 ET MAI 1968 DANS UNE RÉFLEXION GÉNÉRALE SUR LES CRISES POLITIQUES FRANÇAISES.]

Index

Table

1. La double fondation
de la Vᵉ République, 1958-1962

2. De Gaulle
et cinquante millions
de Français

3. Le crépuscule
de la République gaullienne
1965-1969

COMPOSITION : IMP. HÉRISSEY À ÉVREUX
IMPRESSION : IMP. BRODARD ET TAUPIN À LA FLÈCHE (SARTHE)
DÉPÔT LÉGAL FÉVRIER 1989. Nᵒ 10408 (6248A-5)

Collection Points

SÉRIE HISTOIRE

Collection Points

SÉRIE HISTOIRE

Nouvelle histoire de la France contemporaine